芝车龙马
秦汉交通文化考察

ZHICHELONGMA
QINHANJIAOTONGWENHUAKAOCHA

王子今 ◎ 著

西北大学出版社
·西安·

图书在版编目(CIP)数据

芝车龙马:秦汉交通文化考察/王子今著.--西安:西北大学出版社,2020.12
　ISBN 978-7-5604-4629-5

Ⅰ.①芝… Ⅱ.①王… Ⅲ.①交通运输史—研究—中国—秦汉时代 Ⅳ.①F512.9

中国版本图书馆 CIP 数据核字(2020)第 218282 号

芝车龙马:秦汉交通文化考察
ZHICHELONGMAQINHANJIAOTONGWENHUAKAOCHA

王子今　著

责任编辑	琚　婕　朱　亮
出版发行	西北大学出版社有限责任公司
地　　址	西安市太白北路 229 号
邮　　编	710069
电　　话	029-88303843
经　　销	全国新华书店
印　　刷	陕西博文印务有限责任公司
开　　本	710 mm×1000 mm　1/16
印　　张	19.25
字　　数	293 千字
版　　次	2020 年 12 月第 1 版　2021 年 3 月第 2 次印刷
书　　号	ISBN 978-7-5604-4629-5
定　　价	128.00 元

如有印装质量问题,请与本社联系调换,电话 029-88302966。

作者简介

王子今　中国人民大学国学院教授，中国秦汉史研究会顾问。已出版《秦汉交通史稿》《秦汉盐史论稿》《秦始皇直道考察与研究》《秦汉儿童的世界》《长沙简牍研究》《汉简河西社会史料研究》《秦汉名物丛考》《秦汉交通考古》《战国秦汉交通格局与区域行政》《秦汉交通史新识》《秦汉边疆与民族问题》《秦汉区域文化研究》《中国蜀道·历史沿革》《秦汉时期生态环境研究》等学术专著40余种。

本书撰写与出版得到中国人民大学科学研究基金（中央高校基本科研业务费专项资金资助）项目"中国古代交通史研究"（项目编号：10XNL001）的支持

导 言

近年在中国人民大学科学研究基金（中央高校基本科研业务费专项资金资助）项目"中国古代交通史研究"（项目编号：10XNL001）支持下，我继续进行以秦汉时期为主要时段限界的交通史研究工作。这本《芝车龙马：秦汉交通文化考察》，是部分成果的合集。

这是我在近年面世的《秦汉交通史新识》（中国社会科学出版社 2015 年 8 月）、《秦汉交通考古》（中国社会科学出版社 2015 年 12 月）、《战国秦汉交通格局与区域行政》（中国社会科学出版社 2015 年 12 月）、《秦始皇直道考察与研究》（陕西师范大学出版总社 2018 年 8 月）之后，又一种秦汉交通史研究论著。《秦始皇直道考察与研究》是我主编的"秦直道"丛书中的一种。而《中国古代交通文化论丛》（中国社会科学出版社 2015 年 12 月）研究时段稍宽一些，超溢出秦汉时期。另一种《中国蜀道·历史沿革》列入刘庆柱、王子今主编的"中国蜀道"丛书之中（三秦出版社 2015 年 12 月），也是大致同样的情形。

"中国蜀道"丛书 2018 年 8 月获第四届中国出版政府奖。"秦直道"丛书 2019 年 6 月被评为"2018 年度全国文化遗产优秀图书"。这或许可以理解为交通史研究在一定程度上得到学界和社会承认的表现。

本书书题"芝车""龙马"，由自《宋书》卷二二《乐志四》载《汉鼓吹铙歌十八曲》中的文句。其中《上陵曲》："上陵何美美，下津风以寒。问客从何来？言从水中央。桂树为君船，青丝为君笮。木兰为君棹，黄金错其间。沧海之雀赤翅鸿，白雁随，山林乍开乍合，曾不知日月明，醴泉之水，光泽何蔚蔚。芝为车，龙为马。览邀游，四海外。甘露初二年，芝生铜池中。仙人下来饮，延寿千万岁。"①其中所谓"芝为车，龙为马"，是想象中"仙人"之旅的神游感觉。《续汉书·舆服

---

① 《宋书》，中华书局 1974 年 10 月版，第 641 页。

志上》说"乘舆、金根、安车、立车",这是车舆形制。又写道:"耕车,其饰皆如之。有三盖。一曰芝车,置鞴耒耜之箙,上亲耕所乘也。"①似确有称作"芝车"的实用车型。不过,以"芝"为装饰,很可能是"芝车"得名缘由。《史记》卷二八《封禅书》:"以木禺马代驹焉。"②《史记》卷一二《孝武本纪》有同样文句,司马贞《索隐》:"木耦马。一音偶。孟云'寓寄龙形于木'。又姚氏云:'寓,假也。以言假木龙马一驷,非寄生龙马形于木也。'"③所谓"龙马",如孟康说,也是制作车马模型时"寓寄龙形",从而寄托了某种神秘的象征意义。

"芝为车,龙为马,览遨游,四海外"作为汉人歌诗,体现了当时人们以空前积极的方式启动交通建设,开发交通条件,乘用华车,驱驰宝马,"遨游"宏大空间的精神意境。

秦汉时期,交通线路的沟通,交通设置的营造,交通工具的发明,交通管理的完善,都实现了历史性的跃进。除了驰道、直道、灵渠、漕渠等重要交通工程之外,多方面的交通建设为秦汉帝国的行政运行、经济发展、社会融合和文化进步准备了比较好的条件。只是我们目前还不能全面地、真切地、具体地认识并说明秦汉交通的成就。

二十五年前,拙著《秦汉交通史稿》出版。李学勤先生百忙中赐序,为我当时仅仅进行了初步工作的秦汉交通史研究给予了指导和鼓励。他写道:"交通史一般被认为是经济史的组成部分,近年出版的各种书目都是这样分类的。实际上交通史作为一个学科分支,牵涉的方面很广,不止与经济的种种内涵,如农业、工业、贸易、赋税等等息息相关,和国家政治组织、文化传播、民族关系、对外的交往,也无不有着相当密切的联系。所以对交通史的探讨会对整个历史文化研究起重要的推进作用。"这是比较早的对交通史研究的意义予以明确肯定的非常重要的学术意见。李学勤先生还指出:"秦人兼并六国,完成中国的再统一后,对全境交通曾有许多建设和规划,汉代规模宏大的交通系统即沿之而形成,

---

① 《后汉书》,中华书局1965年5月版,第3645—3646页。
② 《史记》,中华书局1959年9月版,第1402页。
③ 《史记》,第484页。

为后世交通的继续发展奠定了基本格局。"①这样的判断,是符合秦汉交通发展的历史实际的。从这样的认识出发,有益于考察"后世交通的继续发展"的基础,并且有益于开拓这一研究方向的合理的学术路径。

再前推十年,1984年4月,我在西北大学历史系读书时,骑自行车从西安至商南考察武关道,后来又考察子午道秦岭南段,考察收获有《古武关道栈道遗迹调查简报》(与焦南峰合作,第一作者,《考古与文物》1986年2期)、《子午道秦岭北段栈道遗迹调查简报》(与周苏平合作,第一作者,《文博》1987年4期)、《陕西丹凤商邑遗址》(与周苏平、焦南峰合作,第一作者,《考古》1989年7期)。相关认识,曾直接求教于任西北大学兼职教授的李学勤先生,得到先生的鼓励和教示。考察所得包括陕西丹凤古城镇战国遗址的发现,后来和周苏平、焦南峰联名发表《陕西丹凤商邑遗址》(《考古》1989年7期),李学勤先生在《东周与秦代文明》修订本中第三十章《新发现和新研究》中有所肯定:"1984年,在陕西丹凤西3公里的古城村进行调查②,证实是战国至汉代的遗址。这里发现的鹿纹半瓦当,花纹类似雍城的圆瓦当,几种云纹圆瓦当则近于咸阳的出土品。有花纹的空心砖、铺地方砖,也同咸阳的相似。一件残瓦当有篆书'商'字,说明当地就是商鞅所封商邑。这是一个有历史价值的发现。"③这样的肯定和鼓励,今天读来依然感动。我的硕士学位论文《论秦汉陆路运输》1984年得到李学勤先生亲切的指导。算来已经35年了。武关道考察所得关于"武候"瓦当的知识,承李学勤先生指教,成为我确信战国秦汉武关位置应当在今陕西丹凤武关镇的文物实证。这里还曾出土有"武"字戳印的板瓦。然而我关于这一问题的考论《武关·武候·武关候:论战国秦汉武关位置与武关道走向》(《中国历史地理论丛》2018年1期)却迟至去年方才刊出。这一方面在于我的工作效率低,另一方面,也是李学勤先生指教对于我的研究工作影响长久的一则例证。

回顾35年前的指导,追思师恩,感慨至深。

《秦汉交通史稿》1994年7月由中共中央党校出版社出版,增订版2013年1

---

① 李学勤:《〈秦汉交通史稿〉序》,《西北大学学报》1993年第1期;《秦汉交通史稿》,中共中央党校出版社1994年7月版,第1—3页;《北京日报》1994年12月14日;《秦汉交通史稿》(增订本),中国人民大学出版社2013年1月版,第1—3页。

② 原注:王子今、周苏平、焦南峰:《陕西丹凤商邑遗址》,《考古》1989年第7期。

③ 李学勤:《东周与秦代文明》,上海人民出版社2007年11月版,第308页。

月由中国人民大学出版社列入"当代中国人文大系"出版,最近社会科学文献出版社即将再版。在怀念李学勤先生的日子里,再读这篇序言,依然深心感动。

我主编的"秦史与秦文化研究丛书"即将由西北大学出版社推出,其中包括拙著《秦交通史》,也是秦汉交通史研究的收获之一。我在北京师范大学指导的博士研究生陈宁以博士论文《秦汉马政研究》通过答辩,获得历史学博士学位。在博士学位论文基础上修改充实的《秦汉马政研究》也列入我主持的中国人民大学科学研究基金(中央高校基本科研业务费专项资金资助)项目"中国古代交通史研究",2015年5月由中国社会科学出版社出版。而后,一些青年学者共同完成的《飞軨广路:中国古代交通史论集》2015年10月也由中国社会科学出版社推出。看到交通史研究方向的新人新作,前辈学者也许可以深心欣慰。

本书的讨论不免片断零散,有的内容成文仓促。其中错误之处,切望得到批评指正。

目 录

导言 ……………………………………………………………………… 1

秦岭"四道"与刘邦"兴于汉中" ………………………………………… 1
    一 《石门颂》:交通史重要文献 …………………………………… 1
    二 "余谷之川,其泽南隆" …………………………………………… 3
    三 "道由子午""兴于汉中" ………………………………………… 4
    四 "堂光"续考 ……………………………………………………… 8
    五 "围谷"推想 ……………………………………………………… 10
    六 汉中通三秦的"四道"与刘邦军事政治动作 …………………… 10
    七 汉中交通枢纽的地位兼及东汉末年曹刘争夺 ………………… 13

汉中与汉文化的发生和发育
    ——以交通史为视角的历史考察 ………………………………… 14
    一 "汉中"名义 ……………………………………………………… 14
    二 两个"汉中":秦汉中与楚汉中 …………………………………… 16
    三 东周与秦代"汉中"的文化空间位置 …………………………… 19
    四 刘邦居汉中与秦楚文化的交汇 ………………………………… 19
    五 汉文化形成进程中"汉中"的作用 ……………………………… 22
    六 汉中人张骞对于汉文化扩张的贡献 …………………………… 23
    七 张鲁的政教合一尝试与东汉末年汉中地方史的再次辉煌 …… 24

武关·武候·武关候:论战国秦汉武关位置与武关道走向 …………… 26
    一 "武关道"的历史作用 …………………………………………… 26
    二 "武关道"考古发现 ……………………………………………… 29

三　"武关"的空间定位 …………………………………… 30
　　四　武关镇的秦汉遗存与"武候"文字瓦当 ………………… 31
　　五　地湾出土"武关候"简文 …………………………… 33
　　六　关于"武候""武关候" …………………………… 34

战国秦汉"西—雍"交通考察 …………………………………… 38
　　一　"西—雍"早期交通 ………………………………… 38
　　二　"西"与"雍"的畤 ………………………………… 39
　　三　《史记》"西雍"辨正 ……………………………… 41
　　四　"西""雍"神祀中心及其交通联系 ………………… 42
　　五　"西—雍""通权火"的可能 ……………………… 44
　　六　秦始皇二十七年出巡 ……………………………… 45
　　七　汉武帝"行西逾陇" ………………………………… 47
　　八　"西—雍"交通路径与丝绸之路"陇道"线路 ……… 49

论洛阳"武库"与"天下冲阨""天下咽喉"交通形势 ……… 52
　　一　"武库军府,甲兵所聚" …………………………… 52
　　二　桓将军与赵涉的建议:据雒阳武库 ……………… 54
　　三　王夫人为刘闳求封雒阳故事 ……………………… 55
　　四　比较研究之一:东海郡武库 ……………………… 56
　　五　比较研究之二:上郡库 …………………………… 58
　　六　比较研究之三:姑臧库·武威库 ………………… 59

论合肥寿春"一都会" …………………………………………… 63
　　一　《货殖列传》与《汉志》有关合肥、寿春的不同表述 …… 63
　　二　合肥、寿春的特殊关系:生态地理、经济地理与交通地理的考察 …… 64
　　三　九江郡设置 ………………………………………… 66
　　四　"盛唐"考议 ………………………………………… 67
　　五　关于"合肥、寿春诸军" ………………………… 69
　　六　释"皮革、鲍、木输会" ………………………… 71

论秦汉辽西并海交通 ... 74
- 一 环渤海文化圈与辽西走廊交通条件 ... 74
- 二 秦驰道:濒海之观毕至 ... 77
- 三 并海道与北边道的交接 ... 81
- 四 辽西并海道战事 ... 83
- 五 "大水,傍海道不通"与海侵记忆 ... 84

"米仓道""米仓关"考 ... 87
- 一 米仓道:张鲁"奔南山入巴中"路径 ... 87
- 二 关于"夜有野麋数千突坏卫营" ... 89
- 三 "米仓道"与"米仓山" ... 90
- 四 "依杜濩,赴朴胡":巴山复杂民族关系与阆圃的意图 ... 93
- 五 《元史》"米仓关"战事及"进伐木开道七百余里"交通工程 ... 94
- 六 明代"米仓关巡检司"与清人所谓"米仓关道" ... 96
- 七 蜀道"重关":米仓关"至定远七十关" ... 98
- 八 民国《南江县志》记载南江"北至南郑路" ... 99

生态史视野中的米仓道交通 ... 102
- 一 关于"米仓道"之"米仓" ... 102
- 二 "大竹路"名义 ... 106
- 三 平昌"荔枝"地名 ... 110
- 四 巴州"岭猿" ... 112
- 五 "大巴路""小巴路"的虎患 ... 114

战国秦汉"賨民"的文化表现与巴山交通 ... 118
- 一 "巴人""賨人""南蛮"说与"输布"制度 ... 118
- 二 廪君"土船"故事与"盐神"崇拜 ... 121
- 三 "板楯蛮夷""杀虎"事迹的交通史认识 ... 123
- 四 "賨钱"与"賨布":经济交通地理视角的考察 ... 127

五　"率以征伐"与"反""叛":巴賨军事交通地理考察⋯⋯⋯⋯128
　　六　张鲁"入巴中""依杜濩,赴朴胡"⋯⋯⋯⋯⋯⋯⋯⋯⋯131
　　七　朴胡、杜濩"皆封列侯"与高峻拜"通路将军"故事⋯⋯⋯132

论两汉军事"委输"⋯⋯⋯⋯⋯⋯⋯⋯⋯⋯⋯⋯⋯⋯⋯⋯⋯135
　　一　"委输"行为与"委输官"⋯⋯⋯⋯⋯⋯⋯⋯⋯⋯⋯⋯135
　　二　"委,随也"的理解与"委输"真实语义⋯⋯⋯⋯⋯⋯⋯137
　　三　"军粮委输"与"军资委输"⋯⋯⋯⋯⋯⋯⋯⋯⋯⋯⋯139
　　四　"委输之役"与"委输"之"费"⋯⋯⋯⋯⋯⋯⋯⋯⋯⋯141
　　五　"甲卒转委输"⋯⋯⋯⋯⋯⋯⋯⋯⋯⋯⋯⋯⋯⋯⋯⋯142
　　六　"委输棹卒"与"漕卒"⋯⋯⋯⋯⋯⋯⋯⋯⋯⋯⋯⋯⋯144

宛珠·齐纨·穰橙邓橘:战国秦汉商品地方品牌的经济史考察⋯⋯147
　　一　《谏逐客书》"宛珠"与"阿缟"⋯⋯⋯⋯⋯⋯⋯⋯⋯⋯148
　　二　大一统形势下秦经济流通的规模⋯⋯⋯⋯⋯⋯⋯⋯⋯151
　　三　秦帝国的交通建设与汉代的因循⋯⋯⋯⋯⋯⋯⋯⋯⋯153
　　四　"鲁缟""齐纨""蜀锦""幐布"⋯⋯⋯⋯⋯⋯⋯⋯⋯⋯157
　　五　河西简文"任城国亢父缣""河内廿两帛""广汉八稯布"⋯160
　　六　"济南剑""河内苇笥"以及"穰橙邓橘"等⋯⋯⋯⋯⋯⋯165

秦汉长城与丝绸之路交通⋯⋯⋯⋯⋯⋯⋯⋯⋯⋯⋯⋯⋯⋯170
　　一　北边道:长城交通体系⋯⋯⋯⋯⋯⋯⋯⋯⋯⋯⋯⋯⋯170
　　二　秦长城的文化意义与长城以外的"秦人"称谓⋯⋯⋯⋯172
　　三　"关市"的作用⋯⋯⋯⋯⋯⋯⋯⋯⋯⋯⋯⋯⋯⋯⋯⋯173
　　四　"骡驴馲䭾,衔尾入塞"与"商胡贩客,日款于塞下"⋯⋯175
　　五　长城是丝路畅通的保障⋯⋯⋯⋯⋯⋯⋯⋯⋯⋯⋯⋯⋯176
　　六　长城戍守人员间接参与丝绸贸易⋯⋯⋯⋯⋯⋯⋯⋯⋯177

汉代"天马"追求与草原战争的交通动力⋯⋯⋯⋯⋯⋯⋯⋯180
　　一　"天马徕,从西极,涉流沙,经万里"⋯⋯⋯⋯⋯⋯⋯⋯180

二　"天马"由来的三个空间等级 …… 182
　　三　"天马""龙为友"神话 …… 183
　　四　"天马"引入与骑兵军团建设 …… 184
　　五　"天马"的军事史地位与文化史地位 …… 187

勒功燕然的文化史回顾 …… 189
　　一　上古刻石纪功传统 …… 190
　　二　"振大汉之天声":英雄主义时代精神的纪念 …… 192
　　三　中护军班固:文人生涯与军人生涯的交集 …… 193
　　四　燕然石刻发现的意义 …… 195

汉与罗马:交通建设与帝国行政 …… 197
　　一　交通基本建设的国家行政主导 …… 197
　　二　交通系统的服务主体 …… 201
　　三　陆路交通的技术形式 …… 202
　　四　交通与商业 …… 205
　　五　海洋航行与海盗的发生与除灭 …… 206
　　六　立国形态的比较与交通史异同 …… 209

秦交通考古及其史学意义 …… 211
　　一　秦人经营交通线路的考古发现 …… 211
　　二　秦人的车辆发明 …… 212
　　三　交通动力开发的文物实证 …… 213
　　四　秦交通考古多方面成就对秦史研究的推进 …… 214

岳麓书院秦简《数》"马甲"与战骑装具史的新认识 …… 216
　　一　岳麓书院秦简《数》所见"马甲"简文 …… 216
　　二　曾侯乙墓出土"马甲" …… 217
　　三　包山2号楚墓出土"马甲" …… 218
　　四　有关"马甲""马铠"的历史记录 …… 219

五 杨泓有关战马装具史的创论 ………………………… 222
  六 甲骑装具史的新认识 …………………………………… 224

秦俑"偪胫"说 …………………………………………………… 226
  一 秦俑"护腿"发现 ………………………………………… 226
  二 "护腿""絮衣"说辨疑 …………………………………… 227
  三 腿裙·吊腿·胫衣·跗注 ……………………………… 229
  四 "偪胫"推想 ……………………………………………… 231

《盐铁论》"掌蹄""革鞮"推考 ………………………………… 234
  一 《盐铁论·散不足》所见"掌蹄" ……………………… 234
  二 "堂蹄"说 ………………………………………………… 235
  三 对于"革鞮"的理解 ……………………………………… 235
  四 "蹄铁"源起 ……………………………………………… 236
  五 "数马曰若干蹄":蹄铁萌芽的观念背景与技术条件之一 … 238
  六 "蹄欲得厚":蹄铁萌芽的观念背景与技术条件之二 … 239
  七 蹄部病症治疗:蹄铁萌芽的观念背景与技术条件之三 … 240

略说里耶秦简"祠器""纍梠车" ……………………………… 243
  一 里耶简文"祠器""纍梠车" …………………………… 243
  二 "环二尺一环" …………………………………………… 244
  三 "环去栈高尺"与"栈广四尺" ………………………… 245
  四 "木禺车""木寓车":秦人车辆模型创制 …………… 246
  五 关于"秦用驹犊羔" ……………………………………… 247
  六 "秦用驹犊羔"与"秦人爱小儿"联想 ………………… 248

论李翕龟池五瑞画象及"修崤嵚之道"题刻 ………………… 250
  一 《隶释》著录《李翕龟池五瑞碑》 …………………… 250
  二 李翕四刻:珍贵的交通史料 …………………………… 252
  三 鲁迅的收藏 ……………………………………………… 255

四　鼋池五瑞神话与"崤嶔"交通建设纪念 ………………………… 256
　　五　"君昔在鼋池修崤嶔之道"的武都宣传 …………………………… 258
　　六　"陇汉间""陇汉之间" ……………………………………………… 260
　　七　李翕与仇审：武都交通建设功臣 ………………………………… 261

附论：
秦汉历史记忆中的帝舜"巡狩" …………………………………………… 265
　　一　炎黄交通实践：帝舜"巡狩"的历史先声 ………………………… 265
　　二　尧对舜的交通能力测试 …………………………………………… 269
　　三　帝舜"巡狩"传说 …………………………………………………… 270
　　四　舜的继承者："禹行"九州，"东巡狩，至于会稽而崩" ………… 272
　　五　帝舜"巡狩"行为的延续：周秦执政者的仿效 …………………… 273
　　六　帝舜"巡狩"：儒学礼仪化宣传与史家实证性考辨 ……………… 277

说"仇陇"：出土文献交通史料研究札记 ……………………………… 281
　　一　"佤陇"疑问 ………………………………………………………… 281
　　二　"佤陇"应为"仇陇"误录 …………………………………………… 283
　　三　"鹫硖""鹫陕"与"仇陇"军事交通形势 ………………………… 284
　　四　"仇陇"空间符号的意义 …………………………………………… 286
　　五　《西安碑林博物馆新藏墓志汇编》题"张宜墓志"补议 ………… 287

本书内容初刊信息 ……………………………………………………… 288

后　记 …………………………………………………………………… 290

秦岭"四道"与刘邦"兴于汉中"

《石门颂》涉及交通史的内容值得珍视。其中说到刘邦"兴于汉中"随即建立帝业的成功,涉及自关中平原翻越秦岭,进而通达巴蜀地方的"四道",即四条交通干线。高帝建国之初,汉中"四道"形成的特殊的交通结构,有征服山阻,联系南北文化交流的文化效能,也有便利刘邦在汉中稳定队伍,积蓄力量,确定战略,选择时机的历史作用。考察汉王在汉中的活动及其随后"还定三秦,诛籍业帝"①的政治成功,不能忽略"四道"提供的交通条件。

一 《石门颂》:交通史重要文献

《石门颂》额题"故司隶校尉犍为杨君颂",刻于褒城石门,汉桓帝建和二年(148)汉中太守王升为犍为杨涣孟文营作。历代被看作书法精品。其中交通史信息,尤其值得学者珍视。

《石门颂》开篇回顾"高祖受命,兴于汉中"事,指出自关中南逾秦岭至汉江川地的"四道"。据《隶释》卷四记载:

司隶校尉杨孟文石门颂《华阳国志》杨君名涣

惟巛灵定位,川泽股躬,泽有所注,川有所通。余谷之川,其泽南隆,八方所达,益域为充。

高祖受命,兴于汉中。道由子丈,出散入秦,建定帝位,以汉诋焉。

---

① 《史记》卷一三〇《太史公自序》,中华书局1959年9月版,第3302页。

后以子午，途路𡽏难，更随围谷，复通堂光。凡此四道，垓鬲无艰。①

高文《汉碑集释》：

> 惟坤灵定位，川泽股躬，泽有所注，川有所通。余谷之川，其泽南隆。八方所达，益域为充。
>
> 高祖受命，兴于汉中。道由子午，出散入秦。建定帝位，以汉诋焉。后以子午，途路𡽏难。更随围谷，复通堂光。凡此四道，垓鬲尤艰。……②

下文记述永平四年"诏书开余，凿通石门"事，有涉及交通建设工程具体的技术性记录。③

"坤灵定位"，高文据《广韵》"坤，古文巛"，《集韵》"坤，古作巛"，《说文》"坤，地也"，以及樊毅《修华岳碑》"巛灵既定"，《西岳华山庙碑》"乾巛定位"，指出："'巛'为汉代通行之'坤'字，故汉碑皆作'巛'。"④《石门颂》下文有"上顺斗极，下答巛皇，自南而北，四海攸通"⑤句，高文亦以为"'巛皇'即'坤皇'，谓地也"。⑥ 所谓"定位"，明确地理空间意义的神圣。而"川泽股躬"，以及"泽有所注，川有所通"，突出强调了水系对于交通的意义。汉江为汉中地方提供了充备的水资源和水运动力。此外，《石门颂》言"山道"，亦言"谷道"。秦岭"谷道"即所谓"峪"对于交通道路开拓提供了便利的条件。秦岭"四道"都分别利用了这样的条件。

---

① 〔宋〕洪适撰：《隶释 隶续》，中华书局 1985 年 11 月据洪氏晦木斋刻本影印版，第 49—50 页。

② 高文：《汉碑集释》，河南大学出版社 1997 年 11 月版，第 88 页。

③ 王子今：《"汉三颂"交通工程技术史料丛说》，《南都学坛》2011 年第 1 期，《石门——汉中文化遗产研究 2010》，三秦出版社 2011 年 6 月版。

④ 高文：《汉碑集释》，第 90 页。

⑤ 高文：《汉碑集释》，第 89 页。

⑥ 高文：《汉碑集释》，第 102 页。

二 "余谷之川,其泽南隆"

《隶释》说,"碑以'余谷'为斜谷","'褒斜'者,汉中谷名"。① 褒斜道北段通过斜谷。有人认为,刘邦入汉中经由褒斜道。《元和郡县图志》卷二二《山南道三》"兴元府"下"褒城县"条:"褒斜道,一名石牛道,张良令汉王烧绝栈道,示无还心,即此道也。"② 宋郭允蹈《蜀鉴》卷一"汉高帝由蜀汉定三秦"条:"汉王从杜南入蚀中,张良送至褒中,良说汉王烧绝栈道。杜南在今京兆府万年县,古杜伯国也。蚀中,入汉中道川谷名。《寰宇记》曰:褒口在褒城县北。北口曰斜,南口曰褒,同为一谷,自褒谷至凤州界一百三十里,始通斜谷。斜口在凤翔府郿县谷中。褒水所流穴山,架木以行。张良劝汉王烧绝栈道,以备诸侯盗兵,且示项羽无东意。今地名石门。"③

所谓"余谷之川,其泽南隆",体现了褒斜道长期是蜀道主线路的历史事实。《元和郡县图志》"褒斜道,一名石牛道"值得注意。蜀道"石牛"传说较早见于《华阳国志》卷三《蜀志》,称发生于"周显王之世,蜀王有褒汉之地"时。④《史记》卷一二九《货殖列传》言巴蜀地方物产丰饶,"然四塞,栈道千里,无所不通,唯褒斜绾毂其口,以所多易所鲜"。⑤ 这正是《石门颂》"余谷之川,其泽南隆"的本意。蜀道穿越秦岭的线路,主要有故道、褒斜道、傥骆道、子午道。我们考察蜀道历史变迁,注意到随着咸阳—长安文化重心地位的形成,蜀道主线路发生大致以自西而东为趋向的移换。⑥ 而《隶释》关于《石门颂》的考察中有关"《顺帝纪》

---

① 〔宋〕洪适撰:《隶释 隶续》,第51页。
② 〔唐〕李吉甫撰,贺次君点校:《元和郡县图志》,中华书局1983年6月版,第559页。
③ 〔宋〕郭允蹈撰:《蜀鉴》卷一,文渊阁《四库全书》本。
④ 〔晋〕常璩撰,任乃强校注:《华阳国志校补图注》,上海古籍出版社1987年10月版,第123页。
⑤ 《史记》,第3261—3262页。
⑥ 王子今、刘林:《咸阳—长安文化重心地位的形成与蜀道主线路的移换》,《长安大学学报》2012年第1期。

延光四年诏益州刺史罢子午道,通褒斜路"史事的提示也值得我们注意。①

关于"余谷之川,其泽南隆",还应当注意到汉武帝时代曾经有开发褒斜水运的试探。② 这或许也是《石门颂》文字"坤灵定位,川泽股躬,泽有所注,川有所通"的例证。

三 "道由子午" "兴于汉中"

《石门颂》:"高祖受命,兴于汉中。道由子午,出散入秦。建定帝位,以汉祗焉。"被认为明确指出刘邦往汉中是由子午道南下的记载。

"子午道"是自秦都咸阳、汉都长安向南通往汉中巴蜀的道路。秦始皇规划咸阳的建设时,曾经有"周驰为阁道,自(阿房)殿下直抵南山,表南山之颠以为阙"③的设想。

《史记》卷八《高祖本纪》说,汉王之国,"从杜南入蚀中"。裴骃《集解》:"李奇曰:'蚀音力,在杜南。'如淳曰:'蚀,入汉中道川谷名。'"司马贞《索隐》:"李奇音力,孟康音食。王劭按:《说文》作'鏚',器名也。地形似器,故名之。音力也。"④程大昌《雍录》卷五"汉高帝入关"条写道:"四月,汉王入蚀中,至南郑。蚀中之名地书皆不载,以地望求之,关中南面皆碍南山,不可直达,其有微径可达

---

① 〔宋〕洪适撰:《隶释 隶续》,第50页。《后汉书》卷六《顺帝纪》:"(延光四年十一月)乙亥,诏益州刺史罢子午道通褒斜路。"李贤注:"子午道,平帝时王莽通之。《三秦记》曰,子午,长安正南。山名秦岭谷,一名樊川。褒斜,汉中谷名。南谷名褒,北谷名斜,首尾七百里。"第251页。

② 《史记》卷二九《河渠书》:"人有上书欲通褒斜道及漕事,下御史大夫张汤。汤问其事,因言:'抵蜀从故道,故道多阪,回远。今穿褒斜道,少阪,近四百里;而褒水通沔,斜水通渭,皆可以行船漕。漕从南阳上沔入褒,褒之绝水至斜,间百余里,以车转,从斜下下渭。如此,汉中之谷可致,山东从沔无限,便于砥柱之漕。且褒斜材木竹箭之饶,拟于巴蜀。'天子以为然,拜汤子卬为汉中守,发数万人作褒斜道五百余里。道果便近,而水湍石,不可漕。"第1411页。参看王子今:《两汉漕运经营与水资源形势》,《陕西历史博物馆馆刊》第13辑,三秦出版社2006年6月版;《长安学丛书·经济卷》,陕西师范大学出版社2009年9月版。

③ 《史记》卷六《秦始皇本纪》,第256页。

④ 《史记》卷八《高祖本纪》,第367页。今按:今本《说文·金部》无"鏚"字。

汉中者,惟子午关。子午关在长安正南。其次向西则有骆谷关。关之又西则褒斜也。此之蚀中,若非骆谷,即是子午也。若大散关则在汉中西南,不与咸阳对出,非其地矣。"①

汉末历史记录表明,子午道曾经是关中通往汉江流域的最便捷通道。《三国志》卷八《魏书·张鲁传》:"韩遂、马超之乱,关西民从子午谷奔之者数万家。"②《三国志》卷四〇《蜀书·魏延传》:"延每随亮出,辄欲请兵万人,与亮异道会于潼关,如韩信故事,亮制而不许。延常谓亮为怯,叹恨己才用之不尽。"③裴松之注引《魏略》:"夏侯楙为安西将军,镇长安,亮于南郑与群下计议,延曰:'闻夏侯楙少,主婿也,怯而无谋。今假延精兵五千,负粮五千,直从褒中出,循秦岭而东,当子午而北,不过十日可到长安。楙闻延奄至,必乘船逃走。长安中惟有御史、京兆太守耳,横门邸阁与散民之谷足周食也。比东方相合聚,尚二十许日,而公从斜谷来,必足以达。如此,则一举而咸阳以西可定矣。'亮以为此县危,不如安从坦道,可以平取陇右,十全必克而无虞,故不用延计。"④直抵长安。由魏延所谓"韩信故事",可知在汉末军事家的意识中,"道由子午,出散入秦"或许确是刘邦北定三秦的路线。

看来,子午道在秦汉之际已经通行大致是没有疑义的。⑤

----

① 〔宋〕程大昌撰,黄永年点校:《雍录》,中华书局2002年6月版,第92—93页。
② 《三国志》卷八《魏书·张鲁传》,中华书局1959年12月版,第264页。
③ 《三国志》卷四〇《蜀书·魏延传》,第1003页。
④ 《三国志》卷四〇《蜀书·魏延传》,第1003页。
⑤ "子午道"通行更早的说法,即《史记》卷七〇《张仪列传》:"苴蜀相攻击,各来告急于秦。"张守节《正义》:"《华阳国志》云:'昔蜀王封其弟于汉中,号曰苴侯,因命之邑曰葭萌。苴侯与巴王为好,巴与蜀为雠,故蜀王怒,伐苴。苴奔巴,求救于秦。秦遣张仪从子午道伐蜀。蜀王自葭萌御之,败绩,走至武阳,为秦军所害。秦遂灭蜀,因取苴与巴焉。'"第2281—2282页。然而所谓"秦遣张仪从子午道伐蜀",不见于今本《华阳国志》。《华阳国志》卷一《巴志》记述张仪、司马错兼并巴蜀,未言进军路径:"周慎王五年,蜀王伐苴。苴侯奔巴。巴为求救于秦。秦惠文王遣张仪、司马错救苴、巴。遂伐蜀,灭之。仪贪巴、苴之富,因取巴,执王以归。置巴、蜀及汉中郡。分其地为四十一县。"《华阳国志》言及"子午"的,只有卷二《汉中志》:"山水艰阻,有黄金、子午、马鞮、建鼓之阻。"又卷七《刘后主志》:"(建兴八年)秋,魏大将军司马宣王由西城,征西车骑将军张郃由子午,大司马曹真由斜谷,三道将攻汉中。"〔晋〕常璩撰,任乃强校注:《华阳国志校补图注》,第11页、第89页、第398页。

"子午道"作为长安通往汉水流域的道路,因这两个区域地位之重要,其交通作用十分显著。东汉末年,关中流民多由子午道南下汉中。如《三国志》卷八《魏书·张鲁传》:"韩遂、马超之乱,关西民从子午谷奔之者数万家。"①曹魏军也曾经由子午道伐蜀。② 李之勤曾经对子午道的历史变迁进行过全面深入的考证。③ 我们在对子午道秦岭北段遗迹进行实地考察时,也发现了相当典型的古栈道的遗存。④

《汉书》卷九九上《王莽传上》:"(元始四年)其秋,(王)莽以皇后有子孙瑞,通子午道。"颜师古说:"子,北方也。午,南方也。言通南北道相当,故谓之'子午'耳。今京城直南山有谷通梁、汉道者,名'子午谷'。又宜州西界,庆州东界,有山名'子午岭',计南北直相当。此则北山者是'子',南山者是'午',共为'子午道'。"⑤颜师古将"子午岭"和"子午道"联系起来理解,这位唐代学者应当引起我们的重视。还有将直道所循子午岭和子午道所循子午谷"计南北直相当"者联系在一起的说法,即所谓"此则北山者是'子',南山者是'午',共为'子午道'"。确实,如我们在前面所说到的,秦直道循子午岭北行,而"直"正是"子午"的快读合音,由杜陵南行直通梁、汉的子午道也有类似的情形。宋敏求《长安志》卷一一《县一·万年》写道:"福水即交水也。《水经注》曰:'上承樊川御宿

---

① 《三国志》卷八《魏书·张鲁传》,第 264 页。
② 《三国志》卷九《魏书·曹真传》:"(曹)真以八月发长安,从子午道南入。"第 282 页。《三国志》卷一三《魏书·华歆传》:"太和中,遣曹真从子午道伐蜀。"第 405 页。《三国志》卷二二《魏书·陈群传》:"(曹)真复表从子午道,(陈)群又陈其不便,并言军事用度之计,诏以群议下真,真据之遂行。"第 635 页。《三国志》卷九《魏书·夏侯渊传》注引《魏略》和《三国志》卷二七《魏书·王基传》注引司马彪《战略》都说到"子午之役"。第 272 页、第 756 页。《三国志》卷三三《蜀书·后主传》:建兴八年(230),"秋,魏使司马懿由西城,张郃由子午,曹真由斜谷,欲取汉中"。第 896 页。《三国志》卷二八《魏书·钟会传》记载景元四年(263)伐蜀之役,也写道:"魏兴太守刘钦趣子午谷,诸军数道平行,至汉中。"第 787 页。
③ 李之勤:《历史上的子午道》,《西北大学学报》(哲学社会科学版)1981 年第 2 期。
④ 王子今、周苏平:《子午道秦岭北段栈道遗迹调查简报》,《文博》1987 年第 4 期。
⑤ 《汉书》卷九九上《王莽传上》,中华书局 1962 年 6 月版,第 4076 页。

诸水,出县南山石壁谷①,南三十里,与直谷②水合,亦曰子午谷水。'"③又《长安志》卷一二《县二·长安》:"豹林谷④水。出南山,北流三里,有竹谷水自南来会。又北流二里,有子午谷水自东来会。⑤ 自北以下,亦谓之子午谷水。"⑥ "直谷"应当也是"子午谷"的快读合音。⑦ 另外,特别值得我们注意的,还有汉魏子午道秦岭南段又曾经沿池河南下汉江川道的情形。⑧ 明嘉靖《陕西通志》卷三《土地三·山川中》"石泉县"条则有作"迟河"。编者写道:"迟河在县东五十里,源自长安县腰竹岭来,至莲花石南入汉江。相传此河易涨难退,故名。"⑨然而根据当地方言发音特点,我们有理由推测,"池""迟",或为"直"之音转。也就是说,很可能子午道循行的河道,也曾经被称作"直河""直水"。严耕望《唐代交通图考》第三卷《秦岭仇池区》图十一《唐代秦岭山脉东段诸谷道图》中,这条北方正对"子午镇""子午谷""子午关"的河流,正是被标注为"直水(迟河)(池河)"的。⑩

严耕望对"直水"的判断自当有据。我们看到,《水经注》卷二七《沔水上》明确著录"直水":"……汉水又东合直水,水北出子午谷岩岭下,又南枝分,东注旬水。又南径蓰阁下,山上有戍,置于崇阜之上,下临深渊,张子房烧绝栈阁,示无还也。又东南历直谷,径直城西,而南流注汉。汉水又东径直城南,又东径千渡

---

① 今按:亦作石鳖谷,今称石砭峪。
② 今按:今子午谷。
③ 据毕沅案语,今本《水经注》无此文。"《太平寰宇记》文与此同,而不云出《水经注》。"〔宋〕宋敏求撰,辛德勇、郎洁点校:《长安志》,三秦出版社2013年12月版,第365页。
④ 今按:今称抱龙峪。
⑤ 今按:"自东来会"疑当作"自西来会"。
⑥ 〔宋〕宋敏求撰,辛德勇、郎洁点校:《长安志》,第388页。
⑦ 《咸宁县志》卷一《南山诸谷图》中,"石鳖峪"旁侧标注"竹",由此可以推想"竹谷"或许也应从音读的线索考虑与"子午谷"的关系。
⑧ "池河",见《陕西省地图册》,西安地图出版社1988年1月版,第88页。
⑨ 〔明〕赵廷瑞修,〔明〕马理、〔明〕吕柟纂,董健桥总校点:《陕西通志》,三秦出版社2006年6月版,第112页。
⑩ 严耕望:《唐代交通图考》第三卷《秦岭仇池区》,"中央研究院"历史语言研究所专刊之八十三,"中央研究院"历史语言研究所1985年9月版,第811页后附图十一《唐代秦岭山脉东段诸谷道图》。

而至虾蟆颔。"①"直水""北出子午谷岩岭下",暗示"直"与"子午"的关系。而"南径篴阁下,山上有戍",以及"下临深渊"之说,体现古子午道循"直水"谷道通行的史实。所谓"张子房烧绝栈阁,示无还也",更明确指出此即刘邦入汉中道路。"直谷""直城"地名,应当都与"直水"有关,也与"子午谷"有关。②

四 "堂光"续考

辛德勇曾据《石门颂》中"更随围谷,复通堂光"诸语,以为所谓"堂光"中的"堂"应当就是"党(灙)"的同音假借字。他又指出,"在灙骆道的北口围谷口外稍西的渭河南岸,有西汉武功县城"。③《汉书》卷九九上《王莽传上》:"以武功县为安汉公采地,名曰汉光邑。"④《汉书》卷二八上《地理志上》又说到武功县"莽曰新光"。"'党光'中的'光',应该就是指这个'汉光'或'新光'。"⑤

所谓"'党光'中的'光'"应与"汉光"或"新光"有关,然而何以确定"党光"道名取自"汉光"或"新光"地名,则所据不详。现在分析,似乎不能完全排除"汉光"或"新光"地名确定于后,而"党光"道名应用于先的可能;也不能完全排除这条古道路虽未必早已定名"堂光",然而实际开通却先于"汉光""新光"地名的可能。

这样,辛德勇所谓"现在最早只能把灙骆道有据可依的开通时间上限定在西汉平帝元始五年十二月以后"⑥的意见,其认识基础似已有所动摇,论文提出的结论,可能亦失之于保守。

那么,这条道路定名"堂光"之所谓"光",有没有可能是另有所据呢?

---

① 〔北魏〕郦道元著,陈桥驿校证:《水经注校证》,中华书局 2007 年 7 月版,第 649 页。
② 王子今:《秦直道的历史文化观照》,《人文杂志》2005 年第 5 期。
③ 今按:现今眉县横渠镇西北之古城村,或许即与西汉武功县遗址有关。
④ 王莽采地择定武功,可能与"武功长孟通浚井得白石,上圆下方,有丹书著石,文曰'告安汉公莽为皇帝'"有关。《汉书》卷九九上《王莽传上》记载:"符命之起,自此始矣。"
⑤ 辛德勇:《汉〈杨孟文石门颂〉堂光道新解——兼析灙骆道的开通时间》,《中国历史地理论丛》1990 年第 1 期。
⑥ 辛德勇:《汉〈杨孟文石门颂〉堂光道新解——兼析灙骆道的开通时间》,第 112 页。

褒斜道定名取义褒谷与斜谷。堂光道除定名用字先南后北的形式与褒斜道相同外,可能也取河谷名称而不用行政地名。

今发源于太白山南麓折行东北,在周至县东入渭的黑河,先曾称芒水。《水经》:"(渭水)又东,芒水从南来流注之。"《水经注·渭水》:"芒水出南北芒谷。北流迳玉女房,水侧山际有石室,世谓之玉女房。芒水又北迳盩厔县之竹圃中,分为二水。汉冲帝诏曰:'翟义作乱于东,霍鸣负倚盩厔芒竹。'①即此也。"② "芒"正与"光"相通。《史记》卷二七《天官书》:"岁阴在酉,星居午。以八月与柳、七星、张晨出,曰(为)长王,作作有芒。"③"芒"即"光"。又《文选》卷一五张衡《思玄赋》"扬芒熛而绛天",李善注:"芒,光芒也。"④"光"与"芒"通假之例,又有《老子·道经》十四章"是为忽恍",傅奕本、范应元本皆作"芴芒"。

王莽时代更改地名往往取原义而变换文字。仅三辅地区就有长安改称常安、粟邑改称粟城、谷口改称谷喙、临晋改称监晋、郁夷改称郁平、漆改称漆治、好畤改称好邑诸例。"汉光""新光"地名用"光"字,有可能取义于"芒水""芒谷"之"芒"。如果"堂光道"定名确与芒水有关,则王莽专政前可能先自有名,其路线之北段当经由今黑河谷道。《水经注》所谓"玉女房""石室",说明"水侧山际"存在交通道路。而《汉书》卷八四《翟方进传》所谓负倚芒竹⑤,《魏书》卷七三《崔延伯传》所谓军屯黑水⑥,都说明黑水谷道路以战略地位之重要久已为军事家所看重。此外,《三国志》卷三三《蜀书·后主传》:"延熙二十年,闻魏大将军诸葛诞据寿春以叛,姜维复率众出骆谷,至芒水。"⑦卷四四《蜀书·姜维传》:"维前往芒水,皆倚山为营。"⑧卢弼《三国志集解》引梁章钜曰:"《盩厔县志》:

---

① 据《汉书》卷八四《翟方进传》载孺子婴居摄二年(7)诏,文句略有不同。
② 〔北魏〕郦道元著,陈桥驿校证:《水经注校证》,第443页。
③ 《史记》卷二七《天官书》,第1315页。
④ 〔梁〕萧统编,〔唐〕李善注:《文选》,中华书局1977年11月据胡克家刻本影印标点本,第216页。
⑤ 《汉书》卷八四《翟方进传》,第3439页。
⑥ 《魏书》卷七三《崔延伯传》,中华书局1974年6月版,第1637页。
⑦ 《三国志》卷三三《蜀书·后主传》,第899页。
⑧ 《三国志》卷四四《蜀书·姜维传》,第1065页。《三国志》卷四五《蜀书·杨戏传》也说道:"延熙二十年,随大将军姜维出军至芒水。"第1077页。

"黑水谷在县东志,即芒谷也。水黑色,亦名黑水谷。"①

被认定为骆谷的西骆峪以东与黑水谷之间的东骆峪和辛口峪也曾经多有战事发生,说明先期曾称堂光道,后期则称骆谷道、傥骆道的这条古代道路的北段,可能曾先后有多条通路。②

五 "围谷"推想

前引辛德勇文言"围谷即韦谷",从黄盛璋说。③ 辛德勇还认为,堂光道应该就是傥骆道的前身。除名称有所差异外,堂光道与傥骆道的路段也略有不同,即堂光道在秦岭北坡走围谷(韦谷,即今泥河),傥骆道走骆(洛)谷(即今西骆峪)。④

其实,由傥水谷道北上,在华阳镇西南有地名称"围子坝"。或许所谓"围谷",本是指与此相近的谷道。

《石门颂》所谓"更随围谷,复通堂光",指出了"围谷"道路与"堂光道"的关系。可能"围谷"是汉代称"堂光道"后称"傥骆道"的交通干线的早期通行路径之一。

这样说来,《石门颂》所谓"四道",比较其地位,可能并非同等级交通干道之间相互并列的关系。

六 汉中通三秦的"四道"与刘邦军事政治动作

《石门颂》:"高祖受命,兴于汉中。道由子午,出散入秦。建定帝位,以汉祇焉。"以为刘邦是经子午道入据汉中。当然,如上文所说,又有刘邦部众由褒斜

---

① 卢弼著:《三国志集解》,中华书局1982年12月版,第860页。
② 王子今:《〈禹贡〉黑水与堂光古道》,《文博》1994年第2期。
③ 黄盛璋:《褒斜道与石门石刻》,《历史地理论集》,人民出版社1982年6月版。
④ 辛德勇:《汉〈杨孟文石门颂〉堂光道新解——兼析傥骆道的开通时间》,《中国历史地理论丛》1990年第1期。

道南下的意见。而"出散入秦"道路,当由通常所谓"故道"北上。如明人何景明《汉中歌二首》:"汉王昔日定三秦,壮士东归意气新。旌旗暗度陈仓口,父老重迎灞水滨。""烧栈登坛各有勋,谋臣猛将郁如云。关中自识龙颜主,海内争看缟素军。"①又明人李贤《宝鸡县怀古》诗:"闲来访古对清樽,暗度陈仓事可论。尚父钓时磻石在,张仙游处道宫存。玉鸡山上晨啼歇,紫草原头晚色昏。但喜居民农事毕,任教风叶护柴门。"②也说"暗度陈仓事",道路方向正当"陈仓""宝鸡"。这应当是《石门颂》所谓"四道"以外的另一条古道。

《史记》卷八《高祖本纪》记载刘邦军南下汉中情形:"四月,兵罢戏下,诸侯各就国。汉王之国,项王使卒三万人从,楚与诸侯之慕从者数万人,从杜南入蚀中。去辄烧绝栈道,以备诸侯盗兵袭之,亦示项羽无东意。"对于"烧绝栈道",司马贞《索隐》:"按系家,是用张良计也。栈道,阁道也……崔浩云:'险绝之处,傍凿山岩,而施版梁为阁。'"③所谓"备诸侯盗兵袭之",是新建国的汉政权必然的军事防卫措施。这样的"备",应当兼及各条可能"袭"汉中的道路。《石门颂》所说的"四道"应当均有戒备。

刘邦进据汉中后,面临将士流失的危机。《史记》卷八《高祖本纪》:"至南郑,诸将及士卒多道亡归,士卒皆歌思东归。"④诸将及士卒所谓"亡归""东归",应当通过《石门颂》所说"四道"一类通路。韩信就此提出"决策东乡,争权天下"的建议,"韩信说汉王曰:'项羽王诸将之有功者,而王独居南郑,是迁也。军吏士卒皆山东之人也,日夜跂而望归,及其锋而用之,可以有大功。天下已定,人皆自宁,不可复用。不如决策东乡,争权天下。'"这位"韩信"提示刘邦,"谋臣猛将"的集结,军中人才的激励,在这一时期必然多用心思。"决策东乡,争权天下"积极战略的提出者"韩信",裴骃《集解》引徐广曰:"韩王信,非淮阴侯信也。"⑤而后来在"汉并天下"战争中起到重要作用的大军事家韩信,在这一时期也是逃亡将士之一。

《史记》卷九二《淮阴侯列传》记载:"汉王之入蜀,信亡楚归汉,未得知名,为

---

① 〔明〕何景明:《大复集》卷二九《七言绝句》,文渊阁《四库全书》本。
② 〔明〕李贤:《古穰集》卷二二《七言律诗》,文渊阁《四库全书》本。
③ 《史记》卷八《高祖本纪》,第367页。
④ 《史记》卷八《高祖本纪》,第367页。
⑤ 《史记》卷八《高祖本纪》,第367页。

连敖。坐法当斩,其辈十三人皆已斩,次至信,信乃仰视,适见滕公,曰:'上不欲就天下乎? 何为斩壮士!'滕公奇其言,壮其貌,释而不斩。与语,大说之。言于上,上拜以为治粟都尉,上未之奇也。""至南郑,诸将行道亡者数十人,信度何等已数言上,上不我用,即亡。何闻信亡,不及以闻,自追之。"①远处汉中,刘邦部众多怀乡思归,人心动摇,出现陆续逃亡现象。韩信的表现符合刘邦部队军心军情的大趋势,然而因萧何的激烈反应形成深刻的历史记忆。韩信后来登坛拜将、破敌立功与悲剧结局的鲜明对照,使得人们对他的这一经历多有关注。通常以为萧何追韩信的地点,在褒斜道上。2012 年由四川省文物考古研究所组织的米仓道考察,在四川南江"韩溪"谷口获得了重要的古代道路遗迹的发现。考古工作者和交通史研究者对于密集的古代栈道、桥梁和砆石遗存进行了勘测,可以初步判定其年代很可能早至战国秦汉时期。这一发现,可以看作极有价值的交通考古收获。通过方志等资料和民间之传言,可知关于南江"韩溪",当地曾经长期流布着有意思的历史传说,以为这里就是秦汉之际著名的萧何追韩信故事发生的现场。"韩溪"正是因此得名。多数有关"韩溪"方位的记忆,在米仓道上,即由汉中南行方向。似乎年代更早的纪念遗存,也取这一倾向。

注意相关现象,应当考虑韩信"亡"或可能选择以南下为方向。我们亦难以排除韩信往义帝所居方向靠拢,以寻求新的发展机会的可能。据《史记》卷七《项羽本纪》,当时项羽"徙义帝长沙郴县",而"义帝柱国共敖""为临江王,都江陵"。② 在米仓道可以联络"荆吴"的条件下,韩信由此正可以得到交通的便利。韩信有可能欲接近的实力派军事领袖,也许还有位于"荆吴"方向"为九江王,都六"的黥布,以及"为衡山王,都邾",与越人有密切关系,曾经"率百越佐诸侯"的吴芮。③ 当然,这样的分析,基于汉中交通形势具有"八方所达,益域为充"的条件。

---

① 《史记》卷九二《淮阴侯列传》,第 2610—2611 页。
② 《史记》卷七《项羽本纪》,第 320 页、第 316 页。
③ 《史记》卷七《项羽本纪》,第 316 页。参看王子今、王遂川:《米仓道"韩溪"考论》,《四川文物》2013 年第 2 期。

七　汉中交通枢纽的地位兼及东汉末年曹刘争夺

《石门颂》所谓"八方所达,益域为充",高文引《隶释》云:"以'充'为'冲'。"又写道:"《说文》作衝,'通道也'。益域,益州。此即《史记》所谓'巴蜀四塞,然栈道千里,唯褒斜绾毂其口'是也。"①这一见解是正确的。然而高文对《石门颂》前句"余谷之川,其泽南隆"的解释,我们却不能同意。高文写道:"隆,《说文》:'丰大也。'谓渭水南注,其流益大也。《后汉书·郡国志》:右扶风武功有斜谷。注引《西征赋》注曰:'褒斜谷,在长安西南,南口褒,北口斜,长百七十里,其水南流。'"②对于"其泽南隆"进行这种地貌学与水文学的解释,全不合上下文意。所谓"其泽南隆",指的是褒斜道南通巴蜀的经济地理和人文地理意义上的作用。

秦占有巴蜀之后,"蜀既属秦,秦以益强,富厚,轻诸侯"③。但是另一方面,巴蜀对秦文化的认同,推进了当地的进步。④由这条通路向南推进的经济和文化的影响,即所谓"其泽南隆",在《史记》卷一二九《货殖列传》中已经有所分析。

---

① 高文:《汉碑集释》,第92页。
② 高文:《汉碑集释》,第92页。
③ 《史记》卷七〇《张仪列传》,第2284页。
④ 王子今:《秦兼并蜀地的意义与蜀人对秦文化的认同》,《四川师范大学学报》1998年第2期。

汉中与汉文化的发生和发育
——以交通史为视角的历史考察

蜀道是我们民族文化显现出超凡创造精神和伟大智慧与勇力的历史纪念。汉中是蜀道的枢纽。在这里,蜀道陆路交通与汉江水路交通实现交接。汉中作为联系西北与西南的文化中枢,曾经有重要的历史地位。特别是在汉文化最初发生与早期发育的历史进程中,汉中发挥了重要的作用。李学勤曾经论说东周以来形成的七个文化圈,其中最重要的文化主流秦文化、楚文化与齐鲁文化,在汉代实现融汇,形成了汉文化。汉中曾经是维护文化联系的通道,也是实现文化沟通的中间站。张骞出身汉中,这位对于促进汉文化与外域文化交流实现"凿空"的功臣,做出了具有世界史意义的伟大贡献。距汉初刘邦建国时隔400余年之后,汉末社会动荡时期,汉中又再度辉煌。汉中对于汉文化的历史意义,与汉中地方重要的历史交通地理、历史文化地理、历史军事地理地位有关。

一 "汉中"名义

关于"汉中"地名的由来,有的辞书明确说"因水为名"。①《史记》卷七〇《张仪列传》:"楚尝与秦构难,战于汉中,楚人不胜,列侯执珪死者七十余人,遂亡汉中。"司马贞《索隐》:"其地在秦南山之南,楚之西北,汉水之北,名曰汉中。"②清吴卓信《汉书地理志补注》卷四四"汉中郡"条引《史记索隐》:"其地在

---

① 史为乐主编:《中国历史地名大辞典》,"汉中郡"条,中国社会科学出版社2005年3月版,第832页。
② 《史记》卷七〇《张仪列传》,第2291页。

秦南山之南,楚之西北,汉水之北,故曰汉中。"①《关中胜迹图志》卷一九《汉中府·地理》"释名":"《汉书·地理志》:秦郡。《华阳国志》:'秦惠文王二年置郡,因水名也。'《府志》:'郡临汉水之阳,南面汉山,故名。'"②雍正《陕西通志》卷三《建置二·本朝》"汉中府"条:"《府志》云:郡临汉水之阳,南面汉山,故名汉中。"③道光《陕西志辑要》卷五《汉中府》"释名":"郡临汉水之阳,南面汉山,故曰汉中。"④民国《汉南续修郡志》卷二《建置·历代建置考·本朝》"汉中府":"旧志云:郡临汉水之阳,南面汉山,故名汉中。"⑤以为"汉中"得名,因在"汉水"与"汉山"之间。

通常理解"汉中"地名与"汉水"相关。或说古所谓"汉水"以"汉中"为起始点。《史记》卷二《夏本纪》引《禹贡》:"嶓冢道漾,东流为汉。"裴骃《集解》:"郑玄曰:'《地理志》漾水出陇西氐道,至武都为汉,至江夏谓之夏水。'"司马贞《索隐》:"《水经》云漾水出陇西氐道县嶓冢山,东至武都沮县为汉水。《地理志》云至江夏谓之夏水。《山海经》亦以汉出嶓冢山。故孔安国云:'泉始出山为漾水,东南流为沔水,至汉中东流为汉水。'"张守节《正义》:"《括地志》云:'嶓冢山水始出山沮洳,故曰沮水。东南为漾水,又为沔水。至汉中为汉水……'"⑥《地理志》与《水经》说"汉水"起始于"武都"或"武都沮县",孔安国则以为"至汉中东流为汉水",《水经注·沔水》引孔安国说:"漾水东流为沔,盖与沔合也。至汉中为汉水,是互相通称矣。"⑦宋毛晃《禹贡指南》卷二⑧、清胡渭《禹贡锥指》卷一四上⑨亦引此说。《括地志》也说"至汉中为汉水"⑩。

---

① 〔清〕吴卓信:《汉书地理志补注》卷四四,清道光刻本。
② 〔清〕毕沅撰,张沛校点:《关中胜迹图志》卷一九,三秦出版社2004年12月版,第561页。
③ 〔清〕沈青峰:雍正《陕西通志》卷三,文渊阁《四库全书》本。
④ 〔清〕颜伯焘:道光《陕西志辑要》卷五,清道光七年刻本。
⑤ 严如煜重辑:《汉南续修郡志》卷二,民国十三年刻本。
⑥ 《史记》卷二《夏本纪》,第70页、第72页。
⑦ 〔北魏〕郦道元著,陈桥驿校证:《水经注校证》,第642页。
⑧ 〔宋〕毛晃:《禹贡指南》,清《武英殿聚珍版丛书》本。
⑨ 〔清〕胡渭著,邹逸麟整理:《禹贡锥指》,上海古籍出版社1996年12月版,第532页。
⑩ 〔唐〕李泰等著,贺次君辑校:《括地志辑校》卷四,中华书局1980年2月版,第199页。

由后世普遍认定的"汉中"向下游处,也有曾经称"汉中"的地方,使得我们认识到,对"汉中"得名由来在于"临汉水之阳,南面汉山"的说法,或许还可以再做思考。

汉江在中国早期历史进程中有重要的地位。在汉文化形成之前,在秦统一之前,秦与楚曾经并为强国。曾经有"天下莫强于秦、楚","横成,则秦帝;从成,即楚王"①,"秦之所害莫如楚,楚强则秦弱,秦强则楚弱"②的说法。而秦人先祖曾经在西汉水上游活动,楚人先祖曾经在丹江上游活动。秦人和楚人都曾经利用汉江流域作为早期崛起的根据地。③

二　两个"汉中":秦汉中与楚汉中

《中国古今地名大辞典》有"汉中郡""汉中府""汉中道"条,"汉中郡"条:"【汉中郡】战国楚地。秦置汉中郡。汉初为汉国。后仍为汉中郡。治南郑。在今陕西南郑县东二里。三国属蜀。魏克蜀。兼治梁州……"④《中国历史地名大辞典》同样设"汉中郡""汉中府""汉中道"条,"汉中郡"条写道:

> 汉中郡　战国秦惠王更元十三年(前312)置,治所在南郑县(今陕西汉中市东)。因水为名。辖境相当今陕西秦岭以南,留坝、勉县以东,乾祐河流域及湖北郧县、保康以西,米仓山、大巴山以北地。西汉移治西城县(今陕西安康市西北)。东汉复还旧治。东汉末为张鲁所据,改为汉宁郡。建安二十年(215)复改汉中郡。⑤

指出"汉中郡"治所秦与西汉曾经有所变化,秦在南郑,西汉徙至西城,东汉复还南郑。

---

① 〔汉〕刘向集录:《战国策·秦策四》,上海古籍出版社1985年3月版,第242页、第239页。
② 《史记》卷六九《苏秦列传》,第2260页。
③ 参看王子今:《江河之间:秦文化崛起的基地——读〈秦早期历史研究〉》,《人民日报》2018年4月10日24版。
④ 臧励龢等编:《中国古今地名大辞典》,商务印书馆1931年5月版,第1102页。
⑤ 史为乐主编:《中国历史地名大辞典》,第832—833页。

其实,应当注意到,战国时期秦、楚各有"汉中"。汉中郡治曾经确定在西城,或许与"楚汉中"建置有关。

《史记》卷五《秦本纪》记载:惠文王更元十三年(前312),"庶长章击楚于丹阳,虏其将屈匄,斩首八万;又攻楚汉中,取地六百里,置汉中郡"。① 《史记》卷六《秦始皇本纪》:秦王政九年(前238),平定嫪毐之乱,"及其舍人,轻者为鬼薪。及夺爵迁蜀四千余家,家房陵"。张守节《正义》:"《括地志》云:'房陵即今房州房陵县,古楚汉中郡地也。是巴蜀之境。《地理志》云房陵县属汉中郡,在益州部,接东南一千三百一十里也。'"② 《史记》卷八七《李斯列传》:"惠王用张仪之计,拔三川之地,西并巴、蜀,北收上郡,南取汉中……"张守节《正义》:"惠王十三年,攻楚汉中,取地六百里。"③ 文献所见"楚汉中"是明确的。《史记》卷八四《屈原贾生列传》:"秦欲伐齐,齐与楚从亲,惠王患之,乃令张仪详去秦,厚币委质事楚,曰:'秦甚憎齐,齐与楚从亲,楚诚能绝齐,秦愿献商、於之地六百里。'楚怀王贪而信张仪,遂绝齐,使使如秦受地。张仪诈之曰:'仪与王约六里,不闻六百里。'楚使怒去,归告怀王。怀王怒,大兴师伐秦。秦发兵击之,大破楚师于丹、淅,斩首八万,虏楚将屈匄,遂取楚之汉中地。"④ "明年,秦割汉中地与楚以和。楚王曰:'不愿得地,愿得张仪而甘心焉。'张仪闻,乃曰:'以一仪而当汉中地,臣请往如楚。'"⑤ 此秦、楚军事与外交的焦点"汉中地",即"楚之汉中地"。

《战国策·秦策一》"张仪欲以汉中与楚"条:"张仪欲以汉中与楚,请秦王曰:'有汉中,蠹。种树不处者,人必害之;家有不宜之财,则伤本。汉中南边为楚利,此国累也。'甘茂谓王曰:'地大者,固多忧乎!天下有变,王割汉中以为和楚,楚必畔天下而与王。王今以汉中与楚,即天下有变,王何以市楚也?'"⑥《战国策·秦策二》"宜阳之役冯章谓秦王"条:"宜阳之役,冯章谓秦王曰:'不拔宜

---

① 《史记》卷五《秦本纪》,第207页。
② 《史记》卷六《秦始皇本纪》,第227页、第229页。
③ 《史记》卷八七《李斯列传》,第2542—2543页。
④ 《史记》卷四〇《楚世家》:"(楚顷襄王横)十九年,秦伐楚,楚军败,割上庸、汉北地予秦。"张守节《正义》:"谓割房、金、均三州及汉水之北与秦。"第1735页。据《楚世家》,时在公元前280年。
⑤ 《史记》卷八四《屈原贾生列传》,第2483—2484页。
⑥ 《战国策》,第121—122页。

阳,韩、楚乘吾弊,国必危矣! 不如许楚汉中以懽之。楚懽而不进,韩必孤,无奈秦何矣!'王曰:'善。'果使冯章许楚汉中,而拔宜阳。楚王以其言责汉中于冯章,冯章谓秦王曰:'王遂亡臣,固谓楚王曰:寡人固无地而许楚王。'"①此"汉中"为秦地。

又《战国策·秦策四》"秦取楚汉中"条:"秦取楚汉中,再战于蓝田,大败楚军。"②《战国策·楚策二》"秦败楚汉中"条:"秦败楚汉中。楚王入秦,秦王留之。"③则言"楚汉中"。

杨宽《战国史》写道,公元前312年,"楚大举发兵进攻秦、韩","秦这时分三路出兵加以反击,东路由名将樗里疾统率,从函谷关进入韩的三川地区……;中路由庶长魏章统率,从蓝田(今陕西蓝田西)出发,经武关,到商於之地反击进攻的楚军。西路由甘茂统率,从南郑(今陕西汉中)出发,向东进攻楚的汉水流域,配合魏章一起攻取楚的汉中"。对于甘茂军进军路线,注引《史记》:"《史记·甘茂列传》称甘茂'因张仪、樗里子而求见秦惠王,王见而说(悦)之,使将,而佐魏章略定汉中地'。"④除甘茂故事外,《史记》卷七一《樗里子甘茂列传》记述樗里子事迹也写道:"秦惠王二十五年,使樗里子为将伐赵,虏赵将军庄豹,拔蔺。明年,助魏章攻楚,败楚将屈丐,取汉中地。"⑤

现在看来,秦汉中与楚汉中因汉江水路交通上下联系。秦人占据上游优势,是成功夺取楚汉中的有利因素之一。⑥

---

① 《战国策》,第153页。
② 《战国策》,第223页。
③ 整理者汇注引《四部丛刊》影印元至正年间刊刻鲍彪注吴师道校本:"此三十年,秦伐我,取八城,宜得汉中。"《战国策》,第530—531页。
④ 杨宽:《战国史》(增订本),上海人民出版社1998年3月版,第361页。《史记》卷七一《樗里子甘茂列传》:"(甘茂)因张仪、樗里子而求见秦惠王。王见而说之,使将,而佐魏章略定汉中地。"第2310—2311页。
⑤ 《史记》卷七一《樗里子甘茂列传》,第2307页。
⑥ 《史记》卷七〇《张仪列传》载张仪恐吓楚王语,说到秦占据长江上游,可以利用水运条件的优势地位:"秦西有巴蜀,大船积粟,起于汶山,浮江已下,至楚三千余里。舫船载卒,一舫载五十人与三月之食,下水而浮,一日行三百余里,里数虽多,然而不费牛马之力,不至十日而距扞关。扞关惊,则从境以东尽城守矣,黔中、巫郡非王之有。"第2290页。

三　东周与秦代"汉中"的文化空间位置

李学勤分析东周时期的区域文化形势,划分了7个文化圈。即:北方文化圈,齐鲁文化圈,中原文化圈,秦文化圈,吴越文化圈,楚文化圈,巴蜀滇文化圈。①

汉中地方在"秦文化圈"与"巴蜀滇文化圈"相交接的位置。

秦惠文王时代,秦完成了对蜀地的占有。秦人兼并蜀地,是秦首次实现大规模的领土扩张,为后来统一事业的成功奠定了最初的基础。通过这一历史过程,我们也可以看到秦文化在与其他地域文化体系相互融合、相互影响时保持主动性的地位和作用。而蜀人当时接受外来文化影响的态度以及因此而实现的历史性进步,也是应当肯定的。可以说,秦经由汉中兼并巴蜀,是完成了统一事业的重要步骤。② 秦人兼并蜀地之后,即在国力的对比上处于领先地位,正如蔡泽所谓"栈道千里于蜀、汉,使天下皆畏秦"。③

汉中作为蜀道即"栈道千里于蜀"这一交通系统中最重要的枢纽,在"秦文化圈"与"巴蜀滇文化圈"相互沟通与融并的历史进程中,发挥了极为关键的重要作用。

四　刘邦居汉中与秦楚文化的交汇

由上文有关"秦汉中"与"楚汉中"的讨论可知,广义的"汉中"曾经是秦楚激烈竞争与秦文化和楚文化交汇的地方。

李学勤在介绍东周时期的楚文化圈时指出,"随着楚人势力的强大和扩张,

---

① 李学勤:《东周与秦代文明》,文物出版社1984年6月版,第11—12页。
② 王子今:《秦兼并蜀地的意义与蜀人对秦文化的认同》,《四川师范大学学报》1998年第2期。
③ 《战国策·秦策三》,第216页。

楚文化的影响殊为深远。在楚国之北的好多周朝封国,楚国之南的各方国部族,都渐被囊括于此文化圈内";"楚文化的扩展,是东周时代的一件大事。春秋时期,楚人北上问鼎中原,楚文化也向北延伸。到了战国之世,楚文化先是向南大大发展,随后由于楚国政治中心的东移,又向东扩张,进入长江下游以至今山东省境。说楚文化影响所及达到半个中国,并非夸张之词"。李学勤强调的一个历史事实是许多学者所公认的:"楚文化对汉代文化的酝酿形成有过重大的影响"。① 回顾历史,可以看到与"楚国政治中心的东移"同步,楚文化的重心地域曾经有所移动。

楚文化的重心向东北方向移动。② 但是在其西面,其后世影响竟然左右了历史走向。

秦的统一,使得秦文化出现征服其他区域文化的强劲态势。不过,这种征服,在楚地没有获得全面成功。"楚虽三户,亡秦必楚",体现楚人坚守自己文化传统,并诉诸政治反抗与军事竞争的决心。③ 对于秦始皇以交通形式炫耀威权的出巡仪仗,两位楚人有不同的言辞表现。项羽说:"彼可取而代也。"④ 刘邦说:"大丈夫当如此也。"⑤

随后又一个特殊的历史契机,使得楚文化直接进入汉中地方。《史记》卷七《项羽本纪》:"乃分天下,立诸将为侯王。项王、范增疑沛公之有天下,业已讲解,又恶负约,恐诸侯叛之,乃阴谋曰:'巴、蜀道险,秦之迁人皆居蜀。'乃曰:

---

① 李学勤:《东周与秦代文明》,第 12 页。
② 王子今:《战国秦汉时期楚文化重心的移动——兼论垓下的"楚歌"》,《北大史学》第 12 辑,北京大学出版社 2007 年 1 月版。
③ 秦末民众暴动,项梁、项羽军中谋士范增在分析政治形势时引述了"楚虽三户,亡秦必楚"的民间舆论。《史记》卷七《项羽本纪》记载:"居鄛人范增,年七十,素居家,好奇计",前往军中向项梁建议:"陈胜败固当。夫秦灭六国,楚最无罪。自怀王入秦不反,楚人怜之至今,故楚南公曰'楚虽三户,亡秦必楚'也。今陈胜首事,不立楚后而自立,其势不长。今君起江东,楚蜂午之将皆争附君者,以君世世楚将,为能复立楚之后也。"项梁赞同他的话,"乃求楚怀王孙心民间,为人牧羊,立以为楚怀王,从民所望也。陈婴为楚上柱国,封五县,与怀王都盱台。项梁自号为武信君"。第 300 页。
④ 《史记》卷七《项羽本纪》,第 296 页。
⑤ 《史记》卷八《高祖本纪》,第 344 页。

'巴、蜀亦关中地也。'故立沛公为汉王,王巴、蜀、汉中,都南郑。"①应当注意到,虽然有"项羽王诸将之有功者,而王独居南郑,是迁也"的说法②,但刘邦封汉中,是张良策划与争取的结果。《史记》卷一八《高祖功臣侯者年表》"留侯"条:"为汉王请汉中地。"③《史记》卷五五《留侯世家》:"汉元年正月,沛公为汉王,王巴蜀。汉王赐良金百溢,珠二斗,良具以献项伯。汉王亦因令良厚遗项伯,使请汉中地。项王乃许之,遂得汉中地。汉王之国,良送至褒中,遣良归韩。良因说汉王曰:'王何不烧绝所过栈道,示天下无还心,以固项王意。'乃使良还。行,烧绝栈道。"关于"使请汉中地",裴骃《集解》:"如淳曰:'本但与巴蜀,故请汉中地。'"④张良的深谋远虑,包括对汉中地方重要战略地位的准确判断。

刘邦建国于汉中。刘邦功臣集团的主要成分是楚人。《史记》卷八《高祖本纪》记载:"至南郑,诸将及士卒多道亡归,士卒皆歌思东归。"⑤《史记》卷九二《淮阴侯列传》也有"至南郑,诸将行道亡者数十人"的说法。⑥ 韩信亦曾言"军吏士卒皆山东之人也,日夜跂而望归",称之为"义兵从思东归之士"。⑦ 据陈直研究,《铙歌》中有与此相关的内容,即"士卒皆歌思东归"的文学遗存。虽然刘邦楚人部属有"望归""思东归"的情绪及"行道亡"的行为,但是在汉中的行政经营及"决策东乡,争权天下"⑧"欲东""欲争天下",最终"举而东"⑨所进行的积极准备,必然促成楚文化与当地秦文化在一定程度上的融合。

---

① 《史记》卷七《项羽本纪》,第316页。
② 《史记》卷八《高祖本纪》载韩信说汉王,第367页。
③ 《史记》卷一八《高祖功臣侯者年表》,第891页。
④ 《史记》卷五五《留侯世家》,第2038—2039页。
⑤ 《史记》卷八《高祖本纪》,第367页。
⑥ 《史记》卷九二《淮阴侯列传》,第2611—2612页。
⑦ 《史记》卷八《高祖本纪》,第367页。
⑧ 《史记》卷八《高祖本纪》,第367页。
⑨ 《史记》卷九二《淮阴侯列传》,第2611—2612页。

五 汉文化形成进程中"汉中"的作用

李学勤所说的东周秦代 7 个文化圈,对汉文化生成的影响有强有弱。应当说,秦文化、楚文化和齐鲁文化在西汉时期融并而一,显现以"汉"为标志的文化共同体终于形成。"汉"作为内涵宏大而影响久远的文化实体的代表性符号之出现与汉中的密切关系,是不言而喻的。

具体说来,西汉时期齐鲁文化的西渐,在长安实现了儒学成为意识形态正统的文化史的重大定局。而儒学进一步的扩展性影响,有著名的文翁故事。

《汉书》卷八九《循吏传·文翁》记载:"(文翁)少好学,通《春秋》,以郡县吏察举。景帝末,为蜀郡守,仁爱好教化。见蜀地辟陋有蛮夷风,文翁欲诱进之,乃选郡县小吏开敏有材者张叔等十余人亲自饬厉,遣诣京师,受业博士,或学律令。减省少府用度,买刀布蜀物,赍计吏以遗博士。数岁,蜀生皆成就还归,文翁以为右职,用次察举,官有至郡守刺史者。"政府组织的留学进修制度,可能就发起于文翁。一时"蜀地学于京师者比齐鲁焉"。① 《汉书》卷二八下《地理志下》:"景、武间,文翁为蜀守,教民读书法令,未能笃信道德,反以好文刺讥,贵慕权势。及司马相如游宦京师诸侯,以文辞显于世,乡党慕循其迹。后有王褒、严遵、扬雄之徒,文章冠天下。繇文翁倡其教,相如为之师,故孔子曰:'有教亡类。'"② 除文翁在蜀地经营儒学教育、"教民读书法令"之外,"司马相如游宦京师诸侯,以文辞显于世",蜀地名士"文章冠天下",都通过蜀道发生文化影响。而汉中作为文化"中继站"的作用,是显而易见的。

《史记》卷六七《仲尼弟子列传》中列录 77 人中,齐鲁人 45 人,占 58.44%;卫宋陈楚吴人 12 人,占 15.58%;秦人 2 人,占 2.60%;籍贯不明者 18 人,占 23.38%。《史记》卷一二一《儒林列传》中所列录的西汉前期著名儒生,仍然以齐鲁人为主。所见 39 人中,齐鲁人 28 人,占 71.79%;其他燕人、砀人、温人、广

---

① 《汉书》卷八九《循吏传·文翁》,第 3625—3626 页。参看王子今:《秦汉区域文化研究》,四川人民出版社 1998 年 10 月版,第 174—175 页。
② 《汉书》卷二八下《地理志下》,第 1645 页。

川人、雒阳人共计 7 人，占 17.95%；籍贯不明者 4 人，占 10.26%。然而，据《汉书》卷八八《儒林传》的记载，综合考察西汉一代著名儒生的区域分布，情况则已经有所不同。我们看到，齐鲁人在西汉名儒中占 45.60%，出身其他地区者占 46.11%，籍贯不明者占 8.29%。出身于齐鲁以外地区的儒学学者中，有远至蜀、淮南、九江、江东，甚至苍梧的。其中蜀地名儒值得注意。分析《后汉书》卷七九《儒林列传》中提供的资料，可以看到当时著名的儒学学者，齐鲁人占 36.36%，出身于齐鲁以外地区者，占 63.64%，其中关中学者占 6.82%，河南、河内、南阳学者占 7.95%，会稽、九江、豫章学者占 6.82%，巴蜀学者占 10.23%。巴蜀儒学学者的比例特别值得注意。他们继承和发扬儒学传统，必然通过蜀道交通实现。巴蜀学者的求学之路，多经过汉中。①

六　汉中人张骞对于汉文化扩张的贡献

《汉书》卷二八上《地理志上》"汉中郡"条王先谦《补注》："郡人张骞，见本《传》。"②张骞是西汉一代汉中出身声望最显赫的名人。

汉武帝建元年间，汉中人张骞以郎的身份应募接受联络大月氏的使命，率众自长安出发西行。途中遭遇匈奴人，被拘禁十余年方得逃脱。张骞继续履行使命，又西越葱岭，行至大宛，抵达大月氏。后来在归途中又被匈奴俘获，一年后乘匈奴内乱，于元朔三年（前 126）回到长安。张骞出行时随从百余人，最终只有两人生还。他亲身行历大宛、大月氏、大夏、康居诸国，又细心调查了附近国家的国情，向汉武帝做了汇报。张骞的西域之行，以前后十三年的艰难困苦为代价，使中原人得到了前所未闻的关于西域的知识，同时使汉王朝的声威和汉文化的影响传播到了当时中原人世界观中的西极之地。张骞又曾跟随大将军卫青出击匈奴。因为了解地理情势及水草资源，为远征军的胜利提供了交通条件的保障，功封博望侯。张骞又奉命出使乌孙。乌孙遣使送张骞归汉，又献马报谢。后来与

---

① 王子今：《秦汉时期齐鲁文化的风格与儒学的西渐》，《齐鲁学刊》1998 年第 1 期。
② 〔清〕王先谦撰：《汉书补注》，中华书局据清光绪二十六年虚受堂刊本 1983 年 9 月影印版，第 772 页。

汉通婚,一起进军击破匈奴。此后,汉与西域的通使往来十分频繁,民间商贸也得到发展。西域地区五十国接受汉帝国的封赠,佩带汉家印绶的侯王和官员多至376人。而康居、大月氏、安息、罽宾、乌弋等绝远之国也有使者与汉往来,据说一时诸国"莫不献方奇,纳爱质,露顶肘行,东向而朝天子"。① 汉文化的影响扩展到极西之地。

《史记》卷一二三《大宛列传》于"西北国始通于汉矣"句后写道:"然张骞凿空,其后使往者皆称博望侯,以为质于外国,外国由此信之。"② 司马迁以"凿空"一语,高度赞扬张骞的历史功绩。汉中人张骞外交实践的成功,是具有世界史意义的伟大贡献。

张骞成就的功业,也是汉中地方的历史光荣。

七 张鲁的政教合一尝试与东汉末年汉中地方史的再次辉煌

《史记》(包括"三家注")出现"汉中"117次。《汉书》(包括颜师古注)出现"汉中"77次。《后汉书》(包括李贤注及《续汉志》刘昭注补)出现"汉中"95次。《三国志》(包括裴松之注)出现"汉中"228次。可知在汉初与汉末,汉中曾经两度成为史家关注的文化地理重心。

东汉末年,与张角等人借助宣传原始道教策划发起黄巾暴动同时,道教的另一派"五斗米道"在交通相对隔闭的秦岭巴山之间取得了特殊的成功。汉顺帝时,张陵学道于蜀地鹄鸣山中,以符书招致信徒,信道者出米五斗,于是称"五斗米道"。张陵死,其孙张鲁传其道,在汉末战乱中据有汉中地区。他自号师君,置祭酒以治民,不用长吏。诸祭酒于途次作义舍,置义米肉,行路者可以量腹取足。道徒有病,令自首其过。百姓犯法,三次宽恕,然后才行刑。张鲁占据汉中的二十多年中,这一地区的政治生活和经济生活都比较安定。这可以看作中国古代一次信仰与行政相结合的有意义的尝试。

---

① 《后汉书》卷八八《西域传》,第2931页。
② 《史记》卷一二三《大宛列传》,第3169页。

建安二十年(215),曹操灭张鲁。他评价张鲁政权政教合一的性质,曾经称之为"此妖妄之国耳"。① 此后"五斗米道"依然流传,后世以张陵为教主的"天师道",主要就是从"五斗米道"发展而来。

刘备随即夺取汉中,诸葛亮以此作为北伐的基地。张鲁集团、曹操集团、刘备集团争夺汉中的战争历程,书写了壮丽生动的英雄主义史诗。青年毛泽东在《〈伦理学原理〉批注》中,曾经谈到自己读史的情趣倾向:"吾人揽(览)史,恒赞叹战国之时,刘项相争之时,汉武与匈奴竞争之时,三国竞争之时,事态百变,人才辈出,令人喜读。至若承平时代,则殊厌弃之,非好乱也,安逸宁静之境,不能长处,非人生之所能堪,而变化倏忽,乃人性之所善也。"②他所说的第四个历史阶段即"三国竞争之时",因"事态百变,人才辈出"使"览史"者激情振奋。而"汉中",正是这一历史演出的重要舞台。

与汉初刘邦和他的战友们在"汉中"建国创业形成历史对照,四百二十余年之后,"汉中"再度成为英雄主义精神得以辉煌表现的文化闪光点。秦汉时期"汉中"的历史演进和文化丰收,确实"令人喜读",令人"赞叹"。

---

① 《三国志》卷一四《魏书·刘晔传》,第445页。
② 《毛泽东早期文稿》,湖南出版社1990年7月版,第186页。

武关·武候·武关候:论战国秦汉武关位置与武关道走向

武关道在战国秦汉交通格局中有重要的地位。许多历史表演曾经以武关道为舞台。陕西丹凤武关镇曾经出土有"武"字瓦文的板瓦以及"武候"文字瓦当,成为有助于明确战国秦汉武关位置和武关道走向的文物资料。地湾出土简文"武关候",可以帮助我们理解"武候"文意。"武候""武关候"即负责武关管理守卫的职能设置。地湾"武关候"简文作为有益于深化交通史研究的重要的文物实证,应当受到重视。

一 "武关道"的历史作用

清华简《楚居》记录楚人先祖早期活动的区域包括丹江川道。① 从关中越秦岭沿丹江可以直抵南阳。联系秦楚地方丹江通道,史称"武关道"。② 有迹象表

---

① 参看王子今:《丹江通道与早期楚文化——清华简〈楚居〉札记》,《简帛·经典·古史》,上海古籍出版社 2013 年 8 月版。

② 《后汉书》卷六六《王允传》:"(王)允见卓祸毒方深,篡逆已兆,密与司隶校尉黄琬、尚书郑公业等谋共诛之。乃上护羌校尉杨瓒行左将军事,执金吾士孙瑞为南阳太守,并将兵出武关道,以讨袁术为名,实欲分路征卓。"第 2175 页。《三国志》卷八《魏书·张鲁传》裴松之注引《魏略》曰:"刘雄鸣者,蓝田人也。少以采药射猎为事,常居覆车山下,每晨夜,出行云雾中,以识道不迷,而时人因谓之能为云雾。郭、李之乱,人多就之。建安中,附属州郡,州郡表荐为小将。马超等反,不肯从,超破之。后诣太祖,太祖执其手谓之曰:'孤方入关,梦得一神人,即卿邪!'乃厚礼之,表拜为将军,遣令迎其部党。部党不欲降,遂劫以反,诸亡命皆往依之,有众数千人,据武关道口。"第 266 页。

明,秦人对这条道路早有经营。① 秦汉直至中古时期,"武关道"都表现出重要的历史作用。考察武关的位置和武关道的走向,是秦汉交通史和秦汉交通考古研究的重要课题。"武关道"因"武关"得名。《左传·哀公四年》:"……将通于少习以听命。"晋人杜预注:"少习,商县武关也。将大开武关道以伐晋。"《史记》已多见涉及"武关"的交通史记录。《史记》卷四〇《楚世家》记载,齐湣王遗楚怀王书说到"武关":"王率诸侯并伐,破秦必矣。王取武关、蜀、汉之地,私吴、越之富而擅江海之利,韩、魏割上党,西薄函谷,则楚之强百万也。"又"秦昭王遗楚王书"也说到"秦楚"边境的"武关":"寡人与楚接境壤界,故为婚姻,所从相亲久矣。而今秦楚不驩,则无以令诸侯。寡人愿与君王会武关,面相约,结盟而去,寡人之愿也。敢以闻下执事。""楚怀王见秦王书……于是往会秦昭王。昭王诈令一将军伏兵武关,号为秦王。楚王至,则闭武关,遂与西至咸阳,朝章台,如蕃臣,不与亢礼。""秦要怀王不可得地,楚立王以应秦,秦昭王怒,发兵出武关攻楚,大败楚军,斩首五万,取析十五城而去。"②

《史记》卷六《秦始皇本纪》记述秦始皇出巡路线:"(二十八年)上自南郡由武关归。""三十七年十月癸丑,始皇出游……十一月,行至云梦,望祀虞舜于九疑山。"③很可能也经行武关道。史念海言武关道路时说,此即"秦始皇二十八年北归及三十七年南游之途也"。④ 秦始皇二十八年(前219)之行,得到睡虎地秦简《编年记》"【廿八年】,今过安陆"(三五贰)的证实。⑤ 其实,在实现统一之前,秦王政二十三年(前224),"秦王游至郢陈"⑥,很可能也经由此道。也就是说,这条道路秦始皇或许曾三次经行。里耶秦简可见"武关内史"(8-206)简文。⑦

---

① 参看王子今、焦南峰:《古武关道栈道遗迹调查简报》,《考古与文物》1986年第2期;王子今:《武关道蓝桥河栈道形制及设计通行能力的推想》,《栈道历史研究与3S技术应用国际学术研讨会论文集》,陕西人民教育出版社2008年8月版。
② 《史记》卷四〇《楚世家》,第1725页、第1727—1729页。
③ 《史记》卷六《秦始皇本纪》,第248页、第260页。
④ 史念海:《秦汉时代国内之交通路线》,《文史杂志》第3卷第1、2期,收入《河山集》四集,陕西师范大学出版社1991年12月版,第547—548页。
⑤ 睡虎地秦墓竹简整理小组:《睡虎地秦墓竹简》,文物出版社1990年9月版,释文第7页。
⑥ 《史记》卷六《秦始皇本纪》,第234页。
⑦ 陈伟主编:《里耶秦简校释》(第一卷),武汉大学出版社2012年1月版,第113页。

这是有关"武关"的明确的简牍资料。

秦末,刘邦由这条道路先项羽入关,结束了秦王朝的统治。《史记》卷八《高祖本纪》:"乃以宛守为殷侯……引兵西,无不下者。至丹水,高武侯鳃、襄侯王陵降西陵。还攻胡阳,遇番君别将梅鋗,与皆,降析、郦。""及赵高已杀二世,使人来,欲约分王关中。沛公以为诈,乃用张良计,使郦生、陆贾往说秦将,啗以利,因袭攻武关,破之。又与秦军战于蓝田南,益张疑兵旗帜,诸所过毋得掠卤,秦人憙,秦军解,因大破之。又战其北,大破之。乘胜,遂破之。""汉元年十月,沛公兵遂先诸侯至霸上。秦王子婴素车白马,系颈以组,封皇帝玺符节,降轵道旁。"①

汉初,因武关地位之重要②,武关道的战略意义亦显得突出。周亚夫平定吴楚七国之乱,即由武关道出其不意,直抵洛阳,奠定了胜局的基础。《汉书》卷四〇《周亚夫传》:"亚夫既发,至霸上,赵涉遮说亚夫曰:'将军东诛吴楚,胜则宗庙安,不胜则天下危,能用臣之言乎?'亚夫下车,礼而问之。涉曰:'吴王素富,怀辑死士久矣。此知将军且行,必置间人于殽黾陿陒之间。且兵事上神密,将军何不从此右去,走蓝田,出武关,抵雒阳,间不过差一二日,直入武库,击鸣鼓。诸侯闻之,以为将军从天而下也。'太尉如其计。至雒阳,使吏搜殽黾间,果得吴伏兵。乃请涉为护军。"③

由《史记》卷一二九《货殖列传》"南阳西通武关"④可知,因南阳地方"成为当时联络南北地区的最大商业城市和经济重心",这条道路形成了"交通盛况"。⑤

---

① 《史记》卷八《高祖本纪》,第360—362页。
② 张家山汉简《二年律令·津关令》:"制诏御史其令扞关郧关武关函谷临晋关及诸其塞之河津禁毋出黄金诸奠黄金器及铜有犯令"(四九二)。"武关"是区分"关中""关外"的"五关"中居中的一关。参看王子今、刘华祝:《说张家山汉简〈二年律令·津关令〉所见五关》,《中国历史文物》2003年第1期。
③ 《汉书》卷四〇《周亚夫传》,第2059页。
④ 《史记》卷一二九《货殖列传》,第3269页。
⑤ 王文楚:《历史时期南阳盆地与中原地区间的交通发展》,《古代交通地理丛考》,中华书局1996年7月版,第4—5页。王开主编《陕西古代道路交通史》(人民交通出版社1989年8月版)也有关于武关道的考论。

"武关道"是战国秦汉时期联系关中平原和江汉平原的重要道路,曾经在军事史和经济史上发挥过重要的作用。对于中国古代交通史研究来说,"武关道"是重要的学术主题。

二 "武关道"考古发现

丹江川道考古收获十分丰富。从交通史考察的视角取得的新认识,也值得学界重视。

1984 年我们在对"武关道"的考察中发现了蓝桥河栈道遗迹。① 这是"武关道"穿越秦岭的重要路段。对于中国古栈道建设,蓝桥河栈道遗迹可以提供工程史的重要资料。武关道蓝桥河段发现的栈道遗迹,形制与子午道、傥骆道、褒斜道等秦岭古道路不同。蓝桥河栈道以其提供了可以满足车辆通行的必要宽度的特点,显现出形制的优越。战国时期,秦军战车队列可能由此向东南进发,很可能曾经这条栈道实现过大规模的兵运和粮运。而秦始皇出巡记录中所谓"上自南郡由武关归"等,也说明这段栈道曾经具备通行皇帝乘舆的条件。通过对武关道蓝桥河栈道遗迹形制及设计通行能力的研究,我们对于涉及秦岭古代交通条件的若干历史文化现象,可以有更深入的理解。

2001 年 5 月,王子今、焦南峰、张在明又考察了蓝桥河栈道以及唐代诗人多有记述的七盘岭—蓝关道路。蓝桥河中的Ⅲ段栈道遗迹,因为 G312 国道的修筑,已经难以寻觅。然而考察者又发现了一段栈道遗迹。②

与"武关道"交通结构有关,商鞅封地商邑的考古发现值得重视。1984 年的"武关道"考察将丹凤故城镇遗址的调查列入工作对象。所取得的收获有助于商邑位置的确定。③ 李学勤《东周与秦代文明》中写道:"1984 年,在陕西丹凤西 3 公里的古城村进行调查,证实是战国至汉代的遗址。这里发现的鹿纹半瓦当,

---

① 王子今、焦南峰:《古武关道栈道遗迹调查简报》,《考古与文物》1986 年第 2 期。
② 王子今:《武关道蓝桥河栈道形制及设计通行能力的推想》,《栈道历史研究与 3S 技术应用国际学术研讨会论文集》,陕西人民教育出版社 2008 年 8 月版。
③ 王子今、周苏平、焦南峰:《陕西丹凤商邑遗址》,《考古》1989 年第 7 期。

花纹类似雍城的圆瓦当,几种云纹圆瓦当则近于咸阳的出土品。有花纹的空心砖、铺地方砖,也同咸阳的相似。一件残瓦当有篆书'商'字,说明当地就是商鞅所封商邑。这是一个有历史价值的发现。"①商鞅封于商,有在秦楚争夺丹江流域的背景下强化秦国政治军事优势的意义。而商鞅最后的活动,其交通行为值得关注。《史记》卷六八《商君列传》:"秦孝公卒,太子立。公子虔之徒告商君欲反,发吏捕商君。商君亡至关下,欲舍客舍。客人不知其是商君也,曰:'商君之法,舍人无验者坐之。'商君喟然叹曰:'嗟乎,为法之敝一至此哉!'去之魏。魏人怨其欺公子卬而破魏师,弗受。商君欲之他国。魏人曰:'商君,秦之贼。秦强而贼入魏,弗归,不可。'遂内秦。商君既复入秦,走商邑,与其徒属发邑兵北出击郑。秦发兵攻商君,杀之于郑黾池。"②所谓"商君亡至关下,欲舍客舍"的位置,以及后来"去之魏",而"魏人""归"之"内秦"的路线,我们均不得而知。"商君既复入秦,走商邑",则行经我们讨论的"武关道"。至于"与其徒属发邑兵北出击郑",而后"秦发兵攻商君,杀之于郑黾池",可知自商邑有北上"郑"(今陕西华县)、"黾池"(今河南渑池西)的交通路线。③由商邑往"郑",应行经"上雒"地方。这样的路线,应看作"武关道"交通体系的构成内容。

三 "武关"的空间定位

关于"武关"的空间位置,以往有不同的判断。史念海认为,武关道"为当时之通衢,必由之道路也","秦汉时武关在今陕西和河南两省交界处丹江之北"。④所说不很明确。

谭其骧主编《中国历史地图集》在战国时期地图中标志"武关"位置即"在今陕西和河南两省交界处丹江之北",在今陕西商南东南。⑤秦代地图则标示在商

---

① 李学勤:《东周与秦代文明》,第308页。
② 《史记》卷六八《商君列传》,第2236—2237页。
③ 谭其骧主编:《中国历史地图集》,地图出版社1982年10月版,第1册第43—44页、第35—36页。
④ 史念海:《秦汉时代国内之交通路线》,《河山集》四集,第543页。
⑤ 谭其骧主编:《中国历史地图集》,第1册第43—44页。

南正南丹江北岸,较战国时期位置似稍有西移。① 西汉地图向西略微偏移。② 东汉时期则更向西移动,然而仍南临丹江。③ 三国西晋至东晋南北朝以及隋代都没有明显的变化。

然而到了唐代,武关的位置被标记在今丹凤与商南之间的武关河上。④ 也就是现今丹凤武关镇,亦曾称武关街、武关村所在。

严耕望《唐代交通图考》篇十六《蓝田武关驿道》曾考论"武关"位置:"由商洛又东南经桃花驿,层峰驿,亦九十里至武关(今关),有武关驿。此关'北接高山,南临绝涧',为春秋以来秦楚交通主道上之著名关隘,西去商州一百八九十里,去长安约近五百里。或置武关防御使,以商州刺史兼充。"⑤ 谭其骧主编《中国历史地图集》唐代武关标示的位置,就大致在这里。

然而,谭其骧主编的《中国历史地图集》以为,战国至秦汉的武关始终在丹江北岸,并不偏离丹江水道。严耕望则以为唐代武关"为春秋以来"历代承继,位置应无变化。两种认识的分歧是明显的。

1984 年进行的"武关道"考察,据谭其骧主编《中国历史地图集》所标示的地点,曾经在竹林关一带寻找"武关"遗存,然而没有收获。然而丹凤武关镇附近却有值得重视的秦汉遗存。

四 武关镇的秦汉遗存与"武候"文字瓦当

丹凤武关镇曾经发现重要的秦汉遗存。张在明主编《中国文物地图集·陕

---

① 谭其骧主编:《中国历史地图集》,第 2 册第 5—6 页、第 7—8 页。
② 谭其骧主编:《中国历史地图集》,第 2 册第 15—16 页、第 22—23 页。
③ 谭其骧主编:《中国历史地图集》,第 2 册第 42—43 页、第 49—50 页。
④ 谭其骧主编:《中国历史地图集》,第 5 册第 52—53 页。
⑤ 严耕望:《唐代交通图考》第三卷《秦岭仇池区》,"中央研究院"历史语言研究所专刊之八十三,1985 年 5 月版,第 651 页。

西分册》有所记录。①《中国文物地图集·陕西分册》的执笔者已经认定战国以来的"武关"遗址就在这里:"据史载,战国时秦国于秦楚界地置武关。公元前299年秦昭襄王诱楚怀王会于此,执以入秦。公元前209年刘邦入秦,唐末黄巢军自长安撤往河南,均经此地。""武关城遗址"还有其他的发现。②

1984年春季,笔者进行战国秦汉武关道考察时,在谭其骧主编《中国历史地图集》标示"武关"位置的地点注意到当地出土"武"字瓦文板瓦,调查了发现汉代窑址的地点,也得知有关"武候"瓦当出土的信息。当时介绍者称瓦当文字是"武侯"。承李学勤先生教示,"武侯"应即"武候",是"关候"所在的标志。如果确实,可以证明这里就是汉代武关遗址。笔者在一篇小文中曾经介绍,这件"武候"瓦当丹凤县博物馆和商洛博物馆均未陈列,两个博物馆的文物工作者甚至都说库房中也没有这件文物。笔者探寻多年,始终未能看到实物或拓片。2013年7月,承田爵勋先生惠送,得到他的大著《守望武关》。其中写道:"1956年在武关小学西墙取土,发现五角形汉代陶质下水管道。历年多次出土铜鼎、铜钫、铜剑、铜矢及大量陶器及碎片。""1980年商洛文物普查,武关城址发现篆刻'武候''千秋万岁'瓦当及篆书'武'字瓦当。"③并有"武关出土的千秋万岁瓦当、武候瓦当"图版。④

我们看到,瓦当文字所谓"武侯"者,应是误读。原文应当读作"武候"。对

---

① 如:"16-A$_{16}$武关城遗址〔武关乡武关村内外·战国~清·省文物保护单位〕:位于长坪公路之南,东、南、西三面临武关河。关城平面呈长方形,面积约4万平方米。墙体夯筑,尚存部分东、西墙,残高6.5米,宽2.5米,夯层10厘米……城内发现汉代云纹瓦当、文字瓦当、五角形陶水管道、绳纹瓦等。关城内外还多次暴露汉代墓葬、窑址。"

② 如:"A$_{16-1}$西河塬墓群〔武关乡武关村·汉代〕:位于武关河北岸台地上,南临长坪公路,面积约7000平方米。历代多次暴露墓葬,出土铜鼎、铜盆、灰陶弦纹罐等。""A$_{16-2}$武关墓群〔武关乡武关村·西汉〕:面积不详,1977年前后多次暴露土坑墓及砖室墓,出土铜钫等6件〔青铜器〕,同出有陶器等。""A$_{16-3}$武关窑址〔武关乡武关村南300米·汉代〕:位于武关河南岸二级台地上。在东西400米内发现窑址3座。东窑以坍塌,四周分布有红烧土。暴露烟道3处,烟道长3米,间距0.5米,其内壁呈青灰色。中窑及西窑均已破坏,仅存残迹。西窑周围散布粗绳纹板瓦、筒瓦残片。"张在明主编:《中国文物地图集·陕西分册》,西安地图出版社1998年12月版,下册第1187—1188页。

③ 田爵勋:《守望武关》,中国文联出版社2011年11月版,第15页。

④ 田爵勋:《守望武关》,图版第6页。

照汉印文字和简帛文字,也可以确认此瓦当文字应当读作"武候"。①

"武候"瓦当的发现,可以证实丹凤武关镇历代看作武关城的遗址,就是汉代武关的确定位置。这里也很可能是战国至秦代设置武关以来长期沿用的伺望守备的地点。②

五　地湾出土"武关候"简文

河西汉代遗址地湾出土汉简可见"定阳令□"与"武关候杨□"并列的简文,值得我们特别注意:

　　定阳令张□

　　武关候杨□（86EDT8∶44）③

"定阳"为上郡属县。《汉书》卷二八下《地理志下》"上郡"条下写道:

上郡,秦置,高帝元年更为翟国,七月复故。匈归都尉治塞外匈归障。属并州。户十万三千六百八十三,口六十万六千六百五十八。县二十三:肤施,有五龙山、帝、原水、黄帝祠四所。独乐,有盐官。阳周,桥山在南,有黄帝冢。莽曰上陵畤。木禾,平都,浅水,莽曰广信。京室,莽曰积粟。洛都,莽曰卑顺。白土,圜水出西,东入河。莽曰黄土。襄洛,莽曰上党亭。原都,漆垣,莽曰漆墙。奢延,莽曰奢节。雕阴,推邪,莽曰排邪。桢林,莽曰桢干。高望,北部都尉治。莽曰坚宁。雕阴道,龟兹,属国都尉治。有盐官。定阳,高奴,有洧水,可㸐。莽曰利平。望松,北部都尉治。宜都。莽曰坚宁小邑。④

---

① 罗福颐编:《汉印文字征》,文物出版社 1978 年 9 月版,八·五;陈建贡、徐敏编:《简牍帛书字典》,上海书画出版社 1991 年 12 月版,第 58—61 页。

② 王子今:《"武候"瓦当与战国秦汉武关道交通》,《文博》2013 年第 6 期。

③ 甘肃简牍博物馆、甘肃省文物考古研究所、出土文献与中国古代文明研究协同创新中心中国人民大学中心:《地湾汉简》,中西书局 2017 年 10 月版,第 22 页。

④ 《汉书》卷二八下《地理志下》,第 1617 页。

上郡直南对应长安执政中枢,战略地位十分重要。① 上郡所辖"定阳",颜师古注:"应劭曰:'在定水之阳。'"②"定阳"见于张家山汉简《二年律令》中的《秩律》,列于"秩各六百石"诸县之中(简四五二)。③"定阳"县名又见于《续汉书·郡国志五》:

> 上郡秦置。十城,户五千一百六十九,口二万八千五百九十九。肤施　白土　漆垣　奢延　雕阴　桢林　定阳　高奴　龟兹属国候官④

"定阳"地名未见于《史记》。作为县名,仅出现于《汉书》卷二八下《地理志下》和《续汉书·郡国志五》。相关历史信息"前四史"中再无记录。地湾简出现有关"定阳令"的简文,是汉简资料充实对汉代县级行政单位认识的重要一例。

就这条简文中的内容,我们更为注意的是"武关候杨□"透露的信息。"武关候"简文为我们考察"武关"和"武关道"提供了非常重要的文物资料。

六　关于"武候""武关候"

瓦当文字"武候",就是"武关候"。我们提出这样的认识⑤,考虑到"玉门关候"的历史存在。《汉书》卷八七下《扬雄传下》:"西北一候。"颜师古注:"孟康曰:'敦煌玉门关候也。'"⑥《后汉书》卷八〇上《文苑列传上·杜笃》:"立候隅北,建护西羌。"对于"立候隅北"的解释,李贤注:"扬雄《解嘲》曰:'西北一候。'

---

① 参看王子今:《西汉上郡武库与秦始皇直道交通》,《秦汉研究》第 10 辑,陕西人民出版社 2016 年 8 月版;《上郡"龟兹"考论——以直道史研究为视角》,《咸阳师范学院学报》2017 年第 3 期。
② 《汉书》卷二八下《地理志下》,第 1617 页。
③ 参看王子今:《说"上郡地恶"——张家山汉简〈二年律令〉研读札记》,《陕西历史博物馆馆刊》第 10 辑,三秦出版社 2003 年 10 月版。
④ 《后汉书》,第 3523 页。
⑤ 王子今:《"武候"瓦当与战国秦汉武关道交通》,《文博》2013 年第 6 期。
⑥ 《汉书》卷八七下《扬雄传下》,第 3568 页。

孟康注云：'敦煌玉门关候也。'"①或说"西北一候"秦代已置。《水经注·浪水》："秦并天下，略定扬、越，置东南一尉，西北一候。"②《后汉书》卷八八《西域传》明确可见"玉门关候"："（永建）四年春，北匈奴呼衍王率兵侵后部，帝以车师六国接近北虏，为西域蔽扞，乃令敦煌太守发诸国兵，及玉门关候、伊吾司马，合六千三百骑救之，掩击北虏于勒山。"③《隶续》卷一二《刘宽碑阴门生名》可见："玉门关候□□□段琰元经。"④

《三国志》卷三九《蜀书·陈震传》记载了蜀汉与孙吴政权重归和好时，蜀汉卫尉陈震使吴"贺权践阼"的情形：

> （建兴）七年，孙权称尊号，以震为卫尉，贺权践阼，诸葛亮与兄瑾书曰："孝起忠纯之性，老而益笃，及其赞述东西，欢乐和合，有可贵者。"震入吴界，移关候曰："东之与西，驿使往来，冠盖相望，申盟初好，日新其事。东尊应保圣祚，告燎受符，剖判土宇，天下响应，各有所归。于此时也，以同心讨贼，则何寇不灭哉。西朝君臣，引领欣赖。震以不才，得充下使，奉聘叙好，践界踊跃，入则如归。献子适鲁，犯其山讳，《春秋》讥之。望必启告，使行人睦焉。即日张旃诰众，各自约誓。顺流漂疾，国典异制，惧或有违，幸必斟诲，示其所宜。"震到武昌，孙权与震升坛歃盟，交分天下：以徐、豫、幽、青属吴，并、凉、冀、兖属蜀，其司州之土，以函谷关为界。震还，封城阳亭侯。⑤

陈震"践界"方"入"，担心礼俗不同，"惧或有违"，"移关候曰""幸必斟诲，示其所宜"，表现出充分的谨慎客气。陈震故事体现的外交史信息，应反映秦汉制度

---

① 《后汉书》卷八〇上《文苑列传上·杜笃》，第 2600 页。后世也有"西北一候"未必"玉门关候"的理解，如《文选》卷四五扬雄《解嘲》"西北一候"，李善注："如淳曰：《地理志》曰：龙勒玉门、阳关有候也。"〔梁〕萧统编，〔唐〕李善、吕延济、刘良、张铣吕向、李周翰注：《六臣注文选》，中华书局 1987 年 8 月版，第 843 页。以为"西北一候"也有可能是"阳关候"。《艺文类聚》卷五九引周庾信《庆平邺表》曰："东南一尉，立于北景之南。西北一候，置于交河之北。"〔唐〕欧阳询撰，汪绍楹校：《艺文类聚》，上海古籍出版社 1965 年 11 月版，第 1074 页。"交河之北"者，也不是"玉门关候"。

② 〔北魏〕郦道元著，陈桥驿校证：《水经注校证》，第 872—873 页。

③ 《后汉书》，第 2930 页。

④ 〔宋〕洪适撰：《隶释 隶续》，第 402 页。

⑤ 《三国志》卷三九《蜀书·陈震传》，第 984—985 页。

的承续。"驿使往来,冠盖相望"的边关,其长官"关候"是最初接待邻国来使的国家代表,地位相当重要。如张铣解释"西北一候"时所说:"候所以伺候远国来朝之宾也。候亦官也。"①

肩水金关汉简可见或许类似"移关候"的文字,如:"建平元年十二月己未朔辛酉橐他塞尉立移肩水金关候长宋敞自言与葆之鱳得名县里年姓如牒书到出入如律令"(73EJT37:1061A)。②然而与陈震事未必情形相同。河西汉简迄今尚未见"玉门关候""阳关候"字样。这也是我们以为应当特别珍视"武关候"简文的原因之一。

承故宫博物院熊长云博士见示,在函谷关附近采集到"中候"瓦当。③瓦当文字所见"中候"名号或可作为我们理解"武候"意义的参考。

"中候"可能是函谷关"关候"职名之一。《汉书》卷二七中之上《五行志中之上》:"成帝元延元年正月,长安章城门门牡自亡,函谷关次门牡亦自亡。京房《易传》曰:'饥而不损兹谓泰,厥灾水,厥咎牡亡。'《妖辞》曰:'关动牡飞,辟为亡道臣为非,厥咎乱臣谋篡。'故谷永对曰:'章城门通路寝之路,函谷关距山东之险,城门关守国之固,固将去焉,故牡飞也。'"关于"函谷关次门",颜师古注:"韦昭曰:'函谷关边小门也。'师古曰:'非行人出入所由,盖关司曹府所在之门也。'"④韦昭和颜师古的说法或有推测成分,但对函谷关门设置比较复杂的认识

---

① 〔梁〕萧统编,〔唐〕李善、吕延济、刘良、张铣、吕向、李周翰注:《六臣注文选》,第843页。

② 甘肃简牍博物馆、甘肃省文物考古研究所、甘肃省博物馆、中国文化遗产研究院古文献研究室、中国社会科学院简帛研究中心编:《肩水金关汉简(肆)》,中西书局2015年11月版,下册第87页。

③ 许雄志、谷松章:《新见汉弘农郡封泥初论》,《青少年书法》2012年第10期。

④ 《汉书》卷二七中之上《五行志中之上》,第1401—1402页。

是可取的。函谷关"关法"严峻①,管理苛厉②,程序紊烦③,关门设置不会十分简单。由"函谷关次门"的有关记载推想,"中候"或许是函谷关中门的管理者。

函谷关在秦汉关防中等级最高,有"函谷关都尉"设置。④ 也有可能因函谷关地位的特殊性,"关候"在"函谷关都尉"属下有各有分职的数位,"中候"应是函谷关的"关候"之一。当然,就此进行确切的说明,还有待于新的资料的发现。

---

① 《史记》卷七五《孟尝君列传》:"昭王释孟尝君。孟尝君得出,即驰去,更封传,变名姓以出关。夜半至函谷关。秦昭王后悔出孟尝君,求之已去,即使人驰传逐之。孟尝君至关,关法鸡鸣而出客,孟尝君恐追至,客之居下坐者有能为鸡鸣,而鸡齐鸣,遂发传出。"关于"更封传,变名姓以出关",司马贞《索隐》:"更者,改也。改前封传而易姓名,不言是孟尝之名。封传犹今之驿券。"第2355页。

② 《史记》卷一二二《酷吏列传》:"上乃拜(宁)成为关都尉。岁余,关东吏隶郡国出入关者,号曰'宁见乳虎,无值宁成之怒'。"第3145页。《汉书》卷六《武帝纪》:"(天汉二年)冬十一月,诏关都尉曰:'今豪杰多远交,依东方群盗。其谨察出入者。'"第204页。《三国志》卷一《魏书·武帝纪》裴松之注引司马彪《续汉书》:"蜀郡太守因计吏修敬于(曹)腾,益州刺史种暠于函谷关搜得其笺,上太守,并奏腾内臣外交,所不当为,请免官治罪。"第2页。

③ 《汉书》卷六四下《终军传》:"初,军从济南当诣博士,步入关,关吏予军繻。军问:'以此何为?'吏曰:'为复传,还当以合符。'军曰:'大丈夫西游,终不复传还。'弃繻而去。"第2819—2820页。《后汉书》卷二七《郭丹传》:"买符入函谷关。"第940页。

④ 《汉书》卷一九上《百官公卿表上》:"关都尉,秦官。"第742页。由前引《汉书》卷六《武帝纪》:"(天汉二年)冬十一月,诏关都尉曰:'今豪杰多远交,依东方群盗。其谨察出入者。'"第204页。以及《汉书》卷七四《魏相传》:"武库令西至长安,大将军霍光果以责过相曰:'幼主新立,以为函谷京师之固,武库精兵所聚,故以丞相弟为关都尉,子为武库令。'"第3133—3134页。可知"关都尉"即"函谷关都尉"。《后汉书》卷一下《光武帝纪下》:"(建武九年)省关都尉。""(建武十九年)复置函谷关都尉。"李贤注:"九年省,今复置。"第55页、第72页。说明东汉依然如此。《后汉书》卷三二《阴识传》:"帝甚美之,以为关都尉,镇函谷。"第1130页。也是同样的例证。《后汉书》卷八《灵帝纪》:"置八关都尉官。"第348页。是中平元年(189)黄巾起义爆发的特殊情势下的特殊情形。任"关都尉"者,还有尹齐(《汉书》卷一九下《百官公卿表下》,第778页)、锺恢(《汉书》卷七七《何并传》,第3268页)、翟宣(《汉书》卷八四《翟宣传》,第3424页)、黄赏(《汉书》卷八九《循吏传·黄霸》,第3634页)、文忠(《汉书》卷九六上《西域传上·罽宾国》,第3885页)。任"函谷关都尉"者,有杜钦(《汉书》卷六〇《杜钦传》,第2678页)、辛遵(《汉书》卷六九《辛庆忌传》,第2997页)、张敞(《汉书》卷七六《张敞传》,第3216—3217页)等。

战国秦汉"西—雍"交通考察

"西"与"雍"都曾是秦国崛起时代的政治文化中心。两地之间的交通联系,在秦交通史进程中具有至为重要的地位。"西""雍"共同的神学影响,使得执政者频繁往来"西—雍"恭敬礼祀,促成这条交通线路的建设和养护,应达到帝王乘舆顺利通行的水准。西汉时期,这一情形依然继续。考察战国秦汉时期受到高度重视的"西—雍"交通线,应当关注自关中平原中部向西实现与西域联系的"丝绸之路"系统"陇道"的交通格局。

一 "西—雍"早期交通

秦人有重视交通的传统。① 据《史记》卷五《秦本纪》,"非子居犬丘,好马及畜,善养息之。犬丘人言之周孝王,孝王召使主马于汧渭之间,马大蕃息。"关于"汧渭之间",张守节《正义》:"言于二水之间,在陇州以东。"②秦人的产业经营,发展空间已经由长江流域的西汉水上游转移至黄河流域的"汧渭之间"。这一变化应当与联系"犬丘"和"汧渭之间"两地的交通道路开拓有关。从"好马""主马"及"马大蕃息"等记载看,这一交通线路的使用,或许已经以"马"作为主要运输动力。

秦襄公时代,秦人向东进取的交通行为又明确见于《秦本纪》的记载:"秦襄公将兵救周,战甚力,有功。周避犬戎难,东徙雒邑,襄公以兵送周平王。"③这成

---

① 王子今:《秦国交通的发展与秦的统一》,《史林》1989 年第 4 期。
② 《史记》卷五《秦本纪》,第 177 页。
③ 《史记》卷五《秦本纪》,第 179 页。

为秦立国的重要契机。秦襄公"始国"后,"祠上帝西畤。十二年,伐戎而至岐,卒。生文公"。① 秦襄公东行"救周"之后,又回到"西""祠上帝"。随后又东进"伐戎"。从"至岐,卒"的文字记载看,可知秦襄公大概在"岐"去世。《秦本纪》又记载:"文公元年,居西垂宫。三年,文公以兵七百人东猎。四年,至汧渭之会。曰:'昔周邑我先秦嬴于此,后卒获为诸侯。'乃卜居之,占曰吉,即营邑之。十年,初为鄜畤,用三牢……十六年,文公以兵伐戎,戎败走。于是文公遂收周余民有之,地至岐,岐以东献之周。"② 看来秦人往来"西—岐"之间,当时似乎并不需要克服很严重的交通困难。

还应当注意,导致"秦襄公将兵救周"的"西戎犬戎与申侯伐周,杀幽王郦山下"这一民族史与战争史事件,其实也可以看作交通史信息。也就是说,"西戎犬戎""伐周"的军事行为,也曲折体现出秦人之外的西北少数民族对这一交通线路建设的历史贡献。

二　"西"与"雍"的畤

秦人对"畤"的设置和经营,表现出与东方诸国神学信仰有所不同的极具个性的文化精神。司马迁记述相关历史事实时所谓"僭端见矣"的评论,透露出人们对于秦人作"畤"行为背后的文化意义的重视。关于秦诸畤的陆续设立,《史记》卷二八《封禅书》中可以看到这样的记录:

秦襄公既侯,居西垂,自以为主少皞之神,作西畤,祠白帝,其牲用骝驹、黄牛、羝羊各一云。③

这是史籍记载最早的祭祀白帝的记录。裘锡圭研究上海博物馆藏战国楚简《子羔》篇有关商得金德传说的内容引录秦襄公"作西畤,祠白帝"事,指出:"《封禅书》记秦人祀神之事颇详,当有秦人记载为据。如此处所记无误,则早在东西

---

① 《史记》卷五《秦本纪》,第 179 页。
② 《史记》卷五《秦本纪》,第 179 页。
③ 《史记》卷二八《封禅书》,第 1358 页。

周之交,以少皞为白帝的说法即已存在。"①秦人的"西畤"经营与"始国"的历史变化直接相关。《史记》卷五《秦本纪》:"周避犬戎难,东徙雒邑,襄公以兵送周平王。平王封襄公为诸侯,赐之岐以西之地。曰:'戎无道,侵夺我岐、丰之地,秦能攻逐戎,即有其地。'与誓,封爵之。襄公于是始国,与诸侯通使聘享之礼,乃用骝驹、黄牛、羝羊各三,祠上帝西畤。"司马贞《索隐》:"襄公始列为诸侯,自以居西,西,县名,故作西畤,祠白帝。畤,止也,言神灵之所依止也。亦音市,谓为坛以祭天也。"②秦襄公虽然已经得到"岐以西之地",却仍然"自以居西""故作西畤"。《史记》卷二八《封禅书》秦襄公"作西畤,祠白帝"事之后紧接着又记载:

> 其后十六年,秦文公东猎汧渭之间,卜居之而吉。文公梦黄蛇自天下属地,其口止于鄜衍。文公问史敦,敦曰:"此上帝之征,君其祠之。"于是作鄜畤,用三牲郊祭白帝焉。
>
> 自未作鄜畤也,而雍旁故有吴阳武畤,雍东有好畤,皆废无祠。或曰:"自古以雍州积高,神明之隩,故立畤郊上帝,诸神祠皆聚云。盖黄帝时尝用事,虽晚周亦郊焉。"其语不经见,缙绅者不道。③

此后又有"陈宝"之祠的设立,"作鄜畤后九年,文公获若石云,于陈仓北阪城祠之。其神或岁不至,或岁数来,来也常以夜,光辉若流星,从东南来集于祠城,则若雄鸡,其声殷云,野鸡夜雊。以一牢祠,命曰陈宝"④。《封禅书》还记载:

> 作鄜畤后七十八年,秦德公既立,卜居雍,"后子孙饮马于河",遂都雍。雍之诸祠自此兴。用三百牢于鄜畤。作伏祠。磔狗邑四门,以御蛊菑。⑤
>
> 德公立二年卒。其后四年,秦宣公作密畤于渭南,祭青帝。⑥

---

① 裘锡圭:《释〈子羔〉篇"铅"字并论商得金德之说》,"中国简帛学国际论坛2006"论文,武汉,2006年11月。
② 《史记》卷五《秦本纪》,第179页。
③ 《史记》卷二八《封禅书》,第1358—1359页。
④ 《史记》卷二八《封禅书》,第1359页。
⑤ 关于"磔狗邑四门,以御蛊菑"的理解,参看王子今:《秦德公"磔狗邑四门"宗教文化意义试说》,《中国文化》总第12期;又《周秦文化研究》,陕西人民出版社1998年11月版。
⑥ 《史记》卷二八《封禅书》,第1360页。

畤,作为秦人基于自己神学理念的文化发明,在上古信仰史上有重要的地位。随着秦人东进的足迹,神祠建设的新格局又在东方得以开创。于是出现了"西""雍"礼祀形式大致相同的畤。① 畤由"西"而"雍"的营造,一方面体现了进取精神,一方面则体现了对传统的坚持。从交通史的视角观察相关现象,也是有意义的。

三 《史记》"西雍"辨正

《史记》卷六《秦始皇本纪》:"二世皇帝元年,年二十一。赵高为郎中令,任用事。"随即有关于"始皇庙"的讨论:

> 二世下诏,增始皇寝庙牺牲及山川百祀之礼。令群臣议尊始皇庙。群臣皆顿首言曰:"古者天子七庙,诸侯五,大夫三,虽万世世不轶毁。今始皇为极庙,四海之内皆献贡职,增牺牲,礼咸备,毋以加。先王庙或在西雍,或在咸阳。天子仪当独奉酌祠始皇庙。自襄公已下轶毁。所置凡七庙。群臣以礼进祠,以尊始皇庙为帝者祖庙。皇帝复自称'朕'。"

所谓"先王庙或在西雍,或在咸阳"之"西雍",张守节《正义》:"西雍在咸阳西,今岐州雍县故城是也。又一云西雍,雍西县也。"②

张守节《正义》提出了两种解说:第一:"西雍在咸阳西,今岐州雍县故城是也。"第二:"又一云西雍,雍西县也。"虽然重视了"西县"的地位,但是仍以为"西雍"是一个地名。其实,"西雍"应断读为"西、雍"。是说"西"和"雍"。

"西",在天水礼县。这里发现了秦早期遗迹,其中包括祭祀建筑基址。《汉书》卷二八下《地理志下》:

> 陇西郡,秦置。莽曰厌戎。户五万三千九百六十四,口二十三万六千八百二十四。有铁官、盐官。县十一:狄道,白石山在东。莽曰操虏。上邽,安故,氐道,《禹贡》养水所出,至武都为汉。莽曰亭道。首阳,

---

① 王子今:《秦人的三处白帝之祠》,《早期秦文化研究》,三秦出版社 2006 年 8 月版。
② 《史记》卷六《秦始皇本纪》,第 266 页。

《禹贡》鸟鼠同穴山在西南，渭水所出，东至船司空入河，过郡四，行千八百七十里，雍州浸。予道，莽曰德道。大夏，莽曰顺夏。羌道，羌水出塞外，南至阴平入白水，过郡三，行六百里。襄武，莽曰相桓。临洮，洮水出西羌中，北至枹罕东入河。《禹贡》西顷山在县西，南部都尉治也。西，《禹贡》嶓冢山，西汉所出，南入广汉白水，东南至江州入江，过郡四，行二千七百六十里。莽曰西治。①

其中有关"西"的内容值得重视："西，《禹贡》嶓冢山，西汉所出，南入广汉白水，东南至江州入江，过郡四，行二千七百六十里。莽曰西治。"

《史记》卷五《秦本纪》："周宣王乃召庄公昆弟五人，与兵七千人，使伐西戎，破之。于是复予秦仲后，及其先大骆地犬丘并有之，为西垂大夫。"张守节《正义》："《注水经》云：'秦庄公伐西戎，破之，周宣王与大骆犬丘之地，为西垂大夫。'《括地志》云：'秦州上邽县西南九十里，汉陇西西县是也。'"②明确指出其地在"汉陇西西县"。

所谓"先王庙或在西雍，或在咸阳"，应当读作"先王庙或在西、雍，或在咸阳"。理解此说，应当关注秦人"先王庙"分置于"西""雍""咸阳"的事实。

四 "西""雍"神祀中心及其交通联系

自春秋时期起，中原以外地方政治势力崛起，即《史记》卷四《周本纪》所谓"齐、楚、秦、晋始大"③，《史记》卷三二《齐太公世家》所谓"唯齐、楚、秦、晋为强"。④

这些原先处于边缘地位的政治实体迅速强盛，出现了《荀子·王霸》所谓

---

① 《汉书》卷二八下《地理志下》，第1610页。
② 《史记》卷五《秦本纪》，第178页。
③ 《史记》卷四《周本纪》，第149页。
④ 《史记》卷三二《齐太公世家》，第1491页。又《史记》卷五《秦本纪》："齐、晋为强国。"第183页。《史记》卷一一〇《匈奴列传》："当是之时，秦晋为强国。"第2883页。《汉书》卷二七下之上《五行志下之上》："是时中国齐晋、南夷吴楚为强。"颜师古注："中国则齐、晋为强，南夷则吴、楚为强。"第1463—1464页。

"虽在僻陋之国,威动天下""皆僻陋之国也,威动天下,强殆中国"①的局面。

战国时期各强国的迁都方向则大致显示向中原靠拢的趋势,燕、赵、魏、楚、越、秦都表现出这样的动向。这说明中原在统一进程中的文化重心地位重新受到重视。其中秦由西而东的迁都方向尤其典型。

在这样的历史背景下,秦人的神祀重心实现了由"西"向"雍"继而向"咸阳"的横向转移。

这与秦向东发展的战略方向是一致的。"西—雍—咸阳"神祀重心的变化,也符合秦"公—霸—王—帝"的政治影响力上升的历史进程。

据前引《史记》卷六《秦始皇本纪》,在"始皇庙"营造之前,"先王庙或在西、雍,或在咸阳"。而位于"西""雍"两地的其他诸神祠,如《史记》卷二八《封禅书》记载:

> 雍有日、月、参、辰、南北斗、荧惑、太白、岁星、填星、辰星、二十八宿、风伯、雨师、四海、九臣、十四臣、诸布、诸严、诸逑之属,百有余庙。②
> 西亦有数十祠。

所谓"西亦有数十祠",司马贞《索隐》:"西即陇西之西县,秦之旧都,故有祠焉。"这些"庙""祠","各以岁时奉祠"。③《封禅书》还写道:"雍菅庙亦有杜主。杜主,故周之右将军,其在秦中,最小鬼之神者。"④"雍……百有余庙。西亦有数十祠。"形成了两个神祀重心。这一情形在西汉时依然得以继承。

《封禅书》记述了建国初期汉帝国的领袖刘邦对秦王朝祀体系的态度:"二年,东击项籍而还入关,问:'故秦时上帝祠何帝也?'对曰:'四帝,有白、青、黄、赤帝之祠。'高祖曰:'吾闻天有五帝,而有四,何也?'莫知其说。于是高祖曰:'吾知之矣,乃待我而具五也。'乃立黑帝祠,命曰北畤。有司进祠,上不亲

---

① 〔清〕王先谦撰,沈啸寰、王星贤点校:《荀子集解》,中华书局1988年9月版,第205页。

② 《汉书》卷二五上《郊祀志上》颜师古注:"风伯,飞廉也。雨师,屏翳也,一曰屏号。而说者乃谓风伯箕星也,雨师毕星也。此《志》既言二十八宿,又有风伯、雨师,则知非箕、毕也。九臣、十四臣,不见名数所出。诸布、诸严、诸逐,未闻其义。逐字或作述。"第1208页。

③ 《史记》卷二八《封禅书》,第1375页。

④ 《史记》卷二八《封禅书》,第1375页。《汉书》卷二五上《郊祀志上》颜师古注:"其鬼虽小而有神灵也。"第1209页。

往。"对于"故秦时"祠祀传统除"立黑帝祠,命曰北畤"实现"具五"而外,其他竟然全面予以继承:

> 悉召故秦祝官,复置太祝、太宰,如其故仪礼。因令县为公社。下诏曰:"吾甚重祠而敬祭。今上帝之祭及山川诸神当祠者,各以其时礼祠之如故。"

裴骃《集解》引徐广曰:"《高祖本纪》曰'二年六月,令祠官祀天地四方上帝山川,以时祀也'。"①

所谓"悉召故秦祀官""如其故仪礼""各以其时礼祠之如故",体现出对"故秦""故仪礼""故""礼祠"形式的总体继承。所谓"雍有……百有余庙""西亦有数十祠"的情形,应当依然得以维持。甘肃礼县西山礼祀遗址发现西汉祭祀遗存的考古收获,提供了可以说明这一历史事实的实证。

"各以岁时奉祠"的制度,自然要求"西—雍"之间必须有高等级的交通道路。即使"上不亲往",但是仍必须"有司进祠",这一道路的建造和养护,应保证良好的通行条件。

五　"西—雍""通权火"的可能

《史记》卷二八《封禅书》记载,秦汉诸畤间礼祀活动曾经采用"通权火"的信息发布形式,在"上不亲往"的情况下传递敬意:

> 唯雍四畤上帝为尊,其光景动人民唯陈宝。故雍四畤,春以为岁祷,因泮冻,秋涸冻,冬塞祠,五月尝驹,及四仲之月月祠,若陈宝节来一祠。春夏用骍,秋冬用駵。畤驹四匹,木禺龙栾车一驷,木禺车马一驷,各如其帝色。黄犊羔各四,珪币各有数,皆生瘗埋,无俎豆之具。三年一郊。秦以冬十月为岁首,故常以十月上宿郊见,通权火,拜于咸阳之旁,而衣上白,其用如经祠云。西畤、畦畤,祠如其故,上不亲往。

"通权火",裴骃《集解》:"张晏曰:'权火,烽火也,状若井絜皋矣。其法类称,故谓之权。欲令光明远照通祀所也。汉祠五畤于雍,五里一烽火。'如淳曰:'权,

---

① 《史记》卷二八《封禅书》,第1378页。

举也.'"司马贞《索隐》:"权,如字,解如张晏。一音爟,《周礼》有'司爟'。爟,火官,非也。"①所谓"权火","状若井絜皋",即类同桔槔的形式,一如当时称重工具状如天平的"权"。简单的"权,举也"的解说,未能准确地表现"权火"的具体形制。

以"烽火""欲令光明远照通祀所也",是利用光的传递速度的一种特殊的信息交通方式。这种形式秦时已经采用②,汉世仍然继承,"汉祠五畤于雍,五里一烽火"。"雍"与"咸阳"之间的这种信息传递形式,由下文"西畤、畦畤,祠如其故,上不亲往"推想,"西"与"雍"之间,也很有可能同样采用。

六 秦始皇二十七年出巡

《史记》卷六《秦始皇本纪》记述:"二十七年,始皇巡陇西、北地,出鸡头山,过回中。"③这是秦实现统一之后秦始皇第一次出巡。按照《史记》卷一二九《货殖列传》表达的经济地理学理念,"陇西、北地"与关中同属于一个经济区:"天水、陇西、北地、上郡与关中同俗,然西有羌中之利,北有戎翟之畜,畜牧为天下饶。然地亦穷险,唯京师要其道。"④《货殖列传》的文字强调了三点:1."与关中同俗";2."畜牧为天下饶";3."地亦穷险"。这样,从三个方面分析了这一地区的民俗文化、产业经济、交通交通:"与关中同俗",指出"陇西、北地"与"关中"区域文化的类同;"畜牧为天下饶",指出其畜牧业经营优势曾经成为秦富国强兵的重要条件;"地亦穷险,唯京师要其道",指出这里与东方联系必须经由"京师",然而另一方面,东方包括"京师"与西方的联系,也必须利用这里"穷险"的交通条件实现沟通。

张家山汉简《二年律令》相关内容显示的"大关中"的区域观念,也是将"陇西、北地"看作"关中"的共同经济地理与文化地理构成的。⑤

---

① 《史记》卷二八《封禅书》,第 1376—1377 页。
② 王子今:《试说秦烽燧——以直道军事通信系统为中心》,《文博》2004 年第 2 期。
③ 《史记》卷六《秦始皇本纪》,第 241 页。
④ 《史记》卷一二九《货殖列传》,第 3262 页。
⑤ 参看王子今:《秦汉区域地理学的"大关中"概念》,《人文杂志》2003 年第 1 期。

近年考古学者发现比较集中的秦早期遗迹的甘肃甘谷、清水、天水地方，就在陇西郡。甘肃礼县发掘的祀所遗址，有的至西汉初期仍然进行祭祀活动。① 秦始皇二十七年（前220）西巡，体现了对秦国文化发祥地及统一战争中基本根据地的特别看重。正是在这里，秦文化得到良好的发育条件。秦人团结奋起成就的政治实体迅速崛起，逐渐向东发展，最终影响了中国历史的走向。秦始皇此次西巡，应当也视察了"秦之旧都"与故祠。② 有学者认为，秦始皇"巡游西方祭祀了诸位先王的宗庙，特别是在西县的秦襄公的祖庙"，此次出巡的主题即"到西县告庙祭祖"。③

《史记》卷六《秦始皇本纪》关于秦始皇二十七年（前220）政事的记述仅仅只有64字："二十七年，始皇巡陇西、北地，出鸡头山，过回中。焉作信宫渭南，已更命信宫为极庙，象天极。自极庙道通郦山，作甘泉前殿。筑甬道，自咸阳属之。是岁，赐爵一级。治驰道。"④ 最后说到"治驰道"。而"治驰道"，是非常重要的

---

① 梁云：《对鸾亭山祭祀遗址的初步认识》，《中国历史文物》2005年第5期；甘肃省文物考古研究所、中国国家博物馆、北京大学考古文博学院、陕西省考古研究院、西北大学文博学院编著：《西汉水上游考古调查报告》，文物出版社2008年1月版，第290—291页。

② 王子今：《秦始皇二十七年西巡考议》，《文化学刊》2014年第6期。

③ 李开元：《秦始皇第一次巡游到西县告庙祭祖说——兼及秦统一后的庙制改革》，《秦汉研究》第10辑，陕西人民出版社2016年8月版。李开元还写道："关于秦始皇第一次巡游天下的目的，鹤间和幸先生曾经作过探讨，以为是向先王宗庙报告统一天下的大业完成，樋口隆康先生也附同此说。稻叶一郎先生和桐本東太先生则以为是与防卫匈奴的边防有关。不过，他们做上述的讨论时，西县秦公大墓及其相关的发掘和研究尚未进行。""诸位日本学者的探讨，参见鹤间和幸《秦帝国による道路網の統一と交通法》，收于《中国礼法と日本律令制》，東方書店，1992年（后收入同氏著《秦帝国の形成と地域》第二章第二節《秦帝国による馳道の整備と巡狩》，汲古書院，2013年）。樋口隆康《始皇帝を掘る》，学生社，1996年。稻葉一郎《始皇帝の巡狩と刻石》，《書論》，二五號，1989年。桐本東太《中国古代の民俗と文化》，刀水書店，2004年。"

④ 裴骃《集解》："应劭曰：'驰道，天子道也，道若今之中道然。'《汉书·贾山传》曰：'秦为驰道于天下，东穷燕齐，南极吴楚，江湖之上，滨海之观毕至。道广五十步，三丈而树，厚筑其外，隐以金椎，树以青松。'"《史记》，第241—242页。

行政举措。① 驰道的修筑,是秦汉交通建设事业中最具时代特色的成就。秦始皇二十七年(前220)"巡陇西、北地"后即宣布"治驰道",因而开启了在中国古代交通史进程中意义重要的全国交通建设的宏大工程。"治驰道"的设计,应当最初与"陇西、北地"交通规划有关。现在看来,秦始皇此次出巡中经历"穷险"交通条件的切身体验,很可能即这一决策的形成缘由。②

七 汉武帝"行西逾陇"

值得注意的是,与秦始皇实现统一后第一次出巡相对应,汉武帝"始巡郡国",也曾经来到陇西北地。《史记》卷三〇《平准书》记载:"天子始巡郡国。东度河,河东守不意行至,不辨,自杀。行西逾陇,陇西守以行往卒,天子从官不得食,陇西守自杀。于是上北出萧关,从数万骑,猎新秦中,以勒边兵而归。新秦中或千里无亭徼,于是诛北地太守以下,而令民得畜牧边县,官假马母,三岁而归,及息什一,以除告缗,用充仞新秦中。"③而《汉书》卷六《武帝纪》的记载是:"(元鼎四年冬十月)行自夏阳,东幸汾阴。十一月甲子,立后土祠于汾阴脽上。""五年冬十月,行幸雍,祠五畤。遂逾陇,登空同,西临祖厉河而还。"④《资治通鉴》卷二〇的处理方式,即将"东度河,河东守不意行至,不辨,自杀",与"行西逾陇,陇西守以行往卒,天子从官不得食,陇西守自杀"以及"新秦中或千里无亭徼,于是诛北地太守以下"分隶元鼎四年(前113)和元鼎五年(前112):

(元鼎四年)冬,十月……是时,天子始巡郡国;河东守不意行至,

---

① 曾经作为秦中央政权主要决策者之一的左丞相李斯被赵高拘执,在狱中上书自陈,历数功绩有七项,其中包括"治驰道,兴游观,以见主之得意"。《史记》卷八七《李斯列传》,第2561页。可见修治驰道是统治短暂的秦王朝行政活动的主要内容之一。
② 王子今:《秦始皇二十七年西巡考议》,《文化学刊》2014年第6期。
③ 《史记》卷三〇《平准书》,第1438页。《汉书》卷二四下《食货志下》:"天子始出巡郡国。东度河,河东守不意行至,不辩,自杀。行西逾陇,卒,从官不得食,陇西守自杀。于是上北出萧关,从数万骑行猎新秦中,以勒边兵而归。新秦中或千里无亭徼,于是诛北地太守以下,而令民得畜边县,官假马母,三岁而归,及息什一,以除告缗,用充入新秦中。"第1172页。
④ 《汉书》卷六《武帝纪》,第183页、第185页。

不办,自杀。

（元鼎五年）冬,十月,上祠五畤于雍,遂逾陇,西登崆峒。陇西守以行往卒,天子从官不得食,惶恐,自杀。于是上北出萧关,从数万骑猎新秦中,以勒边兵而归。新秦中或千里无亭徼,于是诛北地太守以下。①

可以看到,汉武帝元鼎五年（前112）的这次出巡,可能大体遵行秦始皇二十七年（前220）西巡旧迹。值得注意的是,河东太守和陇西太守都因为交通服务条件没有达到要求而"自杀",北地太守也因为军事交通系统建设未能完备而被"诛"。

尽管汉武帝西巡的目的应当与秦始皇不同,但是两者路线的相近,值得交通史和区域文化史研究者深思。②

汉武帝最后一次出巡,即在他生命的最后一年,又一次巡行北边。《汉书》卷六《武帝纪》记载:"后元元年春正月,行幸甘泉,郊泰畤,遂幸安定。""二月,诏曰:'朕郊见上帝,巡于北边,见群鹤留止,以不罗冈,靡所获献。荐于泰畤,光景并见。其赦天下。'"③关于汉武帝此行路线的记录,没有出现"逾陇"字样,但是"幸安定"是明确的。这次巡行具有特殊的意义。④ 所谓"行幸甘泉,郊泰畤,遂幸安定"的线路,也值得我们在考察丝绸之路"陇道"交通线路时参考。

---

① 〔宋〕司马光编著,〔元〕胡三省音注,"标点资治通鉴小组"点校:《资治通鉴》卷二〇,中华书局1956年6月版,第660页、第665页。

② 王子今:《秦始皇二十七年西巡考议》,《文化学刊》2014年第6期。

③ 《汉书》卷六《武帝纪》,第211页。《太平御览》卷五三七引《汉书》:"《武纪》曰:'朕郊见上帝,巡于北边,见群鹤留止,不以罗网,靡所获献。荐于大畤,光景并见。'"《太平御览》卷六五二引《汉书》:"后元年三月诏曰:'朕郊见上帝,巡于北边,见群鹤留止,以不罗网,靡所获荐。献于泰畤,光景并见。其赦天下也。'"有"不以罗网""以不罗网"的不同。〔宋〕李昉等撰:《太平御览》,中华书局用上海涵芬楼影印宋本1960年2月复制重印版,第2435页、第2912页。

④ 王子今:《北边"群鹤"与泰畤"光景"——汉武帝后元元年故事》,《江苏师范大学学报》（哲学社会科学版）2013年第5期。

八 "西—雍"交通路径与丝绸之路"陇道"线路

"西—雍"交通的具体路径,有多种可能的线路方向:1. 由咸阳、长安西行,经今陕西长武、彬县进入陇东,是人们通常以为丝绸之路通行路段,"西—雍"交通可能由雍北上接连这一交通线路,"逾陇"后南行向今甘肃天水方向。2. 因"汧渭之会"历史交通地理信息的提示,可知沿汧水河谷可能有古道路通行。3. 沿渭水河谷开拓交通道路,需克服险峻山地,但是陕西宝鸡凤阁岭发现的重要秦墓提示我们,不能排除这条很可能经由渭北山地的交通路径已经为秦人开发利用的可能性。① 相关地区方塘堡等重要佛教石窟的遗存,可以作为这一交通史信息的文物助证。4. 由渭水河谷南岸进入秦岭山地,利用蜀道部分路段经陕西凤县进入甘肃天水地区的道路,也很可能得到早期开通。

上文说到的秦始皇二十七年(前220)西巡事,《资治通鉴》卷七"秦始皇帝二十七年"记载:"二十七年,始皇巡陇西、北地,至鸡头山,过回中焉。"胡三省注文就此行交通线路有所讨论,涉及对"鸡头山"和"回中"经行先后的不同理解:"范《史·隗嚣传》:王孟塞鸡头道。贤《注》曰:在原州高平县西。《括地志》:成州上禄县东北二十里有鸡头山。应劭曰:回中在安定高平。孟康曰:回中在北地。贤曰:回中在汧。《括地志》:回中宫在雍西四十里。《史记正义》曰:言始皇西巡,出陇右,向西北,出宁州,西南行至成州,出鸡头山,东还过岐州之回中宫也。"胡三省的判断是:"余谓上书巡陇西、北地,则先至原州之鸡头山而还过回中,道里为顺。若出成州之鸡头,则须先过回中而后至鸡头。以书法之前后观之,居然可见。"②有关"始皇巡陇西、北地,至鸡头山,过回中焉"的不同说法,告知我们"陇西、北地"地方交通格局的复杂。其中所谓的"原州高平""安定高平",作为丝绸之路"陇道"的重要坐标值得注意。

《后汉书》卷一六《寇恂传》有关于安定方向"陇坻"交通的记录,涉及"高平

---

① 王子今:《秦人经营的陇山通路》,《文博》1990年第5期。
② 《资治通鉴》卷七,第237页。

第一城"①,写作"高平第一"或"第一":"初,隗嚣将安定高峻,拥兵万人,据高平第一,帝使待诏马援招降峻,由是河西道开。中郎将来歙承制拜峻通路将军,封关内侯,后属大司马吴汉,共围嚣于冀。及汉军退,峻亡归故营,复助嚣拒陇阺。及嚣死,峻据高平,畏诛坚守。建威大将军耿弇率太中大夫窦士、武威太守梁统等围之,一岁不拔。十年,帝入关,将自征之,恂时从驾,谏曰:'长安道里居中,应接近便,安定、陇西必怀震惧,此从容一处可以制四方也。今士马疲倦,方履险阻,非万乘之固,前年颍川,可为至戒。'帝不从。进军及汧,峻犹不下,帝议遣使降之,乃谓恂曰:'卿前止吾此举,今为吾行也。若峻不即降,引耿弇等五营击之。'恂奉玺书至第一,峻遣军师皇甫文出谒,辞礼不屈。恂怒,将诛文。诸将谏曰:'高峻精兵万人,率多强弩,西遮陇道,连年不下。今欲降之而反戮其使,无乃不可乎?'恂不应,遂斩之。遣其副归告峻曰:'军师无礼,已戮之矣。欲降,急降;不欲,固守。'峻惶恐,即日开城门降。诸将皆贺,因曰:'敢问杀其使而降其城,何也?'恂曰:'皇甫文,峻之腹心,其所取计者也。今来,辞意不屈,必无降心。全之则文得其计,杀之则峻亡其胆,是以降耳。'诸将皆曰:'非所及也。'遂传峻还洛阳。"②

《寇恂传》"高平第一",李贤注:"高平,县,属安定郡。《续汉志》曰高平有第一城也。"③寇恂"士马疲倦,方履险阻,非万乘之固"的劝谏,言"高平第一城"之所谓"险阻",可以与上文引录"险固"对照理解。《后汉书》卷二四《马援传》:"八年,帝自西征嚣,至漆,诸将多以王师之重,不宜远入险阻,计犹豫未决。会召援,夜至,帝大喜,引入,具以群议质之。援因说隗嚣将帅有土崩之埶,兵进有必破之状。又于帝前聚米为山谷,指画形埶,开示众军所从道径往来,分析曲折,昭然可晓。帝曰:'虏在吾目中矣。'明旦,遂进军至第一,嚣众大溃。"④马援对当地"第一"一带"山谷""形埶"比较熟悉,促成了刘秀战略决策的确定。所谓"众

---

① 《续汉书·郡国志五》:"安定郡,武帝置。雒阳西千七百里。八城,户六千九十四,口二万九千六十。临泾。高平,有第一城。朝那。乌枝,有瓦亭,出薄落谷。三水。阴槃。彭阳。鹑觚。故属北地。"《后汉书》,第3519页。
② 《后汉书》卷一六《寇恂传》,第625—626页。
③ 《后汉书》卷一六《寇恂传》,第626页。
④ 《后汉书》卷二四《马援传》,第834页。

军所从道径往来",当然是指交通条件。①

考察"西—雍"交通路径,应当注意这条道路在丝绸之路"陇道"线路交通格局中的地位和作用。

---

① 王子今:《"高平第一城"与丝绸之路"陇道"交通》,"'丝绸之路'暨秦汉时期固原区域文化国际学术研讨会"论文,固原,2016年8月。

论洛阳"武库"与"天下冲阨""天下咽喉"交通形势

西汉洛阳居"天下之中"。① 在所谓"天下"即包括帝国全境的交通格局中，曾有"天下冲阨""天下咽喉"的军事地理与交通地理定位。体现此形势的诸多因素中，首要条件包括"武库"和"敖仓"设置。考察洛阳"武库"，可以与东海郡武库与上郡武库进行比较，理解其战略意义，以及洛阳因此而具备的关系全局的重要的交通地位。

一 "武库军府，甲兵所聚"

《晋书》卷二九《五行志下》："武库者，帝王威御之器所宝藏也。"②《隋书》卷二二《五行志上》："武库者，兵器之所聚也。"③《宋史》卷一九七《兵志十一（器甲之制）》："天下岁课弓弩甲胄入充武库者以千万数。"④据王宪《计处清军事宜》，武库还收藏军职"册籍"。⑤

---

① 《史记》卷四《周本纪》："成王在丰，使召公复营洛邑，如武王之意。周公复卜申视，卒营筑，居九鼎焉。曰：'此天下之中，四方入贡道里均。'"第133页。《史记》卷九九《刘敬叔孙通列传》娄敬曰："成王即位，周公之属傅相焉，乃营成周洛邑，以此为天下之中也，诸侯四方纳贡职，道里均矣。"第2716页。
② 《晋书》卷二九《五行志下》，中华书局1974年11月版，第903页。又见《宋书》卷三四《五行志五》，中华书局1974年10月版，第1001页。
③ 《隋书》卷二二《五行志上》，中华书局1973年8月版，第628页。
④ 《宋史》卷一九七《兵志十一（器甲之制）》，中华书局1977年11月版，第4913页。
⑤ 〔明〕王宪《计处清军事宜》："军之职在武库者，册籍不至于填委，故综核可精。"除了"在武库者"外，军职"册籍"还有"在有司者""在御史者"。〔明〕黄训编：《名臣经济录》卷四四《兵部·武库》，文渊阁《四库全书》本。

而汉代民间社会对于"武库"作用和地位的认识,见于《焦氏易林》卷一《师·蹇》:

> 武库军府,甲兵所聚。非里邑居,不可舍止。

《焦氏易林》卷四《姤·鼎》亦作:"武库军府,甲兵所聚。非里邑居,不可舍止。"其中所谓"非里邑居,不可舍止",宋潘自牧《纪纂渊海》卷八《居处部·库藏》引作"非邑非里,不可以处"。① 明徐元太《喻林》卷一〇九《政治门·丧乱》引作"井里邑居,不可舍止"。②

武库为"帝王威御之器所宝藏也"的情形,见于《晋书》卷四《惠帝纪》:"(元康五年)冬十月,武库火,焚累代之宝。"③《晋书》卷二五《舆服志》:"斩白蛇剑至惠帝时武库火烧之,遂亡。"④《晋书》卷三六《张华传》:"武库火,华惧因此变作,列兵固守,然后救之,故累代之宝及汉高斩蛇剑、王莽头、孔子屐等尽焚焉。"⑤ 又《晋书》卷四六《刘颂传》:"武库火,彪建计断屋,得出诸宝器。"⑥ 武库收存军职"册籍"事,未见具体记载。而"武库军府,甲兵所聚"情形,实例颇多。如《后汉书》卷八《灵帝纪》:"(熹平六年二月)武库东垣屋自坏。"李贤注引蔡邕曰:"武库,禁兵所藏。"⑦《后汉书》卷二二《坚镡传》:"……大战武库下。"李贤注引《洛阳记》:"建始殿东有太仓,仓东有武库,藏兵之所。"⑧《后汉书》卷二四《马严传》:"敕严过武库,祭蚩尤。"李贤注:"武库,掌兵器,令一人,秩六百石。《前书音义》曰:'蚩尤,古天子,好五兵,故今祭之。'见《高祖纪》也。"⑨《续汉书·五行

---

① 文渊阁《四库全书》本。
② 文渊阁《四库全书》本。
③ 《晋书》卷四《惠帝纪》,第 93 页。
④ 《晋书》卷二五《舆服志》,第 772 页。
⑤ 《晋书》卷三六《张华传》,第 1073—1074 页。《晋书》卷二七《五行志上》:"惠帝元康五年闰月庚寅,武库火。张华疑有乱,先命固守,然后救火。是以累代异宝,王莽头,孔子屐,汉高祖斩白蛇剑及二百万人器械,一时荡尽。"第 805 页。
⑥ 《晋书》卷四六《刘颂传》,第 1308 页。
⑦ 《后汉书》卷八《灵帝纪》,第 339 页。《续汉书·五行志一》载蔡邕曰:"武库,禁兵所藏。"《后汉书》,第 3274 页。
⑧ 《后汉书》卷二二《坚镡传》,第 783 页。
⑨ 《后汉书》卷二四《马严传》,第 859 页。

志六》"日蚀"条:"其月十八日壬戌,武库火,烧兵器也。"①《续汉书·百官志二》"考工令"条:"本注曰:主作兵器弓弩刀铠之属,成则传执金吾入武库。"②《说文·广部》:"库,兵车藏也。"③我们确实可以看到武库"藏兵车"的实例。《续汉书·舆服志上》"轻车"条:"轻车,古之战车也。洞朱轮舆,不巾不盖,建矛戟幢麾,轑辀弩服。藏在武库。"④《三国志》卷六《魏书·董卓传》:"卓既率精兵来,适值帝室大乱,得专废立,据有武库甲兵,国家珍宝,威震天下。"⑤《三国志》卷九《魏书·曹爽传》:"擅取……武库禁兵。"⑥《晋书》卷四《惠帝纪》:"(元康五年)十二月丙戌,新作武库,大调兵器。"⑦我们这里对于魏晋史籍有关武库的信息予以较多关注,是因为魏晋武库很可能继承了西汉洛阳武库旧址的缘故。

二 桓将军与赵涉的建议:据雒阳武库

吴楚七国之乱中,战争双方各有重要谋略人物,都提出了抢先占领洛阳武库的战略计划。《史记》卷一〇六《吴王濞列传》:

吴少将桓将军说王曰:"吴多步兵,步兵利险;汉多车骑,车骑利平地。愿大王所过城邑不下,直弃去,疾西据雒阳武库,食敖仓粟,阻山河之险以令诸侯,虽毋入关,天下固已定矣。即大王徐行,留下城邑,汉军车骑至,驰入梁楚之郊,事败矣。"吴王问诸老将,老将曰:"此少年推锋之计可耳,安知大虑乎!"于是王不用桓将军计。⑧

桓将军的建议被斥为"少年推锋之际",而不被采纳。其实,弃坚城而"疾西",快

---

① 《后汉书》,第3364页。
② 《后汉书》,第3581页。
③ 〔汉〕许慎撰,〔清〕段玉裁注:《说文解字注》,上海古籍出版社据经韵楼藏版1981年10月影印版,第443页。
④ 《后汉书》,第3650页。
⑤ 《三国志》卷六《魏书·董卓传》,第174页。
⑥ 《三国志》卷九《魏书·曹爽传》,第285页。
⑦ 《晋书》卷四《惠帝纪》,第93页。
⑧ 《史记》卷一〇六《吴王濞列传》,第2832页。

速占据"雒阳武库",如此"虽毋入关,天下固已定矣",这才是具有战略眼光的"知大虑"的深刻识见。

主持平定七国之乱的周亚夫是通过特殊路径抵达雒阳的。抵达雒阳之后,即"直入武库"。《汉书》卷四〇《周亚夫传》记载:

> 亚夫既发,至霸上,赵涉遮说亚夫曰:"将军东诛吴楚,胜则宗庙安,不胜则天下危,能用臣之言乎?"亚夫下车,礼而问之。涉曰:"吴王素富,怀辑死士久矣。此知将军且行,必置间人于殽黾隁陿之间。且兵事上神密,将军何不从此右去,走蓝田,出武关,抵雒阳,间不过差一二日,直入武库,击鸣鼓。诸侯闻之,以为将军从天而下也。"太尉如其计。至雒阳,使吏搜殽黾间,果得吴伏兵。乃请涉为护军。①

赵涉的建议为周亚夫认可,"如其计",于是在军事竞争中占据了上风。最终取胜,实现"宗庙安"的政治预期。

三 王夫人为刘闳求封雒阳故事

《史记》卷六〇《三王世家》褚先生补述说到王夫人向汉武帝为子刘闳求封雒阳故事:

> 王夫人者,赵人也,与卫夫人并幸武帝,而生子闳。闳且立为王时,其母病,武帝自临问之。曰:"子当为王,欲安所置之?"王夫人曰:"陛下在,妾又何等可言者。"帝曰:"虽然,意所欲,欲于何所王之?"王夫人曰:"愿置之雒阳。"武帝曰:"雒阳有武库、敖仓,天下冲阨,汉国之大都也。先帝以来,无子王于雒阳者。去雒阳,余尽可。"王夫人不应。武帝曰:"关东之国无大于齐者。齐东负海而城郭大,古时独临菑中十万户,天下膏腴地莫盛于齐者矣。"王夫人以手击头,谢曰:"幸甚。"②

汉武帝拒绝王夫人求封雒阳的回答,体现了对雒阳战略地位的清醒认识。所谓"雒阳有武库"以及"天下冲阨",是雒阳军事地位和交通地位的准确说明。

---

① 《汉书》卷四〇《周亚夫传》,第2059页。
② 《史记》卷六〇《三王世家》,第2115页。

同样的故事,《史记》卷一二六《滑稽列传》褚先生补述文字略有不同:"王夫人病甚,人主至自往问之曰:'子当为王,欲安所置之?'对曰:'愿居洛阳。'人主曰:'不可。洛阳有武库、敖仓,当关口,天下咽喉。自先帝以来,传不为置王。然关东国莫大于齐,可以为齐王。'王夫人以手击头,呼'幸甚'。"①

"当关口,天下咽喉",与"天下冲阨",语义是接近的。而两段记载中"洛阳有武库"的表述是一致的。

四 比较研究之一:东海郡武库

《晋书》卷一四《地理志上》"豫州颍川郡许昌"条:"汉献帝都许。魏禅,徙都洛阳,许宫室武库存焉,改为许昌。"②这是东汉末期曾经在许昌设置武库的史例。东汉末年文献载录,可见辽东武库的存在。《三国志》卷八《魏书·公孙度传》:"分辽东郡为辽西中辽郡,置太守。越海收东莱诸县,置营州刺史。自立为辽东侯、平州牧,追封父延为建义侯。立汉二祖庙,承制设坛墠于襄平城南,郊祀天地,藉田,治兵,乘鸾路,九旒,旄头羽骑。太祖表度为武威将军,封永宁乡侯,度曰:'我王辽东,何永宁也!'藏印绶武库。"③孙吴都城建业也有武库。《三国志》卷六四《吴书·孙綝传》:"或有告綝怀怨侮上欲图反者,(孙)休执以付綝,綝杀之,由是愈惧,因孟宗求出屯武昌,休许焉,尽敕所督中营精兵万余人,皆令装载,所取武库兵器,咸令给与。"④

尹湾六号汉墓出土六号木牍,题《武库永始四年兵车器集簿》,被认为"是迄今所见有关汉代武库器物最完备的统计报告,指标项目甚多,数列明确"。最令人惊异的,是"库存量大"。以可知数量的常见兵器为例,数量超过十万的有:"弩五十二万六千五百廿六","弩檗廿六万三千七百九十八","弩弦八十四万八百五十三","弩矢千一百卅二万四千一百五十九","弩犊丸廿二万六千一百廿

---

① 《史记》卷一二六《滑稽列传》,第 3209 页。
② 《晋书》卷一四《地理志上》,第 421 页。
③ 《三国志》卷八《魏书·公孙度传》,第 252—253 页。
④ 《三国志》卷六四《吴书·孙綝传》,第 1450 页。

三","弩兰十一万八百卅三","弓矢百一十九万八千八百五","甲十四万二千三百廿二","铍四十四万九千八百一","幡胡□□锯齿十六万四千一十六","羽二百三万七千五百六十八","□□□十九万四千一百卅一","刀十五万六千一百卅五","刃卅四万九千四百六","□□卅三万二千一百九十七","□十二万五千一十六","铁甲扎五十八万七千二百九十九","有方□钦犊十六万三千二百五十一","□鍭百七十万一千二百八十"。兵器中消耗量较大的"矢""鍭"等数量巨大尚可理解,而"弩""铍""刀""刃"等件数惊人,特别值得注意。李均明指出,"以常见兵器为例","弩的总数达 537707 件","矛的总数达 52555 件","有方数达 78392 件。仅这几项所见,足可装备 50 万人以上的军队,远远超出一郡武装所需"。论者推测,"其供应范围必超出东海郡范围,亦受朝廷直接管辖,因此它有可能是汉朝设于东南地区的大武库"。李均明指出,尹湾汉简所说"武库",应当"不属于东海郡直接管辖"。①

我们推想,为什么东海郡设有如此规模的"受朝廷直接管辖"的"大武库"或"地区性大库"呢？或许是因为这里曾经是帝国的"东门"②,有重要的政治文化象征意义。可能更重要的因素,在于东海郡的位置,正大致在汉王朝控制的海岸线的中点。③

《晋书》卷二七《五行志上》："惠帝元康五年闰月庚寅,武库火……二百万人器械,一时荡尽。"④洛阳武库藏有"二百万人器械",远远超过东海郡武库所藏兵器数量。

---

① 参看李均明:《尹湾汉墓出土"武库永始四年兵车器集簿"初探》,《尹湾汉简简牍综论》,科学出版社 1999 年 2 月版。

② 《史记》卷六《秦始皇本纪》:"(秦始皇)三十五年……立石东海上朐界中,以为秦东门。"《史记》,第 256 页。

③ 王子今:《秦汉帝国执政集团的海洋意识与沿海区域控制》,《白沙历史地理学报》第 3 期,2007 年 4 月;《"秦东门"与秦汉东海郡形势》,《史林挥麈:纪念方诗铭先生学术论文集》,上海古籍出版社 2015 年 1 月版;《海洋遗产与考古》第 2 辑,科学出版社 2015 年 12 月版。

④ 《晋书》卷二七《五行志上》,第 805 页。

五 比较研究之二：上郡库

西汉时期上郡设武库。《汉书》卷一〇《成帝纪》有关于"上郡库令"刘良继承其兄王位，被立为河间王的记载："(建始元年春正月)立故河间王弟上郡库令良为王。"颜师古注引如淳曰："《汉官》北边郡库，官之兵器所藏，故置令。"①按照《汉官》的说法，此"上郡库"就是"上郡武库"。

没有迹象表明"上郡库"的规模，但是关于"上郡库令"身份的记载，体现了"上郡库"的重要地位。《汉书》卷五三《景十三王传·河间献王德》记载："成帝建始元年，复立元帝上郡库令良，是为河间惠王。"颜师古注引如淳曰："《汉官》北边郡库，官兵之所藏，故置令。"②如淳的说法，一谓"北边郡库，官之兵器所藏"，一谓"北边郡库，官兵之所藏"，语义并没有太大的差异，都指明刘良曾经任"库令"的"上郡库"，是"北边郡"的武库。然而上郡库令刘良是河间王刘元的弟弟，后来刘元有罪被废③，刘良成为河间王。可知"上郡库令"身份之高。④ 陈直关注过刘良事迹透露的历史信息。他在讨论居延汉简"库令系统"官职时指出："库令为边郡主管兵器库者，汉书河间献王传，孙良为上郡库令是也。"⑤

《汉书》卷一上《高帝纪上》："(汉王四年)八月，初为算赋。"颜师古注："如淳曰：《汉仪注》：民年十五以上至五十六，出赋钱，人百二十为一算。为治库兵车马。"⑥明人丘濬于是言："汉高祖四年，初为算赋。注：民年十五以上至五十

---

① 《汉书》卷一〇《成帝纪》，第303页。
② 《汉书》卷五三《景十三王传·河间献王德》，第2412页。《资治通鉴》卷三〇"汉成帝建始元年"："立故河间王弟上郡库令良为河间王。"胡三省注："元废事见上卷'元帝建昭元年'。如淳曰：'汉北边郡库，官兵器之所藏，故置令。'"第955页。
③ 《汉书》卷九《元帝纪》："(建昭元年)冬，河间王元有罪，废，迁房陵。"第294页。
④ 王子今：《西汉上郡武库与秦始皇直道交通》，《秦汉研究》第10辑，陕西人民出版社2016年8月版。
⑤ 陈直：《居延汉简综论》，《居延汉简研究》，天津古籍出版社1986年5月版，第117页。
⑥ 《汉书》卷一上《高帝纪上》，第46页。

六,出赋钱,人百二十为一算,为治库兵车马。臣按此汉以后赋民治兵之始。考史:成帝建始元年立故河间王弟上郡库令良为王。注:谓北边郡库,官之兵器所藏,故置令。则前此边郡各有库,库有令,以掌兵器。旧矣。然《地理志》于南阳郡宛下,注有工官、铁官,则不独边郡有武库,而内地亦有之矣。"①因南阳郡宛"有工官、铁官"即以为"不独边郡有武库,而内地亦有之矣"的误解,也许由自史籍或见"武库工官"并说的情形。如《史记》卷三〇《平准书》:"其明年,南越反,西羌侵边为桀。于是天子为山东不赡,赦天下囚,因南方楼船卒二十余万人击南越,数万人发三河以西骑击西羌,又数万人度河筑令居。初置张掖、酒泉郡,而上郡、朔方、西河、河西开田官,斥塞卒六十万人戍田之。中国繕道馈粮,远者三千,近者千余里,皆仰给大农。边兵不足,乃发武库工官兵器以赡之。车骑马乏绝,县官钱少,买马难得,乃著令,令封君以下至三百石以上吏,以差出牝马天下亭,亭有畜牸马,岁课息。"②显然,"南阳郡宛"武库的存在并不能得到史证。而所谓"不独边郡有武库,而内地亦有之矣"的说法,大概并不具有普遍意义。

六 比较研究之三:姑臧库·武威库

李均明指出,据居延汉简提供的信息可以得知,"张掖郡居延都尉属下使用的兵器有许多是从姑臧库领取的,其使用也受姑臧库的监督,则姑臧库供应武器的范围不局限于武威郡,有可能与整个河西地区有关。可见武威姑臧库是汉朝廷设于西北的地区性大库,与中央武库相呼应"。据此以为,尹湾汉简所说"武

---

① 〔明〕丘濬:《大学衍义补》卷一二二,文渊阁《四库全书》本。
② 《史记》卷三〇《平准书》,第1438—1439页。《汉书》卷二四下《食货志下》:"明年,南粤反,西羌侵边。天子为山东不澹,赦天下囚,因南方楼船士二十余万人击粤,发三河以西骑击羌,又数万人度河筑令居。初置张掖、酒泉郡,而上郡、朔方、西河、河西开田官,斥塞卒六十万人戍田之。中国繕道馈粮,远者三千,近者千余里,皆仰给大农。边兵不足,乃发武库工官兵器以澹之。车骑马乏,县官钱少,买马难得,乃著令,令封君以下至三百石吏以上差出牝马天下亭,亭有畜字马,岁课息。"第1173页。

库",也应当"不属于东海郡直接管辖"。①

居延汉简可见:"■武威郡姑臧别库假戍田卒兵□留□■"(EPT58:55)。有研究者认为,"此简反映出姑臧库向居延地区提供兵器的情况。相关的记载还见居延新简EPT52:399'·第十七部黄龙元年六月卒假兵姑臧名籍'。此外,居延汉简7·7A'地节二年六月辛卯朔丁巳,肩水候房谓候长光,官以姑臧所移卒被兵本籍,为行边兵丞相史王卿治卒被兵'。说明肩水地区兵器也有来源于姑臧库的情况。"②

又如简文"主□隧如府书」获胡烧塞所失吏卒兵器□移姑臧库"(562.12),应该是将兵器集中于"姑臧库"。

"姑臧"地在今甘肃武威③,作为武威郡属县④,"姑臧库"名号与东海郡武库及"上郡库"显然不同。不过,我们看到"武威库"简例:

元康二年五月己巳朔辛卯武威库令安世别缮治卒兵姑臧敢言之酒
泉大守府移丞相府书曰大守■

迎卒受兵谨披橐持与将卒长吏相助至署所毋令卒得擅道用弩射禽
兽鬭已前关书■

三居延不遣长吏逢迎卒今东郡遣利昌侯国相力白马司空佐梁将戍
卒■(EPT53:63)

有研究者认为:"该简记述元康时居延地区戍卒发送和迎受的情况。作为戍卒的发送方,'将卒长吏'东郡利昌侯国相和白马县司空佐要带领戍卒赴居延。而作为戍卒的接受方,依照丞相府书,居延地区要派遣长吏'迎卒受兵'。迎卒是迎受戍卒,受兵是接受兵器。从简文理解,受兵应是指到姑臧库迎受兵器,这些东郡戍卒的兵器应是从姑臧所得。居延汉简反映出姑臧库有为河西戍卒提供兵

---

① 参看李均明:《尹湾汉墓出土"武库永始四年兵车器集簿"初探》,《尹湾汉简简牍综论》,科学出版社1999年2月版。

② 张德芳主编,马智全著:《居延新简集释(四)》,甘肃文化出版社2016年6月版,第525页。

③ 谭其骧主编:《中国历史地图集》,地图出版社1982年10月版,第2册第33—34页。

④ 《汉书》卷二八下《地理志下》:"武威郡,故匈奴休屠王地。武帝太初四年开。莽曰张掖。户万七千五百八十一,口七万六千四百一十九。县十:姑臧,南山,谷水所出,北至武威入海,行七百九十里……"第1612页。

器的情况。此外文书要求戍卒受兵以后要对兵器爱护拿持,不要擅自在道路上用弓弩射猎禽兽和相互斗殴,反映出汉代河西戍卒的迎受制度。"①然而简文明确为"武威库令安世"。姑臧为武威郡治所。也许"姑臧库""武威库"只是不同时期的称谓区别。然而前引"武威郡姑臧别库"简文也值得注意。说明"姑臧库"与"武威库"的关系及相关制度,也许还需要继续深入思考。

应当注意到,河西汉简简文中有的"库"并非武库。《释名·释宫室》:"库,舍也,物所在之舍也,故齐鲁谓库曰'舍'也。"②裘锡圭指出:"库的主要任务是管理车和兵甲等作战物资……从出土的兵器和其他器物的铭文看,战国秦汉时代的库都是从事生产的。并且除了制造兵器、车器以外,也制造鼎、钟等其他器物。""从汉代史料看,库还管理钱财。""史书里也常提到库钱。"③《续汉书·百官志三》"少府"条:"(尚书)右丞假署印绶,及纸笔墨诸财用库藏。"④所谓"诸财用库藏"的情形,居延汉简有"金曹调库赋钱万四千三"(139.28)"●元寿六月受库钱财物出入簿"(286.28)"十月己亥输钱部库毕入"(507.10)等简例可以说明。而"县库"的存在也是普遍的。裘锡圭指出,"秦律《效律》提到县的都库啬夫。""居延库啬夫是居延县的库啬夫。""银雀山竹书的《库法》篇讲了县库制造武器的一些规定……"⑤此外,军队也有武库设置。《汉书》卷六〇《杜钦传》:"凤深知钦能,奏请钦为大将军军武库令。"⑥《资治通鉴》言"大将军武库令杜钦",胡三省注:"此大将军之军中武库令也。《钦传》,军下更有'军'字。"⑦可知"库"和"武库"的设置,情形相当复杂。河西汉简所见"库",不宜均读作"姑臧

---

① 张德芳主编,马智全著:《居延新简集释(四)》,甘肃文化出版社 2016 年 6 月版,第 303—304 页。
② 任继昉纂《释名汇校》:"许克勤校……又引《礼记》:'在库言库。'郑玄曰:'马车兵革之藏也。'蔡雍《月令章句》:'审五库之量,一曰车库,二曰兵库,三曰祭器库,四曰乐库,五曰宴器库。'任按:见《原本玉篇残卷》第 448 页,第 14—16 行。"齐鲁书社 2006 年 11 月版,第 307 页。今按:"蔡雍"应为"蔡邕"。
③ 裘锡圭:《啬夫初探》,《裘锡圭学术文集·古代历史、思想、民俗卷》,复旦大学出版社 2012 年月版,第 70 页、第 72 页。
④ 《后汉书》,第 3597 页。
⑤ 裘锡圭:《啬夫初探》,《裘锡圭学术文集·古代历史、思想、民俗卷》,第 68—70 页。
⑥ 《汉书》卷六〇《杜钦传》,第 2667 页。
⑦ 《资治通鉴》卷三〇"汉成帝建始元年",第 958 页。

库",理解为"武库"。

作为武库的"姑臧库"与"武威库"的存在,也未必可以作为"边郡有武库""边郡各有库"的证明。而"姑臧库"与"武威库"的空间位置,对于控制西域通路的作用,是可以与东海郡武库和"上郡武库"进行对应比照的。"姑臧库"与"武威库"地处河西四郡最东,在控制河西通道的战略任务中表现出重要意义,又靠近汉帝国腹地,不至于轻易为匈奴攻击,出现前引简文所谓"胡烧塞""失吏卒兵器"情形。

就本文讨论的主题而言,东海郡武库、上郡库、姑臧库与武威库均有重要战略地位[①],然而与雒阳武库相比,毕竟不在一个等级。东海郡武库"可装备50万人以上的军队",而洛阳武库藏有"二百万人器械",这样具备参考意义的西晋史料,是有益于我们进行数量比较和等级区分的。而洛阳有"天下冲阨""天下咽喉"的军事地理与交通地理地位,"武库"和"敖仓"的设置,是与这一形势相关的历史存在。

[①] 裘锡圭指出,"西汉封泥有'成都库'半通印文,《封泥考略》以为是成都县主库掾史之印,劳榦根据居延简指出成都库应为啬夫所主,是郑国渠的。"《啬夫初探》,《裘锡圭学术文集·古代历史、思想、民俗卷》,第70页。其实,"成都库"似未可排除与东海郡武库、上郡库、姑臧库及武威库地位相当的可能。

论合肥寿春"一都会"

在秦汉大一统新的政治格局和经济形势中,出现了结构特殊的城市组合和区域行政方式。例如西汉长安与体现卫星城作用的诸陵邑共同构成的史称"长安诸陵""长安五陵"或"诸陵长安"的都市圈①,又如西河郡跨黄河而治的行政特征②,都是古代城市史、交通史上值得注意的情形。而合肥、寿春或许可以再加上盛唐、阴陵构成的城市群及其周边区域,也有值得关注的历史文化个性。进行合肥区域史和区域文化研究,应当注意这一现象。有的地方新经济区建设有将两个、三个甚至更多城市优势合一实现"一体化"的设想。这种规划的设计与实践,有必要参考合肥寿春"一都会"一类历史存在获得有益的启示。

一 《货殖列传》与《汉志》有关合肥、寿春的不同表述

对于合肥、寿春的地位及其相互关系,在《史》《汉》中有不同的表述。《史

---

① 《史记》卷一二九《货殖列传》称"长安诸陵",《汉书》卷九二《游侠传·原涉》称"长安五陵",《汉书》卷七〇《爰盎传》称"诸陵长安"。正如杨宽所指出的,西汉陵邑应看作构成汉长安城的要素之一。杨宽:《西汉长安布局结构的探讨》,《文博》1984年创刊号;《西汉长安布局结构的再探讨》,《考古》1989年第4期。长安大都市功能的实现,确实因诸陵邑的作用而有以补充。参看王子今:《西汉长安居民的生存空间》,《人文杂志》2007年第2期。长安"四郊""近县"的特殊关系,使得诸陵邑在某种意义上已经成为长安的卫星城,或亦可看作"大长安"的有机构成。参看刘文瑞:《试论西汉长安的卫星城镇》,《陕西地方志通讯》1987年第5期;《我国最早的卫星城镇——试论西汉长安诸陵邑》,《咸阳师专学报》1988年第1期;王子今:《西汉帝陵方位与长安地区的交通形势》,《唐都学刊》1995年第3期;《西汉诸陵分布与古长安附近的交通格局》,《西安古代交通志》,陕西人民出版社1997年9月版。

② 参看王子今:《西河郡建置与汉代山陕交通》,《晋阳学刊》1990年第6期。

记》卷一二九《货殖列传》：

> 郢之后徙寿春①，亦一都会也。而合肥受南北潮②，皮革、鲍、木输会也。与闽中、于越杂俗，故南楚好辞，巧说少信。③

《汉书》卷二八下《地理志下》：

> 寿春、合肥受南北湖皮革、鲍、木之输④，亦一都会也。⑤

《史记》"受南北潮"，已有学者指出应是"受南北湖"。宋王应麟撰《玉海》卷二三《地理》有"汉南北湖"条，引《地理志》："寿春、合肥受南北湖皮革、鲍、木之输，亦一都会也。"⑥宋潘自牧撰《记纂渊海》卷一二《郡县部·淮南西路·寿春府》"形胜"条引《汉志》："寿春、合肥受南北皮革、鲍、木之输，亦一都会也。"⑦则避开了有关"潮""湖"字的异见。

《史》《汉》的差别，一说"寿春""亦一都会也"，一说"寿春、合肥""亦一都会也"。一说"合肥""受南北潮，皮革、鲍、木输会也"，一说"寿春、合肥受南北湖皮革、鲍、木之输"。

现在看来，《汉志》的说法也许更为明确，也更为准确。

二 合肥、寿春的特殊关系：生态地理、经济地理与交通地理的考察

按照《汉志》的表述，"寿春、合肥受南北湖皮革、鲍、木之输，亦一都会也"，

---

① 张守节《正义》："楚考烈王二十二年，自陈徙都寿春，号之曰郢，故言'郢之徙寿春'也。"
② 裴骃《集解》："徐广曰：'在临淮。'"张守节《正义》："合肥，县，庐州治也。言江淮之潮，南北俱至庐州也。"
③ 《史记》卷一二九《货殖列传》，第3268页。
④ 颜师古注："皮革，犀兕之属也。鲍，鲍鱼也。木，枫柟豫章之属。"
⑤ 《汉书》卷二八下《地理志下》，第1668页。《太平御览》卷一六九引《汉志》："寿春、合肥受南北湖皮革、鲍、木之输，亦一都会也。"注："鲍，鲍鱼也。木，谓枫柟之属。"对于"鲍"，有"鲍、鲍鱼"以及"鮠"乃至"鞄"等不同解读。〔宋〕李昉等撰：《太平御览》，第822页。
⑥ 〔宋〕王应麟撰：《玉海》，文渊阁《四库全书》本。
⑦ 〔宋〕潘自牧撰：《记纂渊海》，文渊阁《四库全书》本。

就是说,"寿春"和"合肥"有同样的生态地理环境①、经济地理形势和交通地理条件。而所谓"一都会",将两个地方归于一个城市组合。

《汉书》卷二八下《地理志下》七次说到"都会",指出了全国七处经济文化重心:

> 邯郸北通燕、涿,南有郑、卫,漳、河之间一都会也。其土广俗杂,大率精急,高气势,轻为奸。

> 蓟,南通齐、赵,勃、碣之间一都会也。② 初太子丹宾养勇士,不爱后宫美女,民化以为俗,至今犹然。宾客相过,以妇侍宿,嫁取之夕,男女无别,反以为荣。后稍颇止,然终未改。其俗愚悍少虑,轻薄无威,亦有所长,敢于急人,燕丹遗风也。

> 临菑,海、岱之间一都会也,其中具五民云。③

> 江陵,故郢都,西通巫、巴,东有云梦之饶,亦一都会也。

> 寿春、合肥受南北湖皮革、鲍、木之输,亦一都会也。始楚贤臣屈原被谗放流,作《离骚》诸赋以自伤悼。后有宋玉、唐勒之属慕而述之,皆以显名。汉兴,高祖王兄子濞于吴,招致天下之娱游子弟,枚乘、邹阳、严夫子之徒兴于文、景之际。而淮南王安亦都寿春,招宾客著书。而吴有严助、朱买臣,贵显汉朝,文辞并发,故世传楚辞。其失巧而少信。初淮南王异国中民家有女者,以待游士而妻之,故至今多女而少男。本吴粤与楚接比,数相并兼,故民俗略同。

> 吴东有海盐章山之铜,三江五湖之利,亦江东之一都会也。豫章出黄金,然堇堇物之所有,取之不足以更费。江南卑湿,丈夫多夭。

> (粤地)处近海,多犀、象、毒冒、珠玑、银、铜、果、布之凑,中国往商贾者多取富焉。番禺,其一都会也。④

《汉志》关于"都会"的记述,或涉及生态地理和经济地理形势,或言及交通地理

---

① 即"南北湖"。
② 颜师古注:"蓟县,燕之所都也。勃,勃海也。碣,碣石也。"
③ 颜师古注:"服虔曰:'士、农、商、工、贾也。'如淳曰:'游子乐其俗,不复归,故有五方之民也。'师古曰:'如说是。'"
④ 《汉书》卷二八下《地理志下》,第1656—1657页、第1661页、第1666页、第1668页、第1670页。

地位,多数亦有关于民俗地理的写绘。有关"寿春、合肥""亦一都会也"的内容,兼具这几种自然地理和人文地理要素,记载的信息总量也是最为丰富的。

特别值得注意的,与其他六处"都会"相比,"寿春、合肥""亦一都会也"是两地合并叙说的唯一的一例。这体现了"寿春、合肥"两地有共同的地理环境背景和一致的人文社会作用,也反映了"寿春、合肥"两地的特殊关系。

史籍记载体现的"寿春、合肥"两地的一体化,是区域史研究的重要研究课题。

三　九江郡设置

"寿春、合肥"均属九江郡。《史记》卷七《项羽本纪》张守节《正义》说,这里是楚国最后的都城:"楚考烈王二十二年,自陈徙寿春,号云郢。至王负刍为秦将王翦、蒙武所灭,于此置九江郡。应劭云:'自庐江寻阳分为九江。'"①这里也是导致项羽走向悲剧结局的关键性的地方:"周殷叛楚,兼举九江郡之兵,随刘贾而至垓下。"②项羽仅余二十八骑逃至东城,身被十余创,最终自刎而死。东城属九江郡。《史记》卷一一八《淮南衡山列传》:"淮南王安自刭杀。""国除为九江郡。"③《汉书》卷二八上《地理志上》"九江郡"条写道:

> 九江郡,秦置,高帝四年更名为淮南国,武帝元狩元年复故。莽曰延平。属扬州。户十五万五十二,口七十八万五百二十五。有陂官、湖官。县十五:寿春邑,楚考烈王自陈徙此。浚遒,成德,莽曰平阿。橐皋,阴陵,莽曰阴陆。历阳,都尉治。莽曰明义。当涂,侯国。莽曰山聚。钟离,莽曰蚕富。合肥,东城,莽曰武城。博乡,侯国。莽曰扬陆。曲阳,侯国。莽曰延平亭。建阳,全椒,阜陵。莽曰阜陆。④

郡治在寿春:"寿春邑,楚考烈王自陈徙此。"关于"合肥",颜师古注:"应劭

---

① 《史记》卷七《项羽本纪》,第 333 页。
② 《史记》卷七《项羽本纪》,第 333 页。
③ 《史记》卷一一八《淮南衡山列传》,第 3094 页。
④ 《汉书》卷二八上《地理志上》,第 1569 页。

曰:'夏水出父城东南,至此与淮合,故曰合肥。'"①

值得我们特别注意的,是郡治寿春偏在郡的北隅。这样的交通地理位置对于全郡的行政管理和经济控制,显然多有不便。这样的推想也许是有合理性的,即领导和关照九江全郡的任务,因稍略偏西而大致居中之合肥的补充作用得以完成。

当然,合肥这一作用的实现,应以其本身的经济地位、文化品质以及与寿春的特殊联系作为基本条件。

四 "盛唐"考议

《汉书》卷六《武帝纪》记载了汉武帝元封五年(前106)的出巡。这次出巡行历江海名山,完成了庄严的封禅礼祠仪式:

> 五年冬,行南巡狩,至于盛唐,望祀虞舜于九嶷。登灊天柱山,自寻阳浮江,亲射蛟江中,获之。舳舻千里,薄枞阳而出,作《盛唐枞阳之歌》。遂北至琅邪,并海,所过礼祠其名山大川。春三月,还至泰山,增封。甲子,祠高祖于明堂,以配上帝,因朝诸侯王列侯,受郡国计。夏四月,诏曰:"朕巡荆扬,辑江淮物,会大海气,以合泰山。上天见象,增修封禅。其赦天下。所幸县毋出今年租赋,赐鳏寡孤独帛,贫穷者粟。"还幸甘泉,郊泰畤。②

"亲射蛟江中,获之",是汉武帝表现英雄主义精神的典型表演。③ 他"自寻阳浮江","舳舻千里,薄枞阳而出,作《盛唐枞阳之歌》"。对于往寻阳行历的"盛唐"的地望,存在不同的认识。颜师古注:"文颖曰:'案《地理志》不得,疑当在庐

---

① 《汉书》卷二八上《地理志上》,第1569页。

② 《汉书》卷六《武帝纪》,第196页。

③ 宋代学者苏辙引述张文潜的诗作,其中有"龙惊汉武英雄射,山笑秦皇烂漫游"句,即咏叹汉武帝射蛟江中故事。《说郛》卷一六下苏籀《栾城遗言》。明人欧大任《泊枞阳眺览盛唐遂忆汉武之游》也写道:"行役届皖城,放舟下枞阳。原隰郁臑臑,江波浩汤汤。忆在元封中,君王狩朱方。大江深且广,及兹一苇航。弯弧射蛟台,皇武何可当。宸游事既往,六合无回光。不见楼船还,空余蕙兰芳。"《明诗综》卷五二。

左右,县名也。'韦昭曰:'在南郡。'师古曰:'韦说是也。'"①以为盛唐在南郡的认识,看来是不正确的。

《太平寰宇记》卷一二五《淮南道三·舒州》以为在桐城南:"益唐山,在县南一里。按《汉书·武帝纪》:元封五年,巡狩过盛唐,作《枞阳盛唐之歌》。郦元注《水经》云:此水源东南流。盛唐戍,俗讹谓之小益唐,即此地。"②然而同书卷一二六《淮南道四·庐州》说到"寿州盛唐"③。同书卷一二九《淮南道七·寿州》明确以为地在六安:"六安县,南一百一十里。旧十三乡,今十乡。本春秋时楚之灊县地也。在汉为盛唐县,属庐江郡。武帝元封元年南巡狩,登灊天柱,薄枞阳,作《盛唐之歌》。县西二十五里有盛唐山,因为名。隋改为霍山县。唐开元二十七年改为盛唐,从旧名也。梁改为灊山县。后唐同光初复旧。晋天福中改为来化县,后复旧。"④看《武帝纪》行文,"至于盛唐"在"登灊天柱山"之前,则"盛唐"应在至"灊天柱山"途中,亦与"九嶷"有关。《元丰九域志》卷五《淮南路·西路》"紧寿州寿春郡忠正军节度"条也说:"县五,开宝元年省霍山县为镇,入盛唐。四年改盛唐为六安。"⑤《舆地广记》卷二一《淮南西路》"中六安县"条:"本汉潜、安丰二县地。晋永和中,谢尚镇马头城,在今县北。梁置霍州及岳安郡、岳安县。北齐州废。隋开皇初郡废,改县为霍山,属庐州。唐武德四年,以霍山、应城、潜城三县置霍州。贞观元年州废,省应城、潜城,以霍山来属。神功元年曰武昌,神龙元年复改名,开元二十七年改为盛唐。皇朝开宝四年,改为六安。霍山镇,唐天寶初析盛唐别置霍山县,开宝元年省为镇,入盛唐。有霍山。有《禹贡》大别山。潜,本楚邑。汉属庐江郡。东汉、晋因之,后省焉。唐武德五年

---

① 《汉书》卷六《武帝纪》,第196页。
② 〔宋〕乐史撰,王文楚等点校:《太平寰宇记》卷一二五《淮南道三·舒州·桐城县》,中华书局2007年11月版,第2479页。
③ 〔宋〕乐史撰,王文楚等点校:《太平寰宇记》卷一二六《淮南道四·庐州·舒城县》,第2499页。
④ 〔宋〕乐史撰,王文楚等点校:《太平寰宇记》卷一二九《淮南道七·寿州·六安县》,第2552页。
⑤ 〔宋〕王存撰,王文楚、魏嵩山点校:《元丰九域志》卷五《淮南路·西路》,中华书局1984年12月版,第200页。

复置潜县,贞观中省,入霍山。有汶水、潜水。"①

看来,谭其骧主编《中国历史地图集》的标定是合理的。盛唐在今安徽六安,灊在今安徽霍山北,天柱山在今安徽霍山南。②

这样,寿春、盛唐和合肥构成了一个大致呈三角形的地带,这可能是九江郡比较重要的区域。汉武帝"行南巡狩,至于盛唐",可以理解为抵达了"寿春、合肥""一都会"。所谓"作《盛唐枞阳之歌》",内容应当包括对他当时心境的表述。

据《续汉书·郡国志四》"九江郡"条:

> 九江郡秦置。雒阳东一千五百里。十四城,户八万九千四百三十六,口四十三万二千四百二十六。
>
> 阴陵、寿春、浚遒、成德、西曲阳、合肥,侯国。历阳,侯国,刺史治。当涂有马丘聚,徐凤反于此。全椒、钟离,侯国。阜陵、下蔡,故属沛。平阿故属沛。有涂山。义成故属沛。③

地在今安徽定远西北的阴陵,是东汉九江郡郡治所在。"寿春"下刘昭注补:"《汉官》云刺史治,去雒阳千三百里,与《志》不同。"④《汉官》所说,体现了对西汉寿春地位的记忆。东汉时期作为郡治的阴陵,与寿春、合肥构成了一个倒三角形。与上文所说寿春、盛唐和合肥构成的三角形相合,则呈示一个近似平行四边形的区域结构。以对这一平面图象的认识为基础,理解"寿春、合肥""一都会"的区域形势,可能是适宜的。

五 关于"合肥、寿春诸军"

《太平御览》卷一六九引《寿春记》曰:"三国时,江淮为战争之地,其间数百里无复人居。晋平吴,其民乃还本土,复立为淮南郡。"⑤可知讨论汉末寿春、合

---

① 〔宋〕欧阳忞撰:《舆地广记》卷二一《淮南西路》,文渊阁《四库全书》本。
② 谭其骧:《中国历史地图集》,第2册第24—25页。
③ 《后汉书》,第3485—3486页。
④ 《后汉书》,第3486页。
⑤ 〔宋〕李昉等撰:《太平御览》,第822页。

肥地方史,应更多由军事角度予以关注。

赤壁之战前后,曾经发生合肥争夺战事。《三国志》卷四七《吴书·吴主传》记载,赤壁战后,曹操"烧其余船引退,士卒饥疫,死者大半"。"(孙)权自率众围合肥","权攻城逾月不能下。曹公自荆州还,遣张喜将骑赴合肥,未至,权退"。①《三国志》卷一《魏书·武帝纪》则说事在赤壁之战前:"(建安十三年)十二月,孙权为备攻合肥。公自江陵征备,至巴丘,遣张憙救合肥。权闻憙至,乃走。公至赤壁,与备战,不利。于是大疫,吏士多死者,乃引军还。备遂有荆州、江南诸郡。"裴松之注引孙盛《异同评》曰:"按《吴志》,刘备先破公军,然后权攻合肥,而此记云权先攻合肥,后有赤壁之事。二者不同,《吴志》为是。"②其实,《魏书·武帝纪》有明确年月记录,似不能排除孙权在赤壁之战前后两次攻打合肥的可能。次年,曹操又往合肥集结水军:"十四年春三月,军至谯,作轻舟,治水军。秋七月,自涡入淮,出肥水,军合肥。"③建安二十年(215)又有"八月,孙权围合肥,张辽、李典击破之"的战争记录。④

有的相关军事史文献遗存则"合肥、寿春"并说。如《三国志》卷三《魏书·明帝纪》:"(青龙二年)五月,太白昼见。孙权入居巢湖口,向合肥新城,又遣将陆议、孙韶各将万余人入淮、沔。六月,征东将军满宠进军拒之。宠欲拔新城守,致贼寿春,帝不听……秋七月壬寅,帝亲御龙舟东征,权攻新城,将军张颖等拒守力战,帝军未至数百里,权遁走,议、韶等亦退……遂进军幸寿春,录诸将功,封赏各有差。八月己未,大曜兵,飨六军,遣使者持节犒劳合肥、寿春诸军。辛巳,行还许昌宫。"⑤"合肥、寿春诸军"的说法,特别值得注意。合肥新城自五月至七月长期据守,而寿春并未临战,为什么"遣使者持节犒劳合肥、寿春诸军",使寿春军与合肥军享受同样优遇呢?难道仅仅是因为魏明帝"幸寿春"吗?

所谓"合肥、寿春诸军"并说,可知这一区域因联系之密切与格局之紧凑,实际形成了接近后世军事布局所谓战区的形势。在当时军事战略布局中,"合肥、寿春诸军"也有一体化的特点。

---

① 《三国志》卷四七《吴书·吴主传》,第1118页。
② 《三国志》卷一《魏书·武帝纪》,第30—32页。
③ 《三国志》卷一《魏书·武帝纪》,第32页。
④ 《三国志》卷一《魏书·武帝纪》,第45页。
⑤ 《三国志》卷三《魏书·明帝纪》,第103—104页。

直到又一次发生南北对峙形势的宋代,合肥与寿春在战略地理方面的亲近关系再次受到重视。宋人王之道《上江东宣抚李端明书》写道:"之道观今日天下安危存亡之机,间不容发。如王彦充据寿春、窥合肥一事,最不可忽。夫彦充凭骄寇伪齐之势,拥众数千,攻陷寿春,方且蠲烦去苛,矜老慈幼,劝播植,通贸易,修城浚隍,誓与斯民同死生。此其志正恐不在寿春,而在合肥。盖合肥在淮南最为重城,西北距淮二百里有奇。而寿春实在淮上,东南距江亦二百里有奇。而建康实在江左。江淮相距不逾五百里,而三郡在焉。其势犹唇齿股肱,不可以相无也。国家诚欲都建康,则宜紧守淮南以为藩篱。欲守淮南,而不能保有寿春、合肥,虽守犹不守也。"王之道又写道:"今欲守淮南而失寿春,既有唇亡肱折之患矣。奈何复委合肥于虎口而不问邪?"他又有"今寿春既陷,合肥危若累卵"的说法。① 合肥与寿春相互关联、相互策应的关系,是十分明朗的。

六 释"皮革、鲍、木输会"

《史记》卷一二九《货殖列传》:"郢之后徙寿春,亦一都会也。而合肥受南北潮,皮革、鲍、木输会也。"②《汉书》卷二八下《地理志下》:"寿春、合肥受南北湖皮革、鲍、木之输,亦一都会也。"③《货殖列传》"皮革、鲍、木输会也",《汉志》"皮革、鲍、木之输",都说到这一地区是物资储运的中心,也是物资转输的枢纽。

《汉志》颜师古注:"皮革,犀兕之属也。鲍,鲍鱼也。木,枫柟豫章之属。"宋章如愚撰《群书考索》卷六一《地理门·风俗类》"诸国风俗"条则将"鲍"写作"匏":"寿春、合肥受南北朔皮革、匏木之输,亦一都会也。"④

古时取犀兕皮革以为甲,而长江流域是犀兕主要产地。《禹贡》说到扬州、

---

① 〔宋〕王之道:《相山集》卷二四《书》。曾枣庄、刘琳主编:《全宋文》卷四〇六一,上海辞书出版社、安徽教育出版社2006年8月版,第185册,第65—66页。
② 《史记》卷一二九《货殖列传》,第3268页。
③ 《汉书》卷二八下《地理志下》,第1668页。
④ 〔宋〕章如愚撰:《群书考索》,文渊阁《四库全书》本。

荆州都有"齿、革"之贡,扬州所贡"齿、革",孔安国解释说:"齿,革牙;革,犀皮。"①孔颖达也说:"《考工记》:'犀甲七属,兕甲六属。'宣二年《左传》云:'犀兕尚多,弃甲则那。'是甲之所用,犀革为上,革之所美,莫过于犀。知'革'是犀皮也。"②"合肥、寿春"是征收和调运"皮革"的重心区域,是可以理解的事。

对于所谓"鲍",也有已经鞣制的皮革的解说。王先谦《汉书补注》引钱坫说:"'鲍'即'鞄'字。《说文》:'鞄,柔革工也。'读若'朴'。《周礼》曰'柔皮之工鲍氏'。'鞄'即'鲍'也。"③

"合肥、寿春"作为"木输会"或者说"寿春、合肥受……木之输",体现出这一地区也是向黄河流域乃至更北的地方输送江淮林产的交通枢纽。《潜夫论·浮侈》说到江南优质材木北运的情形:"……其后京师贵戚,必欲江南檽梓豫章梗柟。边远下土,亦竞相仿效。夫檽梓豫章,所出殊远,又乃生于深山穷谷,经历山岑,千步之高,百丈之谿,倾倚险阻,崎岖不便,求之连日,然后见之。伐斫连月然后讫。会众然后能动担,牛列然后能致水。油溃入海,连淮逆河,行数千里,然后到雒。工匠雕治,积累日月,计一棺之成,功将千万。夫既其终用,重且万斤。非大众不能举,非大车不能挽。东至乐浪,西至敦煌,万里之中,相竞用之。此之费功伤农,可为痛心。"④由"江南""到雒",甚至"东至乐浪,西至燉煌",这种远程运输,"合肥、寿春"是重要的中转地点。所谓"致水",所谓"油溃入海,连淮逆

---

① 《史记》卷二《夏本纪》引《禹贡》扬州"齿、革、羽、旄",裴骃《集解》:"孔安国曰:'象齿、犀皮、鸟羽、旄牛尾也。'"第58页、第60页。

② 参看王子今:《走马楼简的"入皮"记录》,《吴简研究》第1辑,崇文书局2004年7月版。

③ 〔清〕王先谦撰:《汉书补注》,第853页。

④ 〔汉〕王符撰,〔清〕汪继培笺,彭铎校正:《潜夫论笺校正》卷三,中华书局1985年9月版,第134页。

河",体现当时木材运输多利用水道。① 而"合肥、寿春""受南北湖"者,正是水运条件优越的表现。

而"南北湖"之所谓"南""北",很可能是以合肥为中心地理坐标定名的。

---

① 以水运方式输送林产,有悠久的传统。《华阳国志·蜀志》言李冰开发水利,"乃壅江作堋,穿郫江、捡江,别支流,双过郡下,以行舟船。岷山多梓、柏、大竹,颓随水流,坐致材木,功省用饶"。天水放马滩1号秦墓出土的年代为战国时期的木板地图,突出显示"材"及其"大""中""小"以及是否"刊"等,都应理解为林业史料。关于某种"材"运程若干"里",以及如何"道最"等运输信息,乃至"关"(或释作"闭")的设置等,均体现林区交通开发的记录和导引的图示。"关"的位置均显示对河流航道的控制,应理解为水运木材的交通方式的体现。甘肃省文物考古研究所:《天水放马滩墓葬发掘报告》,甘肃省文物考古研究所编:《天水放马滩秦简》,中华书局2009年8月版;雍际春:《天水放马滩木板地图研究》,甘肃人民出版社2002年6月版;王子今、李斯:《放马滩秦地图林业交通史料研究》,《中国历史地理论丛》2013年第2期。

论秦汉辽西并海交通

辽西交通在战国环渤海地区文化发展的基础上得到发展。大一统政治格局形成之后,因海洋探索和北边防卫的共同需要,秦汉辽西交通获得了更好的发展条件。考察秦汉辽西并海交通,有益于深化对当时人文成就与地理条件之关系的认识以及秦汉交通史和秦汉生态环境史的研究。秦二世曾经巡行辽东,秦二世时代又有继续"治直道、驰道"的历史记录。两者之间的关系不宜忽视。史称"傍海道"的辽西并海交通道路建设,巧妙地利用了辽西走廊"地势平衍"的自然地理条件。① 生态环境的变化对辽西交通的严重影响,表现于"此道,秋夏每常有水"②,"大水,傍海道不通"③,"时方夏水雨,而滨海洿下,泞滞不通"④。分析这一情形,也应当联系到对海侵的历史记忆。

一 环渤海文化圈与辽西走廊交通条件

秦汉文献中,可见"燕、齐"连称的语言习惯。文化区域的划分,"燕、齐"有

---

① 史念海:《秦汉时期国内之交通路线》,《河山集》四集,第573页。
② 《三国志》卷一一《魏书·田畴传》,第342页。
③ 《三国志》卷一《魏书·武帝纪》,第29页。
④ 《三国志》卷一一《魏书·田畴传》,第342页。

时可以被视为一体。① 战国秦汉时期，同样濒临当时或写作"勃海""淳海""渤澥"的渤海，既为"缘海之边"，又呈环绕之势的燕、齐之地，具有相对比较接近的区域文化风格。

《淮南子·道应》说："卢敖游乎北海。"高诱注："卢敖，燕人，秦始皇召以为博士，使求神仙，亡而不反也。"②所说即《史记》卷六《秦始皇本纪》中燕人"卢生"受秦始皇指令入海求仙，曾经以鬼神事奏录图书，又劝说秦始皇"时为微行以辟恶鬼"，后来终于亡去的故事。卢生逃亡事件，据说竟然成为"坑儒"历史悲剧的直接起因。这位颇有影响的所谓的"方士"或"方术士"，《史记》卷六《秦始皇本纪》及《淮南子·道应》高诱注皆说是"燕人"，而《说苑·反质》则说是"齐客"。对于记载的分歧，有学者曾经指出，其发生的原因在于燕、齐两国都有迷信神仙的文化共同性："盖燕、齐二国皆好神仙之事，卢生燕人，曾为齐客，谈者各就所闻称之。"③看来，"燕、齐二国皆好神仙之事"已形成显著的文化共性。顾颉刚曾经分析神仙学说出现的时代背景和这种文化现象发生的地域渊源。他写道："鼓吹神仙说的叫作方士，想是因为他们懂得神奇的方术，或者收藏着许多药方，所以有了这个称号。《封禅书》说'燕、齐海上之方士'，可知这班人大都出

---

① 如《史记》卷二七《天官书》："燕、齐之疆，候在辰星，占于虚、危。"张守节《正义》："辰星、虚、危，皆北方之星，故燕、齐占候也。"第1346页。卷七三《白起王翦列传》："王翦子王贲，与李信破定燕、齐地。"第2341页。而《史记》卷八《高祖本纪》："使韩信等辑河北赵地，连燕齐……"第373页。卷九二《淮阴侯列传》："燕齐相持而不下，则刘、项之权未有所分也。"第2618页。卷一三〇《太史公自序》："信拔魏赵，定燕齐，使汉三分天下有其二。"第3315页。卷一〇〇《季布栾布列传》："燕齐之间皆为栾布立社，号曰栾公社。"第2734页。卷三〇《平准书》："彭吴贾灭朝鲜，置沧海之郡，则燕齐之间靡然发动。"第1421页。又《汉书》卷五一《贾山传》："为驰道于天下，东穷燕齐，南极吴楚，江湖之上，濒海之观毕至。"第2328页。《后汉书》卷二八下《冯衍传下》："瞻燕之旧居兮，历宋楚之名都。"第992页。中华书局标点本"燕齐"不分断。仅就《史记》而言，"燕齐"连称之例又见于卷一二《孝武本纪》、卷二八《封禅书》、卷四三《赵世家》、卷六〇《三王世家》、卷八〇《乐毅列传》等。

② 〔汉〕刘安编，何宁撰：《淮南子集释》卷一二《道应训》，中华书局1998年10月版，第881页。

③ 《论衡校释》引《梧丘杂札》，〔汉〕王充著，黄晖撰：《论衡校释》卷七《道虚篇》，中华书局1990年2月版，第2册第321页。

在这两国。"①《史记》卷二八《封禅书》的原文是:"燕、齐海上之方士传其术不能通,然则怪迂阿谀苟合之徒自此兴,不可胜数也。"②燕、齐神仙迷信在汉武帝时代又曾经出现"震动海内"的热潮。③

扬雄《方言》举列的方言区划,是包括"燕、齐"或"燕、齐之间"的。如《方言》卷三:"燕、齐之间养马者谓之娠。官婢女厮谓之娠。"④卷五:"飤马橐,自关而西谓之裺囊,或谓之裺篼,或谓之䒾篼。燕、齐之间谓之帳。"⑤卷六:"抠揄,旋也。秦晋凡物树稼早成熟谓之旋。燕、齐之间谓之抠揄。"卷七:"希、铄,摩也。燕、齐摩铝谓之希。"⑥

《盐铁论·本议》关于经济区域划分,有"燕、齐之鱼盐旃裘"的说法。战国时期的燕国和齐国都通行刀钱,反映了两地经济生活的接近以及经济联系的密切。辽宁朝阳、锦州、沈阳、抚顺、辽阳、鞍山、营口、旅大等地出土的钱币窖藏,有

---

① 顾颉刚:《秦汉的方士与儒生》,群联出版社1955年修正版,第10—11页。
② 《史记》卷二八《封禅书》,第1369页。
③ 据《史记》卷二八《封禅书》,自方士李少君之后,"海上燕、齐怪迂之方士多更来言神事矣"。胶东人栾大亦曾经以方术贵宠,"佩六印,贵震天下,而海上燕、齐之间,莫不搤捥而自言有禁方,能神仙矣"。《史记》,第1386页、第1391页。《汉书》卷二五下《郊祀志下》则有这样的记载:"元鼎、元封之际,燕、齐之间方士瞋目扼掔,言有神仙祭祀致福之术者以万数。"第1260页。
④ 《初学记》卷一九引《方言》:"燕、齐之间养马者及奴婢女厮皆谓之娠。"〔唐〕徐坚著:《初学记》,中华书局,2004年2月版,第463页。
⑤ 清人钱绎说,"养马者谓之娠,饲马橐亦谓之帳,义相因也。"李发舜、黄建中点校:《方言笺疏》,中华书局1991年11月版,第99页、第194页。
⑥ 周振鹤、游汝杰《方言与中国文化》在"两汉时代方言区划的拟测"一节写道:"林语堂曾根据《方言》所引地名的分合推测汉代方言可分为十二个区域,即秦晋、郑韩周、梁西楚、齐鲁、赵魏之西北、魏卫宋、陈郑之东郊、楚之中部、东齐与徐、吴扬越、楚(荆地)、南楚、西秦、燕代。今按:所列实为14个区域。周振鹤、游汝杰又分析:"《说文解字》中指出使用地点的方言词共有一百九十一条,每条的解说体例和《方言》相仿。这些条目中与《方言》重出的有六十多条,不过互有详略,并不尽相同。这些条目所提到的方言区域或地点共六十八个。"其中涉及燕、齐地方的,有齐(16),齐鲁(2)、东齐(2)、海岱之间(2)、青齐沇冀(1)、宋(1)、燕代(1)。上海人民出版社1986年10月版,第86—87页。但是没有关于"燕、齐之间"方言区划的分析。图4-2"汉代方言区划拟测图"中,环渤海地区分为北燕、赵、齐、东齐四个方言区。图4-3"西晋方言区划拟测图"中,环渤海地区分为河北、中原、东齐三个方言区。

大量战国时期赵、魏、韩诸国铸造的布币①,又可以说明在环渤海地区许多地方,与中原地区有比较密切的经济交易关系。当时辽东、辽西地区与中原地区之间,保持着频繁的商业往来。②

辽西走廊的交通条件,应当是维持这种经济文化联系的重要保障。

二 秦驰道:濒海之观毕至

据《史记》卷六《秦始皇本纪》记载:秦始皇二十七年(前220),"治驰道"。驰道的修筑,是秦汉交通建设事业中最具时代特色的成就。通过秦始皇和秦二世出巡的路线,可以知道驰道当时已经结成全国陆路交通网的基本要络。曾经作为秦中央政权主要决策者之一的左丞相李斯被赵高拘执,在狱中上书自陈,历数功绩有七项,其中包括"治驰道,兴游观,以见主之得意"。③ 可见修治驰道是统治短暂的秦王朝行政活动的主要内容之一。工程的设计和组织,由最高执政集团主持。

《汉书》卷五一《贾山传》中说到秦驰道的建设:"(秦)为驰道于天下,东穷燕、齐,南极吴、楚,江湖之上,濒海之观毕至。道广五十步,三丈而树,厚筑其外,隐以金椎,树以青松。为驰道之丽至于此,使其后世曾不得邪径而托足焉。"这是有关秦驰道形制和规模的唯一历史记录。所谓"濒海之观毕至",颜师古注:"濒,水涯也。濒海,谓缘海之边也。毕,尽也。濒音频,又音宾,字或作滨,音义同。"④

秦始皇统一天下后凡五次出巡,其中四次行至海滨,往往"并海"而行,多行历燕、齐之地。其中三十二年(前215)出巡,"之碣石","刻碣石门"。已经行临辽西。辽宁绥中发现分布较为密集的秦汉建筑遗址,其中占地达15万平方公里

---

① 金德宣:《朝阳县七道岭发现战国货币》,《文物》1962年第3期;邹宝库:《辽阳出土的战国货币》,《文物》1980年第4期。
② 参看王子今:《秦汉时期的环渤海地区文化》,《社会科学辑刊》2000年第5期。
③ 《史记》卷八七《李斯列传》,第2561页。
④ 《汉书》卷五一《贾山传》,第2329页。

的石碑地遗址,有人认为"很可能就是秦始皇当年东巡时的行宫",即所谓"碣石宫"①。也有学者指出,河北北戴河金山嘴到横山一带发现的秦行宫遗址,与辽宁绥中的建筑遗址都是碣石宫的一部分。②但不同意见也是存在的。③对于碣石宫的争论可能还不能得出最终的确定结论。现在把这些考古发现所获得的秦汉宫殿遗址的资料都归于"渤海湾西岸秦行宫遗址"的处理方式④,可能是比较适宜的。

据《史记》卷六《秦始皇本纪》记载,秦二世元年(前209),亦曾经由李斯、冯去疾等随从,往东方巡行。这次时间虽然颇为短暂但行程却甚为辽远的出行,也经历燕、齐之地:"二世东行郡县,李斯从。到碣石,并海,南至会稽,而尽刻始皇所立刻石。""遂至辽东而还。"⑤《史记》卷二八《封禅书》也有"二世元年,东巡碣石,并海南,历泰山,至会稽,皆礼祠之"⑥的记述。如果秦二世确实"到碣石,并海,南至会稽","遂至辽东而还",则应当两次全程行历辽西驰道,三次抵临碣石。所谓"渤海湾西岸秦行宫遗址",应当也有这位秦王朝最高统治者活动的痕迹。⑦秦二世元年东巡有各地刻石遗存,可知司马迁的记载基本可信。《史记会注考证》于《史记》卷六《秦始皇本纪》有关秦二世刻石的记载之后引卢文弨曰:

---

① 辽宁省文物考古研究所:《辽宁绥中县"姜女坟"秦汉建筑遗址发掘简报》,《文物》1986年第8期。

② 河北省文物研究所:《河北省新近十年的文物考古工作》,《文物考古工作十年(1979—1989)》,文物出版社1991年1月版,第31页。

③ 董宝瑞:《"碣石宫"质疑》,《河北大学学报》1987年第4期;《"碣石宫"质疑:兼与苏秉琦先生商榷》,《河北学刊》1987年第6期。

④ 刘庆柱、白云翔主编:《中国考古学·秦汉卷》,中国社会科学出版社2010年7月版,第55—70页。

⑤ 《史记》卷六《秦始皇本纪》,第267页。

⑥ 《史记》卷二八《封禅书》,第1370页。

⑦ 王子今:《秦二世元年东巡史事考略》,《秦文化论丛》第3辑,西北大学出版社1994年12月。

"今石刻犹有可见者,信与此合。前后皆称'二世',此称'皇帝',其非别发端可见。"①关于秦二世的辽东之行,史念海曾经写道:"始皇崩后,二世继立,亦尝遵述旧绩,东行郡县,上会稽,游辽东。然其所行,率为故道,无足称者。"②其实,秦二世"游辽东",似不曾循行始皇"故道"。然而秦始皇三十七年(前210)出巡,"至平原津而病",后来在沙丘平台逝世,乘舆车队驶向回归咸阳的行途。可是这位有志于"览省远方""观望广丽",③绝没有想到人生会在行途中终止的帝王,在"至平原津"之前,是不是曾经有巡察辽东的计划呢?此后帝车"遂从井陉抵九原","行从直道至咸阳",④只不过行历了"北边"长城防线的西段,而如果巡视整个"北边",显然应当从辽东启始。或许在秦始皇最后一次出巡时曾追随左右的秦二世了解这一计划,于是有自会稽北折,辗转至于辽东的巡行实践。如此则秦二世"游辽东"的行程,确实有"遵述旧绩"的意义。

---

① 陈直也说:"秦权后段,有补刻秦二世元年诏书者,文云:'元年制诏丞相斯、去疾,法度量,尽秦始皇为之,皆有刻辞焉。今袭号而刻辞不称始皇帝,其于久远也,如后嗣为之者,不称成功盛德,刻此诏,故刻左,使毋疑。'与本文前段相同,而峄山、琅邪两石刻,后段与本文完全相同(之罘刻石今所摹存者为二世补刻之诏书,泰山刻石今所摹存者,亦有二世补刻之诏书)。知太史公所记,本于秦纪,完全正确。"《史记新证》,天津人民出版社1979年4月版,第26页。马非百也指出:"《史记》载二世巡行,'尽刻始皇所立刻石,石旁著大臣从者名',可知至二世时,始皇原刻石后面皆加刻有二世诏书及大臣从者名。今传峄山、泰山、琅邪台、之罘、碣石刻石拓本皆有'皇帝曰'与大臣从者名,即其明证。"《秦集史》,中华书局1982年8月版,下册第768页。王蘧常《秦史》卷六《二世皇帝本纪》也取信司马迁关于秦二世"到碣石,并海,南至会稽","遂至辽东而还"的记载。上海古籍出版社2000年12月版,第49页。王云度《秦史编年》也持同一态度。凤凰出版社2011年10月版,上册第29页。
② 史念海:《秦汉时期国内之交通路线》,《河山集》四集,第546页。
③ 《史记》卷六《秦始皇本纪》,第264页、第250页。
④ 《史记》卷六《秦始皇本纪》,第264—265页。

有人怀疑有关秦二世出行速度与效率的历史记录。① 但是这种疑虑其实可以澄清。② 因此轻易否定《史记》的记载似有不妥。而且应当知道,秦二世时代交通条件已经与秦始皇出行时有所不同。《史记》卷八七《李斯列传》写道:秦二世执政之后,"法令诛罚日益刻深,群臣人人自危,欲畔者众。又作阿房之宫,治直道、驰道,赋敛愈重,戍徭无已。于是楚戍卒陈胜、吴广等乃作乱,起于山东。杰俊相立,自置为侯王,叛秦,兵至鸿门而却"。③ 可知秦二世仍然在进行直道和驰道的修筑工程。辽西道路因皇帝车队两次通行,在秦二世时代应当又有所完善。

---

① 刘敏、倪金荣《宫闱腥风——秦二世》写道:"浩浩荡荡的巡行大军为什么要在同一条巡游路线上来回往返?秦二世此次东巡的目的,一是立威,二是游玩,不论是立威也好,还是游玩也好,都应尽量避免往返走同一条路,所到之处越多越好,皇威覆盖面越大越好。而按《史记》记载却恰好相反。从碣石所在的辽西郡南下到会稽,然后又北上返回辽西,再至辽东。这似乎是无任何意义的重复。这里的原因到底是什么?我们百思不得其解,禁不住怀疑'遂至辽东而还'几个字是否是错简衍文?""据《史记·秦始皇本纪》,秦二世是在元年的春天从咸阳出发东巡的,四月又返回了咸阳,这样算来,此次巡游满打满算是三个多月。在三个多月的时间里,二世君臣们从咸阳到碣石,从碣石到会稽,从会稽又返至辽东,从辽东又回到咸阳,加之中间还要登山观海,刻石颂功,游山玩水,秦朝那么古老的车驾是否有如此的速度,三个多月辗过如此漫长的行程。这里我们可以同秦始皇第五次巡游作个对比。秦始皇最后一次巡游是十月从咸阳出发的,先到云梦,然后顺江东下至会稽,从会稽北上,最远到之罘,然后西归,至沙丘驾崩,是七月分(份)。这条路线明显短于二世东巡的路线,但秦始皇走了十个月,而胡亥仅用三个多月,着实让人生疑。"四川人民出版社1996年9月版,第148—149页。今按:所谓"游玩""游山玩水"的想象,均无依据。而"遂至辽东而还"与辽西与会稽间的所谓"在同一条巡游路线上来回往返"完全无关,因而"错简衍文"之说无从谈起。辽西至辽东之间的路线"在同一条巡游路线上来回往返"则是可以理解的。

② 其实,据《史记》卷六《秦始皇本纪》,秦始皇二十八年(前219)第一次出巡,"上自南郡由武关归",与三十七年(前210)最后一次出巡,"十一月,行至云梦",很可能也经由武关道,也是"同一条巡游路线"。这两次出巡经行胶东半岛沿海的路线,也是同样。秦二世以一次出巡复行"先帝巡行郡县,以示强,威服海内"的路线,出现"在同一条巡游路线上来回往返"的情形是可以理解的。而秦二世各地刻石的实际存在,证明了"二世东行郡县"历史记录的可靠性。以现今公路营运里程计,西安至秦皇岛1379公里,秦皇岛至绍兴1456公里,秦皇岛至辽阳416公里,均以"在同一条巡游路线上来回往返"计,共6502公里。"春,二世东行郡县","四月,二世至咸阳",以100日计,每天行程65公里,并不是不可能的。

③ 《史记》卷八七《李斯列传》,第2553页。

汉武帝多次行至海上。《史记》卷二八《封禅书》记载,元封元年(前110),"东巡海上,行礼祠'八神'。齐人之上疏言神怪奇方者以万数,然无验者。乃益发船,令言海中神山者数千人求蓬莱神人。""宿留海上,予方士传车及间使求仙人以千数。"此后又再次东行海上,"复东至海上望,冀遇蓬莱焉。""遂去,并海上,北至碣石,巡自辽西,历北边至九原。"① 这是明确的行历辽西的历史记录。

史念海曾经论述秦汉交通路线,指出:"东北诸郡濒海之处,地势平衍,修筑道路易于施工,故东出之途此为最便。始皇、二世以及武帝皆尝游于碣石,碣石临大海,为东北诸郡之门户,且有驰道可达,自碣石循海东行,以至辽西辽东二郡。"② 辽西道路即"自碣石循海东行"的交通干线。

三 并海道与北边道的交接

"自碣石循海东行"的辽西道路,实现了并海道与北边道的交接,从而具有重要的战略意义。

对于秦始皇、秦二世和汉武帝出巡海滨的历史记录,往往说到"并海"的交通方式。③ 显然,沿渤海、黄海海滨,当时有一条交通大道。当时沿渤海西岸有秦二世和汉武帝"并海"行迹的大道,就是东汉所谓"傍海道"。④ 秦统一后,在战国长城基础上营建新的长城防线。因施工与布防的需要,沿长城出现了横贯东西的交通大道。《史记》卷六《秦始皇本纪》:秦始皇三十二年(前215),"巡北

---

① 《史记》卷二八《封禅书》,第1397—1399页。

② 史念海:《秦汉时期国内之交通路线》,《河山集》四集,第573页。

③ 如《史记》卷六《秦始皇本纪》:二十八年(前219)第二次出巡,上泰山,又"并勃海以东,过黄、腄,穷成山,登之罘……"。第244页。三十七年(前210)第五次出巡,"还过吴,从江乘渡,并海上,北至琅邪",又由之罘"并海西至平原津"。第263页。秦二世巡行郡县,曾"到碣石,并海,南至会稽"。第267页。《史记》卷二八《封禅书》说,汉武帝也曾上泰山"并海上,北至碣石"。第1398页。《汉书》卷六《武帝纪》记载,元封五年(前106),由江淮"北至琅邪,并海,所过礼祠其名山大川"。第196页。

④ 《三国志》卷一《魏书·武帝纪》,第29页。参看王子今:《秦汉时代的并海道》,《中国历史地理论丛》1988年2辑。

边,从上郡入"。① 三十七年(前210),秦始皇出巡途中病故,棺载辒辌车中,"从井陉抵九原"而后归,②也特意绕行"北边",说明此次出巡的既定路线是巡行"北边"后回归咸阳。后来,汉武帝亦曾巡行"北边"。《史记》卷二八《封禅书》:汉武帝元封元年(前110)"自辽西历北边至九原"③。显然,北边道自有可以适应帝王乘舆通过的规模。④

以往北边道和并海道被忽视的主要原因,在于论者往往从秦帝国中央集权的特点出发,过分强调了所谓以咸阳为中心向四方辐射(或者说向东作折扇式展开)的道路规划方针⑤。其实,这两条道路的通行状况,对于秦汉大一统帝国的生存和发展,具有非常重要的意义。

"自碣石循海东行"的辽西道路,既属于并海道交通体系,也可以看作北边道交通格局中的重要线路。辽西道路实现了并海道与北边道两组交通系统的沟通,在秦汉帝国联通全国的交通网络中,成为体现出关键性意义的重要路段。王海认为,辽西走廊通路主要由"卢龙—平刚"道、"白狼水—渝水"谷道和辽西"傍海道"三干道组成,形成多线并行、主次分明、布局合理的高效交通网。⑥ 而辽西"傍海道"是"中原政权处理东北民族关系的'高速路'",是辽西走廊"通行效率最高的交通线"。⑦ 所谓"高速路",正符合《说文·马部》"驰,大驱也"对"驰道"的解说。段玉裁注:"驰亦驱也,较大而疾耳。"⑧

---

① 《史记》卷六《秦始皇本纪》,第252页。
② 《史记》卷六《秦始皇本纪》,第264页。
③ 《史记》卷二八《封禅书》,第1399页。
④ 王子今:《秦汉长城与北边交通》,《历史研究》1988年第6期。
⑤ 研究秦汉交通的论著大多持与此类同的见解,一些国外学者也赞同这一观点,例如汤因比《历史研究》一书中就写道:"古代中国统一国家的革命的建立者秦始皇帝,就是由他的京城向四面八方辐射出去的公路的建造者。"曹未风等译,节录本,上海人民出版社1966年6月版,下册第25—26页。
⑥ 王海:《燕秦汉时期辽西走廊考——兼与王绵厚、李健才先生商榷》,《咸阳师范学院学报》2013年第5期。
⑦ 王海:《燕秦汉时期辽西走廊与东北民族关系》,《南都学坛》2013年第1期。
⑧ 〔汉〕许慎撰,〔清〕段玉裁注:《说文解字注》,第467页。

四　辽西并海道战事

《盐铁论·险固》论"关梁者邦国之固,而山川者社稷之宝也",说到战国时代各国凭险筑关,"燕塞碣石,绝邪谷,绕援辽"。①

秦统一的战争历程中,有通过辽西道路灭燕的战役。《史记》卷六《秦始皇本纪》:"二十年,燕太子丹患秦兵至国,恐,使荆轲刺秦王。秦王觉之,体解轲以徇,而使王翦、辛胜攻燕。燕、代发兵击秦军,秦军破燕易水之西。二十一年……遂破燕太子军,取燕蓟城,得太子丹之首。燕王东收辽东而王之。""二十五年,大兴兵,使王贲将,攻燕辽东,得燕王喜。"②也就是说,在统一天下的前一年,秦军通过辽西道路的胜利进击,结束了燕国的历史。

《史记》卷一一〇《匈奴列传》记载:"(元朔元年)秋,匈奴二万骑入汉,杀辽西太守,略二千余人。胡又入败渔阳太守军千余人,围汉将军安国。安国时千余骑亦且尽,会燕救至,匈奴乃去。"③"匈奴大入边,杀辽西太守。"④匈奴骑兵突破"北边"防线,对辽西的侵害,有撼动全局的作用。然而此役之后,在汉王朝与匈奴的战争中,似乎并没有再次出现胡骑自辽西南下的危局。辽西并海道路表现的强化"北边"防务的积极作用是值得肯定的。据《后汉书》卷九〇《乌桓传》:"及武帝遣骠骑将军霍去病击破匈奴左地,因徙乌桓于上谷、渔阳、右北平、辽西、辽东五郡塞外,为汉侦察匈奴动静。其大人岁一朝见,于是始置护乌桓校尉,秩二千石,拥节监领之,使不得与匈奴交通。"⑤此时民族构成和军事格局又发生了重大变化。

汉武帝发起征伐朝鲜的战争,《史记》卷一一五《朝鲜列传》中有如下记述:"天子募罪人击朝鲜。其秋,遣楼船将军杨仆从齐浮渤海;兵五万人,左将军荀

---

① 王利器校注:《盐铁论校注》卷九《险固》,中华书局 1992 年 7 月版,第 526 页。
② 《史记》卷六《秦始皇本纪》,第 233—234 页。
③ 《史记》卷一一〇《匈奴列传》,第 2906 页。
④ 《史记》卷一〇八《韩长孺列传》,第 2864 页。《史记》卷一〇九《李将军列传》:"匈奴入,杀辽西太守。"第 2871 页。
⑤ 《后汉书》卷九〇《乌桓传》,第 2981 页。

巂出辽东:讨右渠。"①《史记》卷三〇《平准书》:"彭吴贾灭朝鲜,置沧海之郡,则燕、齐之间靡然发动。"②朝鲜之战牵动"燕、齐之间"广大区域,辽西并海道路必然承担了重要的军事运输任务。

《后汉书》卷九〇《鲜卑传》记载,"(元初四年)辽西鲜卑连休等遂烧塞门,寇百姓。乌桓……共郡兵奔击,大破之,斩首千三百级,悉获其生口牛马财物。""(熹平六年)冬,鲜卑寇辽西"。③ 都是辽西军事史的重要一页。《后汉书》卷八一《独行列传·赵苞》:"(赵苞)迁辽西太守……遣使迎母及妻子,垂当到郡,道经柳城,值鲜卑万余人入塞寇钞,苞母及妻子遂为所劫质,载以击郡。苞率步骑二万,与贼对阵……即时进战,贼悉摧破,其母妻皆为所害。"④赵苞"甘陵东武城人",由广陵令迁辽西太守,"苞母及妻子"应当经行辽西道路到郡。辽西郡治阳乐在今辽宁义县西,柳城则在今辽宁朝阳南。所谓"垂当到郡,道经柳城",所行或即王海所谓"'白狼水—渝水'谷道"。⑤ 但是亦未可排除行经并海道部分路段的可能。

辽西郡人公孙瓒、辽东郡人公孙度都曾经以强大的军事实力雄踞辽河流域地方。

东汉末年,曹操平定乌丸,显然应当经历辽西并海道路。然而因为出现了异常情况,不得不由山路突击。"九月,公引兵自柳城还"。战胜后回军,应当由所谓"傍海道"通行。⑥

五 "大水,傍海道不通"与海侵记忆

辽西并海道路较卢龙平冈山路显然便捷平易,因而长期作为联系中原与辽

---

① 《史记》卷一一五《朝鲜列传》,第 2987 页。
② 《史记》卷三〇《平准书》,第 1421 页。
③ 《后汉书》卷九〇《鲜卑传》,第 2987 页、第 2994 页。
④ 《后汉书》卷八一《独行列传·赵苞》,第 2692 页。
⑤ 王海:《燕秦汉时期辽西走廊与东北民族关系》,《南都学坛》2013 年第 1 期。
⑥ 《三国志》卷一《魏书·武帝纪》,第 29 页。

河地区的主要交通线路。然而往往受季节性水害影响,难以通行。①《三国志》卷一《魏书·武帝纪》:"(建安十二年)北征三郡乌丸……夏五月,至无终。秋七月,大水,傍海道不通,田畴请为乡导,公从之。引军出卢龙塞,塞外道绝不通,乃堑山堙谷五百余里,经白檀,历平冈,涉鲜卑庭,东指柳城。未至二百里,虏乃知之。"②

对乌丸的远征进展顺利。九月,曹操回军。据裴松之注引《曹瞒传》:"时寒且旱,二百里无复水,军又乏食,杀马数千匹以为粮,凿地入三十余丈乃得水。"③井深"三十余丈",可知"旱"是确凿的史实。"秋七月,大水,傍海道不通",至九月之"旱"导致行军的另一种困难,这条道路经历的生态环境变化的两个极端,似乎都严重影响了曹操部队的运动。在刘备等敌对势力可能自后偷袭的背景下,曹操在郭嘉的微弱支持下冒险出军,反对意见甚多。战后曹操亦肯定这些反对意见的合理性。④ 后人评价曹操此战,称"徼幸一胜"⑤,如果注意到进军与退军的交通艰难,或许会有更多的感叹。

"大水,傍海道不通"这一军事史和交通史的重要记录,使人们很容易联想到东汉时期渤海湾西岸曾经发生的大规模的海侵。

《汉书》卷二九《沟洫志》记载:"大司空掾王横言:河入勃海,勃海地高于韩牧所欲穿处。往者天尝连雨,东北风,海水溢,西南出,浸数百里;九河之地,已为海所渐矣。"⑥有学者注意到考古发现的渤海湾西岸的贝壳堤及其他文物遗迹,

---

① 王子今:《秦汉时代的并海道》,《中国历史地理论丛》1988 年第 2 辑。
② 《三国志》卷一《魏书·武帝纪》,第 29 页。
③ 《三国志》卷一《魏书·武帝纪》,第 30 页。
④ 《三国志》卷一《魏书·武帝纪》裴松之注引《曹瞒传》:"既还,科问前谏者,众莫知其故,人人皆惧。公皆厚赏之,曰:'孤前行,乘危以徼幸,虽得之,天所佐也,故不可以为常。诸君之谏,万安之计,是以相赏,后勿难言之。'"第 30 页。
⑤ 宋代学者李弥逊说:"魏武行三郡如归市,致(袁)熙、(袁)尚如拉枯,可谓英武矣。然天下未定,勒兵远掠,深入它人之境,乘危攻坚,徼幸一胜,亦兵家之所忌,有德者所不为也。"《筠溪集》卷一○《议古》"魏武征三郡乌丸"条,文渊阁《四库全书》本,又收入曾枣庄、刘琳主编:《全宋文》卷三九五五《魏武征三郡乌丸议》,第 180 册,第 312 页。"乘危""徼幸",都是《三国志》卷一《魏书·武帝纪》裴松之注引《曹瞒传》所见曹操自己的话。
⑥ 《汉书》卷二九《沟洫志》,第 1697 页。

认为可以证明海岸的推移。① 谭其骧指出："发生海侵的年代约当在西汉中叶，距离王横时代不过百年左右。沿海人民对于这件往事记忆犹新，王横所说的，就是根据当地父老的传述。"②

《三国志》卷一一《魏书·田畴传》关于"大水，傍海道不通"事，是这样记述的："（畴）随军次无终。时方夏水雨，而滨海洿下，泞滞不通，虏亦遮守蹊要，军不得进。太祖患之，以问畴。畴曰：'此道，秋夏每常有水，浅不通车马，深不载舟船，为难久矣。'"③于是别走他径，"引军出卢龙塞"。虽然敌方"遮守蹊要"也是重要因素，但是"军不得进"的主要障碍，似是季节性的水害，即所谓"时方夏水雨，而滨海洿下，泞滞不通"。

但是，所谓"滨海洿下""每常有水"，成为常识性判断，或许有可能与"父老的传述"体现的对于海侵"往事"的记忆有某种关系。而海侵时可能导致"傍海道不通"的推想，也可以帮助我们理解辽西道路的通行史。

---

① 李世瑜：《古代渤海湾西部海岸遗迹及地下文物的初步调查研究》，《考古》1962年第12期；王颖：《渤海湾西部贝壳堤与古海岸线问题》，《南京大学学报》（自然科学版）第8卷第3期；天津市文化局考古发掘队：《渤海湾西岸古文化遗址调查》，《考古》1965年第2期。

② 谭其骧：《历史时期渤海湾西岸的大海侵》，《人民日报》1965年10月8日，收入《长水集》下册，人民出版社1987年7月版。

③ 《三国志》卷一一《魏书·田畴传》，第342页。

"米仓道""米仓关"考

蜀道对于川陕之间文化的沟通、经济的交流、战争的攻守以及行政的实施，构成基本的交通条件。[①] 蜀道上诸多"关"的历史文化作用，特别值得研究交通史、军事史、文化史、社会史的人们关注。[②]"米仓道"上的重要关隘"米仓关"，应看作联系巴山南北古代通路上的关键设置，交通控制和交通管理因此得以实现。"米仓关"的位置应处于"米仓道"最险要路段。"米仓关"的考察，对于中国古代交通史和中国古代军事史的说明和理解都有重要意义。对于"米仓关"的考察和研究以及复原和开发，也需要考古学、历史地理学以及建筑史等多学科学者们的协同考察、综合研究和科学认定。这一工作，应当有助于增进对于秦蜀古道乃至中国古代交通史的认识，也会有益于现今相关地方的经济文化发展。

一 米仓道：张鲁"奔南山入巴中"路径

清人毕沅撰《关中胜迹图志》卷二〇《汉中府·名山·石门山》记载了"汉中入蜀之道"的走向与功用。说到"金牛道"和"米仓道"：

> 石牛道即金牛道。自沔县西南至四川之大剑关口，皆谓之金牛道。考汉中入蜀之道有二：其一即金牛；其一谓之米仓。自南郑而南，循山岭达于四川之巴州。曹操击张鲁，鲁奔南山入巴中，乃米仓道也。今驿

[①] 参看王子今：《秦兼并蜀地的意义与蜀人对秦文化的认同》，《四川师范大学学报》1998年第2期；《秦人的蜀道经营》，《咸阳师范学院学报》2012年第1期。

[②] 参看王子今：《古代蜀道的"关"》，《蜀道》2012年第1期，《四川文物》2012年第3期。

路所趣,盖金牛道,而米仓为僻径焉。①

米仓道虽然与"驿路"异趣,作为"僻径",在清代依然通行,联系着汉中与蜀地。然而在早年,曾经发挥着更重要的作用。张鲁部众南下巴中,"乃米仓道也"。在汉末秦蜀古道交通格局中,"米仓道"有关键性的地位。

张鲁"奔南山入巴中",一说是在阳平关失守之后。事见《三国志》卷八《魏书·张鲁传》:

> 建安二十年,太祖乃自散关出武都征之,至阳平关。鲁欲举汉中降,其弟卫不肯,率众数万人拒关坚守。太祖攻破之,遂入蜀。鲁闻阳平已陷,将稽颡归降,(阎)圃又曰:"今以迫往,功必轻;不如依杜濩赴朴胡相拒,然后委质,功必多。"于是乃奔南山入巴中。②

张卫"入蜀",应从金牛道。张鲁"入巴中"应由米仓道。毕沅的判断是正确的。张鲁"奔南山"撤退时,有意保存物资不予破坏,得到曹操赞许。曹操遣人说服,张鲁终于归降。"左右欲悉烧宝货仓库。鲁曰:'本欲归命国家而意未达,今之走避锐锋,非有恶意。宝货仓库,国家之有。'遂封藏而去。太祖入南郑,甚嘉之。又以鲁本有善意,遣人慰喻。鲁尽将家出。太祖逆拜鲁镇南将军,待以客礼,封阆中侯,邑万户。封鲁五子及阎圃等皆为列侯。"③

另一说法,则谓张鲁"走巴中"在阳平关失守之前。《三国志》卷八《魏书·张鲁传》裴松之注引《世语》曰:

> 鲁遣五官掾降,弟卫横山筑阳平城以拒,王师不得进。鲁走巴中。军粮尽,太祖将还。西曹掾东郡郭谌曰:"不可。鲁已降,留使既未反,卫虽不同,偏携可攻。县军深入,以进必克,退必不免。"太祖疑之。夜有野麋数千突坏卫营,军大惊。夜,高祚等误与卫众遇,祚等多鸣鼓角会众。卫惧,以为大军见掩,遂降。④

则"鲁走巴中"在"弟卫横山筑阳平城以拒,王师不得进"时。而在军营意外破坏,魏军集结时,"卫惧,以为大军见掩,遂降"。也就是说,张卫所部并没有在

---

① 〔清〕毕沅撰,张沛校点:《关中胜迹图志》,引《四库》本"臣谨按"云,三秦出版社2004年12月版,第597页。
② 《三国志》卷八《魏书·张鲁传》,第264—265页。
③ 《三国志》卷八《魏书·张鲁传》,第265页。
④ 《三国志》卷八《魏书·张鲁传》,第265页。

"太祖攻破之"之后"遂入蜀"。

二 关于"夜有野麋数千突坏卫营"

张卫营地遭受意外的严重冲击,致使"军大惊",最终败降,原因竟然是一起生态史的异常事件。此即《世语》所谓"夜有野麋数千突坏卫营"事。这是极其罕见的野生鹿群夜间大规模活动,以致严重影响人类的情形。

野生鹿的广泛分布,是战国秦汉生态环境状况的重要表现之一。捕杀野鹿,是当时射猎生产最主要的对象。①野生鹿应当是以草木茂盛的林区作为基本生存环境的。《史记》卷四四《魏世家》记载:"秦七攻魏,五入囿中,边城尽拔,文台堕,垂都焚,林木伐,麋鹿尽。"②"林木伐"则导致"麋鹿尽",体现了麋鹿以林木为生存条件的现实。《淮南子·道应》也写道:"石上不生五谷,秃山不游麋鹿,无所阴蔽隐也。"③《论衡·书解》也写道:"土山无麋鹿,泻土无五谷,人无文德,不为圣贤。"④野生麋鹿的自然分布,被理解为与文明生态理念相关的表现。另一方面,有时麋鹿数量过多也被看作荒芜苍凉的标志。《史记》卷八七《李斯列传》记载,李斯感叹秦王朝的政治危局:"今反者已有天下之半矣,而心尚未寤

---

① 《史记》卷一〇四《田叔列传》:"邑中人民俱出猎,任安常为人分麋鹿雉兔……"第2779页。《九章算术·衰分》中有猎鹿分之的算题:"今有大夫、不更、簪褭、上造、公士,凡五人,共猎得五鹿。欲以爵次分之,问各得几何?"白尚恕:《〈九章算术〉注释》,科学出版社1983年12月版,第84页。张衡《羽猎赋》:"马蹂麋鹿,轮轔雉兔。"〔汉〕张衡著,张震泽校注:《张衡诗文集校注》,上海古籍出版社2009年8月版,第263页。《艺文类聚》卷三五引汉王褒《僮约》:"黏雀张乌,结网捕鱼,缴雁弹凫,登山射鹿。"〔唐〕欧阳询撰,汪绍楹校:《艺文类聚》,第633页。也说到猎鹿情形。汉代画象资料多见反映猎鹿场面的内容。

② 《史记》卷四四《魏世家》,第1860页。

③ 何宁撰:《淮南子集释》,第902页。王念孙《读书杂志》卷九《淮南内篇杂志》第十二《道应》"阴蔽隐"条写道:"'隐'字盖'蔽'字之注而误入正文者。《广雅》:'蔽,隐也。'《文子》无'隐'字,是其证。"〔清〕王念孙撰:《读书杂志》,江苏古籍出版社据王氏家刻本1985年7月影印版,第878页。

④ 黄晖撰:《论衡校释》,第1150页。

也,而以赵高为佐,吾必见寇至咸阳,麋鹿游于朝也。"①《史记》卷一一八《淮南衡山列传》中也可以看到这样的说法:"子胥谏吴王,吴王不用,乃曰:'臣今见麋鹿游姑苏之台也。'"②

我们曾经讨论过两汉三国时期鹿的分布的生态环境史意义。③ 也注意过"米仓道"沿途的生态环境。④ 然而,"夜有野麋数千突坏卫营"导致张卫"军大惊",大群"麋鹿"冲击人类活动空间,堪称人与鹿的关系史中仅见的一例。这是反映秦巴山地野生动物分布的极其珍贵的生态史料,值得特别重视。有学者研究野生鹿科动物麋在中国历史时期的分布,指出历史时期麋类分布地点,陕西有韩泰、南郑、城固、洋县、西乡、勉县等地,四川有巴州、通江、南江、平昌、通川、五原、达县、宣汉等地。这是有参考价值的生物史判断。⑤《关中胜迹图志》卷二〇《名山·汉中府》有"黄鹿谷"条:"黄鹿谷。在褒城县东二十里。《太平寰宇记》:'谷中多鹿,土人亦名黄鹿山。'《舆地纪胜》:'一名鹿堂谷。'"⑥体现山谷"多鹿"的相关信息,也可以在理解"夜有野麋数千突坏卫营"史事时参考。

三 "米仓道"与"米仓山"

虽然关于张鲁"奔南山入巴中"的具体时间,《三国志》卷八《魏书·张鲁传》与裴松之注引《世语》的说法有异,然而通过这些记载,可知曹操入汉中时,"米仓道"并没有发生激烈战事。

---

① 《史记》卷八七《李斯列传》,第 2560 页。
② 《史记》卷一一八《淮南衡山列传》,第 3085 页。
③ 王子今:《马王堆一号汉墓出土梅花鹿标本的生态史意义》,《古代文明》第 2 卷,文物出版社 2003 年 6 月版;《走马楼简的"入皮"记录》,《吴简研究》第 1 辑,崇文书局 2004 年 7 月版。
④ 王子今:《生态史视野中的米仓道交通》,《陕西理工学院学报》(社会科学版)2014 年第 2 期;《中国蜀道学术研讨会论文集》,三秦出版社 2014 年 9 月版。
⑤ 文榕生:《历史时期中国野生麋的分布变迁》,文焕然等著:《中国历史时期植物与动物变迁研究》,重庆出版社 2006 年 6 月版,第 272—279 页。
⑥ 〔清〕毕沅撰,张沛校点:《关中胜迹图志》,第 579 页。

《资治通鉴》卷六七"汉献帝建安二十年"取前说:"张鲁闻阳平已陷,欲降。阎圃曰:'今以迫往,功必轻。不如依杜濩,赴朴胡,与相拒,然后委质,功必多。乃犇南山入巴中。"胡三省注:

> 今兴元府古汉中之地也。兴元之南,有大行路,通于巴州。其路险峻,三日而达于山顶。其绝高处谓之"孤云、两角,去天一握"。孤云、两角,二山名也。今巴州汉巴郡宕渠县之北界也。三巴之地,此居其中,谓之中巴。巴之北境有米仓山,下视兴元,实孔道也。①

"孔道",指大道。② 这里所说的"米仓山",应当就是《三国志》卷八《魏书·张鲁传》所谓张鲁"于是乃奔南山入巴中"的"南山"。米仓山"下视兴元,实孔道也",也就是可以"下视""米仓道"的北段,也应当是"米仓道"得名的由来。③

《嘉庆重修一统志》卷二三八《汉中府二·关隘》"米仓道"条有关于南郑至巴中古道的记述:

> 米仓道。在南郑县南,通四川巴州境。《图经》:汉末曹操击张鲁于汉中,张鲁奔南山入巴中。又张合守汉中进军宕渠,皆由此道。自兴

---

① 《资治通鉴》卷六七,第2139—2140页。

② 《史记》卷一二三《大宛列传》于"西北国始通于汉矣"句后写道:"然张骞凿空,其后使往者皆称博望侯,以为质于外国,外国由此信之。"关于"凿空",裴骃《集解》引苏林曰:"凿,开;空,通也。骞开通西域道。"司马贞《索隐》:"谓西域险阨,本无道路,今凿空而通之也。"第3169页。王念孙《读书杂志·汉书杂志》"孔道"条提出"'孔道'犹言大道"的说法:"'婼羌国,辟在西南,不当孔道。'师古曰:'辟'读曰'僻'。'孔道'者,穿山险而为道,犹今言穴径耳。念孙案:师古之说甚迂。'孔道'犹言大道。谓其国僻在西南,不当大道也。老子《道经》'孔德之容',河上公注曰:'孔,大也。'《太元·羡次五》曰:'孔道夷如,蹊路微如。''孔'字亦作'空'。《张骞传》'楼兰、姑师,小国当空道'是也。《说文》曰:'孔,通也。'故大道亦谓之通道。今俗语犹云'通衢大道'矣。"〔清〕王念孙:《读书杂志》,第391页。王先谦《汉书补注》引录此说。〔清〕王先谦撰:《汉书补注》,第1608页。地湾汉简可见如下简文:"□当空道便处禀食如律□□□□□□"(86EDT8:14A)甘肃简牍博物馆、甘肃省文物考古研究所、出土文献与中国古代文明研究协同创新中心中国人民大学分中心:《地湾汉简》,中西书局2017年12月版,第22页。"当空道便处禀食"应即为临近大道的便利地方廪食。地湾汉简"当空道"文字与《史记》卷一二三《大宛列传》及《汉书》卷六一《张骞传》"当空道"(《史记》,第3171页;《汉书》,第2693页)表述形式完全相同,可知符合汉代通行的语言习惯。

③ 参看王子今、王遂川:《建安二十年米仓道战事》,《南都学坛》2013年第2期。

元迳此达巴州不过五百里。①

"自兴元迳此达巴州不过五百里",指出"米仓道"是自汉中前往巴州最捷近的交通线路。

"米仓山""米仓道"和"米仓关"名义,体现出或许与张鲁部众被蔑称为"米贼"有关。

前引《关中胜迹图志》卷二〇《名山·石门山》写道:"臣谨按:石牛道即金牛道,自沔县西南,至四川之大剑关口,皆谓之'金牛道'。考汉中入蜀之道有二:其一即'金牛',其一谓之'米仓'。自南郑而南,循山岭达于四川之巴州,曹操击张鲁,鲁奔南山入巴中,乃米仓道也。今驿路所趣盖金牛道,而米仓为僻径焉。"阎若璩《潜邱札记》卷三也说:"入蜀中之道二者,一曰'金牛道',二曰'米仓关道'也。由汉中以趋蜀中者……南道即古之'金牛'。而……'米仓'之道用之者或鲜矣。"②关于"金牛道"位置和走向,研究者的理解有所不同。由于"'米仓'之道用之者或鲜",现在似不可完全排除古"金牛道"与后来所称"米仓道"的某些路段有关的可能。

"米仓道"上有地名"牛脑壳梁","牛脑壳梁"东北又有"牟家坝",附近又有牟阳故城。③ 这些地名和"牛"的关系,暗示可能与古"金牛"传说存在某种特殊的关联。《关中胜迹图志》卷二〇《名山·汉中府》"孤云山"条后即"牛头山"条④,虽方位有疑问,或许也可以作为理解相关问题的参考。⑤

---

① 〔清〕穆彰阿等纂:《嘉庆重修一统志》,中华书局据上海商务印书馆1934年《四部丛刊续编》史部本1986年5月影印版,第十五册第11823页。

② 〔清〕阎若璩:《潜邱札记》卷三,文渊阁《四库全书》本。

③ 牟阳城,有学者认为,"东汉末年,曹操征张鲁,鲁以此囤积军粮,练兵抗曹……"黄鸣主编:《巴中与巴文化》,四川人民出版社2012年4月版,第26页。由所谓"囤积军粮",可知或与"米仓"有关。

④ 〔清〕毕沅撰,张沛校点:《关中胜迹图志》,第577页。

⑤ 《关中胜迹图志》卷二〇《名山·汉中府》"金牛峡"条引《通志》:"山有道通陇、蜀。东西两汉,界以分流;梁益二州,雄为扼塞。据褒、沔之上游,为巴、蜀之门户。山下有石牛五,为秦王绐蜀所作,又名五女峡。"第593页。这应当是传统认识中的"金牛道"路径。

四 "依杜濩,赴朴胡":巴山复杂民族关系与阎圃的意图

在张鲁不得不放弃汉中时,阎圃提出的"不如依杜濩赴朴胡相拒,然后委质,功必多"的建议,其先"相拒"后"委质"的设计,大致是考虑到巴山地区民族构成复杂的特殊条件。

前引《资治通鉴》卷六七"汉献帝建安二十年""依杜濩,赴朴胡"句,胡三省注:

> 杜濩,賨邑侯也。朴胡,巴七姓夷王也。余据板楯蛮渠帅有罗、朴、督、鄂、度、夕、龚七姓,不输租赋,此所谓"七姓夷王"也。其余户岁入賨钱口四十,故有賨侯。①

"依杜濩,赴朴胡",利用巴地复杂的民族关系之背景以图自存的意向,因胡三省注得以明朗。

《后汉书》卷八六《南蛮传》关于"板楯蛮夷"的记载,明确说到"群虎"为害,而"巴郡阆中夷人""射杀白虎"的事迹:

> 板楯蛮夷者,秦昭襄王时有一白虎,常从群虎数游秦、蜀、巴、汉之境,伤害千余人。昭王乃重募国中有能杀虎者,赏邑万家,金百镒。时有巴郡阆中夷人,能作白竹之弩,乃登楼射杀白虎。昭王嘉之,而以其夷人,不欲加封,乃刻石盟要,复夷人顷田不租,十妻不筭,伤人者论,杀人者得以倓钱赎死。盟曰:"秦犯夷,输黄龙一双;夷犯秦,输清酒一钟。"夷人安之。

李贤注引《华阳国志》,指出"杀虎"故事有"巴夷廖仲等射杀之"的说法。②

《华阳国志》卷一《巴志》相关记载作如下表述:"秦昭襄王时,白虎为害,自黔、蜀、巴、汉患之。秦王乃重募国中:'有能煞虎者邑万家,金帛称之。'于是夷朐忍廖仲、药何、射虎秦精等乃作白竹弩于高楼上,射虎。中头三节。白虎常从群虎,瞋恚,尽搏煞群虎,大呴而死。秦王嘉之曰:'虎历四郡,害千二百人。一

---

① 《资治通鉴》卷六七,第2139页。
② 《后汉书》卷六八《南蛮传》,第2842页。

朝患除,功莫大焉.'欲如约,嫌其夷人。乃刻石为盟要:复夷人顷田不租,十妻不算;伤人者,论;煞人雇死,倓钱盟曰:'秦犯夷,输黄龙一双。夷犯秦,输清酒一钟。'夷人安之。汉兴,亦从高祖定乱,有功。高祖因复之,专以射虎为事。户岁出賨钱口四十。故世号白虎复夷。一曰板楯蛮。今所谓弜头虎子者也。"① 这些记载,都通过野生虎的活动说明了巴地的生态环境与交通条件,也以"刻石盟要"故事,记录了这一地方民族关系比较复杂的历史形势。

五 《元史》"米仓关"战事及"进伐木开道七百余里"交通工程

"米仓道"有"米仓关"。《元史》卷三《宪宗纪》记载元宪宗八年(1258)南下"由洋州入米仓关"事:

> 夏四月,驻跸六盘山,诸郡县守令来觐。丰州千户郭燧奏请续签军千人修治金州,从之。是时,军四万,号十万,分三道而进:帝由陇州入散关,诸王莫哥由洋州入米仓关,孛里叉万户由渔关入沔州。以明安答儿为太傅,守京兆。②

米仓道是蒙古帝国大军南下主要通道之一。米仓关因此载入史籍。亦有称"米仓道"为"米仓关道"者。③

《元史》卷一五四《李进传》记载大军"西征",当年九月"度米仓关"及继续南下情形:

> 宪宗西征,丞相史天泽时为河南经略大使,选诸道兵之骁勇者从,遂命进为总把。是年秋九月,道由陈仓入兴元,度米仓关,其地荒塞不通,进伐木开道七百余里。冬十一月,至定远七十关,其关上下皆筑连堡,宋以五百人守之,巴渠江水环堡东流。天泽命进往关下说降之,不从。进潜视间道,归白天泽曰:"彼可取也。"是夜二鼓,天泽遣进率勇

---

① 〔晋〕常璩撰,任乃强校注:《华阳国志校补图注》,第 14 页。
② 《元史》卷三《宪宗纪》,中华书局 1976 年 4 月版,第 51 页。
③ 〔清〕阎若璩:《潜邱札记》卷三,文渊阁《四库全书》本。

士七十人,掩其不备,攻之,脱门枢而入者二十人。守门者觉,拔刀拒之,进被伤,不以为病。悬门俄闭,诸军不得入,进与二十人力战,杀伤三十人。后兵走上堡,进乃毁悬门,宋兵不能敌,弃走。夜将旦,进遂得其堡,守之,关路始通。①

米仓关南下"关路"的艰险,由此可知。所谓"至定远七十关,其关上下皆筑连堡",以及"悬门"等防卫设施,都显示了军事设计的严密。

所谓"其地荒塞不通,进伐木开道七百余里",是规模可观的交通工程。二十五史中记录"伐木开道"计 8 例。除我们讨论的《元史》外,又如《后汉书》卷一七《岑彭传》:"从川谷间伐木开道,直袭黎丘,击破诸屯兵。"②《新唐书》卷一八八《杨行密传》:"宣将苏瑭兵二万对屯,行密不战,分奇兵伐木开道四出,瑭惊北,遂围宣州。"③《新唐书》卷二二二《南蛮传中·南诏传下》:"以军缀青溪关,密引众伐木开道,径雪岖,盛夏,卒冻死者二千人。"④《宋史》卷三〇九《杨允恭传》:"余党弃船走,伏匿山谷,允恭伐木开道,悉歼焉。"⑤《明史》卷一三三《曹良臣传》:"会周德兴拔茅冈罩垔寨,自白盐山伐木开道,出纸坊溪以趋夔州,进克重庆。"⑥《明史》卷一七八《韩雍传》:"伐木开道,直抵横石塘及九层楼诸山。"⑦《清史稿》卷二八三《觉罗武默讷传》:"一望深林无路,萨布素率众前行,伐木开道。"⑧又有"伐山开道"4 例。这些史例,均没有里程记录。情形类似的军事交通工程史料,有《三国志》卷一《魏书·武帝纪》:"秋七月,大水,傍海道不通,田畴请为乡导,公从之。引军出卢龙塞,塞外道绝不通,乃堑山堙谷五百余里,经白檀,历平冈,涉鲜卑庭,东指柳城。未至二百里,虏乃知之。尚、熙与蹋顿、辽西单于楼班、右北平单于能臣抵之等将数万骑逆军。八月,登白狼山,卒与虏遇,众甚盛。公车重在后,被甲者少,左右皆惧。公登高,望虏陈不整,乃纵兵击之,使张

---

① 《元史》卷一五四《李进传》,第 3638 页。
② 《后汉书》卷一七《岑彭传》,第 657 页。
③ 《新唐书》卷一八八,中华书局 1975 年 2 月版,第 5450 页。
④ 《新唐书》卷二二二《南蛮传中·南诏传下》,第 6282 页。
⑤ 《宋史》卷三〇九《杨允恭传》,中华书局 1977 年 11 月版,第 10160 页。
⑥ 《明史》卷一三三《曹良臣传》,中华书局 1974 年 4 月版,第 3893 页。
⑦ 《明史》卷一七八《韩雍传》,第 4735 页。
⑧ 《清史稿》卷二八三《觉罗武默讷传》,中华书局 1977 年 2 月版,第 10178 页。

辽为先锋,虏众大崩,斩蹋顿及名王已下,胡、汉降者二十余万口。"①

看来,无论从工程方式来说,还是从道路里程来说,元军"进伐木开道七百余里",都可以看作军事交通史上的重要记录。

六 明代"米仓关巡检司"与清人所谓"米仓关道"

明代于米仓关设巡检司,但是后来废撤。《明史》卷四三《地理志四》"四川保宁府"条写道:

>巴州元属广元路。洪武九年四月以州治化城县省入,又改州为县,来属。正德九年复为州,东北有小巴山,与汉中大巴山接,巴江水出焉,经州东南,分为三,下流至合州入嘉陵江。南有清水江,流合巴江。东有曾口县,元属州,后废。又北有米仓关巡检司,本治小巴山之巅,寻徙大巴山下,后废。东北距府三百五十里。领县二。②

其中"米仓关巡检司"值得交通史研究者特别注意。"本治小巴山之巅,寻徙大巴山下,后废"的记述为我们寻访其遗址提供了有意义的线索。嘉靖《四川总志》卷六《保宁府·公署》:"米仓关巡检司,治北一百里米仓山下。"③雍正《四川通志》卷四下《关隘·保宁府》:"米仓关,在巴州西北。"④嘉庆《四川通志》卷二七《舆地志二六·关隘·巴州》:"米仓关在州西北。"同卷《舆地志二六·关隘·南江县》:"米仓关在县北一百里,旧置于小巴山绝顶,后徙大巴山之麓。明嘉靖八年重修,置巡检司。今裁。又大小巴山之间有巴峪关,亦嘉靖中置。又大坝关在县西北,明移米仓巡司于此。今裁。"⑤道光《保宁府志》卷八《舆地志七·关隘·巴州》:"米仓关在州西北五十里。"同卷《舆地志七·关隘·南江县》:"米仓关在县北一百里,旧置小巴山,后徙大巴山之麓。明嘉靖八年重修,置巡司。今

---

① 《三国志》卷一《魏书·武帝纪》,第29页。
② 《明史》卷四三《地理志四》,第1027页。
③ 明嘉靖刻本。
④ 文渊阁《四库全书》本。
⑤ 清嘉庆二十一年木刻本。

裁。又大小巴山之间有巴峪关,亦嘉靖中置。又大壩关在县西北。"①道光《南江县志》卷上《舆地志·关隘》:"米仓关在县北一百里,旧置小巴山,后徙大巴山之麓。明嘉靖八年重修,置巡司。今裁。又大小巴山之间有巴峪关,亦嘉靖中置。又大壩关,在县西北;人巴关,在县北一百五十里,接南郑界。"②道光《通江县志》卷二《舆地志·险隘》:"米仓关在治北五百里。"③

陕西方志资料,又可见雍正《陕西通志》卷一六《褒城县·附县境古关隘》:"米仓关在县南一百七十里。《旧志》。"④道光《褒城县志》卷八《文物志》:"《旧志》:古有米仓关、松梁关,并在县南交四川界。"⑤民国《汉南续修郡治》卷三《关隘·褒城县》:"米仓关在县南一百七十里。《旧志》。"⑥

关于"米仓关"关址,民国《南江县志》第一编《山脉志》"米仓山"条:"《府志》载米仓关旧置小巴山,后徙大巴山之麓。是山当在关壩河以北为是。"同编《关隘志》:"米仓关,在县北一百七十里,旧置小巴山,后徙大巴山之麓。明嘉靖八年重修,置巡司,清裁。按:巴中县西北五十里亦有米仓关。"⑦

雍正《陕西通志》卷七三《古迹二·郊坰》"金牛道"条写道:"在褒城县境。秦五丁所开。汉永平中司隶杨厥凿而广之。《冯志》。"⑧阎若璩《潜邱札记》卷三则说:

> 《志》称汉中入关之道有三,而入蜀中之道有二。所谓入关中之道三者,一曰褒斜道,二曰傥骆道,三曰子午道也。所谓入蜀中之道二者,一曰"金牛道",二曰"米仓关道"也。今由关中以趋汉中,由汉中以趋蜀中者,谓栈道,其北道即古之'褒斜';南道即古之'金牛'。而'子午''傥骆'以及'米仓'之道用之者或鲜矣。⑨

---

① 清道光二十三年刻本。
② 清道光七年刻本。
③ 清道光二十八年刻本。
④ 文渊阁《四库全书》本。
⑤ 清道光十一年钞本。
⑥ 民国十三年刻本。
⑦ 民国十一年刻本。
⑧ 文渊阁《四库全书》本。
⑨ 文渊阁《四库全书》本。

所谓"米仓关道"也就是下文所说"米仓之道"。"米仓关道"定名,也是"米仓关"曾经存在的确证。大概由于"米仓之道用之者或鲜矣","米仓关"也渐渐被人们遗忘。

七 蜀道"重关":米仓关"至定远七十关"

《三国志》卷四四《蜀书·姜维传》说魏蜀争夺蜀道的控制权,姜维建议,"以为错守诸围,虽合《周易》'重门'之义,然适可御敌,不获大利。不若使闻敌至,诸围皆敛兵聚谷,退就汉、乐二城,使敌不得入平,且重关镇守以捍之。有事之日,令游军并进以伺其虚。敌攻关不克,野无散谷,千里县粮,自然疲乏。引退之日,然后诸城并出,与游军并力搏之,此殄敌之术也。"①所谓"重关镇守以捍之",体现了蜀道关守形势。由前引《元史》卷一五四《李进传》所谓"度米仓关……至定远七十关",可以体会蜀道"重关"形势。

据边强编著《甘肃关隘史》,陇南市关隘计 45 处。剔除其中驿、堡、寨、城等,可以归为联通川陕的蜀道的关隘,仍有虞关、小河关、仙人关、七防关、白马关等多处。② 可见,"重关"确实是蜀道的交通防卫特点。

宋代诗人赵抃有《送崔度推官任满还长安》诗:"三岁西州此效官,嶓中无事有宾欢。瞻云预喜长安近,归骑还惊蜀道难。分袂天涯逢腊尽,入关时候正春寒。前途应念朋从意,回首秦亭一据鞍。"③其中特别说到"关"和"蜀道难"的关系。只是我们还没有能力判断"入关时候正春寒"所说的"关",其确切位置究竟在哪里。然而可以肯定的是,这处"关"是"蜀道"交通系统中"重关"的一处。

"米仓关"所在,现在不能明朗。南江上游有"关坝"地名,也许可以作为探索"米仓关"的线索。

前引《元史》卷一五四《李进传》:"道由陈仓入兴元,度米仓关,其地荒塞不

---

① 《三国志》卷四四《蜀书·姜维传》,第 1065 页。
② 边强编著:《甘肃关隘史》,科学出版社 2011 年 2 月版,第 271—300 页,图 5:陇南市古关隘城堡遗址示意图。
③ 《清献集》卷三《五言排律十九首》,文渊阁《四库全书》本。

通,进伐木开道七百余里。冬十一月,至定远七十关,其关上下皆筑连堡,宋以五百人守之,巴渠江水环堡东流。"所谓"其关上下皆筑连堡,宋以五百人守之,巴渠江水环堡东流",应是说"定远关"。自"米仓关""至定远七十关",可以有两种理解,一种即"冬十一月"抵达的"上下皆筑连堡,宋以五百人守之,巴渠江水环堡东流"者,即"定远七十关";另一种理解,即自"米仓关"至定远关,共有"七十关"。如果做第二种理解,则"米仓道"上确实设置了"重门""重关"。如此,则"米仓关"或可理解为一个关防体系。那么,阎若璩《潜邱札记》卷三称"米仓道"为"米仓关道",似乎是有一定合理性的。

据清道光《巴州志》卷一《地理志·形胜》:"从前如马度、黄城、云城、漏明诸关,俱为控扼要区,今已改隶他邑。又有望星关与陕西西乡接壤者,亦不在境内。"①虽"改隶他县""不在境内",但仍应在考察"米仓道""米仓关""米仓关道"时关注。有学者指出:"马度……漏明诸关:马度关:在今宣汉县马度乡。黄城关:在今万源市庙垭乡黄城寨。云城关:在今万源市庙垭乡黄城寨下。漏明关:俗称穿孔子,遗址在今万源市鹰背乡大板桥村漏明岩下。""诸关均于道光三年(1823)分别划归今万源市、宣汉县和达县。"②清道光《巴州志》卷二《建置志上·关隘》列有:镇龙关、涪水关、凤岭关、虎头关、八字关,附:黄城关、马度关、云城关、米仓关。又有57处"隘""寨""堡""镇",应当都有防卫功能。但是有些具体方位、形制、作用已不可知。如"万春镇","按新、旧《省志》《府志》俱云:在巴州界,列入'关隘门',未详所在"③。

八 民国《南江县志》记载南江"北至南郑路"

民国《南江县志》第一编《交通志·道路》记载南江"北至南郑路二支线三",其中信息,有益于我们考察"米仓道"走向与"米仓关"位置:

---

① 中国人民政治协商会议四川省巴中市委员会文史资料委员会编:《巴州志校注》(清道光十三年版),中国人民政治协商会议四川省巴中市巴州区委员会2002年12月重印本,第59页。

② 《巴州志校注》,第60页。

③ 《巴州志校注》,第131—140页。

北至南郑路二支线三

一由治城二里马跃溪四十里桥亭场三十五里庙垭十五里上两河口东有支线入南郑五十里龙神殿西有支线入褒城、宁羌、广元二十五里雄尖子二十五里桃园寺十八里铁炉坝二里台上接南郑县界一百五十五里南郑县

此路线为近今入南郑之要道，距治十里碾盘坝至上两河口，共涉水二十四道。再北距桃园寺数里，焦家河一道，处处险阻，并无石桥。中仅碾盘坝有渡。夏月行旅，随处裹足。另有支线一，自治城东台分路至龙神殿合，可省涉水二十余道。余概逾山越岭。

支线自上两河口下游里许银杏坝向东北行四十里关坝三十里米仓关四十里大坝三十里巴峪关二十五里关仓坪接南郑界一百四十里南郑县

此路线为汉代米仓道。《通鉴》胡三省注云：巴之北境有米仓山，下视兴元，实孔道也。崇山峻岭，野兽繁殖。大坝一带，鲜有居民。故今行旅绝少。

又支线自龙神殿北五块石向西行二十里彭家坝四十里窑房崖三十里磺厂河接褒城县界自窑房崖分路西南行三十里七眼洞三十里白头滩三十里洪崖二十里青包山四十里活佛沟接广元县界，西通旺仓坝。自白头滩分路北行四十里城墙崖古汉平关，接南郑县界，为昔年自汉入川之要道。南通木门道。迤西四十里，黎坪接沔县、褒城、宁羌、广元诸县界。边陲交错，历为盗匪出没之区。

又支线自治城北行三十里甘溪坝二十五里杨家坝二十里牡丹园二十里灵官塘三十里龙神殿 又自治城东北行十里碾盘坝二十里流溪坝三十里杨家坝
此线夏月溪水交流，行旅亦不便。

二由治城二十里马跃溪稍东北行三十里赶场溪三十里蔡家沟四十里贵民关三十里沙坝二十里木竹关接通江县界一百里界牌接南郑县界一百三十里南郑县

此路线亦近。今入南郑县之要道。概属山路。距县六十里观音崖一带。皆险途。贵民关附近及木竹垭，皆老林。①

这几条线路的记述，值得考察"米仓道"走向时参考。其中说到"米仓关""巴峪关""贵民关""木竹关"等，以及可能与"关"有关系的"关坝""关仓坪"，亦有"城墙崖古汉平关"，确实体现了"重门""重关"情形。而"米仓关"的位置是明确的。

除了南江"北至南郑路二支线三"，民国《南江县志》第一编《交通志·道路》又写道："此外尚有北路一，自治城西韩溪上至孤云山，经兴隆寨、平河场、中坝、

---

① 《南江县志》，民国十一年刻本。

城墙崖,接南郑界。复经庙坝、喜神坝,而入南郑县。亦为汉时自汉入川要道。《通鉴》胡三省注云:兴元之南有大行路,通于巴州。其路险峻,三日而达于山顶。其绝高处谓之'孤云、两角,去天一握'。今此道不通久矣。故不另志其里数。"①这是我们关注较多的古"米仓道"路线。② 然而民国时人已说"今此道不通久矣",可知实地考察的困难。而结合现场踏勘与文献研究所进行的古道线路的复原,也许只能尽可能接近历史的真实。

---

① 《南江县志》,民国十一年刻本。
② 四川省文物考古研究院、巴中市文化广播影视新闻出版局、巴中市文物局编著:《险行米仓道》,四川大学出版社2012年12月版。

生态史视野中的米仓道交通

自战国时期直至近代,蜀道重要线路"米仓道"曾经对川陕之间的文化沟通和经济联系发挥过突出的作用。考察"米仓道"沿途有关"米仓""大竹""荔枝"以及"猿""啸""虎"患等历史生态现象,可以得知这条古代道路交通发达时期与现今生态环境形势已经多有不同。"米仓道"的考察对于交通史研究和区域文化史研究有重要的学术意义。理解和说明米仓道当时的交通条件,必须以不同历史时期生态环境的认识为基础。对于川陕山地生态环境历史变迁的科学研究,也因此可以获得积极的推进。

一 关于"米仓道"之"米仓"

经过巴山,联系巴中和汉中的古代道路,即后来称作"米仓道"者,很可能很早就已经开通。但是这条古道通行的早期,似乎并没有明确的定名。

"米仓道"得名或许与"米贼""米巫""巴汉"割据时代刻意经营与频繁利用这条道路有关。① 思考这一问题,亦应当注意"五斗米道"推进公共交通建设之

---

① 参看王子今:《汉末米仓道与"米贼""巴汉"割据》,《陕西理工学院学报》(社会科学版)2013 年第 2 期。

"义米"制度。① "米仓关"称谓应当来自"米仓道"。而"米仓道"和"米仓山"定名的先后尚未可知。不过,"米仓道""米仓山""米仓关"名号的由来,应当都与"米"有关。

西汉时期,因气候温湿,黄河流域曾经以稻作为主要农耕形式。然而这一情形因两汉之际气候转为寒冷干旱,发生了变化。②《后汉书》卷一七《冯异传》记载,建武三年(27),车骑将军邓弘与赤眉军战于湖,"大战移日,赤眉阳败,弃辎重走。车皆载土,以豆覆其上,兵士饥,争取之。赤眉引还击弘,弘军溃乱","时百姓饥饿,人相食,黄金一斤易豆五升"。③ 说明"豆"在当时很可能已经是民间解决"饥饿"问题的主要口粮。《四民月令》中几乎逐月都有关于"豆"的内容。可见东汉时以洛阳为中心的农业区已十分重视豆类种植。洛阳汉墓出土陶仓有

---

① 《三国志》卷八《魏书·张鲁传》:"张鲁字公祺,沛国丰人也。祖父陵,客蜀,学道鹄鸣山中,造作道书以惑百姓,从受道者出五斗米,故世号'米贼'。陵死,子衡行其道。衡死,鲁复行之。益州牧刘焉以鲁为督义司马,与别部司马张修将兵击汉中太守苏固,鲁遂袭修杀之,夺其众。焉死,子璋代立,以鲁不顺,尽杀鲁母家室。鲁遂据汉中,以鬼道教民,自号'师君'。其来学道者,初皆名'鬼卒'。受本道已信,号'祭酒'。各领部众,多者为治头大祭酒。皆教以诚信不欺诈,有病自首其过,大都与黄巾相似。诸祭酒皆作义舍,如今之亭传。又置义米肉,县于义舍,行路者量腹取足;若过多,鬼道辄病之。犯法者,三原,然后乃行刑。不置长吏,皆以祭酒为治,民夷便乐之。雄据巴、汉垂三十年。"裴松之注引《典略》:"典略曰:熹平中,妖贼大起,三辅有骆曜。光和中,东方有张角,汉中有张修。骆曜教民缅匿法,角为太平道,修为五斗米道。太平道者,师持九节杖为符祝,教病人叩头思过,因以符水饮之,得病或日浅而愈者,则云此人信道,其或不愈,则为不信道。修法略与角同,加施静室,使病者处其中思过。又使人为奸令祭酒,祭酒主以《老子》五千文,使都习,号为奸令。为鬼吏,主为病者请祷。请祷之法,书病人姓名,说服罪之意。作三通,其一上之天,著山上,其一埋之地,其一沉之水,谓之三官手书。使病者家出米五斗以为常,故号曰'五斗米师'。实无益于治病,但为淫妄,然小人昏愚,竞共事之。后角被诛,修亦亡。及鲁在汉中,因其民信行修业,遂增饰之。教使作义舍,以米肉置其中以止行人;又教使自隐,有小过者,当治道百步,则罪除;又依《月令》,春夏禁杀;又禁酒。流移寄在其地者,不敢不奉。"第263—264页。

② 竺可桢:《中国近五千年来气候变迁的初步研究》,《考古学报》1972年第1期,收入《竺可桢文集》,科学出版社1979年3月版;王子今:《秦汉时期气候变迁的历史学考察》,《历史研究》1995年第2期;《关于〈中国历史〉秦汉三国部分若干问题的说明》,《中国大学教学》2003年第9期。

③ 《后汉书》卷一七《冯异传》,第646—647页。

朱书"大豆万石"题记者①,也反映当地豆类作物经营相当普及的事实。汉献帝兴平元年(194),三辅大旱,"是时谷一斛五十万,豆麦一斛二十万,人相食啖,白骨委积。帝使侍御史侯汶出太仓米豆,为饥人作糜粥,经日而死者无降"。②"时敕侍中刘艾取米豆五升于御前作糜,得满三盂,于是诏尚书曰:'米豆五升,得糜三盂,而人委顿,何也?'"③袁宏《后汉纪》卷二七记述:"于是谷贵,大豆一斛至二十万。长安中人相食,饿死甚众。帝遣侍御史侯汶出太仓米豆,为贫人作糜,米豆各半,大小各有差。"④大豆在灾情严重时对于救助饥民有特别重要的意义,而"米豆各半"可以体现太仓储粮品种的大致比例,也可以说明豆久已成为最受重视的农作物之一的事实。曹植著名的《七步诗》以"煮豆燃豆萁"⑤借喻亲情绝灭,也从一个侧面反映了豆类作物对于黄河流域民间一般社会生活的意义。

农耕作物由以适宜"暑湿"⑥"可种卑湿"⑦的稻为主,到可以种植于"高田","土不和"亦可以生长的"保岁易为"足以"备凶年"的大豆⑧受到特殊重视,这一农业史的变化,是与气候条件有密切关系的。

王褒《僮约》:"九月当获,十月拔豆。"⑨有学者以为可以说明"当时四川地区已进行豆、稻轮作"。⑩《三国志》卷五八《吴书·陆逊传》记载,陆逊临襄阳前

---

① 洛阳区考古发掘队:《洛阳烧沟汉墓》,科学出版社1959年12月版,第112页。
② 《后汉书》卷九《献帝纪》,第376页。
③ 《后汉书》卷九《献帝纪》李贤注引袁宏《后汉纪》,第376页。
④ 〔晋〕袁宏撰,张烈点校:《后汉纪》卷二七,中华书局2002年6月版,第529页。
⑤ 逯钦立辑校:《先秦汉魏晋南北朝诗》,中华书局1983年9月版,第460页。
⑥ 《史记》卷一二三《大宛列传》,第3163页。
⑦ 《史记》卷二《夏本纪》,第51页。
⑧ 《氾胜之书》:"大豆保岁易为,宜古之所以备凶年也。""三月榆荚时有雨,高田可种大豆。土和无块,亩五升;土不和,则益之。"〔北魏〕贾思勰著,石声汉校释:《齐民要术今释》卷二,中华书局2009年6月版,第117页。
⑨ 《太平御览》卷五九八引王褒《僮约》,〔宋〕李昉等撰:《太平御览》,第2694页。
⑩ 桑润生:《大豆小传》,《光明日报》1982年9月3日。《氾胜之书》关于"区种麦",说到"禾收,区种"。如此可以实现两年三熟,又如《周礼·地官·稻人》郑玄注引郑司农曰:"今时谓禾下麦为荑下麦,言芟刈其禾,于下种麦也。"豆麦复种之例,则见于孙诒让《周礼正义》引《周礼·秋官·薙氏》郑玄注:"又今俗谓麦下为夷下,言芟夷其麦以种禾、豆也。"

线，面对强敌而镇定自若，"方催人种荳豆，与诸将弈棊射戏如常"。① 可见当时豆类作物在江汉平原亦得以普遍种植。长沙走马楼简记载孙吴政权征收"豆租""大豆租"的情形，说明豆的种植在长沙地方的推广。②《艺文类聚》卷八引《华阳国志》曰："朱仓少受学于蜀郡，豆屑饮水以讽诵。同业等怜其贫，给米肉，终不受。"③《太平御览》卷八四一引《益部耆旧传》说同一故事："朱仓字卿云，之蜀从处士张宁受《春秋》，籴小豆十斛，屑之为粮，闭户精诵。宁矜之，敛得米二十石。仓不受一粒。"④似乎可以说明蜀地亦豆易"籴"而米难"敛"。

《三国志》卷二二《魏书·陈群传》记载："太祖昔到阳平攻张鲁，多收豆麦以益军粮。"⑤笔者曾经以为似可"说明'豆麦'是当地主要农产"，即阳平地方主要农产。⑥ 然而原文记载："太和中，曹真表欲数道伐蜀，从斜谷入。群以为'太祖昔到阳平攻张鲁，多收豆麦以益军粮，鲁未下而食犹乏。今既无所因，且斜谷阻险，难以进退，转运必见钞截，多留兵守要，则损战士，不可不熟虑也'。帝从群议。"⑦仔细分析上下文意，可知曹操"到阳平攻张鲁""军粮"应经历"转运"，而并非当地搜敛。所谓"多收豆麦"，应是关中农产。

而通过张陵"造作书"，"从受道者出五斗米，故世号'米贼'"的历史事实⑧，可知这一实力派军阀集团所控制的巴、汉地区，当时的农耕形势仍然以稻米生产为主。

---

① 《三国志》卷五八《吴书·陆逊传》，第1351页。
② 王子今：《长沙走马楼竹简"豆租""大豆租"琐议》，《简帛》第3辑，上海古籍出版社2008年10月版。
③ 〔唐〕欧阳询撰，汪绍楹校：《艺文类聚》，第148—149页。
④ 〔宋〕李昉等撰：《太平御览》，第3760页。
⑤ 《三国志》卷二二《魏书·陈群传》，第635页。
⑥ 王子今：《秦汉时期生态环境研究》，北京大学出版社2007年9月版，第29页。
⑦ 《三国志》卷二二《魏书·陈群传》，第635页。
⑧ 《三国志》卷八《魏书·张鲁传》，第263页。

《说文·仓部》:"仓,谷藏也。① 苍黄取而臧之。② 故谓之仓。从食省。口象仓形。凡仓之属皆从仓。"③"米仓道""米仓关"名号所见"米仓",说明"米仓道""米仓关"联系和控制的地区,当时是重要的稻米生产基地,收成应颇有剩余,可以储积即"取而臧之"。

因气候变迁而发生的许多地方主要农作物由水稻而豆麦的转换,显示出一种经济生活重大变局的发生。然而在这样的形势下,"巴汉"地方却独得"米仓"称号④,体现这里仍然坚守着传统稻米生产传统,亦以稻米收获之丰饶著称于世。这一历史迹象,无疑应当受到生态环境史研究者的重视。

二 "大竹路"名义

米仓道的重要路段在唐宋时期曾经有"大竹路"之称。

宋李昉等编《太平广记》卷三九七《山》引《玉堂闲话》:"兴元之南有大竹路,通于巴州。其路则深溪峭岩,扪萝摸石,一上三日,而达于山顶。行人止宿,则以縆蔓系腰,萦树而寝,不然则堕于深涧,若沈黄泉也。复登措大岭,盖有稍似平处,路人徐步而进,若儒之布武也。其绝顶谓之'孤云''两角'。彼中谚云:'孤云两角,去天一握。'淮阴侯庙在焉。昔汉祖不用韩信,信遁归西楚。萧相国追之,及于兹山,故立庙貌。王仁裕尝佐褒梁师王思同,南伐巴人,往返登陟,留

---

① 段玉裁注:"藏当作臧。臧,善也。引伸之义,善而存之亦曰臧。臧之之府亦曰臧。俗皆作藏。分平去二音。谷臧者,谓谷所臧之处也。《广部》曰:府,文书藏。库,兵车藏。廥,刍藁藏。"〔汉〕许慎撰,〔清〕段玉裁注:《说文解字注》,第223页。

② 段玉裁注:"苍,旧作仓。今正。苍黄者,匆遽之意。刘获贵速也。"〔汉〕许慎撰,〔清〕段玉裁注:《说文解字注》,第223页。

③ 〔汉〕许慎撰,〔清〕段玉裁注:《说文解字注》,第223页。

④ 《后汉书》卷七五《刘焉传》:"张鲁以(刘)璋暗懦,不复承顺。璋怒,杀鲁母及弟,而遣其将庞羲等攻鲁,数为所破。鲁部曲多在巴土,故以羲为巴郡太守。鲁因袭取之,遂雄于巴汉。"樊敏的职务跨越巴郡、汉中。张鲁"部曲多在巴土",后来又有对汉中的控制。所谓"雄于巴汉",说明巴郡、汉中地方因交通条件的便利,构成了有共同文化特色的区域。"巴汉"成为这一区域的代号。参看王子今:《米仓道与"米贼""巴汉"割据》,《陕西理工学院学报》(社会科学版)2013年第2期。

题于淮阴祠,诗曰:'一握寒天古木深,路人犹说汉淮阴。孤云不掩兴亡策,两角曾悬去住心。不是冕旒轻布素,岂劳丞相远追寻。当时若放还西楚,尺寸中华未可侵。'崎岖险峻之状,未可殚言。"①

对于"大竹路"得名原因,蓝勇经考察研究,发表了这样的意见:"有人认为是因为古道经过宋代的大竹镇、大竹县(今渠县)而名,但历史上洋渠古道也经过大竹县,为什么不叫大竹路呢?看来,这种看法太牵强。笔者在汉中市访问了杨涛同志,他认为巴山多竹,乡民多称巴山为竹山,故有大竹路之称。《方舆汇编·职方典》中记载:'小巴山,在(西乡)县西南二百五十里,上产木竹笋,贾客贩卖。'②佐证了以上事实。最有说服力的是徒步逾米仓山考察古道,见古道两旁竹林丛生,浮盖如林海。竹林按海拔高度垂直分布,下为乔竹,中有水竹、慈竹,山顶为木竹。由此可知,言其为大竹路,是名符其实的。"蓝勇又写道:"从宋元米仓关下至石羊,竹林丛生。""从关坝翻米仓山,道路盘折,路甚陡险。至石羊附近后,竹林阴森,古道为竹林所盖,如行竹洞,道路更加曲折。"③

有唐代即已置"大竹县"的说法。《蜀中广记》卷五四《蜀郡县古今通释第四·川北道属》"大竹县"条:"唐则天时析邻水县置。《纪胜》曰:'达州之地有大竹、小竹。'盖与县接壤者。《本志》云:'地产大竹,砍伐时有白兔走出,始创白兔寺,因以名邑。此邑旧省邻山,宋绍兴复置。'"④宋乐史撰《太平寰宇记》卷一三八《山南西道六》"渠州"条:"大竹县,北六十里。旧六乡,今五乡。亦汉宕渠县地,后为流江县。唐久视元年,分今宕渠县东界置属蓬州,以邑界多产大竹为名。至德二年,割属渠州。宝历中与邻水县同废,其后又置。按《通典》此邑旧

---

① 〔宋〕李昉等编:《太平广记》卷三九七《山》,第3182—3183页。亦见〔宋〕欧阳修《五代史记注》卷五七,〔明〕曹学佺《蜀中广记》卷二五引《玉堂闲话》,文渊阁《四库全书》本。今按:关于"兴元之南"发生"昔汉祖不用韩信,信遁归西楚。萧相国追之"故事以及"淮阴侯庙""淮阴祠"等纪念遗存的情形,参看王子今、王遂川:《米仓道"寒溪"考论》,《四川文物》2013年第2期。

② 原注:"《古今图书集成》卷529《方舆汇编·职方典》。"

③ 蓝勇:《米仓道的踏察与考证》,《四川文物》1989年第2期,收入《古代交通生态研究与实地考察》,四川人民出版社1999年8月版。

④ 〔明〕曹学佺:《蜀中广记》卷五四《蜀郡县古今通释第四·川北道属》。

隶蓬州,今属渠州。"①我们现在不能确知"大竹路"是因"大竹县"得名,还是相反。但是即使前者可信,而"大竹县"得名,也是因为"地产大竹"。

《四川通志》卷二五《山川·直隶达州太平县》又说到"大竹河""大竹渡",也是巴山地名:"大竹河一名北江,自县东黄墩山发源,经城口山,黄溪大竹渡共西流三百里入陕西紫阳县界,为任河,入汉江。"②可知巴山确实"地产大竹"。但是此所谓"大竹"是否就是考察者所见"古道两旁竹林丛生,浮盖如林海"者呢?也许还值得思索。蓝勇教授所见米仓道"竹林按海拔高度垂直分布,下为乔竹,中有水竹、慈竹,山顶为木竹",也许多年如此。《南江县志》第二编《实业志·农》说:"县境当巴山西麓,老林甚多,竹木相间,连亘数百里,所谓巴山老林也。"同书第二编《物产志·植物》又写道:"竹有斑竹、水竹、筋竹,而慈竹为用尤广。高山之木竹、簝叶竹亦可作造纸料。"③"大竹路"得名的时代,标志性的竹林也许并非近现代人所见"乔竹""水竹、慈竹""木竹",而有可能是横径更大的竹种。

明人程敏政作《刳大竹》言:"蜀贼赵铎据栈口以叛,边吏奉诏,率松潘兵东下败贼于大竹。铎死。作〈刳大竹〉第四。"其歌曰:"刳大竹,竹裂瓦。鼓田田,振原野。弗工者谁,驾駓马。旅拒王人,坚壁下。緪栈与阁,道不可假。我师麇之,旗夜袹。六番来同,自黎雅。孰定民痛,若赘与瘕。大钺殲之,血流赭。躪厥逋人,若土苴。川㕮消,奏章夏。右《刳大竹》二十二句。十二句,句三字。十句,句四字。"④所说"栈口"应与蜀道密切相关。

据包涵蜀地方言史料的文献载,蜀中所谓"大竹"可截以为容器,其横径可观。元陶宗仪撰《说郛》卷三三下《锦里新闻》:"郫人刳大竹,倾春酿于中,号'郫

---

① 〔明〕李贤等撰《明一统志》卷六八《保宁府》和《大清一统志》卷二九九《顺庆府》也说到"大竹县":"大竹县在州北一百六十里,本汉宕渠县地。晋属巴西郡,隋属宕渠郡,唐分宕渠县东界置大竹县,属蓬州。省入邻山县,宋复置,属渠州。元并邻山、邻水二县入焉。本朝改今属,后仍置邻水县,编户一十四里。"〔明〕梁潜撰《泊庵集》卷六《序》《送某知县序》:"大竹在巴蜀之东南,四面皆大山,无舟车之往来,使者行部,终岁不一至。其民尤朴,而其习尤醇。"

② 《四川通志》卷二五《山川·直隶达州太平县》。

③ 《南江县志》,民国十一年岁次壬戌仲秋月初版,成都聚昌公司代印。《南江县志》第二编《物产志·动物》又说:"竹䶉生竹林最多之处,伏土中嚼食竹根。"也是当地竹林繁茂的证据。

④ 〔明〕程敏政:《篁墩文集》卷六一《歌曲》,文渊阁《四库全书》本。

筒酒'。"①明曹学佺撰《蜀中广记》卷六五《方物记第七·酒谱》引《古郫志》："县人刳大竹,倾春酿其中,号'郫筒酒'。相传山涛为郫令,用筠管酿荼蘼作酒,兼旬方开,香闻百步。"②将其渊源追溯到很早。明何宇度撰《益部谈资》卷中也写道："郫筒酒,乃郫人刳大竹为筒,贮春酿于中。相传山涛治郫,用筠管酿醥醪作酒,经旬方开,香闻百步。今其制不传。"③所谓"郫人刳大竹,倾春酿于中"之"刳大竹",与程敏政诗作题名完全相同。而其中"据栈口"以及"絙栈与阁,道不可假"云云,说明明代蜀道"栈口"地方依然生长着可以以其"筒"或作"箭"酿酒的"大竹"。

这种"大竹",有可能是直径可达 10 厘米的刚竹(*Phyllostachys bambusoides*),甚至直径约 16 厘米的䈽竹(*Bumbesa stenostachya*)或直径达 18 厘米的毛竹(*Phyllostachys pubescens*)。④ 这一情形,与现今的生态形势已经大不相同。应当考虑到,在气候条件较为温暖湿润的战国至西汉时期,竹类生长区界较现今远推至北方。⑤ 当时民间较普遍使用竹器,甚至陶器、铜器的造型也有仿竹器的筒形器或箭形器。⑥

米仓道历史地名"木竹关",也说明当时这条古路沿途以竹林为典型标志的植被特征。民国十一年《南江县志》第一编《交通志·道路》说"北至南郑路二支线三",其中一条"支线":

由冶城二十里马跃溪稍东北行三十里赶场溪三十里蔡家沟四十里贵民关三十里沙壩二十里木竹关接通江县界,一百里界牌接南郑县界,一百三十里南郑县⑦

---

① 〔元〕陶宗仪:《说郛》卷三三下《锦里新闻》,文渊阁《四库全书》本。
② 〔明〕曹学佺:《蜀中广记》卷六五《方物记第七·酒谱》。
③ 〔明〕何宇度:《益部谈资》卷中,文渊阁《四库全书》本。
④ 参看《辞海·生物分册》,上海辞书出版社 1975 年 12 月版,第 338—339 页;又,https://baike.baidu.com/item/%E5%88%9A%E7%AB%B9/1470519?fr=aladdin,https://baike.baidu.com/item/%E7%AE%A3%E7%AB%B9/8460317?fr=aladdin。
⑤ 参看竺可桢:《中国近五千年来气候变迁的初步研究》,《竺可桢文集》,科学出版社 1979 年 3 月版;王子今:《秦汉时期气候变迁的历史学考察》,《历史研究》1995 年第 2 期。
⑥ 参看王子今:《试谈秦汉筒形器》,《文物季刊》1993 年第 1 期。
⑦ 《南江县志》,民国十一年岁次壬戌仲秋月初版,成都聚昌公司代印。《南江县志》第二编《物产志·动物》又说:"竹貂生竹林最多之处,伏土中啮食竹根。"也是当地竹林繁茂的证据。

途中有两处称作"关"的地名,考察米仓道线路变迁的学者应予注意。前引民国十一年《南江县志》第二编《物产志·植物》所说"高山之木竹"或与"木竹关"定名有关,只是我们现在尚不能确定所谓"木竹"的具体竹种。

三 平昌"荔枝"地名

文焕然讨论秦汉时代中国荔枝地理分布的大势,以为大致与现代类似。① 这样的结论,也许还有必要进行认真的考察,以甄别考定。《华阳国志》卷一《巴志》说,其地"北接汉中","其果实之珍者,树有荔支……"。② 应是荔枝生存的确切证据。

蜀中出产荔枝,见于文献记载。据明曹学佺撰《蜀中广记》,荔枝产地有嘉定州③、叙州府宜宾县④、重庆府巴县、江津县⑤、合州⑥。雍正《四川通志》卷二六《古迹》记载,江津县有"荔枝园",忠州有"荔枝楼",涪州有"荔枝园",宜宾县有"荔枝亭"。又:"宜宾县:东楼。在县东北,唐建。杜甫诗:重碧拈春酒,轻红擘荔。楼高欲愁思,横笛未休吹。"⑦雍正《四川通志》卷二七《古迹》记载:"直隶嘉定州:荔枝楼。在州南,宋建。"⑧雍正《四川通志》卷三八之六《物产》记载各地荔枝,有成都府、重庆府、直隶嘉定州、直隶泸州。⑨ 据《嘉庆重修一统志》,叙

---

① 文焕然:《从秦汉时代中国的柑橘、荔枝地理分布大势之史料来初步推断当时黄河中下游南部的常年气候》,《中国历史时期植物与动物变迁研究》,重庆出版社1995年12月版。
② 〔晋〕常璩撰,任乃强校注:《华阳国志校补图注》,第5页。
③ 〔明〕曹学佺:《蜀中广记》卷一一《名胜记第十一·上川南道》。
④ 〔明〕曹学佺:《蜀中广记》卷一五《名胜记第十五·下川南道》。
⑤ 〔明〕曹学佺:《蜀中广记》卷一七《名胜记第十七·上川东道》。
⑥ 〔明〕曹学佺:《蜀中广记》卷一八《名胜记第十八·上川东道》。
⑦ 《四川通志》卷二六《古迹·叙州府宜宾县》。
⑧ 《四川通志》卷二七《古迹·直隶嘉定州》。
⑨ 《四川通志》卷三八之六《物产》。

州府有"荔枝厅""荔枝滩"①,嘉定府和忠州有"荔枝楼"②,重庆府有"荔枝园"③。资料表明,唐宋时期蜀中不少地方有荔枝出产。

米仓道沿线也发现了古来荔枝生长的遗迹。

四川平昌有"荔枝"地名。现代曾有"荔枝乡"建置。其地在通江河东岸,有荔枝溪由东向西汇入通江河,临近小宁城址。这处称作"荔枝"的地方,突破了前引诸种方志所记述蜀地荔枝分布的区域,也超出了以往研究者以"秦汉时代"为主要考察对象所论历史时期"荔枝地理分布大势"的有关生态史认识④,值得特别注意。

平昌"荔枝"作为地方物产,在方志文献中是有所记录的。清道光十三年(1833)《巴州志》卷一《物产》有这样的内容:"《群芳谱》:荔枝出岭南及巴中。《杨日升家谱》:废小宁州西有荔枝溪,出荔枝,于立秋前后熟。"关于"荔枝溪",校注者写道:"荔枝溪:现属平昌荔枝乡。废小宁城在场西一公里。相传沿溪两岸盛产荔枝,故名荔枝溪。现已不产。""杨日升",即巴州人,明末清初隐士。《巴州志》卷七《士女志·人物》:"杨日升,明末以博士弟子员遁迹林下,尝自书一联曰:'伤天害理之事决不为也;修已治人之道勉而行焉。'国初某官额其门曰:'山中高士。'又曰:'义固首阳。'九十一岁,无疾卒。妻李氏,死献贼之难,载《列女传》。"⑤可知到清代初年,人们对"荔枝溪""沿溪两岸盛产荔枝"情形,仍然有清晰的历史记忆。

平昌在米仓道沿线。通江河路线也是米仓道线路之一。地名"荔枝溪"与"荔枝"显示的重要信息,具有生态史研究者应当予以特别关注的价值。

---

① 《嘉庆重修一统志》卷一四五《叙州府》。
② 《嘉庆重修一统志》卷一四八《嘉定府》,卷一五二《忠州》。
③ 《嘉庆重修一统志》卷一四三《重庆府》。
④ 文焕然:《从秦汉时代中国的柑橘、荔枝地理分布大势之史料来初步推断当时黄河中下游南部的常年气候》,《中国历史时期植物与动物变迁研究》,重庆出版社1995年12月版,第133页。
⑤ 陈正统、黄道忠校订:《巴州志校注》,中国人民政治协商会议巴中市巴州区委员会2002年12月版,第105页、第107页、第309页。关于杨日升妻事迹,清道光十三年《巴州志》卷七《士女志·列女》写道:"李氏,廪生杨日升妻。年二十岁,值献贼至,氏被掳,投江死。"《巴州志校注》,第322页。

四 巴州"岭猿"

人们熟知,巴江"猿啼"是唐宋诗作中常见的"行路难"和乡思意境的寄抒方式。然而所说"巴江"通常是指三峡中"巴峡"航路,与我们讨论米仓道水运路线不同。不过,通过岑参的《巴南舟中夜书事》诗,可以了解米仓道巴江水路舟行,可以感受"猿啼"的明确信息:

> 渡口欲黄昏,归人争渡喧。近钟清野寺,远火点江村。见雁思乡信,闻猿积泪痕。孤舟万里外,秋月不堪论。①

诗题"巴南",指示了确定的地理位置。江上"孤舟"浮行,除了渐次面对"渡口""野寺""江村""黄昏""秋月""远火"景观之外,"猿"声"钟"声"归人争渡喧"的音声交响,也导致特殊的行旅生活感受。② 其中"闻猿积泪痕",透露了明确的米仓道巴江航道两侧有"猿"生存的信息。

《蜀中广记》卷二五《名胜记第二十五·川北道·保宁府二·巴州》引录严武《巴岭答杜二见忆》诗:

> 卧向巴山落月时,两乡千里梦相思。可但步兵偏爱酒,也知光禄最能诗。江头赤叶枫愁客,篱外黄花菊对谁。跋马望君非一度,冷猿秋雁不胜悲。③

据宋《草堂诗话》卷一《名儒嘉话》记述,引严武作答的,是杜甫寄严武诗:

> 杜公寄严诗云:何路出巴山,重岩细菊班。遥知簇鞍马,回首白云间。④

所谓"何路出巴山",当然是指蜀道巴山线路。"遥知簇鞍马,回首白云间",是真确的行旅生活写真。严武答诗"冷猿秋雁不胜悲"句,可以使人们认知这样的事实,即米仓道沿线野生动物分布是包括"猿"的。

---

① 〔宋〕王安石编:《唐百家诗选》卷三。
② 参看王子今:《唐人米仓道巴江行旅咏唱》,《重庆师范大学学报》(哲学社会科学版)2013年第3期。
③ 《石仓历代诗选》卷四六。
④ 〔宋〕蔡梦弼集录:《草堂诗话》卷一,宋刻本。

《太平广记》卷四四六《畜兽·猿下》"王仁裕"条引录出自《王氏见闻》的故事:"王仁裕尝从事于汉中,家于公署。巴山有采捕者献猿儿焉,怜其小而慧黠,使人养之,名曰'野宾'。呼之则声声应对。经年则充博壮盛,縻絷稍解,逢人必啮之,颇亦为患。仁裕叱之则弭伏而不动,余人纵鞭棰亦不畏。"后来屡屡闯祸,"于是颈上系红绡一缕,题诗送之。曰:'放尔丁宁复故林,旧来行处好追寻。月明巫峡堪怜静,路隔巴山莫厌深。栖宿免劳青嶂梦,跻攀应惬碧云心。三秋果熟松梢健,任抱高枝彻晓吟。'又使人送入孤云两角山,且使縶在山家,旬日后方解而纵之,不复再来矣。后罢职入蜀,行次嶓冢庙前汉江之壖,有群猿自峭岩中连臂而下,饮于清流。有巨猿舍群而前,于道畔古木之间,垂身下顾,红绡彷佛而在。从者指之曰:'此野宾也。'呼之声声相应。立马移时,不觉恻然,及耸辔之际,哀叫数声而去。及陟山路转壑回溪之际,尚闻呜咽之音,疑其肠断矣。遂继之一篇曰:'嶓冢祠边汉水滨,此猿连臂下嶙峋①。渐来子细窥行客,认得依稀是野宾。月宿纵劳羁绁梦,松餐非复稻粱身。数声肠断和云叫,识是前年旧主人。'"②虽然是小说家言,故事的发生和传播却应有生态环境史实的基础。乾隆《陕西通志》卷九八《拾遗一·风雅》和民国十一年《南江县志》第四编《志余杂录》都引录这一故事。后者据《全唐诗话》③,"入蜀,行次嶓冢庙前汉江之壖"句,作"入蜀行至汉江之壖",不言"嶓冢",应是理解"群猿"活动在南江。④ 这一处理方式反映一种对生态史的认识。其实,"巴山有采捕者献猿儿"情节,已经可以作为探索猿猴是否曾在米仓道沿线地方活动的重要信息。

《蜀中广记》引录"巴州"诗作又有任约《题西龛》诗:"门径森寒柏,小桥穿竹溪。澄江朱槛北,晚照碧岩西。修竹清泉逗,高楠邃阁齐。虚廊面青壁,危栈跨丹梯。绝顶舒平席,遥峰出半圭。轩窗俯星斗,襟袖拂云霓。甘露春膏浃,浓岚昼霭迷。岭猿悲夜啸,谷鸟响晴啼。唐寺南龛近,巴城东郭低。杯流故池水,崖刻古人题。酷暑不能到,清风如镇携。何年脱缰锁,来此养真栖。"自注:"今

---

① 《五代诗话》作"饮猿连臂",民国十一年《南江县志》引作"群猿连臂"。
② 〔宋〕李昉等编:《太平广记》卷四四六《畜兽·猿下》,第 3643—3644 页。
③ 《五代诗话》卷二《中朝》"王仁裕"条引此故事,言出《王氏见闻录》。
④ 但引诗首句仍作"嶓冢祠边汉水滨"。

岁甘露降于龛前松柏也。"①所说"西龛""南龛"均是"唐寺"遗存②,同时也是米仓道交通系统中的宗教宣传形式。诗句所谓"危栈""丹梯""绝顶""遥峰"可能是说佛龛摩崖当时的建筑结构,但是借以理解米仓道总体通行形式中栈道的艰险,或许也是可以的。"澄江""巴城"是米仓道在这一路段的重要坐标,而"岭猿悲夜啸,谷鸟响晴啼"句所见"岭猿",也是可以证明米仓道存在"猿"的实例。

民国十一年《南江县志》第四编《艺文志》录岳贞《归蜀至连云栈》诗,有"谷通飞鸟出,峡响啸猿幽"句。"啸猿"似乎可以看作米仓道峡谷中的特殊风景。

《南江县志》第二编《物产志·动物》说到"野猴":"肉味不佳而皮甚有用,山民间有猎获者。"③或许亦应理解为米仓道沿线野生动物分布近世仍有猿猴生存的旁证。

五 "大巴路""小巴路"的虎患

巴中地方历史时期野生动物的分布,清道光十三年《巴州志》卷一《物产》记载:"《广韵》:'犘牛重千斤,出巴中。'字亦作'犛'。《楚语》:'巴浦之犀、犛、兕、象。'……"④《国语·楚语上》:"巴浦之犀、犛、兕、象,其可尽乎?"⑤对于巴蜀地方上古时代是否有犀牛等野生动物生存,学界是有争议的。现在看来,这些物种曾经活动于"巴浦"地方⑥,但是由于气候等条件的变化,较早退出这一地区,对于米仓道交通未必有所影响。历史上"虎患"或"虎灾"致使交通受阻的情形,文

---

① 〔明〕曹学佺:《蜀中广记》卷二五《名胜记第二十五·川北道·保宁府二·巴州》。
② 其创建时期自隋代始。《中国文物地图集·四川分册》,文物出版社2009年9月版,下册第926—927页。
③ 《南江县志》,民国十一年岁次壬戌仲秋月初版,成都聚昌公司代印。
④ 《巴州志校注》,第105页。
⑤ 徐元诰撰,王树民、沈长云点校:《国语集解》(修订本),中华书局2002年6月版,第505页。
⑥ 参看王子今:《战国秦汉时期中国西南地区犀的分布》,《面向新世纪的中国历史地理学——2000年国际中国历史地理学术讨论会论文集》,齐鲁书社2001年10月版。

献记载和文物资料均有体现。① 米仓道通过的区域,也有同样的情形。

《太平广记》卷四三三《虎八》有"王行言"条,讲述了秦人王行言行米仓道途中遇虎的故事:

> 秦民有王行言,以商贾为业常贩盐鬻于巴渠之境。路由兴元之南,曰大巴路,曰小巴路。危峰峻壑,猿径鸟道,路眠野宿,杜绝人烟,鸷兽成群,食啖行旅。行言结十余辈少壮同行,人持一拄杖,长丈余,铥钢铁以刃之,即其短枪也。②

所谓"猿径鸟道"说到"猿"。而"鸷兽成群,食啖行旅"者,应是指危害行人的猛兽。王行言一行遭遇了"猛虎"的袭击:

> 才登细径,为猛虎逐之。及露宿于道左,虎忽自人众中攫行言而去。同行持刃杖逐而救之,呼喊连山,于数十步外夺下,身上挐攫之踪,已有伤损。平旦前行,虎又逐至。其野宿,众持抢围,使行言处于当心。至深夜,虎又跃入众中,攫行言而去。众人又逐而夺下,则伤愈多。行旅复卫而前进。白昼逐人,略不暂舍,或跳于前,或跃于后。时自于道左,而出于稠人丛中,捉行言而去,竟救不获,终不伤其同侣,须得此人充其腹,不知是何冤报,逃之不获。③

故事据说"出《玉堂闲话》"。虽然是小说家言,但是所反映"猛虎"在"曰大巴路,曰小巴路"交通道路左近的活跃,应当是大体符合历史真实的。

《玉堂闲话》作者王仁裕,五代人。④《宋史》亦可见有关米仓道虎患的记载。《宋史》卷六六《五行志四·金》:"太平兴国三年,果、阆、蓬、集诸州虎为害。遣殿直张延钧捕之,获百兽。俄而七盘县虎伤人,延钧又杀虎七,以为献。"⑤《文献通考》卷三一一《物异考十七·毛虫之异》文字略异:"太宗太平兴国三年,果、

---

① 参看王子今:《东汉洛阳的"虎患"》,《河洛史志》1994年第3期;《秦汉虎患考》,《华学》第1辑,中山大学出版社1995年8月版;《汉代驿道虎灾——兼质疑几种旧题"田猎"图像的命名》,《中国历史文物》2004年第6期。
② 〔宋〕李昉等编:《太平广记》卷四三三《虎八》,第3515页。
③ 〔宋〕李昉等编:《太平广记》卷四三三《虎八》,第3515—3516页。
④ 王仁裕,新旧《五代史》均有传。其事迹又可参看《十国春秋》卷四四《前蜀十·王仁裕传》。
⑤ 《宋史》卷六六《五行志四·金》,第1451页。

阆、蓬、集州虎为害,遣殿直张延钧捕之,获百数。俄而巴州七盘县虎伤人,延钧又获七,以皮为献。"①果州州治在今四川南充东北,阆州州治在今四川阆中东北,蓬州州治在今四川仪陇南。②集州州治在难江,即今四川南江,辖境相当今四川南江、通江等县地。③正当米仓道方向。这一地区虎患的严重,竟然惊动了国家中枢,专门派遣近卫军官前往捕杀。据谭其骧主编《中国历史地图集》标注,北宋巴州七盘镇在今四川巴中西北,位于巴中与旺苍之间。④史为乐主编《中国历史地名大辞典》说:"七盘县,唐久视元年(700)置,属巴州。治所在今四川巴中市西北一百二十里。一说在今巴中市西南一百四十里花丛场。《寰宇记》卷139七盘县:'因山为名。'北宋熙宁三年(1070)废入恩阳县。"⑤亦应属于考察米仓道交通体系应当关注的地方。而"七盘""因山为名"之说,很可能与山路盘纡有关。

明代汉中附近山区再次出现严重的虎患。崔应科《捕虎记》写道:"惟兹汉郡,幅员多山。蓑尔西乡,尤处山薮。忆昔神为民庇,民无物害……未闻猛虎潜据于中,以为民戕者。"然而,"夫何迩年,神慈泛爱,虎豹成群,自沔山峡,白额恣虐。初掠牛羊于旷野,渐窥犬豕于樊落,底今益横,屡报残人。昏夜遇之者糜,白昼触之者碎"。作者感叹道:"父兄拊膺而力不能救,妻子长号而魂无所招。以致山居者门户昼扃,食力者耕樵路绝。"而交通道路也因此断绝,"置邮莫必其命,商贾为之不通"。⑥米仓道很多路段都处于"山薮""山峡"之中,"置邮"与"商贾"的正常交通,应当也受到严重的影响。

民国十一年《南江县志》第四编《艺余杂录》录有王经芳诗作。王经芳"康熙

---

① 〔元〕马端临撰:《文献通考》,中华书局2011年9月版,第8415页。
② 谭其骧主编:《中国历史地图集》,中国地图出版社1982年10月版,第6册第29—30页。
③ 史为乐主编:《中国历史地名大辞典》,中国社会科学出版社2005年3月版,下册第2571页。
④ 《中国历史地图集》,第6册第29—30页。
⑤ 《中国历史地名大辞典》,上册第21页。
⑥ 〔清〕严如熤主修:嘉定《汉中府志》卷二六《艺文志中》。"自沔山峡",校勘者以为应为"白沔山峡",校订为"自【白】沔山峡"。郭鹏校勘:《(嘉庆)汉中府志校勘》,三秦出版社2012年9月版,下册第920页。今按:这一意见似不妥当。如是"白沔山峡",则与下句"白额恣虐"两见"白"字。

十九年(1680)知南江县,时三藩倡乱,蜀江新定",他的《从汉中取径南江短述》是经行米仓道的纪行诗。其中写道:"樊林渡涧只啼鸟,绝迹村烟山径迂。每拟相如窥世业,胡为阮籍泣穷途。人藏深谷烦招抚,虎啸巉岩间有无。欲绘流离难着笔,不胜感慨共长吁。"①所谓"虎啸巉岩间有无",明确说到"从汉中取径南江"途中"深谷""樊林"之间虎的生存。米仓道的交通安全因此受到危害。

"山径""虎啸"已经成为久远的历史回忆。而现今米仓道沿线地方"虎"的绝迹,有自然条件的因素,但人类的活动应当是更重要的原因。

---

① 《南江县志》,民国十一年岁次壬戌仲秋月初版,成都聚昌公司代印。

战国秦汉"賨民"的文化表现与巴山交通

賨人的生产与生活以巴山地方为环境背景。因巴山山地严重的交通阻障,其文化个性鲜明,也长期保持着隔绝特征。同时,賨人对于巴山地区交通事业的艰苦开发做出了重要贡献。回顾巴山地区交通史的历程,关注川陕道路的建设与维护,不能忽略賨人的历史功绩。当然,賨人利用逐步便利的交通条件走出巴山山地,也在不同历史阶段或主动或被动、或积极或消极地迎入了中原文化及其他文化因素的影响,从而导致巴賨文化逐步融入汉文化的总体之中。然而巴山地区在复杂的秦蜀交通体系中的重要地位,依然成为巴賨人交通建设业绩的永久的纪念。汉唐米仓道、荔枝道的开通,都是在继承早期巴山道路条件的基础上的历史进步。

一 "巴人""賨人""南蛮"说与"输布"制度

"巴俞"或"巴渝"的说法,体现出区域文化的个性。其较早出现,已经明确指向唐代的"巴州""渝州"。这里活动的人群即所谓"賨人"。据说"賨人"推助刘邦建国有功。《汉书》卷九六下《西域传下》:"设酒池肉林以飨四夷之客,作巴俞都卢、海中砀极、漫衍鱼龙、角抵之戏以观视之。"颜师古注:"巴人,巴州人也。俞,水名,今渝州也。巴俞之人,所谓賨人也,劲锐善舞,本从高祖定三秦有功,高祖喜观其舞,因令乐人习之,故有《巴俞》之乐。"①

《后汉书》卷八六《南蛮传》又追溯了更早的历史,说到"賨"与"蛮""南蛮"的关系。李贤注指为"南蛮":"平王东迁,蛮遂侵暴上国。晋文侯辅政,乃率蔡

---

① 《汉书》卷九六下《西域传下》,第3928页。

共侯击破之。至楚武王时，蛮与罗子共败楚师，杀其将屈瑕。庄王初立，民饥兵弱，复为所寇。楚师既振，然后乃服，自是遂属于楚。鄢陵之役，蛮与恭王合兵击晋。及吴起相悼王，南并蛮越，遂有洞庭、苍梧。秦昭王使白起伐楚，略取蛮夷，始置黔中郡。汉兴，改为武陵。岁令大人输布一匹，小口二丈，是谓賨布。虽时为寇盗，而不足为郡国患。"所谓"賨布"，李贤注："《说文》曰：'南蛮赋也。'"①所引《说文》，证明以"賨"称"南蛮"，大约是汉代语言习惯。

不过，"黔中""武陵"与"巴俞""巴渝"区域空间似乎并不完全一致。《后汉书》卷三八《冯绲传》："进击武陵蛮夷，斩首四千余级，受降十余万人。"②曹金华《后汉书稽疑》：

> 《校勘记》按："汲本、殿本'十余万'作'十万余'。"余按：《舆地纪胜》卷一六二引《华阳国志》作"斩首四千，获生口十万"。《车骑将军冯绲碑》作"南征五溪蛮夷黄加少高、相法氏、赵伯、潘鸿等，斩首万级，没溺以千数，降者十万人，收逋賨布卅万匹"。③

又使用"武陵蛮夷""五溪蛮夷"的称谓。而所谓"收逋賨布卅万匹"，使得"进击武陵蛮夷"史事与"賨人"活动联系起来。

前引《后汉书》卷八六《南蛮传》："岁令大人输布一匹，小口二丈，是谓賨布。"曹金华《后汉书稽疑》指出："按：《文选·魏都赋》李善注引《风俗通义》作'盘瓠之后，输布一匹二丈，是谓賨布'，与此不同。"④大约"盘瓠之后"所指古代部族或部族联盟，分布在相当广阔的地域，文化风格有接近之处。

《后汉书》卷八六《南蛮传》还记载："及秦惠王并巴中，以巴氏为蛮夷君长，世尚秦女，其民爵比不更，有罪得以爵除。其君长岁出赋二千一十六钱，三岁一

---

① 《后汉书》卷八六《南蛮传》，第2831页。《说文·贝部》："賨，南蛮赋也。"段玉裁注："《后汉书·南蛮西南夷传》曰：槃瓠之传蛮夷，秦置黔中郡，汉改为武陵，岁令大人输布一匹，小口二丈，是为賨布。《魏都赋》曰：賨幏积墆。"〔汉〕许慎撰，〔清〕段玉裁注：《说文解字注》，第282页。

② 《后汉书》卷三八《冯绲传》，第1283页。

③ 曹金华：《后汉书稽疑》，中华书局2014年9月版，第504页。

④ 曹金华：《后汉书稽疑》，第1191页。

出义赋千八百钱。其民户出賨布八丈二尺,鸡羽三十鍭。①汉兴,南郡太守靳强请一依秦时故事。"李贤注:"《说文》:賨,南郡蛮夷布也。""俗本'賨'作'蒙'","误也"。②《说文·巾部》:"賨,南郡蛮夷賨布也。"段玉裁注:"《贝部》曰:賨者,南蛮赋也。《文选·魏都赋》注引《风俗通》曰:槃瓠之后,输布一匹,小口二丈(《后汉书》少'小口'二字),是为賨布。廪君之巴氏出賨布八丈(《后汉书》云'八丈二尺')。賨亦賨也,故统谓之賨布。"③所谓"世尚秦女",体现与秦的婚姻关系。"有罪得以爵除",以及"其君长岁出赋""其民户出賨布""鸡羽"情形,体现秦能够实现对巴地的司法控制和"赋"的征收。④这当然是以交通联系为基本条件的。

联系所谓"出""鸡羽"制度,我们注意到里耶秦简有"捕羽"和"捕鸟及羽"的内容,如简例:

卅五年正月庚寅朔甲寅,迁陵少内壬付内官 8-1457 + 8-1458(正)

翰羽二当一者百五十八鍭,AⅠ三当一者三百八十六鍭,AⅡ·五当一者四百七十九鍭,BⅠ□六当一者三百卅六鍭,BⅡ·八当一者【五】CⅠ·十五当一者 CⅡ 8-1457 背 + 8-1458 背⑤

似与《南蛮传》"民户"缴纳"鸡羽"的制度有关。而"巴氏"控制的地方与"南蛮""武陵蛮夷""五溪蛮夷"的关系,也有所透露。⑥

---

① 曹金华《后汉书稽疑》:"按:《文选·魏都赋》李善注引《风俗通义》谓'廪君之巴氏出賨布八丈','二尺'或属下句读。"第1196页。今按:"二尺""鸡羽"不宜作"鍭",此说似未可从。
② 《后汉书》卷八六《南蛮传》,第2841页。
③ 〔汉〕许慎撰,〔清〕段玉裁注:《说文解字注》,第362页。
④ 前引"岁令大人输布一匹,小口二丈,是谓賨布",以及"虽时为寇盗,而不足为郡国患",分别体现了汉代巴地赋税与司法形态。
⑤ 陈伟主编:《里耶秦简牍校释(第一卷)》,武汉大学出版社2012年1月版,第332页。
⑥ 王子今:《说"捕羽"》,《里耶秦简博物馆藏秦简》,中西书局2016年6月版;《里耶秦简"捕羽"的消费主题》,《湖南大学学报》(社会科学版)2016年第4期;《里耶秦简"捕鸟及羽"文书的生活史料与生态史料意义》,《西部考古》第12辑,科学出版社2016年12月版。

二 廪君"土船"故事与"盐神"崇拜

巴賨事迹在传说中的遗存,有涉及早期交通经营的情节。《后汉书》卷八六《南蛮传》记载:

> 巴郡南郡蛮,本有五姓:巴氏,樊氏,瞫氏,相氏,郑氏。皆出于武落钟离山。其山有赤黑二穴,巴氏之子生于赤穴,四姓之子皆生黑穴。未有君长,俱事鬼神,乃共掷剑于石穴,约能中者,奉以为君。巴氏子务相乃独中之,众皆叹。又令各乘土船,约能浮者,当以为君。余姓悉沈,唯务相独浮。因共立之,是为廪君。乃乘土船,从夷水至盐阳。盐水有神女,谓廪君曰:"此地广大,鱼盐所出,愿留共居。"廪君不许。盐神暮辄来取宿,旦即化为虫,与诸虫群飞,掩蔽日光,天地晦冥。积十余日,廪君伺其便,因射杀之,天乃开明。廪君于是君乎夷城,四姓皆臣之。廪君死,魂魄世为白虎。巴氏以虎饮人血,遂以人祠焉。①

李贤注:"《代本》曰'廪君之先,故出巫诞'也。"此说与三峡地方古代盐产的相关信息相合。② 李贤又引《代本》:"廪君使人操青缕以遗盐神,曰:'婴此即相宜,云与女俱生,弗宜将去。'盐神受缕而婴之,廪君即立阳石上,应青缕而射之,中盐神,盐神死,天乃大开。"廪君以"青缕""遗盐神","盐神受缕而婴之",廪君"应青缕而射之,中盐神,盐神死"的故事中"青缕"的意义,可以与"賨布""嫁布"相

---

① 《后汉书》卷八六《南蛮传》,第 2840 页。
② 任乃强《说盐》一文曾经论述巴东盐泉对于满足楚地食盐消费的重要作用。认为宋玉的《高唐》《神女》两赋,即"把食盐比作神女",是"歌颂巫盐入楚的诗赋"。《华阳国志校补图注》附,第 52—59 页。《汉书》卷二八《地理志》载各地盐官 35 处,属于巴蜀地方的有:蜀郡临邛,犍为郡南安,巴郡朐忍。其地在今四川邛崃,四川乐山,重庆云阳西。所录盐官其实未能完全,据杨远考补,又有越巂郡定筰,巴郡临江两处。杨远:《西汉盐、铁、工官的地理分布》,《香港中文大学中国文化研究所学报》第 9 卷上册,1978 年。其地在今四川盐源,重庆忠县。参看谭其骧主编:《中国历史地图集》,第 29—30 页。从现有资料看,巴郡朐忍和巴郡临江两地盐产,值得我们注意。参看王子今:《张家山汉简〈二年律令〉所见盐政史料》,《文史》2002 年第 4 期;《张家山汉简〈金布律〉中的早期井盐史料及相关问题》,《盐业史研究》2003 年第 3 期。

联系,或可理解为体现巴人纺织技术的信息。而"共掷剑于石穴,约能中者,奉以为君"以及"巴氏子务相乃独中之,众皆叹"情节,暗示巴人用"剑",可能有"掷"击的形式。

关于"巴氏""廪君"的传说与盐业开发有关。"盐水""神女""愿留共居"而"廪君不许",最终"伺其便,因射杀之"的情节,体现廪君在与占据盐业资源的原有部族的争夺中取胜。所谓"盐阳",李贤注引《荆州图》曰:"夷陵县西有温泉。古老相传,此泉元出盐,于今水有盐气。"又引盛弘之《荆州记》曰:"昔廪君浮夷水,射盐神于阳石之上。案今施州清江县水一名盐水,源出清江县西都亭山。"① 盐业生产的发明和盐业资源的控制与远古社会权力的集中有密切的关系。而盐运能力则决定了这种社会权力影响区域的规模。

前引"及秦惠王并巴中,以巴氏为蛮夷君长,世尚秦女,其民爵比不更,有罪得以爵除"之说,反映秦征服巴地之后,维持其旧有行政格局。而"汉兴",这一传统依然得以继承,即所谓"一依秦时故事"。②

廪君"乘土船""独浮",表现出交通能力的优越。"乘土船,从夷水至盐阳",暗示交通方面的优势可能应用于盐运。盐运的发展,或许有益于"君乎夷城,四姓皆臣之"之地位的形成。可以说,廪君以"乘土船""浮夷水,射盐神"的实践,实现了"君乎夷城,四姓皆臣之"的政治局面。大约"巴氏"早期控制巴地盐产与盐运的情形,"汉兴"之后也大致"一依秦时故事"。

理解廪君"乘土船,从夷水至盐阳"的交通能力与"君乎夷城,四姓皆臣之"的行政权威之形成的关系,可以参考秦人早期崛起时期的"故事"。回顾秦人早期发展的历史,可以看到重视盐产资源与盐运通道的传统。在秦文化获得早期发展条件的最初的根据地,曾经占有盐业生产的优势。《水经注》卷二〇《漾水》可见相关记述:"……西汉水又西南径始昌峡。《晋书·地道记》曰:'天水,始昌县故城西也,亦曰清崖峡。'西汉水又西南径宕备戍南,左则宕备水自东南、西北注之。右则盐官水南入焉。水北有盐官,在嶓冢西五十许里。相承营煮不辍,味

---

① 《后汉书》卷八六《南蛮传》,第 2840—2841 页。
② 王子今:《战国秦反"盐神"记忆》,《盐业史研究》2020 年第 3 期。

与海盐同。故《地理志》云'西县有盐官'是也。其水东南迳宕备戍西,东南入汉水。"①考古学者对礼县秦早期遗址的调查获得丰富收获,其中对盐官镇附近遗址的考古调查值得重视。《西汉水上游考古调查报告》介绍了98处遗址,而盐官镇相关遗址有多达13处,竟然占总数的13.27%。②秦在西汉水流域取得生存和发展的优越条件,当与附近的盐业资源有关。③

三 "板楯蛮夷""杀虎"事迹的交通史认识

前引"廪君死,魂魄世为白虎"以及"巴氏以虎饮人血,遂以人祠焉"的说法,可见"虎"在当地社会生活中的强势影响。这一情形,或许反映了巴賨活动区域虎的活跃。

《后汉书》卷八六《南蛮传》关于"板楯蛮夷"的记载,明确说到"群虎"为害,而"巴郡阆中夷人""射杀白虎"的事迹:

> 板楯蛮夷者,秦昭襄王时有一白虎,常从群虎数游秦、蜀、巴、汉之境,伤害千余人。昭王乃重募国中有能杀虎者,赏邑万家,金百镒。时有巴郡阆中夷人,能作白竹之弩,乃登楼射杀白虎。昭王嘉之,而以其夷人,不欲加封,乃刻石盟要,复夷人顷田不租,十妻不算,伤人者论,杀人者得以倓钱赎死。盟曰:"秦犯夷,输黄龙一双;夷犯秦,输清酒一钟。"夷人安之。

---

① 〔北魏〕郦道元著,陈桥驿校证:《水经注校证》,第479页。所谓"《地理志》云'西县有盐官'",《汉书》卷二八下《地理志下》:"陇西郡,秦置。莽曰厌戎。户五万三千九百六十四,口二十三万六千八百二十四。有铁官、盐官。"第1610页。

② 甘肃省文物考古研究所、中国国家博物馆、北京大学考古文博学院、陕西省考古研究院、西北大学文博学院:《西汉水上游考古调查报告》,文物出版社2008年1月版,第32页、第291页。报告执笔者写道:"据说当地在汉代以前还生产池盐,唐代以后才转为生产井盐,而唐代这里产盐的盛况可见于杜甫的相关诗篇。"就遗址地理分布与交通形势进行的分析,关注了盐运与秦文化发展的关系:"沿红河、上寺河溯流而上可至天水,进入渭河河谷;顺流而下可到盐官镇。这是一条历史悠久的古道,秦人迁徙亦有可能循此路径。"

③ 参看王子今:《秦始皇直道的盐运效能》,《中国矿业大学学报》(社会科学版)2016年第6期。

李贤注引《华阳国志》,指出"杀虎"故事有"巴夷廖仲等射杀之"的说法。① 有学者指出:

> 《华阳国志》卷一《巴志》云:"世号'白虎复夷',一曰'板楯蛮',今所谓'弜头虎子'者也。"《隶续》录《汉繁长张禅等题名》有"白虎夷王谢节","白虎夷王资伟"。故云"白虎"为板楯之种,非"一白虎"也。本传下文程包云"板楯七姓,射杀白虎立功,先世复为义人",若一白虎,何须七姓杀之?②

"若一白虎,何须七姓杀之"的质疑有一定道理。"'白虎'为板楯之种"的意见,符合"廪君死,魂魄世为白虎""巴氏以虎饮人血,遂以人祠焉"传说。《汉繁长张禅等题名》"白虎夷王谢节""白虎夷王资伟"名号称"白虎"。似未可排除"白虎"为族种符号甚至部族信仰对象的可能。然而《华阳国志》卷一《巴志》相关记载作如下表述:"秦昭襄王时,白虎为害,自黔、蜀、巴、汉患之。秦王乃重募国中:'有能煞虎者邑万家,金帛称之。'于是夷朐忍廖仲、药何、射虎秦精等乃作白竹弩于高楼上,射虎。中头三节。白虎常从群虎,瞋恚,尽搏煞群虎,大呴而死。秦王嘉之曰:'虎历四郡,害千二百人。一朝患除,功莫大焉。'欲如约,嫌其夷人。乃刻石为盟要:复夷人顷田不租,十妻不算;伤人者,论;煞人雇死,倓钱盟曰:'秦犯夷,输黄龙一双。夷犯秦,输清酒一钟。'夷人安之。汉兴,亦从高祖定乱,有功。高祖因复之,专以射虎为事。户岁出賨钱口四十。故世号白虎复夷。一曰板楯蛮。今所谓弜头虎子者也。"③其中并未强调"一白虎",而"煞虎""射虎"情节具体,"白虎为害,自黔、蜀、巴、汉患之","虎历四郡,害千二百人"等说,既称"白虎",亦称"虎",应是指曾经为害地方的切实的虎患。

战国秦汉时期有"虎暴""虎患""虎灾"造成社会危难的记载。《史记》卷一〇九《李将军列传》说到李广射虎故事:"(李)广所居郡闻有虎,尝自射之。"④《后汉书》卷四一《宋均传》:宋均迁九江太守,"郡多虎暴,数为民患,常募设槛穽而犹多伤害"。⑤《后汉书》卷七六《循吏列传·童恢》:童恢除东莱郡不其县令,

---

① 《后汉书》卷八六《南蛮传》,第2842页。
② 曹金华:《后汉书稽疑》,第1197页。
③ 〔晋〕常璩撰,任乃强校注:《华阳国志校补图注》,第14页。
④ 《史记》卷一〇九《李将军列传》,第2872页。
⑤ 《后汉书》卷四一《宋均传》,第1412页。

"民尝为虎所害,乃设槛捕之"。①《后汉书》卷三八《法雄传》:法雄迁南阳太守,"郡滨带江沔,又有云梦薮泽,永初中,多虎狼之暴"。②《太平御览》卷八九一引《谢承后汉书》:"豫章刘陵,宇孟高,为长沙安成长,先时多虎,百姓患之,皆徙他县"。③

而猛虎为患,突出体现为对人类交通行为的影响。《老子道德经》下篇五十章:"盖闻善摄生者,陆行不遇兕虎。"④马王堆汉墓帛书《老子甲本》作:"盖[闻善](二五)"执生者,陵行不[避]矢(兕)虎……"(二六)《老子乙本》作:"盖闻善执生者,陵行不辟(避)兕虎……"(一八六上)⑤《韩非子·解老》:"圣人之游世也无害人之心,无害人之心则必无人害,无人害则不备人,故曰:'陆行不遇兕虎。'"⑥《论衡·遭虎》说:"虎亦诸禽之雄也。""夫虎害人,古有之矣。""动于山泽之中,遭虎搏噬之时,禀性狂勃,贪叨饥饿,触自来之人,安能不食?人之筋力,羸弱不适,巧便不知,故遇辄死。"⑦

野生虎的活跃危害人们的"行"。其中主要交通线路的虎灾特别值得关注。《后汉书》卷七九上《儒林传上·刘昆》:"崤、黾驿道多虎灾,行旅不通。"⑧这是有关联系两都、两京最重要的交通干线受到"虎灾"影响的历史记录。

巴山地方的野生动物分布,可以通过史籍记载发现相关信息。《三国志》卷八《魏书·张鲁传》裴松之注引《世语》曰:

> 鲁遣五官掾降,弟卫横山筑阳平城以拒,王师不得进。鲁走巴中。军粮尽,太祖将还。西曹掾东郡郭谌曰:"不可。鲁已降,留使既未反,

---

① 《后汉书》卷七六《循吏列传·童恢》,第2482页。
② 《后汉书》卷三八《法雄传》,第1278页。
③ 〔宋〕李昉等撰:《太平御览》,第3958页。
④ 王弼注:"兽之害者,莫甚于兕虎。"〔魏〕王弼注,楼宇烈校释:《老子道德经注校释》,中华书局2008年12月版,第134—135页。
⑤ 国家文物局古文献研究室编:《马王堆汉墓帛书(壹)》,文物出版社1980年3月版,第4页,第90页。
⑥ 陈奇猷校注:《韩非子集释》,上海人民出版社1974年7月版,第372页。
⑦ 黄晖撰:《论衡校释》,第707页、第709页、第708页。
⑧ 《后汉书》卷七九上《儒林传上·刘昆》,第2550页。汉代画象资料或反映了相关史实。王子今:《汉代驿道虎灾——兼质疑几种旧题"田猎"图像的命名》,《中国历史文物》2004年第6期。

> 卫虽不同,偏携可攻。县军深入,以进必克,退必不免。"太祖疑之。夜
> 有野麋数千突坏卫营,军大惊。夜,高祚等误与卫众遇,祚等多鸣鼓角
> 会众。卫惧,以为大军见掩,遂降。①

张卫营地遭受意外破坏,致使"军大惊",最终败降竟然是由于一起生态史的异常事件。此即《世语》所谓"夜有野麋数千突坏卫营"事。这是极其罕见的野生鹿群夜间活动的记载。我们曾经讨论过两汉三国时期鹿的分布的生态环境史意义。② 也注意过"米仓道"沿途的生态环境。③ 然而,"夜有野麋数千突坏卫营"导致张卫"军大惊",大群"麋鹿"冲击人类活动空间,堪称人与鹿的关系史中仅见的一例。这是反映秦巴山地野生动物分布的极其珍贵的生态史料,值得特别重视。

巴山地方的虎患也见诸史籍。《宋史》卷六六《五行志四·金》:"太平兴国三年,果、阆、蓬、集诸州虎为害。遣殿直张延钧捕之,获百兽。俄而七盘县虎伤人,延钧又杀虎七,以为献。"④明代汉中附近山区再次出现严重的虎患。崔应科《捕虎记》写道:"万物之中,惟人为贵。兽之不仁,莫过于虎。""惟兹汉郡,幅员多山。蕞尔西乡,尤处山薮。忆昔神为民庇,民无物害……未闻猛虎潜据于中,以为民戕者。"然而,"夫何迩年,神慈泛爱,虎豹成群,自沔山峡,白额恣虐。初掠牛羊于旷野,渐窥犬豕于樊落,底今益横,屡报残人。昏夜遇之者糜,白昼触之者碎"。作者感叹道:"父兄拊膺而力不能救,妻子长号而魂无所招。以致山居者门户昼扃,食力者耕樵路绝。"而交通道路也因此断绝,"置邮莫必其命,商贾为之不通"。⑤ 道光《南江县志》卷中录有邑令王经芳经行米仓道的纪行诗《从汉中取径南江因为短述》。其中写道:"樊林渡涧只啼乌,绝迹村烟山径迂。每拟相如窥世业,胡为阮籍泣穷途。人藏深谷烦招抚,虎啸巉岩间有无。欲绘流离难

---

① 《三国志》卷八《魏书·张鲁传》,第 264 页。
② 王子今:《马王堆一号汉墓出土梅花鹿标本的生态史意义》,《古代文明》第 2 卷,文物出版社 2003 年 6 月版;《走马楼简的"入皮"记录》,《吴简研究》第 1 辑,崇文书局 2004 年 7 月版。
③ 王子今:《生态史视野中的米仓道交通》,《陕西理工学院学报》(社会科学版)2014 年第 2 期,《中国蜀道学术研讨会论文集》,三秦出版社 2014 年 9 月版。
④ 《宋史》卷六六《五行志四·金》,第 1451 页。
⑤ 〔清〕严如熤原本,杨名飏续纂:民国《汉南续修郡志》卷二六,民国十三年刻本。

着笔,不胜感慨共长吁。"①民国《南江县志》第四编《艺余杂录》说王经芳"康熙十九年知南江县,时三藩倡乱,蜀江新定"②,所谓"虎啸巇岩间有无",应是行旅真实感受。道光《西乡县志》卷四《物产》"野兽"条:"野兽。虎、彪、鹿、狨、犲、猿、山羊、羚羊。"③"虎"名列第一。

前引"秦昭襄王时有一白虎,常从群虎数游秦、蜀、巴、汉之境,伤害千余人",记录了战国时期巴山地方"群虎"为害的自然生态史实。"秦、蜀、巴、汉"依任乃强意见,应作"黔、蜀、巴、汉"。④ 此说未得确证,然而仍具有一定的参考意义。"时有巴郡阆中夷人,能作白竹之弩,乃登楼射杀白虎",是"巴郡""夷人"英雄保障巴山古道交通安全的历史贡献。

四 "賨钱"与"賨布":经济交通地理视角的考察

前引"其君长岁出赋二千一十六钱,三岁一出义赋千八百钱。其民户出幏布八丈二尺,鸡羽三十镞",以及"汉兴,南郡太守靳强请一依秦时故事"的记载,说明了巴賨人与战国秦、统一后的秦帝国以及西汉帝国的经济关系。《说文》释"賨""南蛮赋"以及《车骑将军冯绲碑》"南征五溪蛮夷……收逋賨布卅万匹"等文字,指出以"賨"为代号的"蛮夷"所织作的"賨布""幏布",经济价值受到秦汉国家的重视。

《后汉书》卷八六《南蛮传》还记载,巴地"夷人"曾帮助刘邦平定三秦,并因此享受"复"的优遇:

> 秦地既定,乃遣还巴中,复其渠帅罗、朴、督、鄂、度、夕、龚七姓,不输租赋,余户乃岁入賨钱,口四十。世号为板楯蛮夷。⑤

---

① 〔清〕胡炳修,彭晹纂:道光《南江县志》卷中,清道光七年刻本。
② 〔民国〕董珩修,岳永武纂:民国《南江县志》第四编,民国十一年刻本。
③ 〔清〕张廷槐纂修:道光《西乡县志》卷四,清道光八年刻本。
④ 黔,任乃强说:"旧各本皆作'秦'字。按,下言'四郡',则此字当指黔中郡。《后汉书》作秦,缘音讹也。后人不知秦有黔中郡,又援《范书》改讹耳。"〔晋〕常璩撰,任乃强校注:《华阳国志校补图注》,第14页。
⑤ 《后汉书》卷八六《南蛮传》,第2842页。

"岁出赋二千一十六钱,三岁一出义赋千八百钱"的征收对象是"其君长"。数额有限,可以理解为象征性的财政管理形式。"入賨钱"而称"不输租赋",似乎体现当地主要物产比如农耕经营的谷物收获可能对邻近地方经济意义有限。很有可能运输条件的艰难也影响了农业产出的市场流通。这大概是山区经济特有的现象。

前引《说文》段注引《魏都赋》曰"賨幏积墱"。其说很可能由自《后汉书》卷八六《西南夷传》言白马氏"其賨幏火毳驯禽封兽之赋,軨积于内府"。① "賨幏"应是西南山区少数民族出产的织品。"賨布""幏布"或说"賨幏"缴纳,反映这一地区的纺织业产品对其他地区的生活消费具有市场意义。"賨幏积墱","賨幏""之赋"至于"軨积于内府",说到其征收数量之多。这是我们研究战国秦汉纺织史、纺织品生产开发史以及和丝绸之路史有某种间接联系的纺织品交易史、纺织品运输史必须重视的历史信息。

对于"其民户出幏布八丈二尺",李贤注:"《说文》:'幏,南郡蛮夷布也。'"并指出"俗本'幏'作'蒙'","误也。"②前引《说文·巾部》:"幏,南郡蛮夷賨布也。"川东鄂西山地古"蛮夷"制作的称作"賨幏"的"布"的品质形制,是有待研究与说明的,这是有意思的生产史与科学史的学术主题。其产品的转运与流通,其技术的传播与继承,也是涉及交通史的。

五 "率以征伐"与"反""叛":巴賨军事交通地理考察

随着交通条件的进步,以巴山山地为基本活动空间的賨人在不同历史阶段或主动或被动、或积极或消极地迎纳了中原文化及其他文化因素的影响。另一方面,也参与了地方文化融汇到汉文化总体的历史进程,巴賨文化因此发生变化。这种融汇通过多种途径实现,而战争也是一种交往形式。③

---

① 《后汉书》卷八六《西南夷传》,第 2860 页。
② 《后汉书》卷八六《南蛮传》,第 2841 页。
③ 克劳塞维茨曾经说:"战争是一种人类交往的行为。"中国人民解放军军事科学院译:《战争论》,解放军出版社 1964 年 2 月版,第 1 卷第 179 页。

《后汉书》卷八六《南蛮传》关于巴賨的历史文化回顾,涉及军事史、战争史与军事交通地理:

> 至高祖为汉王,发夷人还伐三秦。秦地既定,乃遣还巴中,复其渠帅罗、朴、督、鄂、度、夕、龚七姓,不输租赋,余户乃岁入賨钱,口四十。世号为板楯蛮夷。阆中有渝水,其人多居水左右。天性劲勇,初为汉前锋,数陷陈。俗喜歌舞,高祖观之,曰:"此武王伐纣之歌也。"乃命乐人习之,所谓巴渝舞也。遂世世服从。至于中兴,郡守常率以征伐。①

刘邦"发夷人还伐三秦",而"秦地既定,乃遣还巴中",说明这些"夷人"可以从容利用蜀道交通道路。

而刘邦"此武王伐纣之歌也"的赞叹,又追溯了商末"巴渝""夷人"从"武王伐纣"的远征。②

通过"至于中兴,郡守常率以征伐"的历史记录,或许可以说明在汉王朝平定羌人反抗的军事行动中巴人的作用。③ 从交通史的视角关注以"常"表述的多次"征伐",应当肯定这一民族力量在巴山军事交通进步历程中的作用。

所谓"世世服从",其实只是立足汉王朝立场的历史记忆中相对有限的肯定。东汉桓灵时期,"板楯"多次反叛:

> 桓帝之世,板楯数反,太守蜀郡赵温以恩信降服之。灵帝光和二年,巴郡板楯复叛,寇掠三蜀及汉中诸郡。灵帝遣御史中丞萧瑗督益州兵讨之,连年不能克。帝欲大发兵,乃问益州计吏,考以征讨方略。汉中上计程包对曰:"板楯七姓,射杀白虎立功,先世复为义人。其人勇猛,善于兵战。昔永初中,羌入汉州,郡县破坏,得板楯救之,羌死败殆尽,故号为神兵。羌人畏忌,传语种辈,勿复南行。至建和二年,羌复大入,实赖板楯连摧破之。前车骑将军冯绲南征武陵,虽受丹阳精兵之

---

① 《后汉书》卷八六《南蛮传》,第 2843 页。
② 《后汉书》卷八六《南蛮传》,第 2842 页。
③ 下文记录"汉中上计程包"语,言:"昔永初中,羌入汉州,郡县破坏,得板楯救之,羌死败殆尽,故号为神兵。羌人畏忌,传语种辈,勿复南行。至建和二年,羌复大入,实赖板楯连摧破之。"对"武陵"方向的民族征服,也调用了"板楯"军事力量:"前车骑将军冯绲南征武陵,虽受丹阳精兵之锐,亦倚板楯以成其功。"他们还曾参与平定益州郡之乱:"近益州郡乱,太守李颙亦以板楯讨而平之。"

锐,亦倚板楯以成其功。近益州郡乱,太守李颙亦以板楯讨而平之。忠功如此,本无恶心。长吏乡亭更赋至重,仆役棰楚,过于奴虏,亦有嫁妻卖子,或乃至自剄割。虽陈冤州郡,而牧守不为通理。阙庭悠远,不能自闻。含怨呼天,叩心穷谷。愁苦赋役,困罹酷刑。故邑落相聚,以致叛戾。非有谋主僭号,以图不轨。今但选明能牧守,自然安集,不烦征伐也。"帝从其言,遣太守曹谦宣诏赦之,即皆降服。至中平五年,巴郡黄巾贼起,板楯蛮夷因此复叛,寇掠城邑,遣西园上军别部司马赵瑾讨平之。①

考察"巴渝"地方军事交通地理,应当重视在"板楯"屡次"反""叛"与"降服"的过程中,"板楯"与"征伐"者们各自的军事交通行为。可以推知"其人多居水左右"且"天性劲勇",频繁"寇掠城邑"的"板楯蛮夷"在民族战争中应当显著发挥了他们传统的交通能力的优势,也有力促进了巴山附近地方交通条件的进步。

《三国志》卷四五《蜀书·杨戏传》说到汉昌"賨人"事迹:"季然名畿,巴西阆中人也。刘璋时为汉昌长。县有賨人,种类刚猛,昔高祖以定关中。②巴西太守庞羲以天下扰乱,郡宜有武卫,颇招合部曲。有谮于璋,说羲欲叛者,璋阴疑之。"③《三国志》卷三五《蜀书·诸葛亮传》裴松之注引《汉晋春秋》载诸葛亮上言:"自臣到汉中,中间期年耳,然丧赵云、阳群、马玉、阎芝、丁立、白寿、刘郃、邓铜等及曲长屯将七十余人,突将无前。賨、叟、青羌散骑、武骑一千余人,此皆数十年之内所纠合四方之精锐,非一州之所有,若复数年,则损三分之二也,当何以图敌?"④可知賨人骑兵曾追随诸葛亮征战,被看作"数十年之内"苦心"纠合"之"精锐"中列于首位者,亦被看作"图敌"之基本。

关于"賨"的"散骑",可参考王士禛《陇蜀余闻》说到的"巴賨"地方的山地

---

① 《后汉书》卷八六《南蛮传》,第2843页。所谓"巴郡黄巾贼起",也反映了地下宗教信息传递网络的效率,因交通条件得以实现。
② 〔清〕王士禛:《蜀道驿程记》:"十八日。雨中过葡萄碥、烧鸡滩、水观音、塔子山,次苍溪县,汉昌地,古賨国也,有賨城、卢城。"〔清〕王士禛著,袁世硕主编:《王士禛全集·杂著之三》,齐鲁书社2007年6月版,第2553页。
③ 《三国志》卷四五《蜀书·杨戏传》,第1089页。
④ 《三国志》卷三五《蜀书·诸葛亮传》,第923页。

马:"巴賨出小驷。其最驶骏者,名夹山马。"①同治《恩施县志》卷一一《艺文志·诗》载夏熙臣《施州卫寄所亲》诗,其中"小驷"与"花賨"对举:"环卫皆君长,东南尽筜竹。流官乘小驷,蛮妇织华賨。刀剑生睚眦,衣冠列附庸。不烦司马檄,尺土亦王封。"②

六 张鲁"入巴中""依杜濩,赴朴胡"

汉末汉中实力派领袖张鲁曾经成功实现地方割据。在曹操集团军事压力下又被迫放弃割据。其行为提示了交通史的重要现象。张鲁"奔南山入巴中",一说是在阳平关失守之后。事见《三国志》卷八《魏书·张鲁传》:

> 建安二十年,太祖乃自散关出武都征之,至阳平关。鲁欲举汉中降,其弟卫不肯,率众数万人拒关坚守。太祖攻破之,遂入蜀。鲁闻阳平已陷,将稽颡归降,(阎)圃又曰:"今以迫往,功必轻;不如依杜濩,赴朴胡相拒,然后委质,功必多。"于是乃奔南山入巴中。③

张卫"入蜀",应经由金牛道。张鲁"入巴中"则应行米仓道。毕沅"曹操击张鲁,鲁奔南山入巴中,乃米仓道也"④的判断是正确的。

在张鲁不得不放弃汉中时,阎圃提出的"不如依杜濩,赴朴胡相拒,然后委质,功必多"的建议,其先"相拒"后"委质"的设计,应当是考虑到巴山地区民族构成复杂的特殊条件,并有意予以利用的。其中"巴賨"的历史存在受到重视。《资治通鉴》卷六七"汉献帝建安二十年"记载:"张鲁闻阳平已陷,欲降。阎圃曰:'今以迫往,功必轻。不如依杜濩,赴朴胡,与相拒,然后委质,功必多。乃犇南山入巴中。"其中"依杜濩,赴朴胡"句,胡三省注:

---

① 〔清〕王士禛:《陇蜀余闻》,〔清〕王士禛著,袁世硕主编:《王士禛全集·杂著之九》,第3619页。
② 〔清〕罗凌汉纂修:同治《恩施县志》卷一一《艺文志》,清同治三年修民国二十年铅字重印本。
③ 《三国志》卷八《魏书·张鲁传》,第264—265页。
④ 〔清〕毕沅:《关中胜迹图志》卷二〇。毕沅指出:"今驿路所趣,盖金牛道,而米仓为僻径焉。"

> 杜濩,賨邑侯也。朴胡,巴七姓夷王也。余据板楯蛮渠帅有罗、朴、督、鄂、度、夕、龚七姓,不输租赋,此所谓"七姓夷王"也。其余户岁入賨钱口四十,故有賨侯。

"依杜濩,赴朴胡",利用巴地复杂民族关系之背景以图自存并提升政治影响力的意向,因胡三省注得以明朗。胡三省还写道:"今兴元府,古汉中之地也。兴元之南有大行路,通于巴州。其路险峻,三日而达于山顶。其绝高处谓之'孤云、两角,去天一握'。孤云、两角,二山名也。今巴州汉巴郡宕渠县之北界也。三巴之地,此居其中,谓之中巴。巴之北境有米仓山,下视兴元,实孔道也。"①

"孔道",指大道。这里所说的"米仓山",应当就是《三国志》卷八《魏书·张鲁传》所谓张鲁"于是乃奔南山入巴中"的"南山"。

米仓山"下视兴元,实孔道也",也就是可以"下视""米仓道"的北段,也应当是"米仓道"得名的由来。

《嘉庆重修一统志》卷二三八《汉中府二·古迹·关隘》"米仓关"条:"米仓关,在褒城县南一百七十里。《元史·李进传》:进从征蜀,道陈仓,入兴元,度米仓关。其地荒塞不通,进伐木开道七百里。"②有关于"米仓道"的记述:"米仓道。在南郑县南,通四川巴州境。《图经》:汉末曹操击张鲁于汉中,张鲁奔南山入巴中。又张郃守汉中,进军宕渠,皆由此道。自兴元迳此达巴州,不过五百里。"③所谓"自兴元迳此达巴州,不过五百里",指出"米仓道"是自汉中前往巴州最捷近的交通线路。

七　朴胡、杜濩"皆封列侯"与高峻拜"通路将军"故事

《三国志》卷一《魏书·武帝纪》记载了又一则有关"巴夷、賨民来附"的历史信息:

> 九月,巴七姓夷王朴胡、賨邑侯杜濩举巴夷、賨民来附,于是分巴

---

① 《资治通鉴》卷六七,第 2139—2140 页。
② 《嘉庆重修一统志》,第 11816 页。
③ 《嘉庆重修一统志》,第 11823 页。

郡,以胡为巴东太守,濮为巴西太守,皆封列侯。天子命公承制封拜诸侯守相。

"巴夷、賨民"领袖举众"来附",使得巴山地方复杂的民族问题迎刃而解,巴山交通也因此可以畅达。"巴七姓夷王朴胡、賨邑侯杜濮"因此分领巴东郡和巴西郡地方行政权力,而且得以封侯。裴松之注引孔衍《汉魏春秋》写道:

> 天子以公典任于外,临事之赏,或宜速疾,乃命公得承制封拜诸侯守相,诏曰:"夫军之大事,在兹赏罚,劝善惩恶,宜不旋时,故《司马法》曰'赏不逾日'者,欲民速睹为善之利也。昔在中兴,邓禹入关,承制拜军祭酒李文为河东太守,来歙又承制拜高峻为通路将军,察其本传,皆非先请,明临事刻印也,斯则世祖神明,权达损益,盖所用速示威怀而著鸿勋也。其《春秋》之义,大夫出疆,有专命之事,苟所以利社稷安国家而已。况君秉任二伯,师尹九有,实征夷夏,军行藩甸之外,失得在于斯须之间,停赏俟诏以滞世务,固非朕之所图也。自今已后,临事所甄,当加宠号者,其便刻印章假授,咸使忠义得相奖励,勿有疑焉。"①

"天子"诏令在宣布关于"巴七姓夷王朴胡、賨邑侯杜濮举巴夷、賨民来附"事迹

---

① 《三国志》卷一《魏书·武帝纪》,第50页。

的决策时,回顾东汉初年来歙"承制拜高峻为通路将军"事①,由"通路"名号,可以产生对应性联想,即巴賨领袖朴胡、杜濩"举巴夷、賨民来附"对于巴山交通的开拓,有十分重要的意义。

在米仓道交通基础上,唐代荔枝道的开通,也是在继承早期巴山交通道路开拓事业条件下的历史进步。②

---

① 高峻曾经据高平,控制"河西道"之枢要。他的降服,对于西北方向的交通有非常重要的意义。高峻拜"通路将军"后又曾叛离刘秀集团,"西遮陇道,连年不下"。《后汉书》卷一六《寇恂传》:"初,隗嚣将安定高峻,拥兵万人,据高平第一,帝使待诏马援招降峻,由是河西道开。中郎将来歙承制拜峻通路将军,封关内侯,后属大司马吴汉,共围嚣于冀。及汉军退,峻亡归故营,复助嚣拒陇坻。及嚣死,峻据高平,畏诛坚守。建威大将军耿弇率太中大夫窦士、武威太守梁统等围之,一岁不拔。十年,帝入关,将自征之,恂时从驾,谏曰:'长安道里居中,应接近便,安定、陇西必怀震惧,此从容一处可以制四方也。今士马疲倦,方履险阻,非万乘之固,前年颍川,可为至戒。'帝不从。进军及汧,峻犹不下,帝议遣使降之,乃谓恂曰:'卿前止吾此举,今为吾行也。若峻不即降,引耿弇等五营击之。'恂奉玺书至第一,峻遣军师皇甫文出谒,辞礼不屈。恂怒,将诛文。诸将谏曰:'高峻精兵万人,率多强弩,西遮陇道,连年不下。今欲降之而反戮其使,无乃不可乎?'恂不应,遂斩之。遣其副归告峻曰:'军师无礼,已戮之矣。欲降,急降;不欲,固守。'峻惶恐,即日开城门降。诸将皆贺,因曰:'敢问杀其使而降其城,何也?'恂曰:'皇甫文,峻之腹心,其所取计者也。今来,辞意不屈,必无降心。全之则文得其计,杀之则峻亡其胆,是以降耳。'诸将皆曰:'非所及也。'遂传峻还洛阳。"第625—626页。参看王子今:《"高平第一城"与丝绸之路"陇道"交通》,"丝绸之路"暨秦汉时期固原区域文化国际学术研讨会论文,固原,2016年8月。

② 参看四川省文物考古研究院、万源市申报世界自然与文化遗产工作领导小组:《觅证荔枝道》,四川大学出版社2016年1月版。

论两汉军事"委输"

考察两汉交通史，会注意到"委输"作为国家规划组织的运输形式。"军粮委输"和"军资委输"作为军事运输行为，受到特别的重视。当时军人作为道路施工、物资转输、信息传递、交通管理等方面交通建设和交通经营的主力，发挥了积极的作用。《汉书》所见"……甲卒转委输兵器"①及《后汉书》所见"发""委输棹卒"事，即"卒"承担"委输"任务的情形，②既是交通史研究应当关注的历史现象，也是军事史研究和社会史研究需要考察的学术主题。思考中国古代军事制度的演进，不宜忽略相关信息。

一 "委输"行为与"委输官"

汉代史籍多见"委输"字样。据《史记》卷五五《留侯世家》载刘敬说高帝言定都关中的优越，说到"委输"：

诸侯安定，河渭漕挽天下，西给京师；诸侯有变，顺流而下，足以委输。③

《资治通鉴》卷一一"汉高帝五年"记述此言，胡三省注：

康曰：委……即委积之委。输即转输之输。④

所谓"委……即委积之委"，其实可以说并没有解释。《孙子·兵争》："军无辎重

---

① 《汉书》卷二四上《食货志上》，第1143页。
② "又发桂阳、零陵、长沙委输棹卒。"《后汉书》卷一七《岑彭传》，第661页。
③ 《史记》卷五五《留侯世家》，第2044页。
④ 《资治通鉴》卷一一，第362页。

则亡,无粮食则亡,无委积则亡。""委积"与"辎重""粮食"并说,学者多解释为"财""财货",或以为"薪刍蔬材之属"①,与我们看到的关于"委输"的史籍记录所言的转输对象并不符合。以"委积之委"解说"委输"之"委",似乎并不妥当。关于"委积"的"积",见于盐与谷物等重要物资的储备。居延及其邻近地区有优越的盐产优势。敦煌汉简可见反映盐业生产和储备的资料。例如:"囗盐临泉二千五百积稚卿"(1125)。"积"应是盐通常的储备形式。由"盐临泉二千五百积"可知,"积"应有确定的数量规格,如睡虎地秦简《仓律》所谓"万石一积"(21),"栎阳二万石一积,咸阳十万一积"(26)②,也是同样情形。

《史记》卷三〇《平准书》记载,汉武帝时代推行"平准"制度,有以"平准"为名义的机构和职官:

> 置平准于京师,都受天下委输。召工官治车诸器,皆仰给大农。③

《史记》卷一二九《货殖列传》也说到"委输":"种、代,石北也,地边胡,数被寇。人民矜懻忮,好气,任侠为奸,不事农商。然迫近北夷,师旅亟往,中国委输时有奇羡。其民羯羠不均,自全晋之时固已患其僄悍,而武灵王益厉之,其谣俗犹有赵之风也。"④看来,"委输"是汉代社会牵动幅度比较宽广的现象,大致是较大规模的交通运输动作。而《平准书》说到的"都受天下委输"事,指明各郡国有以"京师"为目的地的"委输"运动。《留侯世家》所谓"西给京师",也体现了同样的历史信息。

《后汉书》卷五五《章帝八王传·千乘王伉》:"子鸿嗣。安帝崩,始就国。鸿

---

① 曹操曰:"无此三者,亡之道也。"李筌曰:"无辎重者,阙所供也。袁绍有十万之众,魏武用荀攸计,焚烧其辎重,而绍败于官渡。无粮食者,虽有金城,不重于食也。夫子曰:'足食足兵,民信之矣。'故汉赤眉百万众无食,而君臣面缚宜阳。是以善用兵者,先耕而后战。无委积者,财乏阙也。汉高祖无关中,光武无河内,魏武无兖州,军北身遁,岂能复振也?"杜牧曰:"辎重者,器械及军士衣装;委积者,财货也。"张预曰:"无辎重则器用不供,无粮食则军饷不足,无委积则财货不充。"王晳曰:"委积,谓薪刍蔬材之属。"曹操等注,郭化若译:《十一家注孙子》,中华书局1962年4月版,第111页。

② 睡虎地秦墓竹简整理小组:《睡虎地秦墓竹简》,文物出版社1978年11月版,第36页。王子今:《居延〈盐出入簿〉〈廪盐名籍〉研究:汉塞军人食盐定量问题》,《出土文献》第2辑,中西书局2011年11月版。

③ 《史记》卷三〇《平准书》,第1441页。

④ 《史记》卷一二九《货殖列传》,第3263页。

生质帝,质帝立,梁太后下诏,以乐安国土卑湿,租委鲜薄,改封鸿勃海王。"对于"租委鲜薄",李贤注:"委谓委输也。"①可知郡国也因收受"委输"的数量形成经济等级的差异。

《汉书》卷七二《鲍宣传》写道:"龚胜为司直,郡国皆慎选举,三辅委输官不敢为奸,可大委任也。"②说明了"委输官"这种主管"委输"的行政机关和主管官吏的存在。

二 "委,随也"的理解与"委输"真实语义

关于"委输"语义,前引《汉书》卷七二《鲍宣传》:"龚胜为司直,郡国皆慎选举,三辅委输官不敢为奸,可大委任也。"颜师古注发表了这样的解说:"委输谓输委积者也。"③

《后汉书》卷三五《张纯传》:"建武初,先来诣阙,故得复国。五年,拜太中大夫,使将颍川突骑安集荆、徐、杨部,督委输,监诸将营。"李贤注:"督,促也。委输,转运也。"④提出了另一种对于"委输"的认识。

《续汉书·百官志三》言"均输"机构与"均输"官职,刘昭注补涉及"委输"一语的理解:

> 均输者,《前书》孟康注曰:"谓诸当所有输于官者,皆令输其土地所饶,平其所在时贾,官更于他处货之。输者既便,而官有利。"《盐铁论》:"大夫曰:'往者郡国诸侯,各以其物贡输,往来烦杂,物多苦恶,或不偿其费,故郡置输官以相给运,而便远方之贡,故曰均输。开委府于京师,以笼货物,贱则买,贵则卖,是以县官不失实,商贾无所利,故曰平准。准平则民不失职,均输则民不劭劳,故平准、均输,所以平万物而便百姓也。'文学曰:'古之赋税于民也,因其所工,不求所拙。农人纳其

---

① 《后汉书》卷五五《章帝八王传·千乘王伉》,第1797页。
② 《汉书》卷七二《鲍宣传》,第3090页。
③ 《汉书》卷七二《鲍宣传》,第3090页。
④ 《后汉书》卷三五《张纯传》,第1193页。

获,工女效其织。今释其所有,责其所无,百姓贱买货物以便上求。间者郡国或令民作布絮,吏留难与之为市。吏之所入非独齐、陶之缣,蜀、汉之布也,亦民间之所为耳。行奸卖平,农民重苦,必苦女工荁税,未见输之均也。县官猥发,阖门擅市,即万民并收。并收则物腾跃,腾跃则商贾利。自市则吏容奸,豪吏富商,积货储物,以待其急,轻贾奸吏,收以取贵,未见准之平也。盖古之均输,所以齐劳逸而便贡输,非以为利而贾万物也。'"王隆《小学·汉官篇》曰:"调均报度,输漕委输。"胡广注曰:"边郡诸官请调者,皆为调均报给之也。以水通输曰漕。委,积也。郡国所积聚金帛货贿,随时输送诸司农,曰委输,以供国月。"①

其中说到"开委府于京师",涉及"委"。所谓"委,积也"的理解,或许与颜师古"委输谓输委积者也"接近。这样的解释是否有一定道理呢?

应当指出,"委,积也"的解说,也许不能涵盖所有史籍所见"委输"现象的非单一构成。如《汉书》卷二四上《食货志上》记载王莽时代发起远征,同时组织"转委输兵器"的情形:"莽遂兴师,发三十万众,欲同时十道并出,一举灭匈奴;募发天下囚徒丁男甲卒转委输兵器,自负海江淮而至北边,使者驰传督趣,海内扰矣。"②所谓"转委输兵器",此"委输"语义未必如胡广所谓"郡国所积聚金帛货贿,随时输送诸司农"的情形。而前引《后汉书》卷五五《章帝八王传·千乘王伉》言"租委鲜薄",李贤注"委谓委输也",则显然不合理。如果说"委,积也",则"委输"不大可能简称为"委"。以"委输"的对象简称"委输",显然不合逻辑。

那么,李贤所谓"委输,转运也"的判断是否成立呢?

"委"确有致送的意思。如《左传·昭公元年》"强委禽焉",杜预《集解》:"禽,雁也。纳采用雁。"③《国语·晋语九》"臣委质于狄之鼓未委质于晋之鼓也",韦昭注:"质,贽也。士贽以雉,委贽而退。"④不过,《说文·女部》对于"委"的解说更为明晰地涉及"委输"语义,应当可以帮助我们明确相关认识:

　　委,随也。从女。禾声。

---

① 《后汉书》,第3591页。
② 《汉书》卷二四上《食货志上》,第1143页。
③ 《春秋左传集解》,上海人民出版社1977年8月版,第1189—1190页。
④ 上海师范学院古籍整理组校点:《国语》,上海古籍出版社1978年3月版,第485—486页。

段玉裁注：

> 《辵部》曰："随，从也。"《毛诗·羔羊》传曰："委蛇者，行可从迹也。"《君子偕老》传曰："委委者，行可委曲从迹也。"按随其所如曰"委"。"委"之则聚。故曰"委输"，曰"委积"。所输之处亦称"委"，故曰"原委"……《诗》之"委蛇"，即"委随"，皆叠韵也。①

段说明确指出"随""从"与"委输"的关系。所谓"委，随也"，"随，从也"，"行可从迹也"，"行可委曲从迹也"，提出了"委输"之"委"的较合理的理解，应当有助于说明"委输"的原本涵义。"委输"，应是指规模较大、行程较长、承运力量相当可观，社会影响也较为显著的运输行为。大概行程中后者"随"先导，后续队列"从迹"或说"委蛇""委曲"行进的情形，导致"委输"之说的生成。

王逸《九思·逢尤》"望旧邦兮路逶随"语，注："逶，一作委。"②可以看作肯定《说文》"委，随也"解说的文例。又《后汉书》卷二三《窦融传》所谓"仁厚委随"③，大致也取"委，随也"的意思。

三 "军粮委输"与"军资委输"

《后汉书》卷九《献帝纪》记录了汉末中央王朝面临多重危机的窘迫情势："是时，宫室烧尽，百官披荆棘，依墙壁间。州郡各拥强兵，而委输不至，群僚饥乏，尚书郎以下自出采稆，或饥死墙壁间，或为兵士所杀。"④可知朝廷日常消费需求由"州郡""委输"支应。

关于服务于军事的以军需供应为主题的"委输"，如前引《史记》卷一二九《货殖列传》写道："种、代，石北也，地边胡，数被寇。人民矜懻忮，好气，任侠为奸，不事农商。然迫近北夷，师旅亟往，中国委输时有奇羡。"北边"师旅"需求依赖"中国委输"者，主要应用于国防和战争。《汉书》卷九四下《匈奴传下》也说到

---

① 〔汉〕许慎撰，〔清〕段玉裁注：《说文解字注》，第 619 页。
② 注文又写道："逶随，迂远也。"〔宋〕洪兴祖撰，白化文、许德楠、李如鸾、方进点校：《楚辞补注》，中华书局 1983 年 3 月版，第 315 页。
③ 《后汉书》卷二三《窦融传》，第 813 页。
④ 《后汉书》卷九《献帝纪》，第 379 页。

形式与性质类似的"转委输于边"的情形：

> 莽新即位，怙府库之富欲立威，乃拜十二部将率，发郡国勇士，武库精兵，各有所屯守，转委输于边。议满三十万众，赍三百日粮，同时十道并出，穷追匈奴，内之于丁令，因分其地，立呼韩邪十五子。①

《汉书》卷七六《王尊传》有涉及征伐羌人的战争中有关"军粮委输"之情形的记载：

> 起家，复为护羌将军转校尉，护送军粮委输。而羌人反，绝转道，兵数万围尊。尊以千余骑奔突羌贼。功未列上，坐擅离部署，会赦，免归家。②

"军粮委输"，是"委输"的重要形式。

《后汉书》卷一五《邓晨传》写道："光武追铜马、高胡群贼于冀州，晨发积射士千人，又遣委输给军不绝。"③所谓"委输给军"，应当是社会承担劳役负担最常见的形式之一。《后汉书》卷一七《冯异传》也记载："时赤眉虽降，众寇犹盛：延岑据蓝田，王歆据下邽，芳丹据新丰，蒋震据霸陵，张邯据长安，公孙守据长陵，杨周据谷口，吕鲔据陈仓，角闳据汧，骆延据盩厔，任良据鄠，汝章据槐里，各称将军，拥兵多者万余，少者数千人，转相攻击。异且战且行，屯军上林苑中。延岑既破赤眉，自称武安王，拜置牧守，欲据关中，引张邯、任良共攻异。异击破之，斩首千余级，诸营保守附岑者皆来降归异。岑走攻析，异遣复汉将邓晔、辅汉将军于匡要击岑，大破之，降其将苏臣等八千余人。岑遂自武关走南阳。时百姓饥饿，人相食，黄金一斤易豆五升。道路断隔，委输不至，军士悉以果实为粮。诏拜南阳赵匡为右扶风，将兵助异，并送缣谷，军中皆称万岁。异兵食渐盛，乃稍诛击豪杰不从令者，褒赏降附有功劳者，悉遣其渠帅诣京师，散其众归本业。威行关中。唯吕鲔、张邯、蒋震遣使降蜀，其余悉平。"④所谓"道路断隔，委输不至，军士悉以果实为粮"，此"委输"也主要是指"军粮委输"。

《后汉书》卷六四《赵岐传》又说到东汉末年战争中的"军资委输"，体现出刘

---

① 《汉书》卷九四下《匈奴传下》，第3824页。
② 《汉书》卷七六《王尊传》，第3229页。
③ 《后汉书》卷一五《邓晨传》，第583页。
④ 《后汉书》卷一七《冯异传》，第647页。

表集团对朝廷的支持:

> 刘表即遣兵诣洛阳助修宫室,军资委输,前后不绝。①

这里说到的"军资委输","军资"应指主要为"军粮"的军事物资。所谓"前后不绝",正符合前引段玉裁解释"委输"之"委"所谓"行可委曲从迹""行可从迹""随其所如曰'委'"的说法。

四 "委输之役"与"委输"之"费"

《后汉书》卷八七《西羌传》记载:"时西海及大、小榆谷左右无复羌寇。隃麋相曹凤上言:'西戎为害,前世所患,臣不能纪古,且以近事言之。自建武以来,其犯法者,常从烧当种起。所以然者,以其居大、小榆谷,土地肥美,又近塞内,诸种易以为非,难以攻伐。南得钟存以广其众,北阻大河因以为固,又有西海鱼盐之利,缘山滨水,以广田畜,故能强大,常雄诸种,恃其权勇,招诱羌胡。今者衰困,党援坏沮,亲属离叛,余胜兵者不过数百,亡逃栖窜,远依发羌。臣愚以为宜及此时,建复西海郡县,规固二榆,广设屯田,隔塞羌胡交关之路,遏绝狂狡窥欲之源。又殖谷富边,省委输之役,国家可以无西方之忧。'于是拜凤为金城西部都尉,将徙士屯龙耆。"②以为"殖谷富边",可以防备"西戎"利用"土地肥美"的条件,"又有西海鱼盐之利,缘山滨水,以广田畜",得以"强大",威胁"西方"。这段文字说到了"委输之役"。

《后汉书》卷一八《臧宫传》记述建武十一年(35)事,说到"属县送委输车数百乘至":"十一年,将兵至中庐,屯骆越。是时公孙述将田戎、任满与征南大将军岑彭相拒于荆门,彭等战数不利,越人谋畔从蜀。宫兵少,力不能制。会属县送委输车数百乘至,宫夜使锯断城门限。令车声回转出入至旦。越人候伺者闻车声不绝,而门限断,相告以汉兵大至。其渠帅乃奉牛酒以劳军营。宫陈兵大会,击牛酾酒,飨赐慰纳之,越人由是遂安。"③所谓"委输车数百乘""车声不绝"

---

① 《后汉书》卷六四《赵岐传》,第 2124 页。
② 《后汉书》卷八七《西羌传》,第 2885 页。
③ 《后汉书》卷一八《臧宫传》,第 693 页。

"车声回转出入至旦"情形,也与前引段玉裁对于"委输"之"委"所谓"随其所如曰'委'"的解说相符合。

《后汉书》卷八七《西羌传》写道:"自羌叛十余年间,兵连师老,不暂宁息。军旅之费,转运委输,用二百四十余亿,府帑空竭。"①所谓"转运委输"所消耗的"府帑",应当归入"军旅之费"中。

五 "甲卒转委输"

《史记》卷一〇《孝文本纪》载汉文帝二年诏书,"令列侯之国",公开的理由是以求缓解"吏卒给输费苦"的困难:

> 二年十月,丞相平卒,复以绛侯勃为丞相。上曰:"朕闻古者诸侯建国千余,各守其地,以时入贡,民不劳苦,上下驩欣,靡有遗德。今列侯多居长安,邑远,吏卒给输费苦,而列侯亦无由教驯其民。其令列侯之国,为吏及诏所止者,遣太子。"②

"吏卒给输",即由军人负责承担贵族消费生活物资,是当时主要的运输形式。而士卒直接参与军事运输,应当是非常普遍的情形。

前引《汉书》卷九四下《匈奴传下》王莽击匈奴"同时十道并出""转委输于边"事,《汉书》卷二四上《食货志上》做如下记载:"莽遂兴师,发三十万众,欲同时十道并出,一举灭匈奴;募发天下囚徒丁男甲卒转委输兵器,自负海江淮而至北边,使者驰传督趣,海内扰矣。"③对照《食货志下》"甲卒"参与"转委输兵器"之说,则《匈奴传下》所谓"拜十二部将率,发郡国勇士,武库精兵",或许可以理解为"郡国勇士"参与了"委输兵器"即"武库精兵"的劳作。而《汉书》卷九九中《王莽传中》则有更具体的记述:

> 更名匈奴单于曰降奴服于。莽曰:"降奴服于知威侮五行,背畔四条,侵犯西域,延及边垂,为元元害,罪当夷灭。命遣立国将军孙建等凡

---

① 《后汉书》卷八七《西羌传》,第2891页。
② 《史记》卷一〇《孝文本纪》,第422页。
③ 《汉书》卷二四上《食货志上》,第1143页。

十二将,十道并出,共行皇天之威,罚于知之身。惟知先祖故呼韩邪单于稽侯狦累世忠孝,保塞守徼,不忍以一知之罪,灭稽侯狦之世。今分匈奴国土人民以为十五,立稽侯狦子孙十五人为单于。遣中郎将蔺苞、戴级驰之塞下,召拜当为单于者。诸匈奴人当坐房知之法者,皆赦除之。"遣五威将军苗䜣、虎贲将军王况出五原,厌难将军陈钦、震狄将军王巡出云中,振武将军王嘉、平狄将军王萌出代郡,相威将军李棽、镇远将军李翁出西河,诛貉将军阳俊、讨秽将军严尤出渔阳,奋武将军王骏、定胡将军王晏出张掖,及偏裨以下百八十人。募天下囚徒、丁男、甲卒三十万人,转众郡委输五大夫衣裘、兵器、粮食,长吏送自负海江淮至北边,使者驰传督趣,以军兴法从事,天下骚动。先至者屯边郡,须毕具乃同时出。①

《食货志》明确言"募发天下囚徒丁男甲卒转委输兵器",《王莽传》言"募天下囚徒、丁男、甲卒三十万人,转众郡委输五大夫衣裘、兵器、粮食",说到"转委输"的对象,也说到从事"转委输"的劳作者。其中"甲卒"的作用特别值得研究者重视。

对于军人参与运输劳作的情形,通过河西汉简所见"车父卒""车父车卒"②"驱驴士"③等称谓可以得到认识。娄敬以"戍卒"身份途经洛阳,"释挽辂"晋见刘邦,成功建议定都关中的著名故事④,体现"戍卒"前往戍所途中是要承担运输

---

① 《汉书》卷九九中《王莽传中》,第4121页。今按:此言"募天下囚徒、丁男、甲卒三十万人,转众郡委输五大夫衣裘、兵器、粮食",而《食货志上》:"募发天下囚徒丁男甲卒转委输兵器","天下囚徒丁男甲卒"标点不一致。

② 王子今:《关于居延"车父"简》,《简帛研究》第2辑,法律出版社1996年9月版。

③ 王子今:《说敦煌马圈湾简文"驱驴士""之蜀"》,《简帛》第12辑,上海古籍出版社2016年5月版。

④ 《史记》卷九九《刘敬叔孙通列传》:"汉五年,戍陇西,过洛阳,高帝在焉。娄敬脱挽辂,衣其羊裘,见齐人虞将军曰:'臣愿见上言便事。'虞将军欲与之鲜衣,娄敬曰:'臣衣帛,衣帛见;衣褐,衣褐见:终不敢易衣。'于是虞将军入言上。上召入见,赐食。已而问娄敬……""脱挽辂",裴骃《集解》:"苏林曰:'一木横鹿车前,一人推之。'"司马贞《索隐》:"挽者,牵也……辂者,鹿车前横木,二人前挽,一人后推之。"第2715页。

劳作任务的。①

明确的士卒承担军事运输任务的史证，有《汉书》卷二九《沟洫志》所记载齐人延年语：

> 是时方事匈奴，兴功利，言便宜者甚众。齐人延年上书言："河出昆仑，经中国，注勃海，是其地势西北高而东南下也。可案图书，观地形，令水工准高下，开大河上领，出之胡中，东注之海。如此，关东长无水灾，北边不忧匈奴，可以省堤防备塞，士卒转输，胡寇侵盗，覆军杀将，暴骨原野之患。天下常备匈奴而不忧百越者，以其水绝壤断也。此功壹成，万世大利。"书奏，上壮之，报曰："延年计议甚深。然河乃大禹之所道也，圣人作事，为万世功，通于神明，恐难改更。"②

昆仑河源探索，曾经是丝绸之路开通史的重要问题。③ 齐人延年建议"开大河""出之胡中"事，作为水利史和边疆史讨论的主题，有学者曾经有所讨论。④ 在这里我们所特别关注的，是对于"士卒转输"这种交通形式的明确表达。

六 "委输棹卒"与"漕卒"

《后汉书》卷二〇《王霸传》记载："（建武）十三年，增邑户，更封向侯。是时，卢芳与匈奴、乌桓连兵，寇盗尤数，缘边愁苦。诏霸将弛刑徒六千余人，与杜茂治飞狐道，堆石布土，筑起亭障，自代至平城三百余里。凡与匈奴、乌桓大小数十百战，颇识边事，数上书言宜与匈奴结和亲，又陈委输可从温水漕，以省陆转输

---

① 《盐铁论·褒贤》："戍卒陈胜释挽辂，首为叛逆，自立张楚。"王利器校注：《盐铁论校注》，第241页。参看赵宠亮：《行役戍备：河西汉塞吏卒的屯戍生活》，科学出版社2012年11月版，第53页。

② 《汉书》卷二九《沟洫志》，第1686页。

③ 王子今：《西汉"究河源"探索与丝路经营》，"丝绸之路·昆仑河源道综合科考研讨会"论文，乌鲁木齐，2016年9月。

④ 宋超：《齐人延年决河出"胡中"考略》，《秦汉研究》第1辑，三秦出版社2007年1月版。

之劳,事皆施行。"①此"委输"由水路"漕",不取"陆转输"的方式。

《后汉书》卷一七《岑彭传》又记载了调发"委输棹卒"以从事军运的战争史的实例:

> 十一年春,彭与吴汉及诛虏将军刘隆、辅威将军臧宫、骁骑将军刘歆,发南阳、武陵、南郡兵,又发桂阳、零陵、长沙委输棹卒,凡六万余人,骑五千匹,皆会荆门。吴汉以三郡棹卒多费粮谷,欲罢之。彭以蜀兵盛,不可遣,上书言状。帝报彭曰:"大司马习用步骑,不晓水战,荆门之事,一由征南公为重而已。"

李贤注:"棹卒,持棹行船也。《东观记》作'濯'。《前书》邓通以濯船为黄头郎。濯音直教反。"②今按,"濯"或"櫂"的误写。

所谓"桂阳、零陵、长沙委输棹卒",又称"三郡棹卒",是以"持棹行船"的水运方式实现军事运输的"卒"。

《王霸传》"陈委输可从温水漕"与《岑彭传》"发""委输棹卒"故事,使我们联想到西汉"漕卒"称谓。《汉书》卷二四上《食货志上》记载汉宣帝时运输方式的调整:

> 时大司农中丞耿寿昌以善为算能商功利得幸于上,五凤中奏言:"故事,岁漕关东谷四百万斛以给京师,用卒六万人。宜籴三辅、弘农、河东、上党、太原郡谷足供京师,可以省关东漕卒过半。"又白增海租三倍,天子皆从其计。御史大夫萧望之奏言:"故御史属徐宫家在东莱,言往年加海租,鱼不出。长老皆言武帝时县官尝自渔,海鱼不出,后复予民,鱼乃出。夫阴阳之感,物类相应,万事尽然。今寿昌欲近籴漕关内之谷,筑仓治船,费直二万万余,有动众之功,恐生旱气,民被其灾。寿昌习于商功分铢之事,其深计远虑,诚未足任,宜且如故。"上不听。漕事果便。③

所谓"故事,岁漕关东谷四百万斛以给京师,用卒六万人",是说此前"给京师"之漕粮的运输形式。以"卒"运输,劳役承担者称为"漕卒",体现出汉代运输形式

---

① 《后汉书》卷二〇《王霸传》,第 737 页。
② 《后汉书》卷一七《岑彭传》,第 661 页。
③ 《汉书》卷二四上《食货志上》,第 1141 页。

军事化的特征。

不过,此"漕卒"与《岑彭传》所谓"棹卒""委输棹卒"似仍有不同。岑彭"发桂阳、零陵、长沙委输棹卒,凡六万余人,骑五千匹,皆会荆门",似兼有军事意义。所以才有"吴汉以三郡棹卒多费粮谷,欲罢之"而"彭以蜀兵盛,不可遣,上书言状"的情节。而刘秀裁决:"大司马习用步骑,不晓水战,荆门之事,一由征南公为重而已。"考虑到"水战"的需求。这是与"岁漕关东谷四百万斛以给京师,用卒六万人"情形存在明显差别的。

通常的情况下,从事运输职任的"卒",应有必要时直接参与战事的责任。《三国志》卷四〇《蜀书·魏延传》:"延每随亮出,辄欲请兵万人,与亮异道会于潼关,如韩信故事,亮制而不许。延常谓亮为怯,叹恨己才用之不尽。"裴松之注引《魏略》曰:"夏侯楙为安西将军,镇长安,亮于南郑与群下计议,延曰:'闻夏侯楙少,主婿也,怯而无谋。今假延精兵五千,负粮五千,直从褒中出,循秦岭而东,当子午而北,不过十日可到长安。楙闻延奄至,必乘船逃走。长安中惟有御史、京兆太守耳,横门邸阁与散民之谷足周食也。比东方相合聚,尚二十许日,而公从斜谷来,必足以达。如此,则一举而咸阳以西可定矣。'亮以为此县危,不如安从坦道,可以平取陇右,十全必克而无虞,故不用延计。"①魏延拟"直从褒中出,循秦岭而东,当子午而北"的"精兵五千,负粮五千",统在"欲请兵万人"之中。"负粮"者当然也是"卒",必要时是要参与战斗的。

两汉军事"委输"形式体现了汉代军制的某些重要特点。士兵作为交通运输之主力的情形,应与战国以来军事运输受到特殊重视有关,也在一定程度上体现出对秦军制的继承。军人被执政者看作最可靠的力量。"卒"与交通运输的密切关系,也反映了军事化管理对于交通安全和交通效率的共同保障,当时曾经受到权力集团的肯定。

---

① 《三国志》卷四〇《蜀书·魏延传》,第1003页。

宛珠·齐纨·穰橙邓橘：战国秦汉商品地方品牌的经济史考察

作为秦统一进程中影响秦人才政策的重要文本，李斯《谏逐客书》说到战国物产的流通，体现了"僻在雍州，不与中国诸侯之会盟，夷翟遇之"①的秦国上层人物追求各地高等级生活消费品的情形。其中可见"宛珠""阿缟"等标志地方优势的商品品牌出现。秦完成统一事业，大力进行"治直道、驰道"的交通建设②，全国经济联系规模与密度均达到空前程度。在交通制度方面汉人亦因循秦制。汉代多见类似"宛珠""阿缟"的地方品牌。作为纺织品，有"鲁缟""齐纨""蜀锦"等。河西出土汉简所见"任城国亢父缣"也是同例。而"河内廿两帛""广汉八稷布"简文，不仅标示产地，而且突出强调了产品质量规格。特别是后者，用以满足社会下层劳作者衣服的消费需求，与帝王们"快意当前"的奢侈品消费完全不同。类似显示地方品牌效应的商品名号，居延汉简又可见"济南剑""河内莞筥"等。文献资料亦见张衡《南都赋》所谓"穰橙邓橘"以及司马迁笔下"筰马、僰僮""僰婢"等。以"大一统"经济形势和文化背景为条件的商品优势和地方品牌较为密集的出现，可以理解为交通史、商业史和民生史的进步。在新的交通条件和文化背景下，地方品牌产品的经济作用和民生影响，值得秦汉史及中国古代经济史研究者关注。

---

① 《史记》卷五《秦本纪》，第 202 页。
② 《史记》卷八七《李斯列传》，第 2553 页。

一 《谏逐客书》"宛珠"与"阿缟"

《史记》卷八七《李斯列传》,有学者称"此是太史公极用意文,极得大体处"。① 其中《谏逐客书》,或说"先秦文章""第一","绝工之文也"。② 司马迁记载,李斯至秦,为客卿。"会韩人郑国来间秦,以作注溉渠,已而觉。秦宗室大臣皆言秦王曰:'诸侯人来事秦者,大抵为其主游间于秦耳,请一切逐客。'李斯议亦在逐中。"于是上书言"臣闻吏议逐客,窃以为过矣",指出"使秦成帝业者","皆以客之功"。其中一段文字说到物质消费方面秦王对"不产于秦"者的需求:

今陛下致昆山之玉,有随、和之宝,垂明月之珠,服太阿之剑,乘纤离之马,建翠凤之旗,树灵鼍之鼓。此数宝者,秦不生一焉,而陛下说之,何也? 必秦国之所生然后可,则是夜光之璧不饰朝廷,犀象之器不为玩好,郑、卫之女不充后宫,而骏良駃騠不实外厩,江南金锡不为用,西蜀丹青不为采。所以饰后宫充下陈娱心意说耳目者,必出于秦然后可,则是宛珠之簪,傅玑之珥,阿缟之衣,锦绣之饰不进于前,而随俗雅化佳冶窈窕赵女不立于侧也。夫击瓮叩缶弹筝搏髀,而歌呼呜呜快耳者,真秦之声也;郑、卫、桑间、昭、虞、武、象者,异国之乐也。今弃击瓮叩缶而就郑卫,退弹筝而取昭虞,若是者何也? 快意当前,适观而已矣。

李斯说:"今取人则不然。不问可否,不论曲直,非秦者去,为客者逐。然则是所重者在乎色乐珠玉,而所轻者在乎人民也。此非所以跨海内制诸侯之术也。"

略去"色乐",只讨论"珠玉"一类直接的物质消费需求,我们看到,秦王"快意当前"之"宝","翠凤之旗""灵鼍之鼓""犀象之器"等应出自南国,"纤离之马""骏良駃騠"等应出自北边③,"昆山之玉""江南金锡""西蜀丹青"等虽明示

---

① 〔明〕茅坤:《史记钞》卷五五,明西吴闵氏刻本。
② 〔明〕陈仁锡:《陈评史记》卷八七,明刻本。
③ 关于"駃騠",参看王子今:《李斯〈谏逐客书〉"駃騠"考论——秦与北方民族交通史个案研究》,《人文杂志》2013年第2期。

产地，但地域指向较宽广。而"随、和之宝"之"随"，是具体的出产地。张守节《正义》引《括地志》云："溠山一名昆山，一名断蛇丘，在随州随县北二十五里。《说苑》云'昔随侯行遇大蛇中断，疑其灵，使人以药封之，蛇乃能去，因号其处为断蛇丘。岁余，蛇衔明珠，径寸，绝白而有光，因号随珠'。卞和璧，始皇以为传国玺也。"而所谓"宛珠之簪，傅玑之珥，阿缟之衣，锦绣之饰"，形成了"绝工"的对仗。关于"宛珠"，司马贞《索隐》："宛音于阮反。傅音附。宛谓以珠宛转而装其簪。傅玑者，以玑傅著于珥。珥者，瑱也。玑是珠之不圆者。或云宛珠，随珠也。随在汉水之南，宛亦近汉，故云宛。傅玑者，女饰也，言女傅之珥，以玑为之，并非秦所有物也。"对于"宛珠，随珠也"的理解，应当是正确的。关于"阿缟"，有两种理解。裴骃《集解》："徐广曰：'齐之东阿县，缯帛所出。'"①另一种认识，则"阿"为细缯。王念孙《读书杂志·史记杂志》写道："徐以上文云'江南金锡、西蜀丹青'，故以'阿缟'为'东阿'所出之'缟'也。今按：'阿缟之衣'与'锦绣之饰'相对为文，则'阿'为'细缯'之名，非谓'东阿'也。'阿'字或作'系阿'，《广雅》曰：'系阿'，练也。"《读书杂志·余编》也说："阿，细缯也。"又有论者指出，王夫之《楚辞通释》卷九早已写道："阿锡，轻縠也。"断定"'阿缟之衣'的'阿'字，不是指'东阿'，而是指'细缯'"。②

《水经注》卷五《河水》："河水又东北与邓里渠合，水上承大河于东阿县西，东径东阿县故城北，故卫邑也。应仲瑗曰：有西，故称东。魏封曹植为王国。大城北门内西侧，皋上有大井，其巨若轮，深六七丈，岁尝煮胶，以贡天府。《本草》所谓阿胶也。故世俗有阿井之名。县出佳缯缣，故《史记》云：秦昭王服太阿之剑，阿缟之衣也。"③《艺文类聚》卷五七引后汉张衡《七辩》："空桐子曰：交阯緪絺，筒中之纻。京城阿缟，譬之蝉羽。制为时服，以适寒暑。"④《太平御览》卷一六○"济州"条："《图经》曰：'东阿，春秋时齐之柯地也。'《郡国志》曰：'其地出缯缣，故秦王服阿缟。'"⑤《谏逐客书》，《文选》卷三九题"李斯《上书秦始皇》"，注家就其中"阿缟之衣"的解释，李善这样写道："徐广曰：'齐之东阿县，缯帛所

---

① 《史记》卷八七《李斯列传》，第2541—2545页。
② 严修：《释'阿缟之衣'和'越葛钱绢'》，《学术月刊》1984年第10期。
③ 〔北魏〕郦道元著，陈桥驿校证：《水经注校证》，第143页。
④ 〔唐〕欧阳询撰，汪绍楹校：《艺文类聚》，第1026页。
⑤ 〔宋〕李昉等撰：《太平御览》，第776页。

出者也。'此解'阿'义,与《子虚》不同。各依其说而留之,旧注既少不足称。善以别之,佗皆类此。"而张铣注曰:"以宛珠饰簪,傅玑饰珥。珥,珰也。缟,缯帛也,出阿县。"①看来,将"阿缟"之"阿"作地名理解或作织品理解,两种意见的分歧很早就存在。或许"各依其说而留之"的态度是正确的。而不容忽视的是,"齐之东阿县"确实是"缯帛所出者也"。简单地判定"'阿缟之衣'与'锦绣之饰'相对为文,则'阿'为'细缯'之名,非谓'东阿'也",似显生硬。如以为李斯前句"宛珠之簪,傅玑之珥"亦"相对为文",也是缺乏说服力的。如理解"宛珠"与"阿缟""相对为文",或许合理。而《金匮要略》和《伤寒论》已经出现的"阿胶"作为药材著名品牌②,也说明"东阿"是可以用"阿"字作为地名标示符号的。关于王夫之解释《楚辞》"阿锡"所谓"阿锡,轻縠也"之说,也许《列子·周穆王》"衣阿锡,曳齐纨",杨伯峻言"阿緆与齐纨对文"③可以澄清。

《谏逐客书》所见"宛珠""阿缟",是较早出现的明确标识地方生产优势的商品。将"阿缟"理解为"东阿"出产的"缯帛",是有合理性的。"阿缟"作为纺织业品牌,于民生尤其体现出重要意义,可以看作战国晚期手工业生产、交通联系与商品流通达到较高水准的标志。当时"交通的发达"与"市场的扩展"④,也成为促进统一的历史条件。

---

① 〔梁〕萧统编,〔唐〕李善、吕延济、刘良、张铣、吕向、李周翰注:《六臣注文选》,中华书局 1987 年 8 月版,第 724 页。所谓"与《子虚》不同"者,《文选》卷七司马相如《子虚赋》:"被阿緆,揄纻缟",李善注:"张揖曰:'阿,细缯也。緆,细布也。揄,曳也。'司马彪曰:'缟,细缯也。'善曰:'《列子》曰:郑卫之处子衣阿緆。《战国策》:鲁连曰:君后宫皆衣纻缟。緆与锡古字通。'张铣曰:'阿緆,细布投空引也。纻缟,缯也。'"〔梁〕萧统编,〔唐〕李善、吕延济、刘良、张铣、吕向、李周翰注:《六臣注文选》,第 154 页。

② 《金匮要略》"阿胶"24 见。《伤寒论》"阿胶"6 见。〔汉〕张仲景述,〔晋〕王叔和集:《金匮要略方论》卷上、卷中、卷下,卷一、卷四、卷六、卷七、卷一三、卷一六、卷二〇、卷二一,《四部丛刊》景明刊本;〔汉〕张机撰,〔晋〕王叔和编,〔金〕成无己注:《伤寒论注释》卷四、卷五、卷六,《四部丛刊》景明嘉靖汪济明刊本。

③ 《列子·周穆王》:"衣阿锡,曳齐纨。"杨伯峻《列子集释》:"〔注〕阿,细縠;锡,细布。○胡怀琛曰:锡通緆。阿谓齐东阿县,见《李斯传》徐广注。阿緆与齐纨对文。阿确指东阿,张注非也。"杨伯峻:《列子集释》,中华书局 1979 年 10 月版,第 92 页。

④ 参看吴慧主编:《中国商业通史》第 1 卷,中国财政经济出版社 2004 年 3 月版,第 203—207 页。

秦统一之前突出标示产地的商品名号,又有《吕氏春秋·本味》所见"和之美者,阳朴之薑,招摇之桂"等。高诱注:"阳朴,地名,在蜀郡。招摇,山名,在桂阳。《礼记》曰:'草木之滋,薑、桂之谓也。'故曰'和之美'。"①或以为"阳朴之薑"后来才称为"蜀薑"。②《吕氏春秋》"阳朴之薑,招摇之桂"当然与"宛珠""阿缟"情形有所不同。但是《尔雅翼》言"吴孙权使介象买蜀薑作鲙"③,如果此说可信,则"蜀薑"之称应当已经见于东汉晚期。

二 大一统形势下秦经济流通的规模

秦统一后,在所谓"天下和平","黔首安宁,不用兵革","各安其宇"的形势下④,本来应当正常发展经济,爱护民生,如秦始皇泰山刻石所谓"治道运行,诸产得宜,皆有法式",琅邪刻石所谓"兴利致福","节事以时,诸产繁殖",碣石刻石所谓"男乐其畴,女修其业,事各有序;惠被诸产,久并来田,莫不安所"⑤。而交通建设行为如"堕坏城郭,决通川防,夷去险阻",度量衡管理所谓"器械一

---

① 许维遹撰,梁运华整理:《吕氏春秋集释》,中华书局2009年9月版,第318页。
② 《汉语大词典》"蜀薑"条:"蜀薑,蜀地所产的薑,为调味佳品。语本《吕氏春秋·本味》:'和之美者,阳朴之薑。'高诱注:'阳朴,地名,在蜀郡。'"然而"蜀薑"的第一条书证,即:"唐李商隐《赠郑谠处士》诗:'越桂留烹张翰鲙,蜀薑供煮陆机蓴。'"汉语大词典编辑委员会、汉语大词典编纂处编纂:《汉语大词典》,汉语大词典出版社1991年12月版,第8卷第1037页。
③ 《太平御览》卷八六二葛洪《神仙传》曰:"仙人介象,字元则,会稽人,有诸方术。吴主闻之,征象到武昌,甚敬贵之,称为介君。与吴主共论鲙鱼何者最美,象曰:'鲻鱼为上。'吴主曰:'论近鱼耳,此海中出,安可得耶?'象曰:'可得耳。'乃令人于殿庭中作方埳,汲水满之,并求钓。象起垂纶于埳中,不食顷,果得鲻鱼……吴主曰:'闻蜀使来,有蜀薑作齑甚好,恨时无此。'象曰:'蜀薑岂不易得?愿差所使者,并付直。'吴主指左右一人,以钱五十付之。象书一符,以着青竹杖中。使行人闭目骑竹,竹止便买薑。讫,复闭目。此人承其言,骑竹,须臾已至成都。不知是何处,问人,人言蜀市。乃买薑。于时吴使张温先在蜀,既于市中相识,甚惊,便作书寄其家。此人买薑毕,投书负薑,骑杖闭目,须臾已还到吴。厨中切鲙亦适了。"〔宋〕李昉等撰:《太平御览》,第3829页。
④ 《史记》卷六《秦始皇本纪》,第247页、第245页。
⑤ 《史记》卷六《秦始皇本纪》,第243页、第245页、第252页。

量",更有益于真正实现"远迩同度"①这种有利于经济流通的社会生活境界。然而秦王朝推行极权政治,"去仁恩而任刑戮"②,"弃仁义而尚刑罚"③,致使社会经济秩序受到严重破坏,"天下熬然若焦热,倾然若苦烈,上下不相宁,吏民不相憀。戍卒陈胜兴于大泽,攘臂袒右,称为大楚,而天下响应"。④

秦政失败,致使"百姓离心,怨思者十有半"⑤,"百姓愁苦,同心而患秦"⑥。不过,这个高度集权的王朝当时具有"存定四极"⑦、"周定四极"⑧的国家格局,因"朝夕不懈"⑨"视听不怠"⑩的工作风格,形成了极高的行政效率。基于严苛的职事诘究,形成了"细大尽力,莫敢怠荒;远迩辟隐,专务肃庄"⑪的责任意识和"职臣遵分,各知所行,事无嫌疑"⑫的管理效能。正是在这样的条件下,全国经济流通曾经达到了空前的规模。

我们可以从史料中看到物资的长途运输和劳动力的远程转移。据汉代政论家的追述,《史记》卷一一二《平津侯主父列传》载主父偃语:"(秦皇帝)使蒙恬将兵攻胡,辟地千里,以河为境。地固泽卤,不生五谷。然后发天下丁男以守北河。暴兵露师十有余年,死者不可胜数……又使天下蜚刍挽粟,起于黄、腄、琅邪负海之郡,转输北河,率三十锺而致一石。"⑬又载严安语:"使蒙恬将兵以北攻胡,辟地进境,戍于北河,蜚刍挽粟以随其后。又使尉屠睢将楼船之士南攻百越,使监禄凿渠运粮,深入越,越人遁逃。旷日持久,粮食绝乏,越人击之,秦兵大败。秦乃使尉佗将卒以戍越。当是时,秦祸北构于胡,南挂于越,宿兵无用之地,进而

---

① 《史记》卷六《秦始皇本纪》,第252页、第245页、第250页。
② 《汉书》卷六四上《吾丘寿王传》,中华书局1962年6月版,第2796页。
③ 《盐铁论·褒贤》,王利器校注:《盐铁论校注》,第242页。
④ 《淮南子·兵略》,张双棣撰:《淮南子校释》,第1568页。
⑤ 《盐铁论·散不足》,王利器校注:《盐铁论校注》,第356页。
⑥ 《盐铁论·褒贤》,王利器校注:《盐铁论校注》,第242页。
⑦ 秦始皇琅邪刻石,《史记》卷六《秦始皇本纪》,第245页。
⑧ 秦始皇罘刻石,《史记》卷六《秦始皇本纪》,第249—250页。
⑨ 秦始皇琅邪刻石,《史记》卷六《秦始皇本纪》,第245页。
⑩ 秦始皇罘刻石,《史记》卷六《秦始皇本纪》,第250页。
⑪ 秦始皇琅邪刻石,《史记》卷六《秦始皇本纪》,第245页。
⑫ 秦始皇罘刻石,《史记》卷六《秦始皇本纪》,第250页。
⑬ 《史记》卷一一二《平津侯主父列传》,第2954页。

不得退。行十余年,丁男被甲,丁女转输,苦不聊生,自经于道树,死者相望。"①不仅极大规模的兵员和役者的"千里"移动史无前例,物资运输自东海至北河,自中原而"深入越","转输"的运量和运程也都是空前的。不过,这些物资流动是由于行政强令和军事高压使然。作为经济现象,其流向和流量都是非自然的、非自由的。除了"丁男被甲,丁女转输,苦不聊生,自经于道树,死者相望"之外,还有"道路死者相望"②"头卢相属于道"③"丁壮丈夫,西至临洮、狄道,东至会稽、浮石,南至豫章、桂林,北至飞狐、阳原,道路死人以沟量"④"挽辂首路死者,一旦不知千万之数"⑤等惨痛的记录。这些历史记忆告知人们,当时社会生产力所受到的摧残性破坏在交通过程中有显著表现,运输能力并没有服务于商品经济的基本条件。

在这样的情势下,于秦帝国史短暂的十五年间,我们没有看到以地名为标志的工商业品牌形成社会影响。不过,秦交通建设的突出成就,却可以为后来汉世经济的进步和文化的沟通提供重要的条件。

三 秦帝国的交通建设与汉代的因循

《史记》卷六《秦始皇本纪》记载:秦始皇二十七年(前220),"治驰道"。⑥《史记》卷一五《六国年表》则说秦始皇二十八年(前219)"治驰道"。⑦驰道的修筑,是秦汉交通建设事业中最具时代特色的成就。通过秦始皇和秦二世出巡的路线,可以知道驰道当时已经结成全国陆路交通网的基本要络,实现了可以通行帝王乘舆的道路等级。曾经作为秦王朝中央政权主要决策者之一的左丞相李斯被赵高拘执,在狱中上书自陈,历数重要功绩有七项,其中就包括"治驰道,兴游

---

① 《史记》卷一一二《平津侯主父列传》,第2958页。
② 《史记》卷一一二《平津侯主父列传》载主父偃语,第2954页。
③ 《汉书》卷六三《武五子传》,第2771页。
④ 《淮南子·氾论》,张双棣撰:《淮南子校释》,第1381页。
⑤ 《淮南子·兵略》,张双棣撰:《淮南子校释》,第1568页。
⑥ 《史记》卷六《秦始皇本纪》,第241页。
⑦ 《史记》卷一五《六国年表》,第757页。

观,以见主之得意"。①

《史记》卷八八《蒙恬列传》载,秦始皇时代直道的建设如"作阿房之宫"同样,确实尚未最终完工:"始皇欲游天下,道九原,直抵甘泉,乃使蒙恬通道,自九原抵甘泉,堑山堙谷,千八百里。道未就。"②所谓"道未就",应理解为工程并未全面完成。但是秦始皇去世后车队"行从直道至咸阳,发丧"③,以及秦二世出巡从直道返回④,可知直道已经基本具有可供帝王乘舆通行的条件。

《汉书》卷一九上《百官公卿表上》载:"秦兼天下,建皇帝之号,立百官之职。汉因循而不革,明简易,随时宜也。"⑤不仅秦的皇帝制度、百官制度为汉所"因循",祠祀制度、法律制度也同样对汉制形成规定性的影响。《续汉书·舆服志上》:"汉承秦制,御为乘舆。孔子所谓乘殷之辂者也。"⑥这是较早指出"汉承秦制"的文献记载。而秦代交通制度除乘舆制度外,以驰道制度为代表的交通管理制度同样为汉"因循"。关于驰道的形制,西汉人贾山说:"道广五十步,三丈而树,厚筑其外,隐以金椎,树以青松。为驰道之丽至于此,使后世曾不得邪径而托足焉。"⑦《史记》卷一一《孝景本纪》:六年"后九月,伐驰道树,殖兰池。"⑧西汉仍推行不允许随意穿行驰道的严格规定。汉成帝为太子时,元帝急召,他以太子身份,仍"不敢绝驰道",绕行至直城门,"得绝乃度"。此后元帝"乃著令,令太子得绝驰道云"。⑨ 驰道不能随处横度,大约设置有专门的平交道口,以使行人"得绝"而度。史念海曾指出:"畿辅之地,殆因车驾频出,故禁止吏人穿行。若其他

---

① 《史记》卷八七《李斯列传》,第 2561 页。
② 《史记》卷八八《蒙恬列传》,第 2566—2567 页。
③ 《史记》卷六《秦始皇本纪》,第 265 页。
④ 王子今:《秦二世元年东巡史事考略》,《秦文化论丛》第 3 辑,西北大学出版社 1994 年 12 月版;《秦二世直道行迹与望夷宫"祠泾"故事》,《史学月刊》2018 年第 1 期。
⑤ 《汉书》卷一九上《百官公卿表上》,第 722 页。
⑥ 《后汉书》,第 3643 页。
⑦ 《汉书》卷五一《贾山传》,第 2328 页。
⑧ 《史记》卷一一《孝景本纪》,第 433 页。这是我国开始采用秋冬季采条覆土,春季掘土栽植的"休眠枝埋藏技术"的最早记载。可知驰道两侧除贾山所谓"树以青松"外,又有杨柳一类的树种,当时可用以扦插繁殖。王子今:《"伐驰道树殖兰池"解》,《中国史研究》1988 年第 3 期。
⑨ 《汉书》卷一〇《成帝纪》,第 301 页。

各地则不闻有此，是吏民亦可行其上矣。"①秦汉驰道制度的另一严格规定，是非经特许，不得行驰道中。汉武帝尊奉其乳母，"乳母所言，未尝不听"，于是"有诏得令乳母乘车行驰道中"。② 未有诏令而行驰道中，当受严厉处罚。翟方进为丞相司直，曾因行驰道中受到劾奏，"没入车马"。③ 汉哀帝时丞相掾史行驰道中，也曾被司隶鲍宣拘止，没入其车马。④ 汉武帝时禁令最为严格，《汉书》卷四五《江充传》记载，馆陶长公主行驰道中，直指绣衣使者江充拦截斥问，公主说："有太后诏。"江充则说："独公主得行，车骑皆不得。"于是"尽劾没入官"。⑤ 江充又曾逢太子家使乘车马行驰道中，也加以扣押。太子请求从宽处理，江充严词拒绝，一时"大见信用，威震京师"。

《汉书》卷四五《江充传》颜师古注引如淳曰："《令乙》：骑乘车马行驰道中，已论者没入车马被具。"⑥《汉书》卷七二《鲍宣传》颜师古注引如淳曰："《令》：诸使有制得行驰道中者，行旁道，无得行中央三丈也。"⑦甘肃武威两次出土体现汉代尊老养老制度的汉简王杖诏令册。1981 年发现的本始二年诏令简中，有王杖主"得出入官府节第，行驰道中"的内容。1959 年出土的"王杖十简"中，则作"得出入官府即(节)第，行驰道旁道"。⑧ 证实了如淳"得行驰道中者，行旁道"之说。当时驰道是路面分划为三的具有分隔带的多车道道路。有三条分行线以区分等级，实际上也适应了行车速度不同的事实。"中央三丈"是所谓"天子

---

① 史念海：《秦汉时代国内之交通路线》，《文史杂志》第 3 卷第 1、2 期，收入《河山集》四集。确实"畿辅"以外的"其他各地"没有看到禁令如此严格的实例。
② 《史记》卷一二六《滑稽列传》褚先生补述，第 3204 页。
③ 《汉书》卷八四《翟方进传》，第 3412 页。
④ 《汉书》卷七二《鲍宣传》，第 3093 页。
⑤ 《汉书》卷四五《江充传》，第 2177 页。王先谦《汉书补注》：陈景云曰：据《功臣表》知馆陶公主卒于元狩之末，"及江充贵幸，主没已十余年。'馆陶'字误无疑"。〔清〕王先谦撰：《汉书补注》，第 1035 页。然而即使"字误无疑"，似不可疑驰道拦车事为乌有。
⑥ 《汉书》卷四五《江充传》，第 2178 页。
⑦ 《汉书》卷七二《鲍宣传》，第 3093 页。
⑧ 考古研究所编辑室：《武威磨咀子汉墓出土王杖十简释文》，《考古》1960 年第 9 期。武威县博物馆：《武威新出王杖诏令册》，《汉简研究文集》，甘肃人民出版社 1984 年 9 月版。

道"。① 经过特许的贵族官僚可行旁道。经 2008 年汉长安城直城门发掘,考古学者发现,"中门道的地面与其他门道的地面有着比较明显的区别,为抹泥地面,表面光滑平整,基本上看不到使用的痕迹","出现这种情况,可能是因为中门道属于驰道,为皇帝专用而很少使用,其他门道则为一般官吏和平民长期使用"。② 秦直道在汉代依然服务于交通事业。③ 而《汉书》卷九九上《王莽传上》记录"治子午道"事④,说明重要交通建设项目仍由最高执政集团决策施工,这应当也是"因循"了秦的传统。⑤

秦代经营的空前完备的交通体系因秦政严苛与秦祚短暂,没有来得及对社会经济生活产生积极作用。汉初"复驰商贾之律","网疏而民富",经济得到恢复,"国家无事,非遇水旱之灾,民则人给家足,都鄙廪庾皆满,而府库余货财。"朝廷组织的官营运输,"漕转山东粟,以给中都官,岁不过数十万石"。⑥ 这与秦代政府运输耗用超量运力形成鲜明对比。比较完善的交通设施,比较充备的运输能力,集中服务于民间商运,促成了空前繁荣的物资流通。如《史记》卷一二九《货殖列传》所谓"汉兴,海内为一,开关梁,弛山泽之禁,是以富商大贾周流天下,交易之物莫不通,得其所欲"。他们"连车骑,游诸侯,因通商贾之利","俛有拾,仰有取,贳贷行贾徧郡国","转毂以百数,贾郡国,无所不至"。⑦ 所谓"海内为一",所谓"周流天下","游诸侯","徧郡国",均体现大一统政治格局为民间运输的活跃,提供了广阔的空间。而汉武帝推行"均输""平准"制度之后,官营

---

① 《史记》卷六《秦始皇本纪》:二十七年(前 220),"治驰道"。裴骃《集解》:"应劭曰:'驰道,天子道也,道若今之中道然。'"第 242 页。

② 中国社会科学院考古研究所汉长安城工作队:《西安汉长安城直城门遗址 2008 年发掘简报》,《考古》2009 年第 5 期。

③ 参看王子今:《秦直道的历史文化观照》,《人文杂志》2005 年第 5 期;《直道与丝绸之路交通》,《历史教学》2016 年第 4 期;《西汉上郡武库与秦始皇直道交通》,《秦汉研究》第 10 辑,陕西人民出版社 2016 年 8 月版。

④ 《汉书》卷九九上《王莽传上》:"其秋,莽以皇后有子孙瑞,通子午道。"第 4076 页。

⑤ 前引《史记》卷八七《李斯列传》:左丞相李斯狱中上书历数功绩,包括"治驰道,兴游观,以见主之得意"。可知秦帝国"治驰道"一类交通工程,由最高执政集团规划施工。

⑥ 《史记》卷三〇《平准书》,第 1418 页。

⑦ 《史记》卷一二九《货殖列传》,第 3279 页。

运输业也逐步走向合理化经营。①

四　"鲁缟""齐纨""蜀锦""筒布"

汉代大一统背景下经济流通可以作为时代标志的重大推进,是丝绸之路的正式开通。丝绸产品成为汉文化面向世界的代表性物质生产成就。实际上,在以"汉"为标志的经济实体中,纺织生产成就了异常繁荣的产业,也对社会生活形成了全面的影响。区域生产的优势,因商运"周流天下",发挥"无所不至"的作用,纺织业的若干著名品牌得以形成,如"阿緆""鲁缟""齐纨""蜀锦"等,均在历史文献中反复出现。

"鲁缟",《史记》卷一〇八《韩长孺列传》:"匈奴来请和亲,天子下议。大行王恢,燕人也,数为边吏,习知胡事。议曰:'汉与匈奴和亲,率不过数岁即复倍约。不如勿许,兴兵击之。'安国曰:'千里而战,兵不获利。今匈奴负戎马之足,怀禽兽之心,迁徙鸟举,难得而制也。得其地不足以为广,有其众不足以为强,自上古不属为人。汉数千里争利,则人马罢,虏以全制其敝。且强弩之极,矢不能穿鲁缟;冲风之末,力不能漂鸿毛。非初不劲,末力衰也。击之不便,不如和亲。'群臣议者多附安国,于是上许和亲。"对于"强弩之极,矢不能穿鲁缟",裴骃《集解》:"许慎曰:'鲁之缟尤薄。'"②《汉书》卷五二《韩安国传》作"冲风之衰不能起毛羽,强弩之末力不能入鲁缟",颜师古注:"冲风,疾风之冲突者也。师古曰:缟,素也。曲阜之地俗善作之,尤为轻细,故以取喻也。"③《淮南子·说山》:"矢之于十步贯兕甲,于三百步不能入鲁缟。"④《淮南子·说林》:"矢之于十步贯兕甲,及其极不能入鲁缟。"高诱注:"言势有极也。"⑤又《三国志》卷三五《蜀

---

① 参看王子今:《西汉均输制度新议》,《首都师范大学学报》1994年第2期。
② 《史记》卷一〇八《韩长孺列传》,第2861页。《新序·善谋》:"夫冲风之衰也,不能起毛羽;强弩之末,力不能入鲁缟。盛之有衰也,犹朝之必暮也。"〔汉〕刘向编著,石光瑛校释,陈新整理:《新序校释》,中华书局2001年1月版,第1396页。
③ 《汉书》卷五二《韩安国传》,第2402页。
④ 张双棣撰:《淮南子校释》,第1371页。
⑤ 张双棣撰:《淮南子校释》,第1818—1819页。

书·诸葛亮传》:"曹操之众远来疲弊,闻追豫州轻骑一日一夜行三百余里。此所谓强弩之末,势不能穿鲁缟者也。故兵法忌之,曰必蹶上将军。"①《论衡·效力》又有这样的说法:"干将之刃,人不推顿,苽瓠不能伤;筱簵之箭,机不能动发,鲁缟不能穿。非无干将、筱簵之才也,无推顿、发动之主,苽瓠、鲁缟不穿伤,焉望斩旗穿革之功乎?"②《北堂书钞》卷一一七引《曹洪与魏文帝书》云:"若骇鲸之突细网,奔兕之触鲁缟也。"③《太平御览》卷六八八引《班固与窦宪笺》曰:"以鲁缟之质,被服鸾凤之彩饰。"④所谓"鲁缟之质",指出了织品"尤薄""尤为轻细"之特征。

"齐纨",前引杨伯峻说,已指出《列子·周穆王》"阿緆与齐纨对文"。晋张湛注:"齐,名纨所出也。"杨伯峻《集释》:"齐纨,范子曰:'白纨素出齐鲁。'"⑤《淮南子·修务》说"齐纨"是美人美服:"今夫毛嫱、西施,天下之美人,若使之衔腐鼠,蒙猬皮,衣豹裘,带死蛇,则布衣韦带之人,过者莫不左右睥睨而掩鼻。尝试使之施芳泽,正娥眉,设笄珥,衣阿锡,曳齐纨,粉白黛黑,佩玉环,揄步,杂芝若,笼蒙目视,冶由笑,目流眺,口曾挠,奇牙出,靥酺摇,则虽王公大人,有严志颉颃之行者,无不惮悇痒心而悦其色矣。"高诱注:"纨素,齐所出。"⑥又班婕仔诗可见"齐纨素"。班婕仔《怨歌行》:"新裂齐纨素,鲜洁如霜雪;裁为合欢扇,团团似明月。"李善注:"《汉书》曰:罢齐三服官。李斐曰:纨素为冬服。范子曰:纨素出

---

① 《三国志》卷三五《蜀书·诸葛亮传》,第915页。
② 黄晖撰:《论衡校释》,第587页。
③ 〔唐〕虞世南编撰:《北堂书钞》,中国书店据光绪十四年南海孔氏刊本1989年7月影印版,第448页。《太平御览》卷三五三引《魏文帝书》曰:"汉中地形,实为险固,四岳三涂,皆不及也。张鲁有精甲数万,临高守要,一夫挥戟,千人不得进。而我军过之,若骇鲸之决网罟,奔兕之触鲁缟,未足以喻其易。"《太平御览》卷八一九引《曹洪与魏文帝书》曰:"我军入汉中,若骇鲸之决细网,奔兕之触鲁缟,未足以喻其易也。"《太平御览》卷八九〇引《曹洪与魏文帝书》曰:"若奔兕之触鲁缟,未足以喻其易。"〔宋〕李昉等撰:《太平御览》,第1623页、第3645页、第3955页。
④ 〔宋〕李昉等撰:《太平御览》,第3071页。
⑤ 杨伯峻:《列子集释》,第92页。
⑥ 张双棣撰:《淮南子校释》,第2021页。

齐。荀悦曰:齐国献纨素绢,天子为三官服也。"李周翰注:"纨素细绢,出于齐国。"①《艺文类聚》卷二引作"班婕妤《怨歌行》",卷四一引作"汉班婕妤《怨歌行》",卷六九引作"汉班婕妤《扇诗》"。②《初学记》卷二"班扇"条下引作"班婕妤《怨歌行》"。③《太平御览》卷七〇二亦引作"班婕妤《扇诗》",卷八一四则作"班婕妤诗"。④ 虽题名不一,"新裂齐纨素,鲜洁如霜雪"诗句都是相同的。

"蜀锦",元人费著《蜀锦谱》写道:"蜀以锦擅名天下,故城名以锦官,江名以濯锦,而《蜀都赋》云:贝锦斐成,濯色江波。"⑤《文选》卷四左思《蜀都赋》注引谯周《益州志》:"成都织锦既成,濯于江水,其文分明,胜于初成,他水濯之,不如江水也。"⑥《三国志》卷三六《蜀书·张飞传》:"益州既平,赐诸葛亮、法正、飞及关羽金各五百斤,银千斤,钱五千万,锦千匹。"⑦《艺文类聚》卷八五引环氏《吴记》曰:"蜀遣使吴,赍重锦千端。"⑧明确的"蜀锦"名牌,至迟在东汉时也已经见诸文献。《艺文类聚》卷八五引《魏文帝诏》:"魏文帝诏群臣曰:'前后每得蜀锦,殊不相似。'"⑨《太平御览》卷八一五引《魏文帝诏》曰:"前后每得蜀锦,殊不相比,适可讶,而鲜卑尚复不爱也。自吾所织如意虎头连璧锦,亦有金簿蜀簿,来至洛邑,皆下恶。是为下土之物,皆有虚名。"⑩

还有一种品名明确标识具体出产地的"布",即"䋲布"。《说文·巾部》:"䋲,䋲布也。出东莱。从巾,弦声。"段玉裁注:"《地理志》、《郡国志》东莱郡皆有䋲县,盖以布得名也。䋲县故城在今山东登州府黄县南百二十里。按《广韵》:䋲,布名。拯,县名,在东莱。《集韵》亦云:拯,县名。䋲,布名。出东莱拯县。而

---

① 〔梁〕萧统编,〔唐〕李善、吕延济、刘良、张铣、吕向、李周翰注:《六臣注文选》,第512页。
② 〔唐〕欧阳询撰,汪绍楹校:《艺文类聚》,第23页、第746页、第1212页。
③ 〔唐〕徐坚等著:《初学记》,中华书局1962年1月版,第28页。
④ 〔宋〕李昉等撰:《太平御览》,第3133页、第3618页。
⑤ 〔元〕费著撰:《蜀锦谱》,清嘉庆《墨海金壶》本。
⑥ 〔梁〕萧统编,〔唐〕李善、吕延济、刘良、张铣、吕向、李周翰注:《六臣注文选》,第96页。
⑦ 《三国志》,第943页。
⑧ 〔唐〕欧阳询撰,汪绍楹校:《艺文类聚》,第1458页。
⑨ 〔唐〕欧阳询撰,汪绍楹校:《艺文类聚》,第1457页。
⑩ 〔宋〕李昉等撰:《太平御览》,第3622页。

《魏地形志》《晋地理志》皆作愧县,字从小。今本《郡国志》亦从小。未能是正。"①

又《史记》卷一一六《西南夷列传》:"及元狩元年,博望侯张骞使大夏来,言居大夏时见蜀布、邛竹杖,使问所从来,曰:'从东南身毒国,可数千里,得蜀贾人市。'"②据张骞西域见闻,"蜀布"是"蜀贾人市"经身毒国至大夏的织品名号。由于并非形成于国内市场,或许与"鲁缟""齐纨""蜀锦"有所不同。

此外,《三国志》卷三〇《乌丸鲜卑东夷传》裴松之注引《魏略》陈说"大秦国"事,言及当地所出织品:"国出细絺","有织成细布,言用水羊毳,名曰海西布。此国六畜皆出水,或云非独用羊毛也,亦用木皮或野茧丝作,织成氍毹、毾㲪、罽帐之属皆好,其色又鲜于海东诸国所作也。又常利得中国丝,解以为胡绫,故数与安息诸国交市于海中"。③ 所谓"海西布"和"胡绫",语词形式与"鲁缟""齐纨""蜀锦"颇近似,但情形并不相同。④ 然而由"海西布"称谓,可知提示地名,似乎已经成为当时重要商品名号的生成惯例。

五 河西简文"任城国亢父缣""河内廿两帛""广汉八稯布"

河西作为汉代"北边"的西端,亦地当丝绸之路重要区段,其经济生活有特殊的风貌。⑤ 汉代西北边塞多有来自内地的纺织品遗存出土,汉简资料亦多见纷杂的织品名目。以多种方式进入河西市场的内地纺织产品,实际上是丝绸之

---

① 〔汉〕许慎撰,〔清〕段玉裁注:《说文解字注》,第362页。
② 《史记》卷一一六《西南夷列传》,第2995页。
③ 《三国志》卷三〇《乌丸鲜卑东夷传》,第865页。
④ 与"胡绫"类似,即以标识族名的字样指示纺织品的,还有"賨布"。
⑤ 王子今:《汉代河西长城与西北边地贸易》,《长城国际学术研讨会论文集》,吉林人民出版社1995年12月版;王子今、李禹阶:《汉代北边的"关市"》,《中国边疆史地研究》2007年第3期。

路贸易活动的经营对象。① 通过出土文献提供的信息,可知影响丝绸之路重要区段河西地方社会经济生活的重要物品,包括内地纺织品。这些产品,有些明确标示了地方品牌。

敦煌出土汉简可见"任城国亢父缣":

(1)任城国亢父缣一匹幅广二尺二寸长四丈重廿五两直钱六百一十八(439 正面)②

"任城国亢父缣",可能是任城国亢父县出产的"缣"。这一简文有"幅广"和"长"以及"直钱"多少等信息,而"重廿五两"明确的重量标示,是不多见的资料。

居延汉简所见织品名称,又有"河内廿两帛":

(2)出河内廿两帛八匹一丈三尺四寸大半寸直二千九百七十八给佐史一人元凤三年正月尽九月积八月少半日奉(303.5)

此简简文完整。"河内廿两帛"是产地标明为"河内"的织品,其文例与"广汉八稷布"是一致的。又如:

(3)受六月余河内廿两帛卅六匹二丈二尺二寸少半寸直万三千五十八(509.8)

(4)今毋余河内廿两帛(513.24)③

肩水金关简又有:"☐年正月尽三月积三月奉用钱千六辈廿两帛三匹二丈六尺

---

① 王子今:《汉代丝路贸易的一种特殊形式:论"戍卒行道贳卖衣财物"》,《简帛研究汇刊》第 1 辑"第一届简帛学术讨论会论文集",中国文化大学历史系、简帛学文教基金会筹备处 2003 年 5 月版;《西北史研究》第 3 辑,天津古籍出版社 2005 年 7 月版;《汉代河西市场的织品——出土汉简资料与遗址发掘收获相结合的丝绸之路考察》,《中国人民大学学报》2015 年第 5 期。

② 林梅村、李均明编:《疏勒河流域出土汉简》,文物出版社 1984 年 3 月版,第 60 页。

③ 谢桂华、李均明、朱国炤:《居延汉简释文合校》,第 496 页、第 615 页、第 623 页。

七寸直九百"（73EJT21∶314）。① 其中"廿两帛"有可能与"河内廿两帛"有关。

值得我们特别注意的，是居延汉简简文可见出产于"广汉"地方的织品，即"广汉八稯布"。

1930年4月，中国和瑞典共同组织的西北科学考察团成员福克·贝格曼（FolkeBegman）发现的居延汉简中，有如下简例：

（5）出广汉八稯布十九匹八寸大半寸直四千三百廿给吏秩百一人

元凤三年正月尽六月积六月☐（90.56，303.30）②

"中央研究院"历史语言研究所简牍整理小组根据新的高解析度红外线图档做出的新的释文为：

（6）出广汉八稯布十九匹八寸大半寸直四千三百廿给吏秩百一人

元凤三年正月尽六月积六月（90.56，303.30）③

删除了原来文末的"☐"，即否定了下有缺失的字的判断。如此则此简文可视作文意完整。

1972年至1974年，甘肃省考古学者在肩水金关、甲渠候官（破城子）、甲渠塞第四燧3处遗址发掘所获汉简资料中，有肩水金关10号探方出土的亦见"广汉八稯布"文字的简例：

---

① 甘肃简牍保护研究中心，甘肃省文物考古研究所，甘肃省博物馆，中国文化遗产研究院古文献研究室，中国社会科学院简帛研究中心编：《肩水金关汉简（贰）》，下册第34页。据西北师范大学李迎春告知，居延汉简"☐第廿六两帛五匹二尺直千☐"（522.2），核对台湾"中研院"汉代简牍数位典藏系统提供的红外线照片后，发现释文可修订为"第卅六廿两帛五匹二尺直千"，"第卅六"当为车或机构序号，而"廿两帛"仍为固定称谓。又居延汉简"入都内第☐☐两帛☐☐☐"（516.2），核对台湾"中研院"汉代简牍数位典藏系统提供的红外线照片，发现"☐两帛"仍应为"廿两帛"。如此则"廿两帛"确实是固定称谓。李迎春还提示，居延汉简"河内廿两帛"和"廿两帛"简皆出自大湾，似可留意。

② 谢桂华、李均明、朱国炤：《居延汉简释文合校》，文物出版社1987年1月版，第160页。

③ 简牍整理小组编：《居延汉简（壹）》，"中央研究院"历史语言研究所专刊之一〇九，2014年12月版，第266页。

(7)今余广汉八稷布卅九匹直万一千一百廿七钱九分(73EJT10：72)①

另有简文只见"八稷布"而不言"广汉八稷布"的简例。如："惊虏隧卒东郡临邑吕里王广卷上字次君　贳卖八稷布一匹直二百九十韈得定安里随方子惠所舍在上中门第二里三门东入任者阎少季薛少卿"(287.13)。②"广汉八稷布"所见产品以出产地作为标识的情形，显示品牌地位已经确定。"广汉八稷布"与"河内廿两帛"同，均符合"产地+规格质量+织品名称"的定式。其中规格质量有明确以数字显示的元素（"廿两""八稷"）。

《说文·匸部》："匹，四丈也。八揲一匹。"段玉裁注："按'四丈'之上当有'布帛'二字。"③《汉书》卷二四下《食货志下》："布帛广二尺二寸为幅，长四丈为匹。"④以"四丈为匹"计，简"(5)""(6)""广汉八稷布十九匹八寸大半寸直四千三百廿"，"(7)""广汉八稷布卅九匹直万一千一百廿七钱九分"，每尺单价，前者5.67779钱，后者5.67699钱，彼此是接近的。而"河内廿两帛"的价格"(2)"为每尺8.93061钱，"(3)"为每尺8.93020钱。可知"八稷布"的价值是低于"廿两帛"的。有学者进行汉代物价研究，指出"(5)"体现"元凤三年为公元前78年，一匹广汉八稷布值227钱"，"(2)"说明"昭帝元凤三年（前78）九月一匹河内廿两帛值358.79钱"。论者认为，这是布帛价格"最低的"一年。⑤ 同一时间同一地点的物资的"直"，是有比较的意义的。

1972年至1974年发掘所获被称作"居延新简"的出土文献资料中可见"七稷布"简文："戍卒东郡聊成昌国里繼何齐贳卖七稷布三匹直千五十屋兰定里石

---

① 甘肃简牍保护研究中心、甘肃省文物考古研究所、甘肃省博物馆、中国文化遗产研究院古文献研究室、中国社会科学院简帛研究中心编：《肩水金关汉简（壹）》，中西书局2011年8月版，下册第111页，第156页。

② 谢桂华、李均明、朱国炤：《居延汉简释文合校》，第485页。

③ 〔汉〕许慎撰，〔清〕段玉裁注：《说文解字注》，第635页。今按：居延汉简168.10"三楪囗长三丈三尺以直钱三百五十囗"，谢桂华、李均明、朱国炤：《居延汉简释文合校》，第269页。"楪"似应即《说文》"八揲一匹"的"揲"。

④ 《汉书》卷二四下《食货志下》，第1149页。

⑤ 丁邦友：《汉代物价新探》，中国社会科学出版社2009年6月版，第191页、第195—196页。

平所舍在郭东道南任者屋兰力田亲功临木隧"(EPT56：10)。《居延新简集释》以《集解》形式介绍了其他学者的研究成果,也发表了作者的意见。《集解》可见有关"七稷布"的讨论,其中亦涉及"八稷布"："七稷布,稷通'緵',古代计量织物经线密度的单位,八十缕为一稷。《说文·禾部》：'稷,布之八十缕为稷。'《史记·孝景本纪》：'令徒隶衣七緵布。'司马贞《索隐》：'七緵,盖今七升布,言其粗,故令衣之也。'张守节《正义》：'緵,八十缕也,与布相似。七升布用五百六十缕。'《集成》一一(页一八)：'七稷布,即七緵布,粗名,以葛麻为原料织成,为贫民或囚犯所衣。汉代以八十缕为一緵即幅宽二尺二寸,有五百六十缕经线。'赵兰香、朱奎泽《汉代河西屯戍吏卒衣食住行研究》(页九一)：'汉代的布,依据其织物组织规格可分为七稷布、八稷布、九稷布、十稷布等。七、八稷布较粗疏,九、十稷布则较细密。七稷布是刑徒和奴隶穿的布料。十稷布在当时是质量上乘的布,质量上可以与丝织罗、绮相仿。此外还有十一稷、十二稷布。十至十二稷都被称为细布,而以十稷布为常制。'"①关于汉代织品"七稷布、八稷布、九稷布、十稷布",较早已有学者进行说明："汉代布的类别,有七稷、八稷、九稷、十稷等对织物组织规格的科学分类。"关于"文献记载和出土汉简发现","七稷布"举《史记》卷一一《孝景本纪》,"八稷布"举"(5)""(6)""广汉八稷布十九匹","九稷布"举居延汉简,"十稷布"举《汉书》卷九九中《王莽传中》。指出："汉制每稷(总)含纱八十根,如十稷布即为八百根纱。如此看来,七、八稷布较粗疏,九、十稷布则较细密。"②论者举为"九稷布"之例者,居延汉简释文确定为"九稷曲布"："终古隧卒东郡临邑高平里召胜字游翁　贳卖九稷曲布三匹匹三百卅三凡直千籛得富里　张公子所舍在里中二门东入任者同里徐广君"(282.5)。③

有关"大女""小女"的解释,也涉及汉律相关衣服的"禀",出现"布皆八稷、七稷"的信息。研究者以"今按"的方式论说"大男""大女""小男""小女""未使男""未使女"的身份及这些人相应的"法律责任"和"官府禀衣禀食"制度。论者指出："这些身份的划分,具有重要的社会意义。"所举《二年律令·金布律》

---

① 张德芳主编,马智全著：《居延新简集释(四)》,甘肃文化出版社2016年6月版,第374—375页。

② 李仁溥：《中国古代纺织史稿》,岳麓书社1983年7月版,第43页。

③ 谢桂华、李均明、朱国炤：《居延汉简释文合校》,第472页。今按："出都内第一七稷布廿八◻"(520.19),第637页,其中"都内第一"的涵义,也值得探讨。

规定,"诸内作县官及徒隶,大男","大女及使小男","未使小男及使小女"以及"未使小女"所廪"布袍""袴","布皆八稯、七稯"。①

"河内廿两帛""广汉八稯布"简文,不仅标示产地,而且突出强调了产品制作方式、成本等级和质量规格。特别是后者用以满足社会下层劳作者衣服的消费需求,与帝王们"快意当前"的奢侈品消费完全不同,然而也以标明产地宣示品牌地位,值得经济史与民生史研究者注意。而"广汉"地方纺织业生产、运输至河西边塞的流通路线,也是有学术意义的考察课题。②

六 "济南剑""河内荠笴"以及"穰橙邓橘"等

类似显示地方品牌效应的商品名号,居延汉简又可见"济南剑""河内荠笴"等。例如出现"济南剑"品牌的简例:

(8) 右部从吏孟仓建武五年秊月丙申假济南剑一今仓徒补甲渠第
秊■长(EPT59:574+575+576)

关于"济南剑",《居延新简集释》《集解》进行了这样的解说:"济南剑,由济南郡工官铸造的剑。按《汉书·地理志》载济南郡的东平陵有工官铁官。历城亦有铁官。"③关于"济南剑",汉代史籍未见记录,但是唐代诗人作品中出现了言及"济南剑"的诗句。如《初学记》卷一一引崔融《户部尚书挽歌》诗:"八座图书委,三台章奏盈。举杯常有劝,曳履忽无声。市若荆州罢,池如薛县平。空余济

---

① 张德芳主编,肖从礼著:《居延新简集释(五)》,甘肃文化出版社2016年6月版,第421页。

② 参看王子今:《说敦煌马圈湾简文"驱驴士"之蜀"》,《简帛》第12辑,上海古籍出版社2016年5月版;《汉代河西的蜀地织品——以"广汉八稯布"为标本的丝绸之路史考察》,《四川文物》2017年第3期。

③ 张德芳主编,肖从礼著:《居延新简集释(五)》,甘肃文化出版社2016年6月版,第393页。

南剑,天子署高名。"①崔融作品所见"济南剑",或可看作较晚的文献对汉代"济南剑"品牌的历史记忆。

居延汉简简文又可见"河内苇笥":

(9) ☐入河内苇笥一合☐（521.34）

所谓"河内苇笥",应当是出产于河内地方的苇编盛物器具"笥"。《仪礼·士丧礼》:"楲于筲。"郑玄注:"筲,苇笥。"②《太平御览》卷七一一引《风俗通》曰:"孝灵帝建宁中,京师长者皆以苇辟方笥为妆具。时有识者,窃言苇方笥,郡国谳箧也。今珍用,天下皆当有罪谳于理官也。后党锢皆谳廷尉,人名悉入方苇笥中,斯为验矣。"③《太平御览》卷七一一引张衡《绶笥铭》曰:"南阳太守鲍德有诏所赐先公绶笥,传世用之,更治笥。平子为德主簿,故为之铭也。"④《太平御览》卷七一七引《魏武内严器诫令》曰:"孤不好鲜饰,严具用新皮苇笥,以黄苇缘。中遇乱世,无苇笥,乃更作方竹严具,以皂韦衣之麓布裹。此孤平常之用者也。内中妇曾置严具于时,为之推坏。今方竹严具缘漆,甚华好。"⑤

地方品牌形成盛名,似乎已经影响社会生活的不同层面。

作为饮食消费重要内容的果品,又有《南都赋》之所谓"穰橙邓橘"值得关注。张衡写道:

若其园圃,则有蓼蕺蘘荷,諸蔗姜䕩,菥蓂芋瓜,乃有樱梅山柿,侯桃梨栗,梬枣若留,穰橙邓橘。

关于"穰橙邓橘",李善注:"《汉书》:南阳郡有穰县、邓县。《说文》曰:橙,橘属也。"张铣注:"皆果名,穰、邓皆地名,出橙、橘也。"⑥有学者据此指出,"处于秦岭

---

① 〔唐〕徐坚等著:《初学记》,第265页。又《佩文韵府》卷八八《剑》"济南剑"条:"济南剑。崔融诗:'空余济南剑,天子署高名。'"〔清〕张玉书等编:《佩文韵府》,上海书店据商务印书馆《万有文库》本1983年6月影印版,第3396页。

② 〔清〕阮元校刻:《十三经注疏》,中华书局据原世界书局缩印本1980年10月影印版,第1131页。

③ 〔宋〕李昉等撰:《太平御览》,第3168页。

④ 〔宋〕李昉等撰:《太平御览》,第3168页。

⑤ 〔宋〕李昉等撰:《太平御览》,第3180页。

⑥ 〔梁〕萧统编,〔唐〕李善、吕延济、刘良、张铣、吕向、李周翰注:《六臣注文选》,中华书局据商务印书馆1919年影印涵芬楼藏宋刊本1987年8月影印版,第86页。

东西段间的南襄隘道之南阳部境为柑橘经济栽培区见于东汉文献。"①作为生态史料,"穰橙邓橘"确实值得注意②,而我们在这里着重讨论的是地方品牌问题。《艺文类聚》卷八六引何晏《九州论》:"安平好枣,中山好栗,魏郡好杏,河内好稻,真定好梨。"③其中多言果品,然而与"穰橙邓橘"的语词形式仍有不同。显然,"穰橙邓橘"作为标识性地方品牌,对于商品质量等级的宣传更为鲜明,更为有效。

"穰橙邓橘"又见诸后世文献。《艺文类聚》卷八六引梁刘孝仪《谢东宫赐城傍橘启》曰:"多置守民,晋为厚秩,坐入缣素,汉譬封君。固以俛匹穰橙,俯连楚柚。宁似魏瓜,借清泉而得冷;岂如蜀食,待饴蜜而成甜。"又引梁庾肩吾《谢赉梨启》曰:"睢阳东苑,子围三尺,新丰箭谷,枝悬六斤。未有生因粉水,产自铜丘。影连邓橘,林交苑柿,远荐中厨,爰颁下室。事同灵枣,有愿还年。恐似仙桃,无因留核。"④所谓"俛匹穰橙""影连邓橘",都体现出对《南都赋》"穰橙""邓橘"的深刻的历史记忆。

其实,在司马迁笔下,记录了当时社会经济生活中"筰马、僰僮""僰婢"等称谓的通行。《史记》卷一一六《西南夷列传》:"秦时常頞略通五尺道,诸此国颇置吏焉。十余岁,秦灭。及汉兴,皆弃此国而开蜀故徼。巴蜀民或窃出商贾,取其筰马、僰僮、髦牛,以此巴蜀殷富。"司马贞《索隐》:"韦昭云:'僰属犍为,音蒲北反。'服虔云:'旧京师有僰婢。'"张守节《正义》:"今益州南戎州北临大江,古僰国。"⑤《史记》卷一二九《货殖列传》:"南御滇僰,僰僮。西近邛笮,笮马、旄牛。"⑥"僮"与"马""牛"同样,在当时社会意识中,是看作商品的。《货殖列传》中"僮手指千"与"马蹄躈千,牛千足,羊彘千双"并说,可知"僮"与"马""牛"

---

① 文焕然:《从秦汉时代中国的柑橘、荔枝地理分布大势之史料来初步推断当时黄河中下游南部的常年气候》,《中国历史时期植物与动物变迁研究》,重庆出版社1995年12月版,第133页。

② 王子今:《〈南都赋〉自然生态史料研究》,《中国历史地理论丛》2004年第3期;《汉赋的绿色意境》,《西北大学学报》(哲学社会科学版)2006年第5期。

③ 〔唐〕欧阳询撰,汪绍楹校:《艺文类聚》,第1473页。

④ 〔唐〕欧阳询撰,汪绍楹校:《艺文类聚》,第1478—1479页,第1474—1475页。

⑤ 《史记》卷一一六《西南夷列传》,第2993页。

⑥ 《史记》卷一二九《货殖列传》,第3261页。

"羊"及其他多种商品形成同等的关系。①

《淮南子·俶真》:"乌号之弓,谿子之弩,不能无弦而射。越舲蜀艇,不能无水而浮。"高诱注:"舲,小船也。蜀艇,一版之舟。若今豫章是也。虽越人所便习,若无其水,不能独浮也。"钱绎指出:"高训蜀为一,虽本《方言》,然蜀与越对文,盖以地言之,若以蜀为一,于文不类,非其义也。"陶方琦云:"《御览》引《淮南》作'越艄蜀艇',三百八十四引许注:'艄,小船。艇,大船,皆一木。'"②所谓"越舲蜀艇"或"越艄蜀艇",可以看作突出显示地方标识的名号。然而或许因当地人"所便习"而得名③,但是参考上文"乌号之弓,谿子之弩,不能无弦而射"语气,高诱注:"乌号,柘桑也。谿子,为弩所出国名也。或曰:谿,蛮夷也,以柘桑为弩,因曰谿子之弩也。一曰:谿子阳,郑国善为弩匠,因以为名也。"④"乌号之弓,谿子之弩"均言优质射具,得名与"弩所出国"或"善为弩匠"所体现"出""为"之制作水准等因素有关,因而也大致可以看作产品地方名牌。

对于"谿子之弩"之"谿,蛮夷也"的理解,则与前说"寳布"及"僰僮""僰婢"等有类似处。而族名标识与地名标识往往混同的情形,可以通过"谿子,为弩所出国名也"的说法得以理解。

秦汉时期大一统政局为商业的发展和民生的进步提供了比较好的历史条件。交通建设对经济流通的积极作用尤其显著。秦代行政管理的军国主义特色

---

① 《史记》卷一二九《货殖列传》,第3274页。
② 张双棣撰:《淮南子校释》,第235页,第241—242页。
③ 《史记》卷三〇《平准书》:"南越反……于是天子为山东不赡,赦天下囚,因南方楼船卒二十余万人击南越……齐相卜式上书曰:'臣闻主忧臣辱。南越反,臣愿父子与齐习船者往死之。'"第1439页。《汉书》卷五八《卜式传》载卜式语:"臣愿与子男及临菑习弩、博昌习船者请行,死之以尽臣节。"第2627页。《说文·习部》:"数飞也。从羽。白声。凡习之属皆从习。"段玉裁注:"数所角切。《月令》:鹰乃学习。引伸之义为习孰。"〔汉〕许慎撰,〔清〕段玉裁注:《说文解字注》,第138页。"习"通常多指"习孰"即"习熟"。与"习弩""习船者"构词形式相似文例,又有《史记》卷一二三《大宛列传》所见"习马者",第3176页。参看王子今:《"博昌习船者"考论》,《齐鲁文化研究》2013年总第13辑,泰山出版社2013年12月版。
④ 张双棣撰:《淮南子校释》,第241页。

未能促成民间商业物流的畅通。汉代因"以富乐民为功"①"为富安天下"②政策主导的社会影响③,使得经济生活中流通的意义显现出空前的推进力。商品地方名牌的较多出现,其领域覆盖愈益广泛普及,甚至庶人下民生活消费品也出现了"广汉八稷布"这样的品牌,这都是经济史与民生史进步的表现。汉代,特别是西汉前期经济生活与民生条件发展之自然和自由的风格,值得研究者重视。

---

① 贾谊《新书·大政上》:"夫为人臣者,以富乐民为功,以贫苦民为罪。"〔汉〕贾谊撰,阎振益、锺夏校注:《新书校注》,中华书局2000年7月版,第340页。
② 贾谊《新书·无蓄》,〔汉〕贾谊撰,阎振益、锺夏校注:《新书校注》,第184页。
③ 《汉书》卷二四上《食货志上》载贾谊说上曰:"夫积贮者,天下之大命也。苟粟多而财有余,何为而不成? 以攻则取,以守则固,以战则胜。怀敌附远,何招而不至? 今殴民而归之农,皆著于本,使天下各食其力,末技游食之民转而缘南亩,则畜积足而人乐其所矣。可以为富安天下,而直为此廪廪也,窃为陛下惜之!"《汉书》,第1130页。

秦汉长城与丝绸之路交通

秦汉时期是中国长城史的重要阶段。秦始皇"使蒙恬北筑长城而守藩篱,却匈奴七百余里,胡人不敢南下而牧马,士不敢弯弓而报怨"①,是统一事业的重要主题。长城防线及邻近地方时称"北边",因与匈奴战事的激烈与持久,为全社会所关注。长城营筑与长城防卫的直接作用是形成军事意义的"藩篱"。但是长城又有促进交通的历史效应。长城"关市"的繁荣成为游牧区与农耕区的经济贸易的重要条件。河西长城的出现有保障丝绸之路畅通的意义。长城沿线形成东西文化交汇的高热度地区。长城也是秦汉文化向西北方向扩张其影响的强辐射带。

一 北边道:长城交通体系

长城的阻隔作用是明确的。《史记·匈奴列传》所谓"筑长城以拒胡"②,《汉书·匈奴传上》作"筑长城以距胡"。《汉书·陈胜项籍传》引贾谊《过秦论》"使蒙恬北筑长城而守藩篱",颜师古注:"言以长城扞蔽胡寇,如人家之有藩篱。"③《汉书》卷五一《贾山传》"筑长城以为关塞"④,也是同样的意思。然而另一方面,长城又有促进交通建设、完备交通系统的一面。《史记·赵世家》说赵长城的营建致使"北地方从,代道大通"⑤,就是战国长城史的例证。秦汉时期,

---

① 《史记》卷八《秦始皇本纪》,第 280 页。
② 《汉书》卷九四《匈奴传上》,第 3747 页。
③ 《汉书》卷三一《陈胜项籍传》,第 1823 页。
④ 《汉书》卷五一《贾山传》,第 2331 页。
⑤ 《史记》卷四三《赵世家》,第 1813 页。

长城沿线即"北边"多次有高等级交通行为的记录。如汉武帝后元二年(前87)左将军上官桀巡行北边(《汉书·昭帝纪》);新莽始建国三年(11)"遣尚书大夫赵并使劳北边"①;天凤元年(14)"谏大夫如普行边兵"②等。帝王亲自巡行"北边"的记载,体现"北边道"的通行条件。《史记·秦始皇本纪》记载,秦始皇三十二年(前215),东临渤海,又"巡北边,从上郡入"③。秦始皇三十七年(前210),秦始皇在出巡途中病故沙丘平台,棺载车中,"从井陉抵九原"④而后归,特意绕行北边,可明这次出巡的既定路线是巡行北边后由直道返回咸阳。汉武帝曾经于元封元年(前110)"行自云阳,北历上郡、西河、五原,出长城,北登单于台,至朔方,临北河"⑤,巡察了"北边道"西段。同年,又北"至碣石,自辽西历北边九原归于甘泉"⑥,巡察了"北边道"的东段及中段。此外,还有多次巡行"北边道"不同路段的交通实践。司马迁在《史记·蒙恬列传》中说:"吾适北边,自直道归,行观蒙恬所为秦筑长城亭障"⑦,可能就是跟随汉武帝出行的经历。

居延汉简中可见"●开通道路毋有章处☐"(EPT65:173)⑧简文。又有"除道卒"身份,其职任应当是筑路养路。⑨ 甘谷汉简记载,"北边"居民应缴纳"道桥钱"⑩,也体现"北边"交通建设受到重视。

长城本身就构成军事交通系统。上古城建规范,城墙上形成道路以便兵力集结调动。长城也是如此。《周礼·考工记》说,城有"环涂"⑪,也就是环城之

---

① 《汉书》卷九九中《王莽传中》,第4125页。
② 《汉书》卷九九中《王莽传中》,第4138页。
③ 《史记》卷六《秦始皇本纪》,第252页。
④ 《史记》卷六《秦始皇本纪》,第264页。
⑤ 《汉书》卷六《武帝纪》,第189页。
⑥ 《汉书》卷六《武帝纪》,第192页。
⑦ 《史记》卷八八《蒙恬列传》,第2570页。
⑧ 甘肃省文物考古研究所、甘肃省博物馆、文化部古文献研究室、中国社会科学院历史研究所编:《居延新简:甲渠候官与第四燧》,文物出版社1990年7月版,第432页。
⑨ 王子今:《秦汉区域文化研究》,四川人民出版社1998年10月版,第141页。
⑩ 张学正:《甘谷汉简考释》,《汉简研究文集》,甘肃人民出版社1984年9月版,第88—89页。
⑪ 〔清〕孙诒让撰,王文锦、陈玉霞点校:《周礼正义》,中华书局1987年12月版,第3475页。

道。长城也有完善城防的傍城道路。《水经注·河水三》说:"芒干水又西南径白道南谷口,有城在右,萦带长城,背山面泽,谓之白道城。"①此所谓"白道"就是"侧带长城",与长城构成军事防务策应关系的道路。长城交通系统的道路有两种形制,一种是与长城平行的道路,如"白道"。另一种是与长城交叉的道路。《史记·匈奴列传》说匈奴"攻当路塞"②,司马贞《索隐》:"苏林云:'直当道之塞。'"③应当就指这种道路。《史记·绛侯周勃世家》记述周勃战功,说到"还攻楼烦三城,因击胡骑平城下,所将卒当驰道为多"④,证明北边长城防线有驰道沟通。《汉书·武帝纪》:汉武帝元光五年(前130)夏,"发卒万人治雁门阻险"。⑤颜师古注引刘攽曰:"予谓治阻险者,通道令平易,以便伐匈奴耳。"也说到长城与内地的交通条件。这种道路最著名的,是自九原通达甘泉的秦始皇直道。

二 秦长城的文化意义与长城以外的"秦人"称谓

中原与西域乃至中亚地方的交往,在张骞以前可以追溯到周穆王西行故事。《左传·昭公十二年》说到周穆王"周行天下"⑥。与《穆天子传》同出于汲冢的《竹书纪年》也有周穆王西征的明确记载。司马迁在《史记·秦本纪》和《赵世家》中,也记述了造父为周穆王驾车西行巡狩,见西王母,乐而忘归的故事。造父是秦人的先祖。在阿尔泰地区发现的公元前5世纪的贵族墓巴泽雷克5号墓中出土了有凤凰图案的来自中国的刺绣。在这一地区公元前4世纪至前3世纪的墓葬中,还出土了有典型关中文化风格的秦式铜镜。可知秦文化对西北方向的早期影响。秦宣太后与秦昭襄王解决义渠问题之后,秦占有上郡、北地,直接与草原民族接境。秦昭襄王长城左近地方发现的青铜驴形杖头饰,可以与李斯《谏逐客书》所言秦王外厩中的"骏良駃騠"联系起来理解。对于"駃騠",很多学

---

① 〔北魏〕郦道元著,陈桥驿校证:《水经注校证》,第79页。
② 《史记》卷一一〇《匈奴列传》,第2905页。
③ 《史记》卷一一〇《匈奴列传》,第2906页。
④ 《汉书》卷四〇《周勃传》,第2053页。
⑤ 《汉书》卷六《武帝纪》,第164页。
⑥ 《春秋左传集解》,第1357页。

者认为就是骡。驴骡的引入,体现秦人在与西北方向文化交流中的活跃。《汉书·五行志下之上》说,秦始皇"北筑长城","西起临洮,东至辽东,径数千里",而"有大人长五丈,足履六尺,皆夷狄服,凡十二人,见于临洮",于是"销天下兵器,作金人十二以象之"①。"大人见于临洮"之说,也暗示秦长城西端联系"夷狄"的作用。

《史记·大宛列传》记载李广利语:"闻宛城中新得秦人,知穿井……"②《汉书·匈奴传上》:"卫律为单于谋:'穿井筑城,治楼以藏谷,与秦人守之。'"③《汉书·西域传下》记载汉武帝"下诏,深陈既往之悔"④,其中也说到匈奴人称汉军人为"秦人"。顾炎武《日知录》卷二七《汉书注》就此有所讨论,指出:"彼时匈奴谓中国人为'秦人',犹今言'汉人'耳。"⑤汉代北方和西北方向国家与部族称中原人为"秦人",因秦经营西北,联络各族,曾经形成长久的历史影响。匈奴人和西域人对中原人使用"秦人"称谓,史籍文献《史记》《汉书》所见均为西汉史例。新疆拜城发现的《龟兹左将军刘平国作关城诵》作为文物实证则告知我们,至东汉时期,西域地方依然"谓中国人为'秦人'"。《史记·蒙恬列传》记载:"(秦始皇)使蒙恬将三十万众北逐戎狄,收河南。筑长城,因地形,用制险塞,起临洮,至辽东,延袤万余里。"⑥秦王朝的长城经营,使得长城以外的"戎狄"通过这一建筑实体认识了"秦人"的文化,并保持了长久的历史记忆。

三 "关市"的作用

有明确资料可以说明,汉代北部边疆的"关市"自汉文帝时代已经开始发挥活跃经济交流、促进民族往来的作用。自汉武帝时代起,北边"关市"在新的条

---

① 《汉书》卷二七上《五行志上》,第1472页。
② 《史记》卷一二三《大宛列传》,第3177页。
③ 《汉书》卷九四上《匈奴传上》,第3782页。
④ 《汉书》卷九六下《西域传下》,第3912页。
⑤ 〔清〕顾炎武著,黄汝成集释:《日知录集释》,上海古籍出版社2014年6月版,第609页。
⑥ 《史记》卷八八《蒙恬列传》,第2565—2566页。

件下得到了新的发展。《史记·匈奴列传》说到汉武帝时代汉与匈奴曾经保持和平关系:"今帝即位,明和亲约束,厚遇,通关市,饶给之。匈奴自单于以下皆亲汉,往来长城下。"①进入战争状态之后,"匈奴绝和亲,攻当路塞,往往入盗于汉边,不可胜数。然匈奴贪,尚乐关市,嗜汉财物,汉亦尚关市不绝以中之"。②对于"汉亦尚关市不绝以中之",张守节《正义》引如淳云:"得具以利中伤之。"③而《汉书·匈奴传上》同样内容颜师古注的说法可能更为准确:"以关市中其意。"④贾谊《新书·匈奴》有借"关市"在经济上吸引匈奴、控制匈奴的设计:"夫关市者,固匈奴所犯滑而深求也,愿上遣使厚与之和,以不得已许之大市。使者反,因于要险之所,多为凿开,众而延之,关吏卒使足以自守。大氐一关,屠沽者、卖饭食者,羹臛膹炙者,每物各一二百人,则胡人著于长城下矣。"⑤当时"关市"对匈奴人的吸引,确实有使得"胡人著于长城下"的效力。

《史记·匈奴列传》还记载:"自马邑军后五年之秋,汉使四将军各万骑击胡关市下。"⑥应当看到,匈奴"攻当路塞"和汉军"击胡关市下",其实都意味着对"关市"的直接破坏,也都是利用了"关市"吸引多民族群众的经济作用。

匈奴作为草原民族,但是受到中原消费生活的影响,"匈奴好汉缯絮"⑦即表现之一。汉与匈奴间直接的丝绸贸易,如《太平御览》卷九〇一引《盐铁论》所谓"齐、陶之缣,蜀汉之布,中国以一端缦,得匈奴累金之物"⑧,主要是通过"关市"实现的。汉使远行,"赂遗赠送,万里相奉"⑨,丝绸是所奉送最重要的物资。迎合匈奴"好汉缯絮"需求,汉帝国有提供相关物资以求边境安定的策略。从汉高祖时代开始,就有"岁奉""絮缯"事。《汉书·匈奴传下》记载,匈奴单于来朝,汉王朝大量"赐以""衣被""锦帛":汉宣帝甘露二年(前52),"呼韩邪单于款五原

---

① 《史记》卷一一〇《匈奴列传》,第 2904 页。
② 《史记》卷一一〇《匈奴列传》,第 2905 页。
③ 《史记》卷一一〇《匈奴列传》,第 2906 页。
④ 《汉书》卷九四《匈奴传上》,第 3766 页。
⑤ 〔汉〕贾谊撰,阎振益、锺夏校注:《新书校注》,中华书局 2000 年 7 月版,第 138 页。
⑥ 《史记》卷一一〇《匈奴列传》,第 2906 页。
⑦ 《史记》卷一一〇《匈奴列传》,第 2899 页。
⑧ 〔宋〕李昉等撰:《太平御览》,第 4000 页。
⑨ 《汉书》卷九六《西域传下》,第 3928 页。

塞",甘露三年(前51),"单于正月朝天子于甘泉宫,汉宠以殊礼","赐以冠带衣裳……衣被七十七袭,锦绣绮縠杂帛八千匹,絮六千斤"。① 汉宣帝黄龙元年(前50),"呼韩邪单于复入朝,礼赐如初,加衣百一十袭,锦帛九千匹,絮八千斤"。② "竟宁元年,单于复入朝,礼赐如初,加衣服锦帛絮,皆倍于黄龙时。"③ 成哀时代,这种"礼赐"的数量又大为增益。汉哀帝时代一次"赐""遗"匈奴织品相当于汉文帝时代的375倍。这种丝绸输出,是通过长城"当路塞"外运的。

匈奴得到超出消费需要数额的"锦绣缯帛"和"絮",当然是可以利用草原交通的便利及自身富于机动性的交通优势通过转输交易的方式获取更大利益的。林幹《匈奴历史年表》写道:"匈奴族十分重视与汉族互通关市。除汉族外,匈奴与羌族经常发生商业交换;对乌桓族和西域各族也发生过交换。"④ "(匈奴)并通过西域,间接和希腊人及其他西方各族人民发生交换。"⑤ 丝绸由此通道西运的最初路段,就是长城交通带。

四 "骡驴馲䭾,衔尾入塞"与"商胡贩客,日款于塞下"

汉墓壁画中关于运输活动的画面可以说明,北边经济的繁荣是以"北边道"的交通效能为条件的,而这一地区经济的发展又进一步促进了"北边"交通的发展。

丝绸之路促进的物资流通,不仅可见丝绸向西的输出,也有与此反方向的由西向东输送的草原民族提供的物产。《盐铁论·力耕》载大夫言已经说到"异物内流"的情形:"……赢驴馲䭾,衔尾入塞,騨騄騊马,尽为我畜。鼲貂狐貉,采旃文罽,充于内府。而璧玉珊瑚琉璃,咸为国之宝。是则外国之物内流,而利不外泄也。异物内流则国用饶,利不外泄则民用给矣。"⑥ 除各种珍宝外,皮毛织品以

---

① 《汉书》卷九四下《匈奴传下》,第3798页。
② 《汉书》卷九四下《匈奴传下》,第3798—3799页。
③ 《汉书》卷九四下《匈奴传下》,第3803页。
④ 林幹:《匈奴历史年表》,中华书局1984年9月版,第302页。
⑤ 林幹:《匈奴通史》,人民出版社1986年8月版,第146页。
⑥ 王利器校注:《盐铁论校注》卷一,第28页。

及"采旄文罽"等毛织品得以东来。而所谓"赢驴䭾驼,衔尾入塞",指出西方"奇畜"由长城大规模进入汉地,成为生产动力与交通动力的情形。

自西汉中期,即有西域商人活跃于"北边"的史实记录。如陈连庆所说:"在中西交通开通之后,西域贾胡迅即登场。"①《后汉书·西域传》写道,"汉世张骞怀致远之略,班超奋封侯之志,终能立功西遐,羁服外域",于是形成了"商胡贩客,日款于塞下"的局面。② 有的西域使团夹杂"行贾贱人,欲通货市买"者③。长安的"西域贾胡"(《太平御览》卷二六四引《东观汉记》)④、洛阳的"西域贾胡"⑤都有在社会生活中颇为活跃的记录。通过"塞下"而东来,是他们商业生涯重要的经历。

五　长城是丝路畅通的保障

《后汉书·鲜卑传》载蔡邕上书:"秦筑长城,汉起塞垣,所以别内外,异殊俗也。"⑥指出长城隔绝"别""异"的直接作用。《史记·大宛列传》:"匈奴右方居盐泽以东,至陇西长城,南接羌,鬲汉道焉。"⑦霍去病河西告捷,打破了这一格局。相反实现了隔绝"胡""羌"的战略优势。《史记·匈奴列传》:"西置酒泉郡,以鬲绝胡与羌通之路。"⑧《汉书·地理志下》:"初置四郡,以通西域,鬲绝南羌、匈奴。"⑨河西长城的经营,对敌方的通路务求"鬲绝",对"以通西域"的"汉道",则力保通达。在丝绸之路的许多路段,长城起到了保障安全畅通的作用。

---

① 陈连庆:《汉唐之际的西域贾胡》,《中国古代史研究:陈连庆教授学术论文集》,吉林文史出版社1991年12月版,第632页。
② 《后汉书》卷八八《西域传》,第2931页。
③ 《汉书》卷九六上《西域传上》,第3886页。
④ 〔宋〕李昉等撰:《太平御览》,第1234页。
⑤ 《后汉书》卷三四《梁冀传》,第1182页。
⑥ 《后汉书》卷九〇《鲜卑传》,第2992页。
⑦ 《史记》卷一二三《大宛列传》,第3160页。
⑧ 《史记》卷一一〇《匈奴列传》,第2913页。
⑨ 《汉书》卷二八下《地理志下》,第1644—1645页。

其中以河西地区尤为典型。

从居延汉简提供的材料看,当地烽燧等许多防卫建筑确实靠近交通要道。由简文所见"通道厩""临道亭""道上亭""道上亭驿""道上塞""道上燧""当道田舍"等字样,可知长城烽燧障塞及军屯据点,保护着"道",即"汉道"。据《后汉书·西域传》论曰,当时长城一线,"立屯田于膏腴之野,列邮置于要害之路",是汉家长城英雄"立功西遐,羁服外域",实现"兵威""肃服"的基本策略。① 丝绸之路就是在这样的军事背景下实现沟通东西文化的效用的。

《史记·大宛列传》说临近丝绸之路干道的小国阻碍交通的情形:"楼兰、姑师,小国耳,当空道,攻劫汉使王恢等尤甚。"②《汉书·张骞传》同样记载,颜师古注:"空即孔也。"③ 王念孙《读书杂志·汉书杂志》"孔道"条提出"'孔道'犹言大道"的说法。④ 地湾汉简可见"当空道便处禀食"简文,行文方式与《史记·大宛列传》及《汉书·张骞传》"当空道"完全相同,体现河西长城军事设置"当"丝绸之路"大道"的空间位置关系。长城保护此"汉道""大道"的意义是十分明朗的。

六 长城戍守人员间接参与丝绸贸易

汉代丝绸西输的复杂的路径与方式,是丝绸之路史研究的重要主题。我们看到《史记》记载汉王朝往西域使团成员有"来还不能毋侵盗币物"情形,即以作为国家礼品的丝绸为赃物的贪污犯罪。又说:"其使皆贫人子,私县官赍物,欲贱市以私其利外国。"⑤ 敦煌汉简中有关于"出牛车转缣如牒毋失期"(1383)的记录,可知河西地方织品供应成为重要运输内容。考古资料表明,河西边塞军人私人拥有的丝绸数量异常丰富。甘肃考古学者在总结敦煌西部汉代长城烽燧遗址出土实物时,列言"生产工具、兵器、丝绸……"⑥,丝绸位居第三。据贝格曼在

---

① 《后汉书》卷八八《西域传》,第2931页。
② 《史记》卷一二三《大宛列传》,第3171页。
③ 《汉书》卷六一《张骞传》,第2696页。
④ 〔清〕王念孙撰:《读书杂志》,上海古籍出版社2015年7月版,第984页。
⑤ 《史记》卷一二三《大宛列传》,第3171页。
⑥ 岳邦湖:《丝绸之路与汉塞烽燧》,《简帛研究》第1辑,法律出版社1993年10月版。

额济纳河流域的考察，许多汉代烽燧遗址发现织品遗存。如烽燧 A6 与汉代封泥，与木简同出有"敞开的、织造精美的覆盖有黑色胶质的丝织品残片；丝质纤维填料；细股的红麻线"等文物。障亭 A10 发现包括"褐色、红色、绿色和蓝色"的"不同颜色的丝绸残片"。台地地区"地点 1"标号为 P.398 的遗存，发现"（天然）褐色、黄色、深红色、深蓝色、浅蓝色、深绿色、浅绿色"的"丝绸残片"。"地点 7"标号为 P.443 的遗存也发现丝织物，"色泽有褐色（天然）、黄褐色、浅绿色、深绿色、蓝绿色、和深蓝色"。金关遗址 A32"地点 A"发现"有朱红色阴影的鲜红丝绸残片"，"地点 B"发现"玫瑰红、天然褐色丝绸和丝绸填料残片"，"地点 C"发现"天然褐色、褐色和酒红色丝绸残片"。地湾遗址 A33"地点 4"发现的丝绸残片，色彩包括"褐色、浅红色、深红色、绿黄棕色、黄绿色和黄色"，又据记述，"色度为：接近白色、褐色、红色、绿色、普鲁士蓝"。地湾遗址 A33"地点 6"发现的丝绸残片中，"第 2 件和第 19 件保留了完整的宽度，其宽分别为 45 厘米和 40 厘米"①，符合《汉书》卷二四下《食货志下》关于"布帛广二尺二寸为幅"②的规格。这可能是成匹的衣料的遗存。马圈湾烽燧遗址出土纺织品 140 件，其中丝织品 114 件。"品种有锦、罗、纱、绢等"。所谓"绿地云气菱纹锦"，"以绿色作地，黄色为花，蓝色勾递，基本纹样为云气和菱形几何图案"，"织锦的工艺技术要求是相当高的"。"马圈湾出土的四经绞罗，是一个不多见的品种，其经纬纤度极细……"，"轻薄柔美，是少见的精品"。"黄色实地花纱"1 件，"是目前我国所见最早的实地花纱，在丝绸纺织史上占有一定的地位"。出土绢 92 件，研究者分析了其中 61 件标本，"其特点是经纬一般均不加捻，织物平挺、紧密，色彩丰富、绚丽"，"颜色有：红、黄、绿、蓝、青、乌黑、紫、本色、青绿、草绿、墨绿、深绿、朱红、橘红、暗红、褪红、深红、绯红、妃色、褐黄、土黄、红褐、藕褐、蓝青、湖蓝等二十五种"。③ 这些织品的色彩和质料，都达到很高的等级。

汉代制度礼俗，色彩的使用依身份尊卑有所不同。如《续汉书·舆服志下》

---

① 〔瑞〕弗克·贝格曼考察；〔瑞典〕博·索马斯特勒姆整理；黄晓宏等翻译；张德芳审校：《内蒙古额济纳河流域考古报告：斯文·赫定博士率领的中瑞联合科学考查团中国西部诸省科学考察报告考古类第 8 和第 9》，学苑出版社 2014 年 3 月版。

② 《汉书》卷二四下《食货志下》，第 1149 页。

③ 甘肃省文物考古研究所：《敦煌马圈湾汉代烽燧遗址发掘报告》，《敦煌汉简》，中华书局 1991 年 6 月版。

规定,自"采十二色""采九色""五色采""四采"至所谓"缃缥",有明确的等级差别。"公主、贵人、妃以上,嫁娶得服锦绮罗縠缯,采十二色……特进、列侯以上锦缯,采十二色。"①而"贾人,缃缥而已"②,很有可能就是不加漂染的原色织品。在这样的服饰文化背景下,河西边塞遗址发现的织品之色彩纷杂绚丽,如果以为普通军人自身服用,显然是不好理解的。参考河西汉简所反映的"士卒贳卖衣财物"现象,推想这些长城边防军人很可能以家乡出产的织品,辗转出卖,间接参与了丝绸对外贸易。

① 《后汉书》,第 3677 页。
② 《后汉书》,第 3677 页。

汉代"天马"追求与草原战争的交通动力

对"马"的空前重视,是汉代社会历史的重要现象。"苑马"经营与民间养马活动的兴起,都是值得重视的文化表现。"马政"由执政集团所主持,主要服务于战争,同时又涉及政治史、经济史、交通史和民族关系史。当然,马的繁育和利用,也是体现人与自然生态之关系的重要的社会现象。《史记》卷三〇《平准书》说,汉景帝"益造苑马以广用",司马贞《索隐》:"谓增益苑囿,造厩而养马以广用,则马是军国之用也。"①《汉书》卷二四上《食货志上》写作"始造苑马以广用"②,颜师古注引如淳曰据《汉仪注》,说到"苑马"经营的规模:"太仆牧师诸苑三十六所,分布北边、西边。以郎为苑监,官奴婢三万人,养马三十万疋"。③谢成侠《中国养马史》写道:"像这样国家大规模经营养马,至少在公元前的世界史上是罕闻的先例。虽然在公元前500年波斯王大流士时代,曾在小亚细亚的美几亚及亚美尼亚设立牧场养马达五万匹,但后者已成为世界文化史上常被引用的重要资料,而未闻汉帝国大举养马的史迹。"④从这样的认识出发,可以体会到秦汉养马史研究在一定意义上是具有世界史意义的课题。汉代养马业为满足"军国之用"取得的进步与"天马"追求有直接的关系。

一 "天马徕,从西极,涉流沙,经万里"

《史记》卷二四《乐书》记载,汉武帝得到西域宝马,曾经兴致勃勃地为"天马

---

① 《史记》卷三〇《平准书》,第1419页。
② 《汉书》卷二四上《食货志上》,第1135页。
③ 《汉书》卷五《景帝纪》,第150页。
④ 谢成侠:《中国养马史》,科学出版社1959年4月版,第95页。

来"自作歌诗,欢呼这一盛事。当时受到汲黯的批评:"凡王者作乐,上以承祖宗,下以化兆民。今陛下得马,诗以为歌,协于宗庙,先帝百姓岂能知其音邪?"①汉武帝歌唱"天马"的歌诗,《汉书》卷六《武帝纪》称《天马之歌》《西极天马之歌》。②《史记》卷二四《乐书》载:"(汉武帝)尝得神马渥洼水中,复次以为《太一之歌》。歌曲曰:'太一贡兮天马下,沾赤汗兮沫流赭。骋容与兮跇万里,今安匹兮龙为友。'后伐大宛得千里马,马名蒲梢,次作以为歌。歌诗曰:'天马来兮从西极,经万里兮归有德。承灵威兮降外国,涉流沙兮四夷服。'"③据《汉书》卷二二《礼乐志》记载,后者辞句为:"天马徕,从西极,涉流沙,九夷服。天马徕,出泉水,虎脊两,化若鬼。天马徕,历无草,径千里,循东道。天马徕,执徐时,将摇举,谁与期?天马徕,开远门,竦予身,逝昆仑。天马徕,龙之媒,游阊阖,观玉台。太初四年诛宛王获宛马作。"④其中"天马徕,从西极,涉流沙""历无草,径千里,循东道"等文句,显示"天马"可以作为远域文化交往之象征的意义。

鲁迅曾经面对铜镜这样的文物盛赞汉代社会的文化风格:"遥想汉人多少闳放,新来的动植物,即毫不拘忌,来充装饰的花纹。"他就汉唐历史进行总体评价:"汉唐虽然也有边患,但魄力究竟雄大,人民具有不至于为异族奴隶的自信心,或者竟毫未想到,绝不介怀。"⑤我们通过《天马之歌》等作品,可以对鲁迅热情肯定的当时民族精神的所谓"豁达闳大之风"有更深刻的认识。对于汉代艺术风格,鲁迅也曾经有"惟汉人石刻,气魄深沈雄大"⑥的评价。很可能正是在这样的背景下,武威雷台汉墓所见青铜"天马"模型得以设计、制作并收藏。汉代画象资料中,也多见有翼骏马的形象。这些画面,生动真切地体现了民间社会对于"天马"的热切关心。

---

① 《史记》卷二四《乐书》,第 1178 页。
② 《汉书》卷六《武帝纪》,第 184 页、第 202 页。
③ 《史记》卷二四《乐书》,第 1178 页。
④ 《汉书》卷二二《礼乐志》,第 1060 页。
⑤ 鲁迅:《看镜有感》,鲁迅先生纪念委员会编:《鲁迅全集》第一卷《坟》,人民文学出版社 1973 年 12 月版,第 183 页。
⑥ 鲁迅:《书信·1935 年 9 月 9 日致李桦》。

二 "天马"由来的三个空间等级

《史记》卷二四《乐书》载:"(汉武帝)尝得神马渥洼水中,复次以为《太一之歌》……后伐大宛得千里马,马名蒲梢,次作以为歌。"①《史记》卷一二三《大宛列传》写道:"初,天子发书《易》,云'神马当从西北来'。得乌孙马好,名曰'天马'。及得大宛汗血马,益壮,更名乌孙马曰'西极',名大宛马曰'天马'云。"②汉武帝时代在"西北"方向寻求"神马",曾经有三种出自不同方位的良马先后被称作"天马"。起初"得神马渥洼水中",裴骃《集解》引录李斐的解释:"南阳新野有暴利长,当武帝时遭刑,屯田燉煌界。人数于此水旁见群野马中有奇异者,与凡马异,来饮此水旁。利长先为土人持勒靽于水旁,后马玩习久之,代土人持勒靽,收得其马,献之。欲神异此马,云从水中出。"③说屯田敦煌的中原戍人发现当地野马形态资质有与内地马种不同的"奇异者",捕收献上,被称作"神马""天马"。随后汉武帝接受张骞出使乌孙之后乌孙王所献良马,命名为"天马"。后来又得到更为骠壮健美的大宛国"汗血马",于是把乌孙马改称为"西极",将大宛马称为"天马"。

据谭其骧主编《中国历史地图集》第 2 册标示,渥洼水在今甘肃敦煌西南。乌孙国中心赤谷城在今吉尔吉斯斯坦伊什提克,大宛国中心贵山城在今乌兹别克斯坦卡散赛。"天马"所来的三处空间方位,逐次而西。看来,当时人"天马"追求来自神秘文化信仰的理念基础,即所谓"神马当从西北来"之"西北",是有越来越遥远的变化的。湖北鄂城出土铜镜铭文有"宜西北万里"字样,所体现的文化倾向正与"天马"追求的方向与行程相符。

元封三年(前108),汉王朝出军击破受匈奴控制的楼兰和车师。此后,又以和亲方式巩固了和乌孙的联系。太初元年(前104)和太初三年(前102),为了打破匈奴对大宛的控制并取得优良马种"汗血马",汉武帝又派遣贰师将军李广

---

① 《史记》卷二四《乐书》,第 1178 页。
② 《史记》卷一二三《大宛列传》,第 3170 页。
③ 《史记》卷二四《乐书》,第 1178 页。

利率军两次西征,扩大了汉王朝在西域地区的影响。"天子好宛马,使者相望于道。诸使外国一辈大者数百,少者百余人,人所赍操大放博望侯时。其后益习而衰少焉。汉率一岁中使多者十余,少者五六辈,远者八九岁,近者数岁而反。"①可见对"宛马"这种定名"天马"的优良马种的需求,数量相当可观。频繁派出的使团均以满足"天子好宛马"意向为外交主题。"及天马多,外国使来众,则离宫别观旁尽种蒲萄、苜蓿极望。"②《索隐述赞》:"大宛之迹,元因博望。始究河源,旋窥海上。条枝西入,天马内向。葱岭无尘,盐池息浪。旷哉绝域,往往亭障。"③所谓"天马内向",曾经成为体现丝绸之路交通繁荣的文化风景。

三 "天马""龙为友"神话

名将马援曾说:"夫行天莫如龙,行地莫如马。马者甲兵之本,国之大用。安宁则以别尊卑之序,有变则以济远近之难。"④"马"与"龙"作为"行地"与"行天"体现最优异交通能力的物种相并列。这样的意识应当产生于草原民族特别尊崇马的理念基础之上。秦人注重养马。据《史记》卷五《秦本纪》,"非子居犬丘,好马及畜,善养息之。犬丘人言之周孝王,孝王召使主马于汧渭之间,马大蕃息。""于是孝王曰:'昔伯翳为舜主畜,畜多息,故有土,赐姓嬴。今其后世亦为朕息马,朕其分土为附庸。'邑之秦,使复续嬴氏祀,号曰秦嬴。"⑤秦人立国,由于"好马及畜,善养息之"的基础。秦对上帝的祭祀,"春夏用骍,秋冬用駵。畤驹四匹,木禺龙栾车一驷,木禺车马一驷,各如其帝色"。⑥ 在他们的信仰世界中,马是最好的祭品。而所谓"木禺龙栾车一驷,木禺车马一驷",体现"马"与"龙"的神秘关系。

汉武帝对于"天马"的歌颂,也涉及"龙"。《史记》卷二四《乐书》载录《太一

---

① 《史记》卷一二三《大宛列传》,第 3170 页。
② 《史记》卷一二三《大宛列传》,第 3173—3174 页。
③ 《史记》卷一二三《大宛列传》,第 3180 页。
④ 《后汉书》卷二四《马援传》,第 840 页。
⑤ 《史记》卷五《秦本纪》,第 177 页。
⑥ 《史记》卷二八《封禅书》,第 1376 页。

之歌》有"太一贡兮天马下""今安匹兮龙为友"句。①《汉书》卷二二《礼乐志》作"今安匹，龙为友"，而"太初四年诛宛王获宛马作"者则有"天马徕，龙之媒"句。颜师古注引应劭曰："言天马者乃神龙之类，今天马已来，此龙必至之效也。"②

汉武帝的歌诗中"天马""龙为友"的神异形象受到赞美，使我们联想到其他民族古代神话中"马"与"龙"的神异联系。有学者指出，在荷马史诗中，"海神与海马、骏马的形象常常是连在一起的，当希腊人与特洛伊人激战正酣时，海神来到了他的海底宫殿：把他那两匹奔驰迅捷／长着金色鬃毛的铜蹄马驾上战车，／他自己披上黄金铠甲，抓起精制的／黄金长鞭，登上战车催马破浪；／海中怪物看见自己的领袖到来，／全都蹦跳着从自己的洞穴里出来欢迎他。／大海欢乐地分开，战马飞速地奔驰，／甚至连青铜车轴都没有被海水沾湿／载着他径直驶向阿开奥斯人的船只。"海神与骏马的形象联系在一起，论者归结为"海神、马神"。他们都是希腊人和特洛亚人的保护神。正是在这样的意识背景下，发生了特洛伊"木马"的故事。③ 而古代中国的海神，通常是"龙"。关注东西方在交通事业进步的时代海洋与草原条件受到重视的时代背景，思考"天马""龙为友"的神秘形象受到尊崇的深层次的原因，也许是有益的。

四 "天马"引入与骑兵军团建设

马政的发展对于汉王朝军力的增强有非常重要的意义。汉与匈奴军事对比的弱势，首先表现在骑兵的战斗力方面。平城之战，在汉军主力步兵三十二万人尚未抵达的情况下，"冒顿纵精兵四十万骑围高帝于白登，七日，汉兵中外不得相救饷。匈奴骑，其西方尽白马，东方尽青駹马，北方尽乌骊马，南方尽骍马"。④ 骑兵军团以战马毛色分列四方，体现出其军事动力资源的优越。而当时中原地方之贫弱，体现于可使用畜力之有限，有"自天子不能具钧驷，而将相或乘牛

---

① 《史记》卷二四《乐书》，第1178页。
② 《汉书》卷二二《礼乐志》，第1060—1061页。
③ 曾艳兵：《为什么是"木马计"》，《文汇报》2018年2月11日7版"笔会"。
④ 《史记》卷一一〇《匈奴列传》，第2894页。

车"①的说法。汉武帝即位初,在被迫于政治取向方面持消极态势时,曾经以"微行""驰猎"的方式释放青春期的狂热激情。《汉书》卷六五《东方朔传》记载:"建元三年,微行始出,北至池阳,西至黄山,南猎长杨,东游宜春。""入山下驰射鹿豕狐兔,手格熊罴,驰骛禾稼稻秔之地。""驰射""驰骛"是一种富有刺激性诱惑的运动。《东方朔传》说汉武帝"微行"的主要随从为"陇西北地良家子能骑射者"。②《汉书》卷二八下《地理志下》说"陇西、北地"等地方"皆迫近戎狄,修习战备,高上气力,以射猎为先",又特别说:"汉兴,六郡良家子选给羽林、期门,以材力为官,名将多出焉。"③人才地理分布的这一情形,《汉书》卷六九《辛庆忌传》称作"山西出将",以为"山西天水、陇西、安定、北地处势迫近羌胡,民俗修习战备,高上勇力鞍马骑射"④。少年汉武帝通过"微行""驰猎"亲身体验了骑战方式,又通过这种实践识拔基本资质可以与"戎狄""羌胡"竞争的军事人才。而战马于"骑射""驰骛"的重要意义,自然也可以因此获得切身的体会。

匈奴的军事优势突出表现为骑兵的机动性和战斗力。晁错曾经指出匈奴骑士的素质优胜于汉军骑士,"风雨疲劳,饥渴不困,中国之人弗与也"。而战马的选用驯养也领先于汉军:"上下山坂,出入溪涧,中国之马弗与也;险道倾仄,且驰且射,中国之骑弗与也。"⑤汉武帝建元六年(前135)商议对匈奴的战略,御史大夫韩安国取保守态度,主张维持和亲关系。其理由就是汉军在骑战方面的明显劣势:"千里而战,兵不获利。今匈奴负戎马之足,怀禽兽之心,迁徙鸟举,难得而制也……汉数千里争利,则人马罢,虏以全制其敝。"⑥怎样理解"匈奴负戎马之足"呢?《盐铁论·备胡》记载"贤良"说:"戎马之足轻利。"随后的说法,可以看作对匈奴骑兵机动灵活的战术的解释:"其势易骚动也。利则虎曳,病则鸟折,辟锋锐而取罢极。"⑦这种军事能力的基本依托,是战马的速度及耐力。据《史记》卷一一〇《匈奴列传》记载,匈奴强势领袖冒顿有盗月氏"善马"及"自射

---

① 《史记》卷三〇《平准书》,第1417页。
② 《汉书》卷六五《东方朔传》,第2847页。
③ 《汉书》卷二八下《地理志下》,第1644页。
④ 《汉书》卷六九《辛庆忌传》,第2998—2999页。
⑤ 《汉书》卷四九《晁错传》,第2281页。
⑥ 《史记》卷一〇八《韩长孺列传》,第2861页。
⑦ 王利器校注:《盐铁论校注》卷七,第446页。

其善马"的事迹。"(头曼)使冒顿质于月氏。冒顿既质于月氏,而头曼急击月氏。月氏欲杀冒顿,冒顿盗其善马,骑之亡归。头曼以为壮,令将万骑。冒顿乃作为鸣镝,习勒其骑射,令曰:'鸣镝所射而不悉射者,斩之。'行猎鸟兽,有不射鸣镝所射者,辄斩之。已而冒顿以鸣镝自射其善马,左右或不敢射者,冒顿立斩不射善马者。"冒顿盗月氏"善马","骑之亡归",在著名的自立部族权威的故事中,又有"以鸣镝自射其善马"的情节,也透露出草原民族对"善马"的特殊爱重。"冒顿既立,是时东胡强盛,闻冒顿杀父自立,乃使使谓冒顿,欲得头曼时有千里马。冒顿问群臣,群臣皆曰:'千里马,匈奴宝马也,勿与。'冒顿曰:'奈何与人邻国而爱一马乎?'遂与之千里马。"①这一态度反衬"地者,国之本也"理念的坚定。但是东胡欲得"千里马"及群臣"千里马,匈奴宝马也"语,应当表现了草原民族珍爱优良马种的普遍认识。

《史记》卷三〇《平准书》记载:"天子为伐胡,盛养马,马之来食长安者数万匹,卒牵掌者关中不足,乃调旁近郡。"②养马业的兴起,直接目的在于"伐胡"。有学者指出,"在发展养马业的同时,汉朝政府还大力引进外来马种,对中原原有马匹进行改良。"经过长期的"选育培养","使得内地马种得到根本性的改良,从考古资料看,汉代马种较前代大大进步。"③中原人从草原地方得到好马,是渊源悠久的民族交往形式。如《荀子·王制》所说,"北海则有走马吠犬焉,然而中国得而畜使之。"④汉武帝《西极天马歌》"承灵威兮降外国,涉流沙兮四夷服"句,指出汉王朝为"降外国""服""四夷"即解决边疆与民族问题,对于"天马"的特殊期待。汉武帝茂陵葬坑出土有鎏金铜马,有学者认为是"马式"。⑤《后汉书》卷二四《马援传》记载"好骑,善别名马"的名将马援南征,以所缴获骆越铜鼓制作"马式",上书回顾汉武帝时代故事:"孝武皇帝时,善相马者东门京铸作铜马法献之,有诏立马于鲁班门外,则更名鲁班门曰金马门。"⑥被看作仿拟"天马"

---

① 《史记》卷一一〇《匈奴列传》,第 2888—2889 页。
② 《史记》卷三〇《平准书》,第 1425 页。
③ 安启义:《汉代马种的引进与改良》,《中国农史》2005 年第 2 期。
④ 〔清〕王先谦撰,沈啸寰、王星贤点校:《荀子集解》,第 161 页。
⑤ 张廷皓:《论西汉鎏金铜马的科学价值》,《西北大学学报》1983 年第 3 期;《关于汉代的马式》,《农业考古》1986 年第 1 期。
⑥ 《后汉书》卷二四《马援传》,第 840 页。

制作的"马式",有益于骑兵部队军马的选用与训练。

汉武帝时名将霍去病号骠骑将军,"秩禄与大将军等",而"所斩捕功已多大将军"。据说"骠骑所将常选",裴骃《集解》引张晏曰:"谓骠骑常选择取精兵。"①这样的理解也许并不完整,除"精兵"外,骏骑也应当"常选"。"骠,马行疾皃。"②"骠,骁勇也。"③有人解释说:"骠骑,犹云飞骑。"④霍去病所部战马品质的优异,应当也是常胜的重要条件。

五 "天马"的军事史地位与文化史地位

晁错说:"车骑者,天下武备也。"⑤"天马"的引入,强化了汉王朝骑兵的战斗力。汉武帝发军击大宛取良马,"发天下七科適,及载糒给贰师。转车人徒相属至敦煌。而拜习马者二人为执驱校尉,备破宛择取其善马云"⑥。对于《汉书》卷六一《李广利传》同样的记述,颜师古注:"习犹便也。一人为执马校尉,一人为驱马校尉。""执驱"即"择取其善马"的方式,体现汉武帝远征战略的目的是"破宛择取其善马"⑦,其具体措施,也有严密的策划。

当然我们也不能忘记,"天马"西来,所谓"径千里,循东道",所经行的正是张骞使团的路径。"天马"远来的汉武帝时代,正是当政者积极开拓中西交通,取得空前成功的历史时期。当时,据说"殊方异物,四面而至","赂遗赠送,万里相奉"⑧。新疆罗布泊地区出土汉代锦绣图案中"登高明望四海"的文字,正体现了当时汉文化面对世界雄阔的胸襟。"天马",实际上已经成为体现这一时代中

---

① 《史记》卷一一一《卫将军骠骑列传》,第 2938 页、第 2936 页、第 2931—2932 页。
② 〔宋〕丁度等修定:《集韵》卷八,文渊阁《四库全书》本。
③ 〔梁〕顾野王撰:《重修玉篇》卷二二《马部》,文渊阁《四库全书》本。
④ 杜甫《天育骠图歌》仇兆鳌注,〔唐〕杜甫著,〔清〕仇兆鳌注:《杜诗详注》卷四,中华书局 1979 年 10 月版,第 253 页。
⑤ 《汉书》卷二四上《食货志上》,第 1133 页。
⑥ 《史记》卷一二三《大宛列传》,第 3176 页。
⑦ 《汉书》卷六一《李广利传》,第 2700—2701 页。
⑧ 《汉书》卷九六下《西域传下》,第 3928 页。

西交通取得历史性进步的一种标志性符号。三国魏人阮籍《咏怀》诗:"天马出西北,由来从东道。"①唐人王维《送刘司直赴安西》诗:"苜蓿随天马,蒲桃逐汉臣。"②清人黄遵宪《香港感怀》诗:"指北黄龙饮,从西天马来。"③都反映"天马"悠远的蹄声,为汉代中外文化交流的成就,保留了长久的历史记忆。"天马"作为一种文化象征,体现着以英雄主义为主题的、志向高远、视界雄阔的时代精神。

"天马徕,从西极",对于中原社会的文化生活也有积极的作用。杨泓《美术考古半世纪——中国美术考古发现史》指出:汉代"具有艺术效果的雕塑品","许多被安置在都城长安的宫殿池苑之中"。"至于大型青铜动物雕塑,有武帝得大宛良马后铸造的铜马,立于鲁班门外,并更名为'金马门'"。来自西域的"西极马"和"天马",对汉代造型艺术产生了明显的影响。"在造型艺术方面,雕塑骏马随之转以'天马'为原型。"从汉武帝时代到东汉时期,"骏马雕塑都一直以'天马'为模写对象,不论是陶塑、木雕还是青铜铸制,也不论是出土于都城所在的西安、洛阳地区,还是河北、甘肃,乃至四川、广西,骏马造型都显示出'天马'的特征,匹匹都塑造得体态矫健,生动传神"。④"天马"以其俊逸雄奇,成为汉代文化风格的典型代表。

---

① 逯钦立辑校:《先秦汉魏晋南北朝诗》,中华书局 1983 年 9 月版,第 497 页。
② 《王右丞集笺注》卷八,文渊阁《四库全书》本。
③ 《人境庐诗草》卷一,民国本。
④ 杨泓:《美术考古半世纪——中国美术考古发现史》,文物出版社 1997 年 7 月版,第 119 页、第 123—124 页。

勒功燕然的文化史回顾

汉和帝永元元年(89),汉王朝远征军与南匈奴合击北匈奴,取得决定性的胜利。《后汉书》卷四《和帝纪》记载:"夏六月,车骑将军窦宪出鸡鹿塞,度辽将军邓鸿出稒阳塞,南单于出满夷谷,与北匈奴战于稽落山,大破之,追至私渠比鞮海。窦宪遂登燕然山,刻石勒功而还。北单于遣弟右温禺鞮王奉奏贡献。"[1]《后汉书》卷二三《窦宪传》的记述更为具体:"会南单于请兵北伐,乃拜宪车骑将军,金印紫绶,官属依司空,以执金吾耿秉为副,发北军五校、黎阳、雍营、缘边十二郡骑士,及羌胡兵出塞。"窦宪和耿秉与南匈奴左谷蠡王师子所率部众出朔方鸡鹿塞,南单于所部出满夷谷,度辽将军邓鸿及缘边义从羌胡骑兵,左贤王安国的部队出稒阳塞,各部"皆会涿邪山"。于是以"精骑万余,与北单于战于稽落山,大破之",北匈奴军"崩溃,单于遁走"。窦宪军追击北匈奴残部,"遂临私渠比鞮海"。这一战役"斩名王已下万三千级,获生口马牛羊橐驼百余万头",北匈奴"八十一部率众降者,前后二十余万人"。窦宪、耿秉于是"登燕然山,去塞三千余里,刻石勒功,纪汉威德"[2]。燕然山"刻石勒功",文字由班固起草。燕然勒铭成为标志军事史、边疆史、民族关系史重要事件的文化符号,长久为历代铭记。近期这处刻石实际遗存的发现,对于关注相关历史文化进程的人们,无疑是好消息。

---

[1] 《后汉书》卷四《和帝纪》,第168页。
[2] 《后汉书》卷二三《窦宪传》,第814页。

一　上古刻石纪功传统

《宋书》卷六四《何承天传》回顾窦宪、班固事迹,说到"铭功于燕然之阿"①。"铭功",是中国政治文化传统。起先有铭于青铜器的做法,后来则通行刻铭于石的方式。秦始皇、秦二世东巡刻石,既是政治宣言的发表,也有纪功的意义。汉代刻石"铭功"尤为普及。政绩军功,均习惯以此纪念。著名的《开通褒斜道摩崖》《石门颂》等,都是工程完成后的纪功石刻。《曹全碑》明确说,碑文的主题,在于"刊石纪功"②。《郙阁颂》"勒石示后"③,《石门颂》"勒石颂德"④,《裴岑纪功碑》"以表万世"⑤,都表露刻石动机在于"今而纪功,垂流亿载,世世叹诵"⑥,力求实现永久追念的效应。

勒石燕然摩崖的位置大致确定,是具有重要意义的考古收获。不过,燕然山石刻是否是这种战功纪念最早的实例,可能还难以断言。《宋书》卷七〇《袁淑传》:"俾高阙再勒,燕然后铭。"⑦似乎在南北朝人的历史认识中,高阙也曾经有勒石纪念的先例。

明人张吉将两汉进击匈奴取得的胜利一并称颂:"武帝、和帝始命卫、霍,耿、窦诸将,穷兵极讨,登临瀚海,勒功燕然。"⑧胡应麟《从军行》诗也写道:"扬旌耀汉月,吹角飞边霜。一战摧月支,再战款名王。弯弓月在手,鸣镝星流光。勒功燕然石,传檄瀚海傍。归来拜骠骑,恩宠冠长杨。"⑨所谓"勒功燕然石,传檄瀚

---

① 《宋书》卷六四《何承天传》,第 1707 页。
② 高文:《汉碑集释》,第 474 页。
③ 《隶释》卷四《李翕析里桥郙阁颂》,〔宋〕洪适撰:《隶释 隶续》,第 53—54 页。参看高文:《汉碑集释》,第 378—380 页。
④ 〔宋〕洪适撰:《隶释 隶续》,第 50 页。参看高文:《汉碑集释》,第 89—90 页。
⑤ 高文:《汉碑集释》,第 59 页。
⑥ 《石门颂》,高文:《汉碑集释》,第 89—90 页。
⑦ 《宋书》卷七〇《袁淑传》,第 1838 页。
⑧ 〔明〕张吉撰:《古城集》卷三,文渊阁《四库全书》本。
⑨ 〔明〕胡应麟撰:《少室山房集》卷五,文渊阁《四库全书》本。

海傍",在颂扬两汉军事英雄时,其事迹相互交叉。《汉书》卷六《武帝纪》记录元狩四年(前119)出击匈奴取得的重大胜利:"大将军卫青将四将军出定襄,将军去病出代,各将五万骑。步兵踵军后数十万人。青至幕北围单于,斩首万九千级,至阗颜山乃还。去病与左贤王战,斩获首虏七万余级,封狼居胥山乃还。"所谓"封狼居胥山",颜师古注:"登山祭天,筑土为封,刻石纪事,以彰汉功。"① 可知虽然《汉书》没有记载"刻石纪事"情节,但是唐代《汉书》学名家理解,在狼居胥山,霍去病曾经勒石纪功。"封",是纪念性建筑。著名的有关"封"的历史记录,见于《左传·文公三年》:"秦伯伐晋,济河焚舟,取王官及郊。晋人不出,遂自茅津渡,封殽尸而还。"杜预解释说,"封,埋藏之。"② 而《史记》卷五《秦本纪》相同记载,裴骃《集解》引贾逵曰:"封识之。"秦穆公"封殽中尸",绝不仅仅是简单地掩埋四年前阵亡士卒的尸骨,而是修建了高大的夯土建筑,以作为国耻的永久性纪念。秦穆公"令后世以记"的用心,是期望通过这种"封"来实现的。③ 霍去病在狼居胥山的"封",则有炫耀军功,"令后世以记"的动机,也不能排除如颜师古所说,曾经"刻石纪事,以彰汉功"的可能。而燕然山"纪汉威德"的活动,除"刻石勒功"外,据班固铭文,也是包括"封神丘兮建隆嵑"的。而这篇"勒功"文字,在编入《文选》卷五六,列为"铭"的第一篇,就题名为《班孟坚封燕然山铭一首》,突出显示了"封"字。

燕然山在今蒙古国杭爱山。据班固《燕然山铭》,窦宪军"经碛卤,绝大漠",终于"乘燕然",实现"恢拓境宇"的新局面。④ 然而在漫长的汉匈战争史中,窦宪部未必最早抵达燕然山这一汉帝国北边"境宇"的著名坐标。《汉书》卷九四上《匈奴传上》记载,李广利曾经"引兵还至速邪乌燕然山",为匈奴单于"将五万骑遮击"。据颜师古注:"速邪乌,地名也。燕然山在其中。"⑤ 既言"还至",其部队向北运动还曾达到更远的位置。

---

① 《汉书》卷六《武帝纪》,第178页。
② 《春秋左传正义》,〔清〕阮元校刻:《十三经注疏》,第3994页。
③ 《史记》卷五《秦本纪》,第193—194页。
④ 《后汉书》卷二三《窦宪传》,第815页。
⑤ 《汉书》卷九四上《匈奴传上》,第3780页。

二 "振大汉之天声":英雄主义时代精神的纪念

考察两汉在北边及西域的经营,体现出当时英雄主义的时代精神与奋勇进取的文化倾向。鄂州出土的汉镜铭文"宜西北万里",体现出汉代社会对于西北方向特别的关注。对匈奴作战的胜利,如班固《燕然山铭》所说:"蹑冒顿之区落,焚老上之龙庭。上以摅高、文之宿愤,光祖宗之玄灵;下以安固后嗣,恢拓境宇,振大汉之天声。兹所谓一劳而久逸,暂费而永宁者也。"①称颂此战可以雪汉高帝、汉文帝之耻,得以"恢拓境宇",实现"久逸""永宁"之功。后世并非强势的君王在军力增益时可能"勃然有勒燕然之志"②,说明勒功燕然事,表现出强大而长久的激励力量。

然而应当了解,燕然山"封神丘兮建龙嵑"是汉武帝时代"封狼居胥山"军事成功的继续,并非窦宪一时之成就。明人吴讷《文章辨体序题》"铭"条写道:"汉班孟坚之燕然山,则旌征伐之功。"③我们必须注意到,匈奴退却,并非仅仅由于汉军"征伐之功",而有复杂的因素。《续汉书·天文志中》:"汉遣车骑将军窦宪、执金吾耿秉,与度辽将军邓鸿出朔方,并进兵临私渠北鞮海,斩虏首万余级,获生口牛马羊百万头。日逐王等八十一部降,凡三十余万人。追单于至西海。"④汉与羌胡联军4万余众,而敌方降者前引《窦宪传》说"二十余万人",此说则达"三十余万人",可知战争形势的复杂。应当说,文化态度的端正、经济实力的竞争、民族关系的调整,甚至生态环境的变迁等等,都构成了导致匈奴削弱的合力。我们理解什么是可以引为自豪并努力发扬的"大汉之天声",首先应当关注鲁迅曾经感叹的"遥想汉人多少闳放","毫不拘忌","魄力究竟雄大"。⑤ 他热情肯定的当时民族精神之"豁达闳大之风"的历史价值,应当超过《燕然山铭》

---

① 《后汉书》卷二三《窦宪传》,第815页。
② 《宋史》卷三九五《王质传》,第12056页。
③ 于景祥、李贵银编著:《中国历代碑志文话》,辽海出版社2009年12月版,第361页。
④ 《后汉书》,第3233页。
⑤ 鲁迅:《看镜有感》,鲁迅先生纪念委员会编:《鲁迅全集》第一卷《坟》,人民文学出版社1973年12月版,第183页。

表现为战争征服的所谓"斩温禺以衅鼓,血尸逐以染锷"①。

我们看到,"去塞三千余里""大破"北匈奴,是汉军与南匈奴及"羌胡"武装力量联合作战的胜利。远征发起的契机,是"南单于请兵北伐"。据《后汉书》卷二三《窦宪传》记载,"宪与秉各将四千骑及南匈奴左谷蠡王师子万骑出朔方鸡鹿塞,南单于屯屠河,将万余骑出满夷谷,度辽将军邓鸿及缘边义从羌胡八千骑,与左贤王安国万骑出稒阳塞,皆会涿邪山。"②简略估算远征军的构成,"度辽将军邓鸿及缘边义从羌胡八千骑"不易区分汉军骑兵与"羌胡"骑兵所占比例,其余共计 3 万 8 千骑中,南匈奴各部合计 3 万骑,窦宪部与耿秉部合计仅 8 千骑。可以说,窦宪远征军的主力,是草原游牧民族骑兵。

三 中护军班固:文人生涯与军人生涯的交集

班固是《汉书》的主要作者。《汉书》作为《史记》之后又一部史学名著,在"二十四史"中列居第二。《汉书》是中国第一部完整的断代史,就保存西汉与新莽时代的历史资料来说,《汉书》是最全面、最完备的史籍。《汉书》撰述完成后,"当世甚重其书,学者莫不讽诵焉"③。班固曾受命完成《白虎通德论》的撰集。据说皇帝"每行巡狩,辄献上赋颂",而"朝廷有大议,使难问公卿,辩论于前,赏赐恩宠甚渥"。对于当时作为朝廷最重要国是的边疆与民族问题的决策,班固也曾经提出过政策建议。班固是一位具有全面才华的学者,也是一位丰产的作家。"固所著《典引》、《宾戏》、《应讥》、诗、赋、铭、诔、颂、书、文、记、论、议、六言,在者凡四十一篇。"④据明代学者张溥辑《班兰台集》,班固《汉书》以外各种文体的作品 41 篇中,"铭"有 3 篇,列于最先的就是《封燕然山铭》。

宣示军事成功,"昭铭""大汉""圣德"的这篇文字,是班固文化生命的亮点。《后汉书》卷四〇下《班固传》记载,窦宪出征匈奴时,以班固为中护军,"与参议"

---

① 《后汉书》卷二三《窦宪传》,第 815 页。
② 《后汉书》卷二三《窦宪传》,第 814 页。
③ 《后汉书》卷四〇上《班固传》,第 1334 页。
④ 《后汉书》卷四〇下《班固传》,第 1373 页、第 1386 页。

军事决策。《燕然山铭》所记述"玄甲耀日,朱旗绛天""征荒裔""剿凶虐""四校横徂,星流彗扫,萧条万里,野无遗寇"的战争实践,班固曾经亲身参加。后来北匈奴单于"遣使款居延塞,欲修呼韩邪故事,朝见天子,请大使",窦宪又建议派遣班固以"行中郎将事"身份,率领数百骑兵与北匈奴使者出居延塞迎接北匈奴单于。① 班固抵达私渠海,得知北匈奴内乱,于是回到汉地。班固能够出入北边,稳健处理情势复杂的民族事务与外交事务,与他曾经随窦宪北上,"逾涿邪,跨安侯,乘燕然"的野战体验有直接的关系。② 宋人彭汝砺《送颖叔帅临洮》诗写道:"昔夸禁中得颇、牧,今见南阳称召、杜。前席宣室疑已暮,勒功燕然无可慕。"③"勒功燕然"者,与留下"前席宣室"故事的贾谊形成对应关系。而班固当然与窦宪不同,他身为军事"参议",然而对大局又有高才贾谊般的思考,其文武兼备的能力,一如彭诗写述的"颇、牧"与"召、杜"的结合。

窦宪"既平匈奴,威名大盛",有心网罗私人势力,于是将班固"置幕府,以典文章"。④ 后来窦宪受到惩处,班固"先坐免官",又因"诸子多不遵法度"被捕入狱,最终死在狱中。⑤ 班固的政治命运和窦宪捆绑在一起,这种亲密依附关系最典型最极端的标志,或许就是燕然山窦宪"令班固作铭"。唐杨夔《送张相公出征》:"愿将班固笔,书颂勒燕然。"⑥宋陆游《塞上》:"不应幕府无班固,早晚燕然刻颂诗。"⑦明贝琼《李将军歌》:"定知班固文章在,为勒燕然示不磨。"⑧尽管班固人生归于悲剧结局,但后世人们心目中勒功燕然这样的"班固文章",千百年并未磨灭。

---

① 《后汉书》卷四〇下《班固传》,第 1385 页。
② 《后汉书》卷二三《窦宪传》,第 815 页。
③ 〔宋〕彭汝砺撰:《鄱阳集》卷一,文渊阁《四库全书》本。
④ 《后汉书》卷二三《窦宪传》,第 819 页。
⑤ 《后汉书》卷四〇下《班固传》,第 1386 页。
⑥ 〔清〕彭定求等编:《全唐诗》卷七六三,中华书局 1960 年 4 月版,第 8661 页。
⑦ 〔宋〕陆游撰:《剑南诗稿》卷一六,文渊阁《四库全书》本。
⑧ 〔明〕贝琼撰:《清江诗集》卷四,文渊阁《四库全书》本。

四 燕然石刻发现的意义

庾信《杨柳歌》:"君言丈夫无意气,试问燕山那得碑。"注家言:"《后汉书》曰:窦宪与北单于战于稽落山,破之。刻石燕然山。"①杜甫诗句"待勒燕山铭",王洙注:"窦宪勒功燕然,班固为之铭。"②"燕然山"略写为"燕山",以致有对于勒功燕然空间定位的误会。明栾尚约撰嘉靖《宣府镇志》卷八《镇旧志》有"燕然山"条:"燕然山。城东南三十里,相传为窦宪纪功处。山有迭翠岩,雨霁岚气,青翠可爱。"又录明王崇献诗:"阅武场中倚将坛,燕然山势老龙盘。窦君出塞三千里,寄语英雄仔细看。"③熊伟《燕然迭翠》诗:"燕然形胜枕长千,翠入层霄万迭寒。……老我忧时思汉将,凭谁勒石照巑岏。"即使以为燕然山在漠北远方者,其实也长期不能明确这一文化遗存的具体位置。勒石燕然摩崖遗存在蒙古国杭爱苏木的发现,对于这一重要文物的保护和研究,提供了基本条件。对于古代文献记录的《燕然山铭》文字的校正和理解,也有了新的学术基础。应当肯定,这一发现所具有的历史地理学和历史文献学的意义都是明确的。就历史地理学而言,于民族地理、军事地理和交通地理诸方面都开启了新的学术视窗。中国和蒙古国学者合作取得的这一考古收获,也可以看作中国考古学界正在逐步开展的国外合作调查发掘工作的新的学术契机。

遗迹发现地点杭爱山,有学者以为与古书常见之"瀚海"有关。元代学者刘郁《西使记》写道:"今之所谓'瀚海'者,即古金山也。"④岑仲勉《自汉至唐漠北几个地名之考定》赞同刘郁之说,认为"瀚海"是"杭海""杭爱"的译音。⑤ 柴剑

---

① 〔北周〕庾信撰,〔清〕倪璠注,许逸民点校:《庾子山集注》卷五,中华书局1980年10月版,第411—412页。

② 〔宋〕黄希原本,黄鹤补注:《补注杜诗》卷一三,文渊阁《四库全书》本。

③ 《宣府镇志》,成文出版社有限公司1970年4月据嘉靖四十年刊本影印版。

④ 〔元〕刘郁撰,顾宏义、李文整理标校:《西使记》,上海书店出版社2013年7月版,第149页。

⑤ 岑仲勉:《自汉至唐漠北几个地名之考定》,《中外史地考证》,中华书局2004年4月版。

虹进一步发现维吾尔语汇中突厥语的遗存,"确定'瀚海'一词的本义与来历",以为"两千多年前,居住在蒙古高原上的突厥民族称高山峻岭中的险隘深谷为'杭海'","后又将这一带山脉统称为'杭海山''杭爱山',泛称变成了专有名词"。① 不过,诸多文献遗存中,"瀚海"作为自然地理符号指代的是类同海洋的平坦的草原荒漠地貌。《魏书》卷二四《张伦传》:"饮马瀚海之滨,镂石燕然之上。"②既言"瀚海之滨","瀚海"似乎不会是指山脉。而唐代诗作中,李世民《饮马长城窟行》:"瀚海百重波,阴山千里雪。"③王维《燕支行》:"叠鼓遥翻瀚海波,鸣笳乱动天山月。"④李白《塞上曲》:"萧条清万里,瀚海寂无波。"⑤钱起《送王使君赴太原行营》:"不卖卢龙塞,能消瀚海波。"⑥"瀚海波"诗句,也与"瀚海""山脉"之说不能相合。杭爱山《燕然山铭》及周边相关历史文化迹象的综合研究,也许也有益于我们对"瀚海"意义的准确理解。

---

① 柴剑虹:《"瀚海"辨》,《学林漫录》二集,中华书局1987年3月版。
② 《魏书》卷二四《张伦传》,第618页。
③ 〔清〕彭定求等编:《全唐诗》卷一,中华书局1960年4月版,第3页。
④ 〔唐〕王维撰,陈铁民校注:《王维集校注》卷一,中华书局1997年8月版,第29页。
⑤ 〔唐〕李白著,〔清〕王琦注:《李太白全集》卷五,中华书局1977年9月版,第291页。
⑥ 〔清〕彭定求等编:《全唐诗》卷二三八,第2568页。

汉与罗马:交通建设与帝国行政

位于世界西方与东方的罗马帝国和汉帝国作为强大的政治实体,均以交通建设的成就,实现了行政效率的提升,维护了社会经济的进步,显示出军事实力的充备,形成了文化影响的扩张。从交通史视角进行比较,是深化如钱穆所谓"历史智识"非常必要的工作。主要交通干线往往由国家营建,政府在规划、修筑、管理、养护诸多方面起主导作用。罗马帝国的商人比汉帝国的商人曾经有较高的地位和较活跃的表现。但是在交通建设的主动性方面,同样落后于行政力量。较高等级的道路、驿馆、车辆、船舶均优先为政治军事提供服务。海上交通方面,罗马帝国有更为优越的传统,更为先进的条件。社会普遍对海上航行予以更多的重视。但是汉帝国统治时期在整个中国古代史进程中,海上航运开发曾经居于明显领先的地位,也体现出较好的发展前景。海盗在罗马帝国与汉帝国均曾活跃。罗马帝国与汉帝国时代,打击海盗的行动均由政府组织。注意交通条件首先作为行政基础,其次才促进经济运行的情形,有益于理解古罗马与汉代中国的历史真实。进行汉与罗马交通史及行政史的相互比较,还需要做进一步的工作。从交通史视角进行罗马帝国与汉帝国历史比较研究,是有重要意义的学术主题。随着工作的深入,期待考古事业的新收获。

一 交通基本建设的国家行政主导

"罗马帝国的成就",体现为"将纷繁复杂的地中海地区和欧洲北部大部分地区同化为单一的政治、行政体系"。① 为了维护这一"体系"的运行,必须建设交通条件予以保障。

"罗马人修建的道路""直接将相隔遥远的不同地区连接在一起,其发达程度在近代以前无可匹敌"。"在对不列颠境内罗马时代道路进行航空俯瞰的时候,观察者经常会注意到一种鲜明的对比,一边是罗马人笔直的、功能一目了然的大道,专供长途运输使用;另一边是把它们联系起来的,建于中世纪和近代早期英格兰的乡间小路和田地边界(它们反映了总体上更具地方性特色的经济体之间的界限)"。② 修建于秦代,汉代依然在使用的自九原(今内蒙古包头)直抵甘泉宫(今陕西淳化)的秦直道,也是"笔直的、功能一目了然的大道"。③

蒙森《罗马史》第四卷《革命》写道:在这一时期初叶,道路建设有非常大的规模,"公共建筑的经营规模极大,特别是造路,没有像这时期这样努力的。在意大利,南行大道可能源于前代,这条道是亚庇路的延长线,由罗马经卡普亚、贝内文托和维努西亚而到塔兰托和布隆迪西乌姆两港,属于此路的有 622 年即前 132 年执政官普布利乌斯·波皮利乌斯(Pubulius Popillius)所造自卡普亚至西西里海峡的支线"。"埃特鲁里亚的两条大道"之一即"卡西乌斯路经苏特里乌姆(Sutrium)和克卢西乌姆(Clusium)通到阿雷提乌姆和罗马伦提亚,此路的建筑似不在 583 年即前 171 年之前——大约在这时候才被认为罗马的公路。"④ 而在中国秦汉时代,结成沟通全国的交通网的"驰道",规模宏大,然而因使用等级的

---

① 〔英〕约翰·博德曼、贾斯珀·格里芬、奥斯温·穆瑞编,郭小凌等译:《牛津古罗马史》,北京师范大学出版社 2015 年 9 月版,第 423 页。

② 〔英〕约翰·博德曼、贾斯珀·格里芬、奥斯温·穆瑞编,郭小凌等译:《牛津古罗马史》,第 427 页。

③ 史念海:《秦始皇直道遗迹的探索》,《陕西师范大学学报》1975 年第 3 期,《文物》1975 年第 10 期,收入《河山集》四集。

④ 〔德〕特奥多尔·蒙森著,李稼年译:《罗马史》,商务印书馆 2017 年 7 月版,第三册第 394—395 页。

限定,严格说来,是不可以称作"公路"的。① 古罗马"在各省建造帝国大道",据说始于盖乌斯·拉格古,有学者认为"毫无疑义"。"长期经营之后,多米提亚路成为自意大利至西班牙的一条安全陆路","伽比路和埃纳提路自亚得里亚沿岸要地……通到内地。""625 年即前 129 年设立亚细亚省,曼尼乌斯·阿奎利乌斯(Manins Aquillius)即刻修大路网,由省会埃菲苏取种种方向通至帝国边界。此等工程的起源不见于本期残缺的记载,可是它们必与本期高卢、达尔马提亚和马其顿的战事有关,对于国家的中央集权和蛮夷区域被征服后的进入文明,必有极重大的关系。"②秦始皇"驰道"和"直道"的建设,在汉代仍然得以维护和使用,当然也与"国家的中央集权""有极重大的关系"。汉代帝王也同样将交通建设看作治国的重要条件,表现出最高执政集团对交通建设的特殊重视。主要交通干线的规划、施工和管理,往往由朝廷决策。汉武帝元光五年(前 130)"发巴蜀治南夷道,又发卒万人治雁门阻险",元封四年(前 107)"通回中道"等事,都录入《汉书》帝纪。据《史记》卷二九《河渠书》,作褒斜道,通漕渠,也由汉武帝亲自决策动工。汉平帝元始五年(5),王莽"以皇后有子孙瑞,通子午道",③也是典型的史例。汉武帝"通西南夷道"以及打通西域道路,就发起者的主观动机而言,也与"蛮夷区域被征服后的进入文明""有极重大的关系"。④

关于盖乌斯·拉格古"致力于改进意大利的道路"的"另一方式",有学者

---

① 《史记》卷六《秦始皇本纪》记载:秦始皇二十七年(前 220),"治驰道"。第 241 页。驰道的修筑,是秦汉交通建设事业中最具时代特色的成就。通过秦始皇和秦二世出巡的路线,可以知道驰道当时已经结成全国陆路交通网的基本要络。左丞相李斯被赵高拘执,在狱中上书自陈,历数功绩有七项,其中包括"治驰道,兴游观,以见主之得意"。《史记》卷八七《李斯列传》,第 2561 页。可见修治驰道是统治短暂的秦王朝行政活动的主要内容之一。然而云梦龙岗秦简可见禁行"驰道中"的法令。西汉依然推行这样的制度,《汉书》卷四五《江充传》颜师古注引如淳曰:"《令乙》:骑乘车马行驰道中,已论者没入车马被具。"第 2178 页。未经特许,驰道甚至不允许穿行。汉成帝为太子时,元帝急召,他以太子身份,仍"不敢绝驰道",绕行至直城门,"得绝乃度"。此后元帝"乃著令,令太子得绝驰道云"。《汉书》卷一〇《成帝纪》,第 301 页。

② 〔德〕特奥多尔·蒙森著,李稼年译:《罗马史》,第三册第 395—396 页。

③ 《汉书》卷九九上《王莽传上》,第 4076 页。

④ 王子今:《秦汉交通史稿》(增订版),中国人民大学出版社 2013 年 1 月版,第 24—38 页,第 292—298 页。

说:"分田时,他指定受路旁田地的人有世世修理道路的义务,因此使乡间大道得有相当的修治。""他规定田间须有好路,以便振兴农业。""立里程碑和以正式界碑表示地界等习惯,似乎都由他而来,至少由分田部门而来。"①有学者认为,这确实是曾经普遍推行的制度。在罗马帝国的行政格局之中,"这些道路一旦修建起来,保养工作立刻便成为它们途经地段的当地居民的义务,他们自然也要承担建设沿途支路、驿站和桥梁的劳动"。② 汉帝国的情形也是如此。秦律已经有田间道路养护责任的规定。汉代法令也有相关内容。从汉代买地券的内容看,地界往往以道路划分。汉代地方行政区划发现有界碑,应当都树立于交通道路旁侧。而"里程碑"的使用,没有文物发现以为证明。河西汉简资料可见道路里程的记录。较长路段的里程,则有《汉书》卷九六《西域传》"去长安"若干里等记载。

古罗马驿递系统是最高执政者创立的。据说,"奥古斯都创立了公差(国家运输或帝国邮政),即一种当政官员使用的驿递系统:它是使用军用道理传递信息的一种手段,被用来递送军事和政府公文以及法律方面的重要信息……还用来运送国有的辎重和军事给养;满足军粮(annona militaris)供给也是公差的指责。"驿道沿途有驿站,"主干道沿线每隔一段距离修建驿站(mansions),有些以城镇为基地"。③

这种驿递系统有较高的效率,管理方式也比较严格。"起初,公差的信使为赛跑者,但很快便被沿途驻扎的牲畜和车辆所取代。"

在古罗马,"骡子和驴用作驮物的役力,它们比马更有耐力,更稳健"。"重物可以直接绑在牲畜的背上,或放在牲畜的鞍上或驮篮里,鞍由覆有皮革或布的木架组成,而驮篮通常是质地较软的篮筐。与轮车相比,驴队或骡队的使用更为广泛。在东部行省则用骆驼驮物。""驮物的牲畜可以穿过不适合车辆通行的路况最差的小路。它们在城镇中用于运输建筑材料以及从河流和运河运来的货

---

① 〔德〕特奥多尔·蒙森著,李稼年译:《罗马史》,第三册第 395 页。
② 〔英〕约翰·博德曼、贾斯珀·格里芬、奥斯温·穆瑞编,郭小凌等译:《牛津古罗马史》,第 427 页。
③ 〔英〕莱斯莉·阿德金斯、罗伊·阿德金斯著,张楠、王悦、范秀琳译:《古代罗马社会生活》,商务印书馆 2016 年 6 月版,第 239 页。

物。它们成为拖运军事辎重的重要运输手段,每个军团都需要1000匹骡或矮种马。"①

汉王朝的运输组织使用驴骡和骆驼年代稍晚,《盐铁论·力耕》说,河西丝路开通之后,"羸驴馲驼,衔尾入塞,驒騱騵马,尽为我畜"。② 驮运也是重要的运输方式,特别是在山路即同样"不适合车辆通行的路况最差的小路"。远征军团大规模的辎重队伍,也见于史籍。汉王朝由国家经营"苑马",即建设多处大规模的国营马场以提供交通动力的情形,似乎古罗马未曾出现。

二 交通系统的服务主体

"罗马元首派出使团,让他们沿着帝国境内的驿路,穿越风平浪静的海面前往四面八方。他可以放心,无论使臣们途经何等多样的文化区和语言区,负责接待的人们必然能够接到并领会他们传达的旨意。反之(或许有过之而无不及),行省的行政机构也可以向罗马政府派遣使节,并且确信(在凡人意志、能力的正常范围内和允许出现极个别意外的情况下),这些使者将安然抵达目的地;同时也明白,通过由希腊—罗马文化建立,由知识精英们维系着的交流模式,统治者可以理解他们的吁请。这种由显要公民代表其居住地区进行的出使行为是罗马社会最显而易见的市政功能之一。"③

古罗马奥古斯都时代的所谓"公差(国家运输或帝国邮政)"是"一种当政官员使用的驿递系统","出公差的旅行者(主要是军队人员)持有一份特许文书(diploma),他们可在驿站休息并更换牲畜"。④ 汉王朝的情形与此相同。据说,

---

① 〔英〕莱斯莉·阿德金斯、罗伊·阿德金斯著,张楠、王悦、范秀琳译:《古代罗马社会生活》,第239—240页。
② 王利器校注:《盐铁论校注》,第28页。
③ 〔英〕约翰·博德曼、贾斯珀·格里芬、奥斯温·穆瑞编,郭小凌等译:《牛津古罗马史》,第427—428页。
④ 〔英〕莱斯莉·阿德金斯、罗伊·阿德金斯著,张楠、王悦、范秀琳译:《古代罗马社会生活》,第239页。

"从君士坦丁一世开始,公差被神职人员广为利用"。① 汉武帝时代,方士同样曾经得以享用最高等级的交通工具,"予方士传车及间使求仙人以千数"。②

古罗马公民有权利利用国家交通体系。有学者指出,"圣保罗在旅途中充分利用了其作为罗马公民的体面社会地位"。③

三 陆路交通的技术形式

古罗马驿递系统的效率相当高。"信使每天平均行程75公里(46英里),但最快速度可达200公里(124英里)。"④

古罗马的驿递系统采用不同的动力方式,"最初,公差的信使为赛跑者,但很快便被沿途驻扎的牲畜和车辆所取代,由它们把信使从起点送到行程终点"。⑤

古罗马驿递系统的车辆,"轮子的类型各异。原始的实心轮继续使用……但有辐条的轮子却更普遍"。⑥ 古罗马"轮车的设计从凯尔特人那里引进","在艺术形式中出现的客车比商用车更常见。上层结构轻巧灵活,有时用柳条制品

---

① 〔英〕莱斯莉·阿德金斯、罗伊·阿德金斯著,张楠、王悦、范秀琳译:《古代罗马社会生活》,第239页。

② 《史记》卷二八《封禅书》,第1397页。

③ 〔英〕约翰·博德曼、贾斯珀·格里芬、奥斯温·穆瑞编,郭小凌等译:《牛津古罗马史》,第423页。

④ 〔英〕莱斯莉·阿德金斯、罗伊·阿德金斯著,张楠、王悦、范秀琳译:《古代罗马社会生活》,第239页。

⑤ 〔英〕莱斯莉·阿德金斯、罗伊·阿德金斯著,张楠、王悦、范秀琳译:《古代罗马社会生活》,第239页。

⑥ 汉代的独轮车起初也是使用这种车轮。《盐铁论·散不足》:"古者椎车无柔。"或以为"柔"同"輮"。张敦仁《盐铁论考证》说:"椎车者,但斲一木使外圆,以为车轮,不用三材也。"萧统《文选序》也说:"椎轮为大辂之始。"西汉的早期独轮车,车轮制作可能和这种原始车轮相近,即直接截取原木并不进行认真加工,轮体有一定厚度,正便于推行时操纵保持平衡。由于车轮浑整厚重酷似辘轳,因而得名辘车。王子今:《秦汉交通史稿》(增订版),第117—118页。

制成。由于不使用悬架装置,旅行一定很不舒服"。① 汉代迎送高等级知识分子的车辆用蒲草减震,称作"蒲轮",如汉武帝"始以蒲轮迎枚生"。②

古罗马用于交通运输的"大多数马科动物没有马蹄铁,但对此难以获得精确的信息。道路两旁的小道会比坚硬的路面更适合动物行走。有关马蹄铁的证据多源于凯尔特人和不列颠地区(因为马蹄在潮湿的天气里变得非常软,会很快破裂)。有考古发现证明凯尔特人在罗马时代之前已有马蹄铁,罗马境内也曾发现一些马蹄铁,但公元 5 世纪才普及开来。马蹄铁有波浪形或平滑的边缘,上面打孔。马匹也可以穿上轻便的鞋子:草鞋(solea spartca)用坚韧的织草或其他合适的材料制成,铁头鞋(colea ferrae)是带铁底的铁(偶尔也有皮革的)掌,用绳线或皮绳固定在马蹄上。这些鞋子是兽医用来保护因没有钉掌而疼痛的马蹄或固定敷料而准备的用具"。③ 汉王朝用于交通动力的马匹使用蹄铁的例证还没有发现。但是有的学者认为《盐铁论·散不足》"今富者连车列骑,骖贰辎軿。中者微舆短毂,繁髦掌蹄"之所谓"掌蹄",体现了保护马蹄的方式。王利器校注引孙人和曰:"'掌'读为'趸',《说文》:'趸,距也。'趸蹄,以物饰其蹄也。"王利器说:"'趸蹄',今犹有此语,就是拿铁趸钉在马蹄上来保护它。走马之趸蹄,正如斗鸡之距爪一样。"④《盐铁论》所谓"掌蹄",有人直接解释为"马蹄钉铁掌"。如《汉语大词典》就是这样对"掌蹄"进行说明的:"【掌蹄】钉铁掌于马蹄。汉桓宽《盐铁论·散不足》:'今富者连车列骑,骖贰辎軿。中者微舆短毂,烦尾掌蹄。夫一马伏枥,当中家六口之食,亡丁男一人之事。'"⑤这样的认识,现在看来还需要提供更有说服力的证明。⑥

---

① 〔英〕莱斯莉·阿德金斯、罗伊·阿德金斯著,张楠、王悦、范秀琳译:《古代罗马社会生活》,第 241 页。

② 《史记》卷一一二《平津侯主父列传》,第 2964 页。

③ 〔英〕莱斯莉·阿德金斯、罗伊·阿德金斯著,张楠、王悦、范秀琳译:《古代罗马社会生活》,第 240 页。

④ 王利器校注:《盐铁论校注》,第 368 页。

⑤ 汉语大词典编纂委员会、汉语大词典编纂处:《汉语大词典》,汉语大词典出版社 1990 年 12 月版,第 6 卷第 633 页。

⑥ 王子今:《〈盐铁论〉"掌蹄""革鞮"推考》,《朱绍侯九十华诞纪念文集》,河南大学出版社 2015 年 10 月版。

古罗马"至少在意大利,大规模的排水工程与修路工程同时并进"。"645 年即前 109 年,与建筑北意大利的大路同时并进,完成帕尔玛与普拉森提亚间低地的泄水工程。"①汉武帝时代开通的漕渠,是一方面"径,易漕",另一方面"又可得以溉田……而益肥关中之地,得谷",于便利交通与发展水利两个方面同时取得经济效应的工程。②

古罗马帝国"政府大修罗马城的水道,这对于首都的卫生和安适绝不可少,而且费用很大"③,汉长安城的排水系统与交通设施相结合,城中大道两侧的排水沟是明沟,而与宫廷道路相关的排水设施等级更高。④

作为重要工程,古罗马"水道"的建设保留了引人瞩目的宏大遗存。"自 442 年即前 312 年和 492 年即前 262 年即已存在的两条水道——一条是阿庇安水道,一条是阿尼奥水道——又在 610 年即前 144 年彻底重修,而且造了两条新水道。610 年即前 144 年造马尔库斯水道,水质甚好,水量丰富,以后无以复加;十九年以后,又造所谓喀里达(Calida)水道。"⑤古罗马"水道"工程并非交通建设事业,但是修造效率必然与交通条件有关。而秦代作为水利工程的"水道",有李冰"穿郫江、检江,别支流双过郡下,以行舟船。岷山多梓、柏、大竹,颓随水流,坐致材木,功省用饶"。沫水"水脉漂疾,破害舟船,历代患之",李冰于是"发卒凿平溷崖,通正水道"。⑥

---

① 〔德〕特奥多尔·蒙森著,李稼年译:《罗马史》,商务印书馆 2017 年 7 月版,第三册第 396 页。

② 《史记》卷二九《河渠书》:"是时郑当时为大农,言曰:'异时关东漕粟从渭中上,度六月而罢,而漕水道九百余里,时有难处。引渭穿渠起长安,并南山下,至河三百余里,径,易漕,度可令三月罢;而渠下民田万余顷,又可得以溉田;此损漕省卒,而益肥关中之地,得谷。'天子以为然,令齐人水工徐伯表,悉发卒数万人穿漕渠,三岁而通。通,以漕,大便利。其后漕稍多,而渠下之民颇得以溉田矣。"第 1410 页。

③ 〔德〕特奥多尔·蒙森著,李稼年译:《罗马史》,商务印书馆 2017 年 7 月版,第三册第 396 页。

④ 王仲殊:《汉长安城考古的初步收获》,《考古通讯》1957 年第 5 期;《汉长安城考古工作收获续记》,《考古通讯》1958 年第 4 期。

⑤ 〔德〕特奥多尔·蒙森著,李稼年译:《罗马史》,商务印书馆 2017 年 7 月版,第三册第 396 页。

⑥ 〔晋〕常璩撰,任乃强校注:《华阳国志校补图注》,第 133 页。

四　交通与商业

对于古罗马是否持续坚持"罗马商业霸权主义","表现出商业扩张主义精神",对于"罗马对外政策的发展演变过程中""罗马商业与资本利益所扮演的重要角色",由于问题复杂①,难以做出明朗的判断。有的学者指出,282 年,"罗马的船队第一次访问意大利东南部的海面",罗马建造"巨大的军用舰队"时代稍晚,"如果罗马是一个商业强国的话,这些事实怎么可能呢?"②

古罗马国家设置的驿递系统服务于军事、政治。也有民间类似的交通设置。"除了属于公差(cursus)的驿站以外,还有一系列私人经营的客栈为市民提供食宿。"③

有学者指出,"罗马人修建的道路""最初是军用的,但自然地很快地被转作经济用途"④,民间社会经济生活利用国家道路,确实是很"自然"的事。汉王朝也有这样的情形。在交通条件未必最为优越的北边道上,乌桓入侵云中,一次即"遮截道上商贾车牛千余两"⑤,也可以说明当时商运发达的情形。

有古罗马史学者指出,"在行省处境普遍改善,运输发展,交通道路安全情况增长等等的背景上,地方生产的发展使帝国时期意大利与行省的和行省与行省之间的商业大大地活跃起来了"。"在这一区域与区域之间的贸易里的商品不单单是奢侈品。""帝国的对外贸易也不次于国内贸易。"⑥汉王朝各地之间的

---

① 〔美〕腾尼·弗兰克,宫秀华译:《罗马帝国主义》,上海三联书店 2012 年 6 月版,第 270—286 页。
② 〔俄〕科瓦略夫著,王以铸译:《古代罗马史》,上海书店出版社 2007 年 4 月版,第 190 页。
③ 〔英〕莱斯莉·阿德金斯、罗伊·阿德金斯著,张楠、王悦、范秀琳译:《古代罗马社会生活》,第 239 页。
④ 〔英〕约翰·博德曼、贾斯珀·格里芬、奥斯温·穆瑞编,郭小凌等译:《牛津古罗马史》,第 427 页。
⑤ 《后汉书》卷九〇《乌桓传》,第 2983 页。
⑥ 〔俄〕科瓦略夫著,王以铸译:《古代罗马史》,第 696 页。

民间贸易联系在重农抑商行政原则的影响下受到压抑,而"对外贸易"的发达程度尤其逊色。

汉帝国对于商人利用交通条件予以限制。汉高帝八年(前199)春三月,令"贾人勿得衣锦绣绮縠絺纻罽,操兵,乘骑马"。①《史记》卷三〇《平准书》:"天下已平,高祖乃令贾人不得衣丝乘车,重租税以困辱之。"②汉武帝推行"算缗""告缗"制度,对商人的交通能力予以剥夺式打击:"商贾人轺车二算;船五丈以上一算。匿不自占,占不悉,戍边一岁,没入缗钱。有能告者,以其半畀之。"③与汉帝国不同,古罗马对于商人似乎没有交通条件方面的歧视性限制。"坎尼一战(539年即前215年)以后不久,通过一个人民法令,禁妇女戴金饰、穿彩衣或乘车",然而"与迦太基结和(559年即前195年)以后","她们竟能促成此法令的废止"。④

五 海洋航行与海盗的发生与除灭

由于阿尔卑斯山、亚平宁山等地理条件的限制,正如有的学者所指出的,意大利不能从这些方向"得到文明要素","意大利古代所吸收的外国文化,都由东方的航海民族带来"。⑤

有学者指出,海上航行是古罗马行政实践的重要条件。"罗马元首派出使团,让他们……穿越风平浪静的海面前往四面八方。"⑥政令的传达,需要通过海路。而汉帝国主要疆域在大陆,但是秦始皇、汉武帝均非常重视海洋的探索。秦始皇统一天下之后5次出巡,其中4次来到海上。汉武帝又远远超过了这一记

---

① 《汉书》卷一下《高帝纪下》,第65页。
② 《史记》卷三〇《平准书》,第1418页。
③ 《汉书》卷二四下《食货志下》,第1166页。
④ 〔德〕特奥多尔·蒙森著,李稼年译:《罗马史》,第二册第400页。
⑤ 〔德〕特奥多尔·蒙森著,李稼年译:《罗马史》,第一册135页。
⑥ 〔英〕约翰·博德曼、贾斯珀·格里芬、奥斯温·穆瑞编,郭小凌等译:《牛津古罗马史》,第427页。

录,一生中至少10次巡行海滨。他最后一次行临东海,已经是68岁的高龄。①

古罗马交通道路的建设注重沿海道路的规划与通行。上文说到"622年即前132年执政官普布利乌斯·波皮利乌斯(Pubulius Popillius)所造自卡普亚至西西里海峡的支线",据研究者介绍,"在东海岸,迄今只有自法努姆至阿里米努姆作为弗拉米尼路的一段,现在沿海路线向南延长,直至阿奎莱亚,至少由阿里米努姆至哈特里亚一段也是上述波皮利乌斯同年所造。埃特鲁里亚的两条大道——一条是沿海路,又名奥勒里路,自罗马达庇萨和卢那,建于611年即前123年间……"②秦汉帝国交通建设可以与这种"沿海路"比较的是"并海道"。秦始皇、秦二世和汉武帝都曾经循并海道巡行。③ 并海道有益于海港之间的沟通及近海航行的开拓,④对于沿海区域文化的形成也有积极的作用。就沿海区域控制而言,并海道也有重要的意义。⑤

海上航运得以发展的同时,可见海盗的活跃。有的罗马史论著指出:"从可以追溯到的最早的海盗活动开始,海盗便犹如一种挥之不去的顽疾,始终影响着古代的海上航运。""(海盗)严重危及地中海东部的船运安全。这一地区的海岸和通商航行经常遭受海盗袭击。自远古时代起,劫持绑架一直是古代海盗活动的重要形式,海盗通过勒索赎金或将俘虏卖身为奴的方式获得丰厚利润。就这一点而言,罗马的经济发展很大程度上刺激了海盗经济学。""海盗对贸易和运输造成的严重困扰","促使元老院决定开展打击海盗的行动"。"公元前102年,元老院授予马尔库斯·安东尼厄斯(Marcus Antonius)总督治权(proconsular imperium),目的是让他捣毁西西里和旁非利亚(Pamphylian)沿海的海盗巢穴,肃清海盗在那里的主要据点。这次行动只取得了局部胜利,最多短期内对遏制海盗起到一定作用","罗马与米特拉达梯交战期间以及罗马内战时期,海盗乘隙将势力范围由地中海东部向西部扩张,西西里和意大利沿海地区也不免受到海

---

① 王子今:《略论秦始皇的海洋意识》,《光明日报》2012年12月13日;《秦皇汉武的海上之行》,《中国海洋报》2013年8月28日。
② 〔德〕特奥多尔·蒙森著,李稼年译:《罗马史》,第三册第395页。
③ 王子今:《秦汉时代的并海道》,《中国历史地理论丛》1988年第2期。
④ 王子今:《秦汉时期的近海航运》,《福建论坛》1991年第5期。
⑤ 王子今:《秦汉帝国执政集团的海洋意识与沿海区域控制》,《白沙历史地理学报》第3期,2007年4月。

盗舰队的袭击"。海盗活动蔓延到整个地中海地区。"公元前76年,庞培就是在这种形势下加入打击海盗的行动的。""有关授予庞培抗击海盗特别指挥权的法律""获得通过"。① "庞培以几乎无限的全权率兵征讨海盗"。② 他"在整个帝国范围内调动资源",征调了500艘战船和12万5千名步兵,在海战中获胜,又摧毁了海盗的真正据点。③ "不久,堡垒和山岳中的海盗大众不再继续这绝望的战争,听命投降。""前67年夏季,即在开战后三个月,商业交通又走入常规。"④

在记录东汉历史的文献中可以看到"海贼"称谓。如《后汉书》卷五《安帝纪》:"(永初三年)秋七月,海贼张伯路等寇略缘海九郡。遣侍御史庞雄督州郡兵讨破之。"四年(110)春正月,"海贼张伯路复与勃海、平原剧贼刘文河、周文光等攻厌次,杀县令。遣御史中丞王宗督青州刺史法雄讨破之"。⑤《后汉书》卷三八《法雄传》有关于法雄镇压"海贼"的内容:"永初三年,海贼张伯路等三千余人,冠赤帻,服绛衣,自称'将军',寇滨海九郡,杀二千石令长。初,遣侍御史庞雄督州郡兵击之,伯路等乞降,寻复屯聚。明年,伯路复与平原刘文河等三百余人称'使者',攻厌次城,杀长吏,转入高唐,烧官寺,出系囚,渠帅皆称'将军',共朝谒伯路。"⑥"海贼"的活动直接冲击"滨海"地区的社会治安。

居延汉简中可以看到出现"海贼"字样的简文:"书七月己酉下∨一事丞相所奏临淮海贼∨乐浪辽东 得渠率一人购钱卅万诏书八月己亥下∨一事大"(33.8)⑦。"购钱卅万"赏格之高,远远超出其他反政府武装首领"五万""十万"的额度,可知"海贼"对行政秩序的危害非常严重。由简文"临淮"字样,可以根据地

---

① 〔德〕克劳斯·布林格曼著,刘智译:《罗马共和国史:自建城至奥古斯都时代》,华东师范大学出版社2014年3月版,第270—273页。

② 〔德〕特奥多尔·蒙森著,李稼年译:《罗马史》,第四册第111页。

③ 〔德〕克劳斯·布林格曼著,刘智译:《罗马共和国史:自建城至奥古斯都时代》,第274页。

④ 〔德〕特奥多尔·蒙森著,李稼年译:《罗马史》,第四册第110页。

⑤ 《后汉书》卷五《安帝纪》,第213—214页。

⑥ 《后汉书》卷三八《法雄传》,第1277页。

⑦ 谢桂华、李均明、朱国炤:《居延汉简释文合校》,文物出版社1987年1月版,第51页。

方行政区划的变化推知这一有关"海贼"史料的出现,早于《后汉书》的记载。①

六 立国形态的比较与交通史异同

钱穆说:"凡治史有两端:一曰求其'异',二曰求其'同'。"②他是指史学的纵向比较。进行横向的比较,也应当"求其'异'""求其'同'"。钱穆写道:"姑试略言中国史之进展。就政治上言之,秦、汉大一统政府之创建,已为国史辟一奇迹。近人好以罗马帝国与汉代相拟,然二者立国基本精神已不同。罗马乃以一中心而伸展其势力于四围。欧、亚、非三洲之疆土,特为一中心强力所征服而被统治。仅此中心,尚复有贵族、平民之别。一旦此中心上层贵族渐趋腐化,蛮族侵入,如以利刃刺其心窝,而帝国全部,即告瓦解。此罗马立国形态也。秦、汉统一政府,并不以一中心地点之势力,征服四围,实乃由四围之优秀力量,共同参加,以造成一中央。且此四围,亦更无阶级之分。所谓优秀力量者,乃常从社会整体中,自由透露,活泼转换。因此其建国工作,在中央之缔构,而非四围之征服。罗马如于一室中悬巨灯,光耀四壁;秦、汉则室之四周,遍悬诸灯,交射互映;故罗马碎其巨灯,全室即暗,秦、汉则灯不俱坏光不全绝。因此罗马民族震铄于一时,而中国文化则辉映于千古。我中国此种立国规模,乃经我先民数百年惨淡经营,艰难缔构,仅而得之。以近世科学发达,交通便利,美人立国,乃与我差似。如英、法诸邦,则领土虽广,惟以武力贯彻,犹惴惴惧不终日。此皆罗马之遗式,非中国之成规也。"③这样的认识,可以启示我们在比较汉与罗马立国形态的区别时有所深思。

有学者认为,古罗马时代,通过"资本势力"的作用和"商业兴隆","罗马始成为地中海各国的京都,意大利成为罗马的市郊"。④"罗马资本家由这些巨大营业所得的全部赢利,终久必总汇于罗马城,因为他们虽然常到海外,却不易定

---

① 王子今、李禹阶:《汉代的"海贼"》,《中国史研究》2010 年第 1 期;王子今:《居延简文"临淮海贼"考》,《考古》2011 年第 1 期。
② 钱穆:《国史大纲》修订本,商务印书馆 1996 年 6 月版,第 11 页。
③ 钱穆:《国史大纲》修订本,第 13—14 页。
④ 〔德〕特奥多尔·蒙森著,李稼年译:《罗马史》,第二册第 379 页。

居于海外；他们早晚必归罗马，或把所获的财产换成现钱而在意大利投资，或以罗马为中心，用这种资本和他们既得的联络继续营业。因此，对文明世界的其余部分，罗马在金钱上的确占优势，完全不亚于其在政治和军事上的确占优势。在这方面，罗马对他国的关系略如今日英国对大陆的关系……"①

古罗马的经济生活有颇为先进的形式。"特别在航海和其他大有危险的营业，合股制应用极广，以致实际代替上古所无的保险业。最普通的无过于所谓'航海借款'即近代的'船舶押款'，把海外商业的损失和盈余按比例分配到船只和载运货的所有者以及为这次航行而放款的一切资本家。然而罗马的经济有一条通则：一个人宁愿参加许多投机事业的小股份，而不独营投机业；加图劝资本家勿以资金专配备一只船，而应协同另外四十九个资本家排除五十艘船，收取每艘船的赢利达五十分之一。这样，营业必夏趋繁复，罗马商人以其敏捷的努力工作和用奴隶以及解放人的营业制度却能胜繁巨——由纯粹资本家的观点看，这种营业制度远胜于我们的账房制度。""罗马财富的持久性由这一切奠定了基础，其持久性较其宏伟尤堪注意。罗马有个或属举世无双的现象，即大家巨室的状况历数百年殆无改变……"②

与罗马形成鲜明对比的是，汉帝国商人"财富的持久性"不能得到保障。元鼎四年（前113），汉武帝又下令实行"告缗"，鼓励民间相互告发违反"算缗"法令的行为。规定将没收违法商人资产的一半奖励给告发者。于是，在"告缗"运动中，政府没收的财产数以亿计，没收的奴婢成千上万，没收的私有田地大县数百顷，小县百余顷。中等资产以上的商贾，大多都被告发以致破产。"算缗""告缗"推行之后，政府的府库得到充实，商人受到沉重的打击。③ 专制主义中央集权制度的空前加强，得到了强有力的经济保障。商人的地位，商业经济的地位，市场的社会作用，汉帝国与罗马帝国的不同，通过比较可以得到清晰的认识。这一差异与交通的关系，也可以发人深省。

---

① 〔德〕特奥多尔·蒙森著，李稼年译：《罗马史》，第二册第374页。
② 〔德〕特奥多尔·蒙森著，李稼年译：《罗马史》，第二册第377页。
③ 《史记》卷三〇《平准书》："杨可告缗遍天下，中家以上大抵皆遇告。杜周治之，狱少反者。乃分遣御史廷尉正监分曹往，即治郡国缗钱，得民财物以亿计，奴婢以千万数，田大县数百顷，小县百余顷，宅亦如之。于是商贾中家以上大率破，民偷甘食好衣，不事畜藏之产业，而县官有盐铁缗钱之故，用益饶矣。"第1435页。

秦交通考古及其史学意义

交通考古成为学界重视的学术方向,俞伟超的《三门峡漕运遗迹》①可以看作重要标志。近年秦"厎柱丞印"封泥的发现,大致可以说明黄河漕运在秦时已经起始。对交通开发与交通建设的重视,是秦崛起于西北,并逐步强盛,得以实现统一的重要因素之一。对于秦史与秦文化的诸多认识,可以通过秦交通考古的收获得以深化。

一 秦人经营交通线路的考古发现

考古学者20世纪80年代对蓝桥河栈道遗存的发现与研究,进而对商鞅封地商邑遗址的调查与发掘,使得秦楚之间"武关道"的交通效能与交通形制得以认识。考古学者发现的子午道栈道遗存,据刘邦南下汉中"道由子午"②分析,可能也是秦道路工程的遗迹。

内蒙古考古学者较早对秦始皇直道北段线路进行了考古调查,史念海发表《秦始皇直道遗迹的探索》③一文之后,陕西、甘肃、内蒙古的秦直道考古工作多有发现。陕西省考古研究院张在明研究员主持的富县桦树沟口秦直道发掘,列名2009年度全国十大考古新发现。

秦统一后的第二年,即开始了"治驰道"的宏大工程。据西汉人贾山的追

---

① 中国科学院考古研究所编著:《三门峡漕运遗迹》,中国田野考古报告集考古学专刊丁种第八号,科学出版社1959年9月版。

② 《石门颂》,参看高文:《汉碑集释》,第88页。

③ 史念海:《秦始皇直道遗迹的探索》,《陕西师范大学学报》1975年第3期,《文物》1975年第10期,收入《河山集》四集。

述,秦"为驰道于天下,东穷燕齐,南极吴楚,江湖之上,濒海之观毕至"①。秦汉之际战争中周勃等人"当驰道"②的军功记录,反映驰道连接各地的实际作用。考古学者通过钻探和试掘等方式,在秦咸阳宫附近以及秦都咸阳以南方向发现了秦驰道的遗存。在陕西咸阳窑店镇南的东龙村以东 150 米处,考古工作者曾发现一条南北向古道路遗迹,路宽 50 米,筑于生土之上,两侧为汉代文化层。③ 这条可能连通咸阳北阪宫殿区与阿房宫的道路,以秦宫布局"象天极"的规划意图分析,应当属于驰道交通系统。

据《战国策·赵策一》记载,赵豹警告赵王与秦国军事对抗的危险性,称"秦以牛田,水通粮","不可与战"。秦开发水运的成功,见于李冰"通正水道","以行舟船"与秦军"大舶舡万艘""浮江伐楚"的文献记录④以及灵渠等遗存。而考古发现的确定信息,有天水放马滩秦墓出土木板地图对水运航路与水路"关"的明确标示。

二 秦人的车辆发明

陕西凤翔战国初期秦墓 BMl03 出土 2 件形制相同的牛车模型,牛一牡一牝。出土时陶车轮置于牛身后两侧,其间有木质车辕及轴、舆等车具朽痕,可以看到车辕为 2 根。⑤ 这是中国考古资料所见的最早的双辕车模型,也是世界最早的标志双辕车出现的实物资料。只需系驾一头牵引牲畜的双辕车的出现,体现了交通工具史上的重大进步。两件牛车模型出土于同一座小型墓葬中,且牛为一牡一牝,可以说明秦国民间运输生产资料的普及程度。

刘仙洲研究中国古代交通运输机械,曾经指出汉代文献所见"鹿车"就是独轮车,其创始年代应在西汉晚期。史树青就此也有所论证。据秦始皇陵兵马俑

---

① 《汉书》卷五一《贾山传》,第 2328 页。
② 《史记》卷五七《绛侯周勃世家》,第 2068 页。
③ 孙德润、李绥成、马建熙:《渭河三桥初探》,《考古与文物》丛刊第 3 号《陕西省考古学会第一届年会论文集》1983 年 11 月版。
④ 〔晋〕常璩撰,任乃强校注:《华阳国志校补图注》,第 133 页、第 128 页。
⑤ 吴镇烽、尚志儒:《陕西凤翔八旗屯秦国墓葬发掘简报》,《文物资料丛刊》第 3 辑。

坑 2 号坑发掘资料，当时地面有"印痕清晰，辙与辙之间无明显对应关系"的车辙印迹，发掘报告执笔者说，这些车辙"疑为独轮车遗迹"，相应图版直接标明为"独轮车印"。① 如果"独轮车印"的判断成立，可以证明这种车型当时已经投入使用，则独轮车的发明和使用，可以提前到秦代。

三　交通动力开发的文物实证

秦人重视养马业，"好马及畜，善养息之"。"息马"的技术优势，是秦文化传统的特色之一。在马作为最先进的交通动力的时代，"马大蕃息"成为秦立国进而迅速富强的重要条件。② 秦人畤祠最早使用"木禺车马"③即木制车马模型作为祭品，实物证明可以通过考古工作获得。而数量颇多的仿拟社会生活中实用骏马形象的最生动、最强壮的陶制马匹模型等文物的出土，也是相关历史迹象的直接反映。

《史记·匈奴列传》介绍匈奴历史人文与经济生活，说："其奇畜则橐驼、驴、骡、駃騠、騊駼、驒騱。"④一些学者以为"駃騠"是"蠃"，即通常所谓"骡"。《盐铁论·力耕》言张骞"凿空"之后，"蠃驴馲驼，衔尾入塞"。⑤ 而李斯《谏逐客书》已经说到秦王的"外厩"有"骏良駃騠"。⑥ 明代学者王世贞《弇州四部稿》卷一四二《说部》"《短长上》二十三条"，说到古墓发现简牍文书，叙战国秦至汉初事，推测可能是"战国逸策"。其中有涉及"乌氏倮"的一段文字："乌倮以所畜駃騠百足、橐驼十双献。而始皇封之戎王之瓯脱，使比列侯以朝。"⑦这段记录虽然并非出自信史，但是与秦于西北方向主动沟通精于"畜"的北方民族，亦可能因此接

---

① 秦始皇兵马俑博物馆：《秦始皇陵二号兵马俑坑发掘报告》第一分册，科学出版社 2009 年 1 月版，第 113—118 页，图版四一。
② 《史记》卷五《秦本纪》，第 177 页。
③ 《史记》卷二八《封禅书》，第 1376 页。
④ 《史记》卷一一〇《匈奴列传》，第 2879 页。
⑤ 王利器校注：《盐铁论校注》，第 28 页。
⑥ "而骏良駃騠不实外厩"，《史记》卷八七《李斯列传》，第 2543 页。
⑦ 〔明〕王世贞《弇州四部稿》卷一四二《说部》，明万历刻本。

近成熟的驯畜技术的历史真实是相符合的。"所畜驮騠百足"者,可以在我们讨论与"騠駃"相关的问题时引为有参考价值的信息。在交通动力的开发方面,秦人较早引入骡和骆驼,是可能的。许雄志编《秦代印风》收录"王驴"印,为刘钊所关注。放马滩《日书》中十二生肖列名,程少轩指出其中的"間"应当读为"驴"。① 这也是秦人较早对驴有所认识的实证。鄂尔多斯青铜器博物馆藏征集品"圆雕立驴青铜竿头饰",长8.9厘米,高11.5厘米。另外一件类同器物,驴的形象也是明确无疑的。注意到"戎王"部族经"乌氏倮"等为中介对秦畜牧生产形成积极影响的情形,则可以理解汉代成为内地重要交通动力的"驴"由秦人较早利用的可能。

四 秦交通考古多方面成就对秦史研究的推进

以秦人社会活动遗存为对象的考古工作,收获是多方面的。历年由国家文物局委托中国文物报社和中国考古学会评选的全国十大考古新发现中,相关成就得到学界普遍肯定。被评为2013年十大考古新发现的"陕西西安西汉长安城渭桥遗址",其文化内涵包括战国至秦代遗存。厨城门一号桥桥桩年代的上限在公元前370年。这座南北向木梁柱桥长达880米,其发现与考察对于桥梁史研究有重要学术意义。黄河上最早的临时性浮桥与常设浮桥都为秦人修建。厨城门一号桥的秦工程史的元素,也值得学界重视。陕西凤翔孙家南头村发掘了西汉汧河码头仓储建筑遗址。附近地方考古调查所获同类建筑材料说明,春秋战国时期汧河沿岸已经建造了仓储设施以及水运码头。汧河水文条件的历史变化可能影响了仓储码头的使用与废弃。考古学者认为这样的建筑可以看作秦都雍城交通格局的一部分,应当是合理的判断。

秦始皇陵从葬铜车的形制,体现了当时制车技术的高峰。秦陵兵马俑军阵中步兵服用的鞋履与行縢,也为交通史学者所关注。龙岗秦简有关"驰道"制度的内容,里耶秦简水驿资料,睡虎地秦简"轻足"身份与里耶秦简"邮利足"身份,

---

① 程少轩:《放马滩简所见式占古佚书的初步研究》,《"中央研究院"历史语言研究所集刊》第八十三本第二分。

岳麓书院藏秦简"马甲"简文，北京大学藏秦简水陆里程记录等，也都反映了秦交通史的重要信息。相关考古工作，同时也为说明秦行政建设的规范设计与效率追求，说明秦文化坚持实用原则，讲求进取性、机动性的传统，提供了生动具体的例证。

近年来，考古新发现对于秦史重要情节的揭示，对于秦文化重要特征的认识，在公布新的信息、发表新的实证的同时，也开启了新的路径，提示了新的线索。若干重要收获得到学界的普遍肯定。在历年由国家文物局委托中国文物报社和中国考古学会评选的全国十大考古新发现中，就有涉及秦史与秦文化的多项收获。如"湖南里耶古城及出土秦简牍"（2002），"甘肃张家川战国墓地"（2006），"甘肃礼县大堡子山遗址"（2006），"陕西富县秦直道遗址"（2009），"湖南益阳兔子山遗址"（2013），"陕西凤翔雍山血池秦汉祭祀遗址"（2016），"陕西西安秦汉栎阳城遗址"（2017）等。其实，其他如"重庆三峡工程淹没区考古调查"（1994），也是包括秦代巴人遗址和墓葬的。又如"重庆三峡库区云阳李家坝遗址"（1998），也包含受到秦文化明显影响的巴文化的因素。

岳麓书院秦简《数》"马甲"与战骑装具史的新认识

岳麓书院藏秦简《数》中可见"马甲"简文。"马甲",应是战争中马的护卫装备。岳麓简《数》所见"马甲"可以看作最早的关于马用铠甲的文字信息。此所谓"马甲"可能用于骑兵的乘马,也可能用于系驾战车作为牵引动力的骖马。有迹象表明,前者的可能性是比较大的。如果这一判断成立,则"马甲"简文包涵的历史文化信息对于骑战马具史研究有重要的价值。以往关于中国甲骑装具出现年代的认识,可以因此更新。如果"马甲"作为战骑装具的推想成立,则有益于充实对于秦骑兵作战实力与装备水准的认识。

一 岳麓书院秦简《数》所见"马甲"简文

岳麓书院藏秦简《数》0970 正简文出现"马甲"。据朱汉民、陈松长主编《岳麓书院藏秦简(贰)》发表的释文:

> 马甲一,金三两一垂,直(值)钱千九百廿」,金一朱(铢)直(值)钱廿四,赎死,马甲十二」,钱二万三千卌。①

岳麓书院简《数》有关"马甲"的简文,是迄今我们看到的涉及"马甲"的最早的文字资料。

已有多位学者以行政史和物价史视角讨论过"马甲"简文及相关信息,涉及甲价及秦"赎"的制度。于振波考察了甲盾比价及相关问题②,彭浩就此亦关注

---

① 朱汉民、陈松长主编:《岳麓书院藏秦简(贰)》,上海辞书出版社 2011 年 12 月版,彩色图版第 13 页,红外线图版第 78 页。
② 于振波:《秦律中的甲盾比价及相关问题》,《史学集刊》2010 年第 5 期。

了秦时金与钱的换算比率①,许道胜、李薇就释文提出了意见②,陈伟则据此简文与里耶秦简对照,论说秦时"赎"的制度③。论者高见,多有创意,均明显推进了秦史与秦文化研究。

现在看来,关于"马甲"本身对于骑乘史、军事史的意义,可能还有继续考察的学术空间。

也许对"马甲"的研究,可以深化对军事史、军事装备史和军事交通史相关问题的认识。

二 曾侯乙墓出土"马甲"

在湖北随州曾侯乙墓的发掘收获中,我们看到有关"马甲"的实物资料。

据发掘报告介绍,出土了"人甲"和"马甲"。"马甲"应是"骖马的防护装备"。发掘报告执笔者指出:"这批人甲、马甲(片),是历年来出土的甲胄(片)最多的一次。过去在江陵、长沙等地出土过甲片,皆已散乱,多只一件,主要为人甲。而这次出土的既有人甲又有马甲,并未完全失去编联关系,因此人甲已经完全复原,马甲也摸清了主要情况,这些不只对复原过去已出土的甲胄提供了佐证,而且对研究当时的车战中骖马的防护装备,更提供了实物资料。"

发掘报告还写道,出土时,"大部分马甲位于这批皮甲胄的上部,散落残损,失去编联关系,仅下部有两件还保留有马甲的残胄及部分胸、颈甲、身甲……""马甲由胄、胸颈甲及身甲等部分组成。除胄为一整片外,胸颈甲及身甲由各式甲片用丝带编缀而成。甲片为皮胎经模压成型,开孔髹漆,髹漆一般的三层以上,漆色有红、黑,有的黑地上用红漆绘几何纹样。有的几何纹样虽不多,但图案却有稀疏大小之别。"④出土马胄由整块皮革模压而成,弧度贴合马面形态,耳目和鼻部留有穿孔,眉部外凸。顶部正中"压成圆涡纹","其间填以金黄色粉彩",

---

① 彭浩:《两条有关秦代黄金与铜钱换算的资料》,简帛网 2010 年 10 月 29 日。
② 许道胜、李薇:《岳麓书院秦简 0957、0970 号释文与说明》,简帛网 2010 年 11 月 3 日。
③ 陈伟:《里耶秦简所见秦代行政与算术》,简帛网 2014 年 2 月 4 日。
④ 今按:推测文意,似欲说"密疏大小之别"。

"两腮压成凸出的大块云纹状"。马胄不仅整体内外均髹黑漆,"外部又用朱漆彩绘龙兽纹、绹纹、云纹和圆涡纹"。"两颊凸起部位,以朱漆为地,用金黄色粉彩描绘图案。这些图案用笔纤细,异常精美。"①

杨泓认为,这是"遮盖辕马全身的厚重皮甲",是"由厚重的髹漆皮甲片编成"的"很完备的保护战车辕马的马甲"。② 论者"遮盖辕马全身""保护战车辕马的马甲"的说法与发掘报告所谓"骖马的防护装备"相较,似后者比较合理。但推想辕马的"胄"以及"胸、颈甲",依然是必要的装备。

在战争形式由车战向骑战转换的历史时期,"马甲"的形制和作用也会发生若干变化。

年代更早的"甲"的发现,有宝鸡石鼓山1号西周早期墓出土的铜甲。均为"弧形薄片状,残甚"。M1:13-1残长23.5厘米,残宽19厘米;M1:13-2残长40厘米,残宽21厘米,M1:13-3"筒状,似腿部形状,疑为包裹腿部的护甲"。③ 发掘简报执笔者推定所谓"包裹腿部的护甲",应指人甲。有学者推测可能用于马的防护。从遗物尺寸看,作为马腿的"护甲"似乎也是可能的。但是在没有更多资料的条件下,现在看来,只能姑且信从发掘简报的判断。

三　包山2号楚墓出土"马甲"

包山2号楚墓被判定为"公元前三、四世纪之际下葬的一座楚国贵族墓葬"。④ 其中出土物包括"马甲"。据发掘报告:"马甲,2件。皮革胎已腐烂,残剩漆膜。部分漆膜内残留有稀疏的毛孔。两面共髹漆二层,内髹黑漆,外髹红漆。所有甲片均有宽0.7厘米的压边,并有供编联用的孔眼,孔径0.6厘米。整甲用马胄、胸颈甲、身甲三部分组成。"马甲背面有红色漆书文字"郚公""嬴"等。

---

① 湖北省博物馆:《曾侯乙墓》,文物出版社1989年7月版,上册第342—394页。
② 杨泓:《骑兵和甲骑具装二论》,《华学》第3辑,紫禁城出版社1998年11月版,收入《中国古兵与美术考古论集》,文物出版社2007年11月版,第155页。
③ 石鼓山考古队:《陕西宝鸡石鼓山西周墓葬发掘简报》,《文物》2013年第2期。
④ 彭浩、刘彬徽、胡雅丽、刘祖信:《包山楚简文字的几个特点》,湖北省荆沙铁路考古队:《包山楚墓》附录二六,文物出版社1991年10月版,上册第580页。

有学者指出:"包山二号墓的下葬年代为公元前 316 年,是目前已经发现的少数纪年楚墓之一。其他墓葬的年代关系已经清楚,特别是四、五号墓的下葬年代约为公元前 290 年左右,已近公元前 278 年秦将白起拔鄢之年。"① 因年代相近,这一发现或许可以为研究岳麓书院藏秦简《数》所见"马甲"提供若干可参照信息。

包山 2 号楚墓马甲"身甲长 150 厘米,每侧宽约 60 厘米"②,如是战马装备,骑士身体屏蔽的部分,即其"人甲"已经予以保护的部位不必再使用"马甲"。此制作没有考虑珍惜宝贵的最必要负重量的减省,似乎是不好理解的。注意到"马甲"制作之精美以及墓主地位之高贵,如背面红漆书文字有可能标示"某公"之身份等,推想此"马甲"并非实战装具,是具有一定的合理性的。当然,亦不能排除作为仪仗之车系驾马匹的防护方式的可能。

四 有关"马甲""马铠"的历史记录

历史文献有关"马甲"的文字,较早见于汉末至魏晋战争史的记录。

《三国志》卷二七《魏书·王昶传》记载,王昶往江陵击孙吴,"贼大将施绩夜遁入江陵城,追斩数百级。昶欲引致平地与合战,乃先遣五军案大道发还,使贼望见以喜之,以所获铠马甲首,驰环城以怒之,设伏兵以待之。绩果追军,与战,克之"。③ 所谓"铠马甲首",似与我们讨论的"马甲"有关。《晋书》卷四四《卢钦传》写道:"武帝受禅,以为都督沔北诸军事、平南将军、假节,给追锋轺卧车各一乘、第二驸马二乘、骑具刀器、御府人马铠等,及钱三十万。"既称"人马铠",语义已经比较明确。

《晋书》卷七四《石虔传》记载:"斩首七千级,俘获万人,马数百匹,牛羊千头,具装铠三百领。"《晋书》卷八一《桓伊传》也写道:"初,伊有马步铠六百领,豫为表,令死乃上之。表曰:'臣过蒙殊宠,受任西藩。淮南之捷,逆兵奔北,人马

---

① 湖北省荆沙铁路考古队:《包山楚墓》,文物出版社 1991 年 10 月版,上册第 345 页。
② 湖北省荆沙铁路考古队:《包山楚墓》,上册第 219—223 页。
③ 《三国志》卷二七《魏书·王昶传》,第 749 页。

器铠,随处放散。于时收拾败破,不足贯连,比年营缮,并已修整。今六合虽一,余烬未灭,臣不以朽迈,犹欲输效力命,仰报皇恩。此志永绝,衔恨泉壤。谨奉输马具装百具、步铠五百领。并在寻阳,请勒所属领受。'"①所谓"马步铠六百领",即"马具装百具、步铠五百领",由此可知前引《石虔传》"具装铠",也应当就是"马铠"。

南北朝时期,"马甲""马铠"的使用已经相当普及。《魏书》卷一〇三《蠕蠕列传》:"诏赐阿那瓌细明光人马铠二具,铁人马铠六具。"②《北史》卷九八《蠕蠕列传》:"诏赐阿那瓌细明光人马铠一具,铁人马铠六具。"③《隋书》卷二三《五行志下》:"仁寿四年,龙见代州总管府井中。其龙或变为铁马甲士弯弓上射之象。"《隋书》卷六五《李景传》:"有龙见,时变为铁马甲士。"④《北史》卷七六《李景传》也有同样的记载。⑤ "人马铠二具,铁人马铠六具"并说,后者明确强调"铁",说明亦有其他质料的"人马铠"。很可能是皮质"铠"。而"铁马甲士"称谓,亦体现铁甲用于战马的普遍。

五代时期可见有关"马甲"的生动故事。《旧五代史》卷九九《汉书一·高祖刘知远纪上》记载:"明宗与梁人对栅于德胜,时晋高祖为梁人所袭,马甲连革断,帝辍骑以授之,取断革者自跨之,徐殿其后,晋高祖感而壮之。"⑥《新五代史》卷一〇《汉本纪·高祖刘知远》也写道:"昔晋高祖俱事明宗为偏将,明宗及梁人战德胜,晋高祖马甲断,梁兵几及,知远以所乘马授之,复取高祖马殿而还,高祖德之。"可知"马甲"连缀以"革"。当时"人马铠甲"还有以贵金属"组绣"装饰的情形,以"耀日"之"光",形成对敌军的精神威慑。⑦ 如《新五代史》卷二五《唐臣传·周德威》:"景仁所将神威、龙骧、拱宸等军,皆梁精兵,人马铠甲饰以组绣金

---

① 《晋书》,第 1255 页、第 1944 页、第 2119 页。
② 《魏书》卷一〇三《蠕蠕列传》,第 2300 页。
③ 《北史》卷九八《蠕蠕列传》,中华书局 1974 年 10 月版,第 3260 页。
④ 《隋书》,第 669 页、第 1530 页。
⑤ 《北史》卷七六《李景传》,第 2604 页。
⑥ 《旧五代史》卷九九《汉书一·高祖刘知远纪上》,中华书局 1976 年 5 月版,第 1322 页。
⑦ 类似形式,较早有《后汉书》卷八七《西羌传》关于羌人暴动的记载:"时羌归附既久,无复器甲……或执铜镜以象兵。"第 2886 页。

银,其光耀日,晋军望之色动。"①

宋代仪仗形式和军事生活中多见"马甲"装备。《宋史》卷一四八《仪卫志六》的记述比较具体:"甲骑具装,甲,人铠也;具装,马铠也。甲以布为里,黄絁表之,青绿画为甲文。红锦缘,青絁为下帬,绛韦为络,金铜钑,长短至膝。前膺为人面二,自背连膺,缠以锦腾蛇。具装,如常马甲,加珂拂于前膺及后鞦。"②《宋史》卷一九五《兵志九》:"自今诸军各予铠甲十、马甲五,令迭披带。"《宋史》卷一九七《兵志十一》:"诏:'马甲曩用黑髹漆,今易以朱。'""马甲"已经是"军士""随身军器",亦被看作通常"器械","靖康初,兵仗皆阙,诏书屡下,严立赏刑,而卒亦无补。时通判河阳、权州事张旂奏曰:'河阳自今春以来,累有军马经过,军士举随身军器若马甲、神臂弓、箭枪牌之类,于市肆博易熟食,名为寄顿,其实弃遗,避逃征役。拘收三日间,得器械四千二百余物"。然而很可能质量十分精良的"马铠",作为"内帑珍异"储备。《辽史》卷七七《耶律吼传》:"既入汴,诸将皆取内帑珍异,吼独取马铠,帝嘉之。"③为了保证骑兵轻捷的机动能力,曾经装备"轻甲","马甲"采用皮质材料。《宋史》卷四○二《毕再遇传》:"更造轻甲,长不过膝,披不过肘,兜鍪亦杀重为轻,马甲易以皮,车牌易以木而设转轴其下,使一人之力可推可擎,务便捷不使重迟。"④

辽兵制,"马甲"有"皮铁"二种。《辽史》卷三四《兵卫志上》:"辽国兵制,凡民年十五以上,五十以下,隶兵籍。每正军一名,马三匹,打草谷、守营铺家丁各一人。人铁甲九事,马鞯辔,马甲皮铁,视其力;弓四,箭四百,长短鎗、锴铩、斧钺、小旗、锤锥、火刀石、马盂、秒一斗、秒袋、搭铫伞各一,縻马绳二百尺,皆

---

① 《新五代史》,中华书局1974年12月版,第99页、第260页。
② 《宋史》卷二六九《陶谷传》:"时范质为大礼使,以卤簿清游队有甲骑具装,莫知其制度,以问于谷。谷曰:'梁贞明丁丑岁,河南尹张全义献人甲三百副、马具装二百副。其人甲以布为里,黄絁表之,青绿画为甲文,红锦绿青絁为下帬,绛韦为络,金铜玦,长短至膝。前膺为人面二目,背连膺缠以红锦腾蛇。马具装盖寻常马甲,但加珂拂于前膺及后秋尔。庄宗入洛,悉焚毁。'质命有司如谷说,造以给用。"第9237—9238页。可以对照理解。
③ 《辽史》卷七七《耶律吼传》,中华书局1974年10月版,第1258页。
④ 《宋史》,第3470页、第4854页、第4919页、第4921页、第9237—9238页、第12187页。

自备。"①

《金史》卷四一《仪卫志二》有关仪仗制度的内容中,说到"人马甲""铁甲、兜鍪、红背子、剑、绯马甲""皂皮人马甲""铁人马甲""绿皮马甲""黑马甲全""马甲""甲马"。前句"绯马甲""皂皮人马甲"与"铁甲"并说,又可见"铁人马甲""马甲"的说法,可知皮质"马甲"也是使用的。②

五 杨泓有关战马装具史的创论

兵器史及军事装备史研究大家杨泓曾经全面考察了"防护战马的'装具'铠"出现和普及的历程。他写道:"'射人先射马',骑兵丧失了战马,就难以进行有效的战斗了,因此有必要对战马施加防护装具。在汉代只有皮革制成的'当胸',到了曹魏以后才开始出现了马铠,但是结构完善的马铠——具装,已是十六国时的产品,在南北朝时成为骑兵部队普遍拥有的装备。"这正与前引史籍文献提供的史料信息大体一致。杨泓说:"因此,在十六国南北朝时期的坟墓里,常常放置有模拟甲骑装具的陶俑。"他指出,"用草厂坡一号墓的一组骑兵俑③,和比它早约六百年的杨家湾汉墓的骑兵俑相比",可以看出"显著的不同",其中突出的一点,"是战马全身披着马铠——具装"。这是"我国古代的骑兵又发展到了一个新的阶段"的重要"标志"。"当时骑兵的主力是人、马都披铠甲的重装骑兵——甲骑装具。甲骑装具大量涌现在战争舞台上,正反映了当时以部曲私兵为军队核心力量的制度,这正是从东汉末年开始,经魏晋十六国到南北朝时期,这种世族门阀制度和氏族军事组织结合在一起的产物。"据杨泓结合考古文物资料的研究,"防护战马的具装铠,披系在战马身上以后,除了眼睛、鼻子、四肢和尾巴以外,其余的部分完全可以得到铠甲的保护","一直到隋代,甲骑装具都是军队的核心。铠甲的质料有皮革制成的,也有用钢铁锻制的,一般是人铠和

---

① 《辽史》卷三四《兵卫志上》,第 397 页。
② 《金史》,中华书局 1975 年 7 月版,第 932 页、第 939 页、第 951—952 页。
③ 原注:陕西省文物管理委员会《西安南郊草厂坡村北朝墓的发掘》,《考古》1959 年第 6 期。

马具装配套,人披皮甲,马具装也用皮质;人披钢铠,马具装也用铁制,而且颜色也是一致的"。① 对照史籍记载,大概"一般是人铠和马具装配套,人披皮甲,马具装也用皮质;人披钢铠,马具装也用铁制"的情形确实也并不形成绝对的规律。我们确实看到,前引《宋史》所谓"马甲易以皮",《辽史》所谓"人铁甲九事,马鞯辔,马甲皮铁,视其力",都说明了这一情形。

基于对军事史的熟悉,杨泓分析了战国末年骑兵在战争中的作用。他指出:"这时骑兵已有了较适用的铠甲,但是缺乏保护战马的装具,虽然在先秦时已有很完备的保护战车辕马的马甲,由厚重的髹漆皮甲片编成,在随县曾侯乙墓中曾有实物出土。② 但是这种遮盖辕马全身的厚重皮甲,完全不合于骑兵战马的作战要求,而且因为缺乏真正的马鞍和马镫,更无法使身披铠甲的战士能控御同样披有铠甲的战马,那只有等到约五个世纪以后,高马鞍和马镫都已被使用,人和战马都披有铠甲的重装骑兵的身影,才出现在中国古代战场上,开始了一个以重装骑兵——甲骑装具为军队主力兵种的新的历史阶段。"

杨泓是在《骑兵和甲骑具装二论》中提出这一认识的。然而他也注意到了三国时期关于"马铠"的两例文献资料。即《太平御览》卷三五六《兵部·甲下》引录曹操和曹植的两种文书:"《魏武军策令》曰:'袁本初铠万领,吾大铠二十领。本初马铠三百具,吾不能有十具。见其少,遂不施也。吾遂出奇破之。是时士卒练,不与今时等也。'""《曹植表》曰:'先帝赐臣铠黑光、明光各一具,两当铠一领,炎炼铠一领,马铠一领。今世以升平,兵革无事,乞悉以付铠曹。'"③ 杨泓

---

① 杨泓:《骑兵和甲骑具装》,《文物》1977年第10期,收入《中国古兵器论丛》,文物出版社1980年6月版;《中国古兵器论丛》(增订本),中国社会科学出版社2007年4月版;《中国古兵与美术考古论集》,文物出版社2007年11月版。杨泓还指出:"人和马都披上了铠甲,增强了保护自己的能力,提高了战斗力。尤其是对付那些没有铠甲的步兵,就可以比较容易地取得胜利。但是,有一利也有一弊。沉重的铠甲,加重了战马的负担,使它难于持久战斗,而且由于负重而行动迟缓,在一定程度上还会失去了骑兵拥有的轻捷迅速的特点。"《中国古兵与美术考古论集》,第146页。

② 原注:"湖北省博物馆《曾侯乙墓》342~349页,文物出版社,1989年。"

③ 文渊阁《四库全书》本。中华书局用上海涵芬楼影印宋本1985年10月复制重印本"士卒练"作"士卒精练","炎炼铠"作"环鏁铠"。第2册第1636页。

以为，这是当时"颇希罕的装具"。①

推想曹植所说的"明光""铠"，实战中可能可以产生前引《新五代史》所说"人马铠甲""其光耀日"，以致使敌军"望之色动"的效应。

六　甲骑装具史的新认识

现在看来，岳麓书院秦简《数》所见"马甲"如果是战骑装具，则"保护战马的装具"的出现年代，可以提前。如果秦军骑兵部队装备"马甲"，其战斗力可以得到新的理解。秦的甲胄被研究者看作构成"秦统一六国的物质基础"的条件之一②，"马甲"的特殊意义自然也值得重视。如此，则"甲骑装具"与"以部曲私兵为军队核心力量的制度"存在确定关系，"是从东汉末年开始，经魏晋十六国到南北朝时期，这种世族门阀制度和氏族军事组织结合在一起的产物"的意见，似乎也应当予以修正。

岳麓书院秦简《数》所见"马甲"是战骑装具的推测，有这样的认识基础，即假若此"马甲"是战车系驾马匹使用，则杨泓所谓"辕马"和《曾侯乙墓》执笔者所谓"骖马"的装具不必相同，而左右"骖马"的装具也不必相同。而岳麓书院藏秦简《数》简文说到"马甲"的价格，似只有一种统一的数字，即："马甲一，金三两一垂，直（值）钱千九百廿。"

当然，提出这样的推断，还应当解决杨泓所提出的问题："因为缺乏真正的马鞍和马镫"，则"无法使身披铠甲的战士能控御同样披有铠甲的战马"。杨泓说："只有等到约五个世纪以后，高马鞍和马镫都已被使用，人和战马都披有铠甲的重装骑兵的身影，才出现在中国古代战场上，开始了一个以重装骑兵——甲骑装具为军队主力兵种的新的历史阶段。"但是他又是明确认可《太平御览》卷三五六引《魏武军策令》所谓"本初马铠三百具，吾不能有十具"以及《曹植表》所

---

① 杨泓：《骑兵和甲骑具装二论》，《华学》第 3 辑，紫禁城出版社 1998 年 11 月版，收入《中国古兵与美术考古论集》，文物出版社 2007 年 11 月版。

② 石子政：《秦律赉罚甲盾与统一战争》，《中国史研究》1984 年第 2 期；张卫星、马宇：《秦甲胄研究》，陕西人民出版社 2004 年 7 月版，笫 392 页。

谓"先帝赐臣……马铠一领"的历史真实性的。即使这确实是当时"颇希罕的装具",如果真的"因为缺乏真正的马鞍和马镫",则"无法使身披铠甲的战士能控御同样披有铠甲的战马",那么袁绍和曹操的部队则不可能装备"马铠",曹操也不可能将"马铠"赐予爱子曹植,让他面对战场骑乘危险。看来,"马甲""马铠"与"真正的马鞍和马镫"的关系,也许并不构成必须共同使用的组合条件。当然,早期"马镫"的发现,也不能排除今后获得考古新的出土信息的可能。①

早期"马甲""马铠"可能确实设计制作尚不完备,如杨泓所说,"结构完善的马铠——具装,已是十六国时的产品,在南北朝时成为骑兵部队普遍拥有的装备"。但是,在岳麓书院秦简《数》书写的时代,"马甲"有确定价位,并列入司法知识体系,成为"赎死"的标定价值单位。"马甲"应当已经较为普遍地使用,其形制大致规范,并且已经为当时社会至少应用《数》这种文书的社会层面以上的人们所熟悉。从这一角度考虑,作为"甲骑装具"而非战车系驾马匹的防护装备的可能性也比较大。当然,要印证这种推定,还有待于考古新资料的发现。

---

① 参看王子今:《木镫试论——骑具发展史中一种特殊形态的考察》,《西部考古》第 1 辑,三秦出版社 2006 年 10 月版。

秦俑"偪胫"说

秦始皇陵兵马俑坑的考古收获中,有关于士兵腿部防护装备的发现。对于其名义,有多种解说。若干误见有必要澄清。现在看来,这种很可能以皮革制作、有一定强度、专以卫护膝与踝之间身体部位的装备,曾经称作"偪胫"的可能性是存在的。

一 秦俑"护腿"发现

据秦始皇陵兵马俑坑一号坑发掘报告,秦俑兵士被称作"铠甲俑"者归于"下裳"的服饰,除"裤""行縢"外,还有"护腿"。执笔者写道:

已出土的铠甲俑的胫部多著护腿,护腿的形状可分二式:

Ⅰ式直筒形,长度下至足腕上抵膝……

Ⅱ式为上下两节相连的直筒形,长度下至足腕上部抵膝。

"足腕"的表述方式似以称"足踝"为宜。发掘报告还写道:"腿部着护腿的陶俑,全是铠甲武士俑,其中包括战车上的御手、车右俑和军吏俑,以及车后跟随的徒兵俑、军吏俑等。不着铠甲的武士俑,腿部都扎着行縢,不着护腿;也有部分圆髻甲俑下着行縢。护腿是卫体的防护性装备。里面似装着绵絮,质地松软,以防箭镞、戈、矛等兵器的刺伤。"秦俑"腿扎行縢或缚护腿","从上到下全身的服装都比较轻便,适宜于长途跋涉,也便于劳作或操戈与敌格斗"。①

袁仲一研究了秦俑腿部的这种称之为"护腿"的防护装备。他写道:"一、

---

① 陕西省考古研究所始皇陵秦俑坑考古发掘队编著:《秦始皇陵兵马俑坑一号坑发掘报告1974—1984》,第100页、第141页。

二、三号兵马俑坑出土的身披铠甲的步兵俑,以及战车上的御手俑,胫部都套有护腿。""护腿有的为一节,有的为上下两节相连。其颜色有的为粉蓝色,有的为朱红、粉绿、粉紫、赭等色。如为上下两节者,两节的颜色相异。如有的护腿上节为粉紫色,下节为天蓝色;有的上节为朱红色,下节为深绿色。护腿的质地厚重,里面似包裹了绵絮,可以用以防御箭镞、戈矛伤害腿部,是一种卫体的防护装备。"

"护腿"当然不是这种装备当时的名称。如袁仲一所说:"秦俑坑内武士俑胫上缚的护腿,是就其作用名之。"

二 "护腿""絮衣"说辨疑

发掘报告和袁仲一对于"护腿"的记述,一言"质地松软",一言"质地厚重",但是都说"里面似装着绵絮","以防箭镞、戈、矛等兵器的刺伤","里面似包裹了绵絮,可以用以防御箭镞、戈矛伤害腿部"。可能正是由于"似装着绵絮"和"似包裹了绵絮"的判断,袁仲一推定"护腿"可能就是《汉书》所见"絮衣":

> 《汉书·爰盎晁错传》记载晁错讲兵事的一段话:"今降胡义渠蛮夷之属来归谊者,其众数千","可赐之坚甲絮衣,劲弓利矢,益以边郡之良骑"。把"絮衣"和"坚甲"连称,说明两者的作用一样是卫体的装备。"坚甲"是上体的防护装备,这点是比较明确的。那么"絮衣"就不可能再是上体的防护装备,而必为下体的防护装备。据此,秦俑坑内武士俑的护腿可能就是晁错所言之絮衣。关于絮衣的形制尚无质言之者。秦俑坑出土的形象资料为其提供了实物佐证。①

有必要指出,以为"秦俑坑内武士俑的护腿可能就是晁错所言之絮衣"的判断,似尚可斟酌。

以为"坚甲絮衣""连称","说明两者的作用一样是卫体的装备"的判断,也许未必确实。我们可以举这样的例证,《史记》卷四一《越王勾践世家》张守节

---

① 袁仲一:《秦兵马俑的考古发现与研究》,文物出版社2014年9月版,第288页。

《正义》引《越绝》:"坚甲利兵以承其弊。"①"利兵"虽与"坚甲""连称",却并非"一样是卫体的装备"。② 又《汉书》卷四九《晁错传》记载同样是晁错言辞,说到"坚甲利刃"③,与"坚甲利兵"语义相近。"利刃"虽与"坚甲""连称",当然也不是"卫体的装备"。

以为"坚甲絮衣""连称",则"'絮衣'就不可能再是上体的防护装备,而必为下体的防护装备"的说法也是可以讨论的。依战国秦汉语言习惯,《史记》卷六九《苏秦列传》:"当敌则斩坚甲铁幕。"司马贞《索隐》:"按:《战国策》云'当敌则斩甲盾鞮鍪铁幕'也。邹诞'幕'一作'陌'。刘云:'谓以铁为臂胫之衣。……'"④与"坚甲""连称"的"铁幕",是卫护"臂胫"的装备,并不仅仅"防护""下体"。

晁错建议"赐之坚甲絮衣,劲弓利矢",所谓"坚甲絮衣,劲弓利矢",或许可以理解为与"坚甲利兵""坚甲利刃"类同的语词结构。"坚甲絮衣"言衣装,"劲弓利矢"言兵器。综合多种情形,可以推知"絮衣"并非"下体的防护装备",而应当是"坚甲"的附属构成。

居延汉简所见"絮",有学者指出,"应为冬衣中保暖御寒的填充物"。⑤ 居延汉简有可以体现"絮"和"铁鞮鍪""铁铠"等装备之关系的简文:

第十五隧长李严

铁鞮鍪二中毋絮今已装五石弩一左强三分今已亭

铁铠二中毋絮今已装橐矢十二干哗呼未能会会

六石弩一细缓今已更细矢十三干哗呼未能会会(3.26)⑥

---

① 《史记》卷四一《越王勾践世家》,第1747页。
② 《汉书》卷三一《陈胜传》:"入据陈。数日,号召三老豪桀会计事。皆曰:'将军身被坚执锐,伐无道,诛暴秦,复立楚之社稷,功宜为王。'胜乃立为王,号张楚。"《汉书》,第1788页。所谓"被坚执锐",颜师古注:"坚,坚甲也。锐,利兵也。""坚""锐"并说,与"坚甲利兵"同例。
③ 《汉书》卷四九《晁错传》,第2281页。
④ 《史记》卷六九《苏秦列传》,第2251—2253页。
⑤ 赵宠亮:《行役戍备:河西汉塞吏卒的屯戍生活》,科学出版社2012年11月版,第155—156页。
⑥ 谢桂华、李均明、朱国炤:《居延汉简释文合校》,文物出版社1987年1月版,第3页。

"铁鞮瞀二中毋絮今已装","铁铠二中毋絮今已装"简文,说明"铁鞮瞀"和"铁铠"需要衬装"絮",方是符合要求的合格的装备。孙机即以此简文为证,指出:"使用时,其中尚须衬垫絮类。"①

可能因为在西北边地严寒气候下,这种"絮"的作用就更为突出。而晁错言"今降胡义渠蛮夷之属来归谊者,其众数千","可赐之坚甲絮衣,劲弓利矢,益以边郡之良骑",环境背景大致是相同的。

"坚甲絮衣"的"絮衣",应是披"坚甲"时必要的作为"衬垫"的以"絮"为装填内容的衣物,不大可能是"下体的防护装备"。

三 腿裙·吊腿·胫衣·跗注

孙机在分析汉代甲胄出土资料时说:"在一些刻画披甲战士的图像中还可以看到,除身甲外,保护颈部的盆领和保护下身的腿群等部分,在东汉甲上也已出现,遂使其结构更加完备。"②对于所谓"保护下身的腿群",论者没有具体的说明,我们不清楚与发掘报告和有的学者的论著中称作"护腿"的秦俑装备是否有关。

张卫星、马宇以秦始皇陵区的考古发现为主要标本研究秦甲胄,说到"从原始时期到中世纪铠甲防护部位"有所谓"吊腿"。③ 然而对"吊腿",也没有进行具体的论说。

王学理提出的意见也许更有参考意义。他说,"除绔外,秦俑下体的防护设施还有四式",其中 I 式即研究者称为"行縢"者,又有 IV 式,"就是大家通常说的'短裤'","这是一种护膝设施。因为有些并不分裆,形同今之短裙",应当说

---

① 根据常识,金属铠甲不宜贴身披挂。孙机指出,编成的甲需要"包边、贴里"。考古获得甲的实物告知我们:"满城1号墓之甲除衬有一层丝织物外,贴着甲片还有一层皮革。满城甲与临淄所出贴金、银薄的甲均用锦包边。"原注:"《西汉齐王铁甲胄的复原》,《考古》1987年第11期。""《满城汉墓发掘报告·附录一·铁铠甲的复原》。"孙机:《汉代物质文化资料图说》(增订本),上海古籍出版社2008年5月版,第173—174页。

② 孙机:《汉代物质文化资料图说》(增订本),第173—174页。

③ 张卫星、马宇:《秦甲胄研究》,陕西人民出版社2004年7月版,第362页。

"不是短裤"。"这种形式在以后的南北朝和隋唐时期的袴褶服中是可以经常看到的,名之曰'膝缚'。"另外两式,应当就是发掘报告和有的学者称作"护腿"者:

> II式:位当行縢的部位,不过它是在绔外的粗而短的杯状圆筒。其上口周长44—64、下口周长37—51,护腿高度只有16—26厘米。《说文解字》:"绔,胫衣也。"绔虽则类似套裤,却是护小腿的,所以段玉裁说它的形状是"左右各一,分衣两胫"(《说文解字注》)。秦俑II式护腿设施以称"胫衣"为是。

我们注意到,论者采用了"护腿"和"护腿设施"的说法。关于"秦俑下体的防护设施"的III式,论者写道:

> III式:虽也是仰杯状,但粗壮厚实,直通股间,显得臃肿肥腩,似在绔外又套一件防护服。仅以膝上下的周长为例,就在50—60厘米之间,显然大于胫衣之上口。

其形式的"粗壮厚实""臃肿肥腩",可能就是被理解"似装着绵絮"和"似包裹了绵絮"的原因。王学理又否定了"称此裤式为'絮衣'和'胫缴'"的说法:"《汉书·袁盎晁错传》:'赐之坚甲絮衣',知衣在身以垫衬坚甲;所谓'胫缴'实是缚胫衣之生丝绳。"他又提出了"韎注"之说:

> 《左传》成公16年(公元前575年)晋郤至"有韎韦之韎注"。韎是脚背,注,释属、连。所以,杜注:"韎注,戎服。若袴而属于韎,与袴连。"这种服制的特点是像裤子并非裤子,但同裤子连接在一起,其长度下至脚背,当然也上达股间束于腰际。韎韦,是赤黄色的熟牛皮。秦俑III式护腿的表面光滑,中有横线,似在缝制这种上粗于下的皮革时的接口,而且著此袴者并非一般的步卒,现在看来,以称"韎注"为妥。①

"上达股间束于腰际"的说法似未妥,而指出为皮革制品的性质,较"絮衣"合理。所谓"表面光滑",可见"缝制""接口"等,可能比较切近实物特征。

对于这种所谓"护腿",或说"质地松软",或说"质地厚重",是因为皮革所制,与秦始皇陵兵马俑坑一号坑发掘报告称"行縢为单层布条作成"②明显不同

---

① 王学理:《秦俑专题研究》,三秦出版社1994年6月版,第498—499页。
② 陕西省考古研究所始皇陵秦俑坑考古发掘队编著:《秦始皇陵兵马俑坑一号坑发掘报告1974—1984》,第100页。

的缘故。前说均言"里面似装着绵絮","以防箭镞、戈、矛等兵器的刺伤","里面似包裹了绵絮,可以用以防御箭镞、戈矛伤害腿部",以"绵絮"防御金属兵器的伤害,殊不可解。而如果是皮革,则可以作为有效的防卫方式。这种"鞞韦之跗注",有可能即后世《旧唐书》卷一九七《南蛮西南蛮列传·东谢蛮》所谓"韦皮行縢"①,《新唐书》二二二下《南蛮列传下·两爨蛮》所谓"韦行縢"②。当然,这种"鞞韦之跗注"制作时已经定型,不可能像布质"行縢"那样如《诗·小雅·采菽》郑玄笺所言"自足至膝"③缠束使用。

四　"偪胫"推想

"鞞韦之跗注"之说见于《左传》。秦汉时期对于这种防护装备,有没有其他指代符号呢?

《续汉书·礼仪志中》言"百官贺正月"礼仪,刘昭注补引蔡质《汉仪》比较具体地记述了这一天子"朝会"之礼的秩序:

> 正月旦,天子幸德阳殿,临轩。公、卿、将、大夫、百官各陪[位]朝贺。蛮、貊、胡、羌朝贡毕,见属郡计吏,皆[陛]觐,庭燎。宗室诸刘(杂)[亲]会,万人以上,立西面。位(公纳荐太官赐食酒西入东出)既定,上寿。[群]计吏中庭北面立,太官上食,赐群臣酒食,[西入东出]。(贡事)御史四人执法殿下,虎贲羽林[张](弧)弓(撮)[挟]矢,陛戟左右,戎头偪胫,陪前向后,左右中郎将(住)[位]东南,羽林、虎贲将(住)[位]东北,五官将(住)[位]中央,悉坐就赐。④

《后汉书》中华书局标点本校勘记写道:"虎贲羽林〔张〕(弧)弓(撮)[挟]矢,据卢校改,与《通典》合。"⑤《说郛》卷五一下蔡质《朝会仪记》文字略异:

---

① 《旧唐书》卷一九七《南蛮西南蛮列传·东谢蛮》,中华书局 1975 年 1 月版,第 5274 页。
② 《新唐书》二二二下《南蛮列传下·两爨蛮》,第 6320 页。
③ 《毛诗正义》卷一五,〔清〕阮元校刻:《十三经注疏》,第 1051 页。
④ 《后汉书》,第 3131 页。
⑤ 《后汉书》,第 3139 页。

> 正月旦,天子幸德阳殿,临轩。公、卿、将、大夫、百官各陪朝贺。蛮、貊、胡、羌朝贡毕,见属郡计吏,皆陛觐,庭燎。宗室诸刘杂会,万人以上,立西面。位定,公纳荐,太官赐酒食,西入东出。既定,上寿。计吏中庭北面立,太官上食,赐群臣酒食。贡事御史四人执法殿下。虎贲羽林,弧弓撮矢,陛戟右左,戎头偪胫,陪前向后。左右中郎将住东西。羽林虎贲将住东北。五官将住中央,悉坐就赐……①

宋徐天麟《东汉会要》卷六《礼四·朝会》引蔡质《汉仪》"陛戟右左"作"陛戟左右",与《后汉书·礼仪志中》言"百官贺正月"礼仪,刘昭注补引文一致。马端临《文献通考》卷一○六《王礼考一·朝仪》引文同②。似应以"左右"为是。

蔡质文字所见"戎头偪胫"语值得重视。所谓"偪胫",是否即我们讨论的秦汉武士胫部防护装备的另一种名号呢?

"戎头偪胫"言上下装束,"戎头"和"偪胫"均可理解为名词,指头部和胫部的防护装备。"戎头偪胫"可与上文"弧弓撮矢"语式对应。然而,中华书局1965年5月标点本"张弓挟矢"则不同,"张弓"与"挟矢"均为动宾词组,指"虎贲羽林"把握弓矢的动作。这样理解"偪胫",似乎也可以考虑"偪胫"的"偪"是否动词。但是"冠头"的"冠"却不大可能是动词。而"虎贲羽林"们在朝会典礼上"张弓挟矢",也是难以理解的可能威胁皇帝、贵族、百官及外国使臣们人身安全的危险表现。

据孙星衍校集蔡质《汉官典职仪式选用一卷》,这段文字据"《后汉书·安帝纪》注、《续汉志》《补注》、《水经注·谷水》、《通典·礼》、《北堂书钞·乐部》两引、《艺文类聚·居处部》、《太平御览·乐部》《居处部》三引":

> 正月旦,天子幸德阳殿,临轩。公、卿、将、大夫、百官各陪朝贺。蛮、貊、胡、羌朝贡毕,见属郡计吏,皆陛觐,庭燎。宗室诸刘杂会,万人以上,立西面。位定,公纳荐,太官赐食酒,西入东出。既定,上寿。计吏中庭北面立,太官上食,赐群臣酒食。贡事御史四人执法殿下。虎贲、羽林弧弓撮矢,案:《通典》引作"挟矢"。陛戟左右,戎头偪胫启前向后。左、右中郎将住东西,案:《通典》引作"位东南"。羽林、虎贲将

---

① 〔元〕陶宗仪:《说郛》卷五一下。
② 〔元〕马端临撰:《文献通考》,第3234页。

住东北。五官将住中央,悉坐就赐……①

看来"弧弓撮矢""戎头偪胫"的读法是正确的。也就是说,与"戎头"并说的"偪胫",是东汉殿前"虎贲羽林"的正式装束。"偪胫"应是胫部防护方式。

我们现在尚不能十分有把握地确定秦陵兵士俑"行縢"之外的胫部防护方式在当时即称"偪胫",但是从文物形式看,这种很可能以皮革制作、有一定强度、专以卫护膝与踝之间身体部位的装备,曾经称作"偪胫"的可能性是存在的。

认识并说明相关问题,对于了解秦军的战斗力以及行军效率,是有积极意义的。包括"偪胫"在内的装备条件的优越,使得秦军战士可以有效自卫并成功制敌,同时亦适宜长途远征,"追亡逐北"②,"轻兵深入"③,在实现统一的战争中居于优胜地位。

---

① 〔清〕孙星衍等辑,周天游点校:《汉官六种》,中华书局1990年9月版,第210页。

② 《史记》卷六《秦始皇本纪》引贾谊《过秦论》,中华书局1959年9月版,第279页;《史记》卷四八《陈涉世家》褚少孙补述引贾谊《过秦论》,第1963页。

③ 《史记》卷一一二《平津侯主父列传》,第2954页;《汉书》卷六四上《主父偃传》,第2799页。

《盐铁论》"掌蹄""革鞮"推考

《盐铁论》所见"掌蹄""革鞮"字样,有学者以为与保护马蹄的技术有关,或可看作蹄铁一类马蹄保护方式的早期形态。这种认识现在看来尚无确证。而众所周知,秦汉社会对马的普遍重视和国家主持的马政的兴起,是中国畜牧史、中国交通史和中国军事史进程中值得充分重视的显著变化。当时人们对于马蹄的爱护,使我们相信相应技术可能已经萌芽的推想应当可以成立。当然,这一见解得到实证支持,尚有待于考古工作的新收获。

一 《盐铁论·散不足》所见"掌蹄"

《盐铁论》记录了"贤良"与"大夫"有关经济制度与经济生活的辩论,其中《散不足》篇有反映当时社会民生的信息。例如,我们看到关于车马等级的文字:

> 古者诸侯不秣马,天子有命,以车就牧。庶人之乘者,马足以代其劳而已。故行则服枙,止则就犁。今富者连车列骑,骖贰辎軿。中者微舆短毂,烦尾掌蹄。夫一马伏枥,当中家六口之食,亡丁男一人之事。

对于"烦尾掌蹄",马非百做了这样的解释:"掌蹄,用铁在马蹄上打掌。烦尾掌蹄,指有尾饰有铁掌的马。"①

如果其说属实,则《盐铁论》所谓"掌蹄"可能是最早的关于"用铁在马蹄上打掌"的文字记录。

---

① 马非百注释:《盐铁论简注》,中华书局1984年10月版,第224页。

二 "䇦蹄"说

王利器引孙人和曰:"'掌'读为'䇦',《说文》:'䇦,距也。'䇦蹄,以物饰其蹄也。"王利器说:"'䇦蹄',今犹有此语,就是拿铁䇦钉在马蹄上来保护它。走马之䇦蹄,正如斗鸡之距爪一样。"①

《说文·止部》:"䇦,距也。从止,尚声。"段玉裁注:"今音丑庚切,古音堂。今俗语亦如堂。《考工记》:'维角䇦之。'大郑曰:'䇦读如掌距之掌。'掌距,即䇦距字之变体。车䇦,《急就篇》、《释名》作车棠。《说文·金部》作车樘。《木部》曰:'樘,衺柱也。'今俗字䇦作撑。"②

无论是写作"掌"还是写作"䇦",均被理解为钉在马蹄上的铁掌。

三 对于"革鞮"的理解

《盐铁论·散不足》中还有一段批评社会奢侈风习的话,说到有关"骑"的装备:

> 古者庶人贱骑绳控,革鞮皮荐而已。及其后,革鞍牦成,铁镳不饰。今富者镔耳银镊韉,黄金琅勒,罽绣弇污,垂珥胡鲜。中者染纬绍系,采画暴干。

对于其中所谓"革鞮",有学者认为"就是革制的马鞋"。"照西方就蹄铁的起源而论,据说是公元以后始于塞尔丁人从东方传去的,但最初还只是用革制的马鞋,很显然那是指二千多年前的情况。""《盐铁论》是公元前 81 年(汉昭帝始元六年)朝廷召集当时民间知识分子议论国事的会议记录,它反映平民的马匹只能用革鞮,那末当时的统治阶级可能已不是用革鞮了;虽然他们并没有指出用铁去制马鞋。照推论,铁在汉代虽已广为利用于生产,但究竟还是相当贵重的,

---

① 王利器校注:《盐铁论校注》,第 368 页。
② 〔汉〕许慎撰,〔清〕段玉裁注:《说文解字注》,第 67 页。

把它用来装蹄的可能性就很小。到目前为止,我国考古学界还没有发现一千多年前的蹄铁,因为这里姑且认为蹄铁的应用恐怕是唐以后的事,但这也不能说是晚了。"①

关于"革鞮",还可以关注《说文·走部》的"趡"字:"趡,趡娄,四夷之舞各自有曲。从走。是声。"段玉裁注:"趡娄,今《周礼》作鞮鞻氏。注云:'鞻读为屦。鞮屦,四夷舞者屝也。今时倡蹋鼓沓行者自有屝。'按今《说文·革部》:'鞮,革履也。'无鞻字。《释文》引《说文》:'鞮,屦也。'《字林》:'鞮,革屦也。鞻者,靲屦。'是则《字林》乃有鞻字。许、郑、《周礼》所无。郑注当本作'娄读为屦'。《革部》之鞮是常用之屦。《走部》之趡娄乃四夷舞者之屦。曲当作屦,声之误也。'四夷之舞各自有屦',正与郑注说同。许意当亦娄读为屦。"②"屦也。故从走。"所谓"趡娄",也就是"鞮鞻",也是革制的鞋履。在畜牧业先进的地区,皮革加工技术较早成熟。皮革制作的保护足部的"鞮鞻"在中原以外的"四夷"地方出现,是很自然的事。

如果确有与"骑"这一交通行为相关的被理解为"革制的马鞋"的"革鞮",也应当是草原民族的发明。

四 "蹄铁"源起

有学者考察"骑兵马具的成熟"时,讨论了"马蹄铁"的出现和普及。论者指出:"关于马蹄铁的起源,材料极为匮乏,故争论也较大。或以为马蹄钉铁掌是中国人发明的,蹄铁在中国'至少已有二千多年的历史','今日欧洲的蹄铁术,是受到我国蹄铁术的影响加以改良而成的'。③还有人说公元480年左右匈奴

---

① 谢成侠:《中国养马史》(修订版),农业出版社1991年5月版,第34页。
② 〔汉〕许慎撰,〔清〕段玉裁注:《说文解字注》,第67页。
③ 原注:"张仲葛:《中国古代畜牧兽医方面的成就》,载自然科学史研究所主编《中国古代科技成就》,北京:中国青年出版社,1978年。""第413页。"

人(Ephthalite Hune)将马鞍、马镫和马蹄铁带入了印度。① 或以为中国'蹄铁的应用恐怕是唐以后的事'。② 或以为蹄铁是从西方传来的,南宋时'我国对装蹄铁的作法还比较生疏,我国普遍采用此物的时间,大约不早于元代'③。"

论者写道:"对这个问题,现在还无法确论,有必要深入挖掘资料。"并提示《盐铁论·散不足》"烦尾掌蹄"是"一条相关的资料"。认为:"古人很早就注意对马蹄的保护,在马蹄上缠裹皮套是早期较流行的方法。""汉代人所说的'掌蹄'是什么意思?是否是比'古者革鞮而已'更先进的方法?目前恐怕还只能提出问题,确切的解答则有待于将来。"④

谢成侠关于"蹄铁这一名称的由来"的说明值得注意。他说:"按英语国家叫 horse shoe,硬译成中文,则必叫马鞋。"与《盐铁论》出现的"革鞮"古称"好似符合"。但是他又指出:"其实,蹄铁一词原是德文的 Hufeisen,该字即由蹄和铁二字缀合而成,由日本在十九世纪译成,我国从而先在军事兽医教育中沿用,而在民间向来称它为'马掌',称蹄铁工匠为'掌工'……"⑤注意到英文 horse shoe 可硬译成"马鞋",与《盐铁论》"革鞮"古称"好似符合",是很有意思的事。

我们还看到,《盐铁论》所谓"掌蹄",有人即理解为"马蹄钉铁掌"。如《汉语大词典》就是这样对"掌蹄"进行说明的:"【掌蹄】钉铁掌于马蹄。汉桓宽《盐铁论·散不足》:'今富者连车列骑,骖贰辎軿。中者微舆短毂,烦尾掌蹄。夫一马伏枥,当中家六口之食,亡丁男一人之事。'"⑥这样的认识,显然缺乏有说服力的证明。

---

① 原注:"Joseph Needham, *Science and Civlisation in China*, Vol. Part II, Mechanical Engineering, Cambridge University Press, Cambridge, 1965." "第 317 页注引奥德里库尔(Haudrecourt)之说。"
② 原注:"谢成侠:《中国养马史》(修订版),北京:农业出版社,1991 年。""第 34~35 页。"
③ 原注:"孙机:《唐代的马具和马饰》,《文物》1981 年第 10 期。"
④ 钟少异:《中国古代军事工程技术史(上古至五代)》,山西教育出版社 2008 年 1 月版,第 500—501 页。
⑤ 谢成侠:《中国养马史》(修订版),第 35 页。
⑥ 汉语大词典编纂委员会、汉语大词典编纂处:《汉语大词典》,汉语大词典出版社 1990 年 12 月版,第 6 卷第 633 页。

五 "数马曰若干蹄":蹄铁萌芽的观念背景与技术条件之一

《史记》卷一二九《货殖列传》说富者地位"与千户侯等"者,言畜牧产业,以"蹄角"计"牛",以"足"计"羊""彘",而"马"的计数单位则是"蹄":

> 庶民农工商贾,率亦岁万息二千,百万之家则二十万,而更徭租赋出其中。衣食之欲,恣所好美矣。故曰陆地牧马二百蹄,牛蹄角千①,千足羊,泽中千足彘②,水居千石鱼陂,山居千章之材。安邑千树枣;燕、秦千树栗;蜀、汉、江陵千树橘;淮北、常山已南,河济之间千树萩;陈、夏千亩漆;齐、鲁千亩桑麻;渭川千亩竹;及名国万家之城,带郭千亩亩钟之田,若千亩卮茜,千畦姜韭:此其人皆与千户侯等。

对于所谓"牧马二百蹄",裴骃《集解》:"《汉书音义》曰:'五十匹。'"司马贞《索隐》:"案:马有四足,二百蹄有五十匹也。《汉书》则云'马蹄噭千',所记各异。"③

《史记》卷一二九《货殖列传》论说富足的水准,言及"千乘之家"的资产等级,又说到"马蹄蹴千":

> 通邑大都,酤一岁千酿,醯酱千瓨,浆千甔,屠牛羊彘千皮,贩谷粜千钟,薪稿千车,船长千丈,木千章,竹竿万个,其轺车百乘,牛车千两,木器髹者千枚,铜器千钧,素木铁器若卮茜千石,马蹄蹴千,牛千足,羊彘千双,僮手指千,筋角丹沙千斤,其帛絮细布千钧,文采千匹,榻布皮革千石,漆千斗,糵曲盐豉千苔,鲐鲊千斤,鲰千石,鲍千钧,枣栗千石者三之,狐貂裘千皮,羔羊裘千石,旃席千具,佗果菜千钟,子贷金钱千贯,

---

① 裴骃《集解》:"《汉书音义》曰:'百六十七头也。马贵而牛贱,以此为率。'"司马贞《索隐》:"牛足角千。案:马贵而牛贱,以此为率,则牛有百六十六头有奇也。"

② 裴骃《集解》:"韦昭曰:'二百五十头。'"司马贞《索隐》:"韦昭云:'二百五十头。'"

③ 《太平御览》卷八九八引《史记》曰:"马蹄噭千,牛千足,此亦比千乘之家。"文渊阁《四库全书》本。中华书局用上海涵芬楼影印宋本1985年10月复制重印版作"马蹄蹴千",〔宋〕李昉等撰:《太平御览》,第3986页。

节驵会,贪贾三之,廉贾五之,此亦比千乘之家,其大率也。

对于"马蹄噭千",裴骃《集解》:

> 徐广曰:"噭音苦吊反,马八髎也,音料。"

司马贞《索隐》:

> 徐广音苦吊反,马八髎也,音料。《埤仓》云:"尻骨谓八髎,一曰夜蹄。"小颜云:"噭,口也。蹄与口共千,则为二百匹。"若顾胤则云:"上文马二百蹄,比千乘之家,不容亦二百。则噭谓九窍,通四蹄为十三而成一马,所谓'生之徒十有三'是也。凡七十六匹马。"案:亦多于千户侯比,则不知其所。

看来理解并不一致。大概以"口"和"窍"与"蹄"即所谓"蹄与口"及"九窍通四蹄"合并计数的推想不大合理。参考裴骃《集解》引《汉书音义》对"僮手指千"的解释:"僮,奴婢也。古者无空手游日,皆有作务,作务须手指,故曰手指,以别马牛蹄角也。"[①]"马"的计数,也应当考虑对于其"作务"最重要的身体部位,即"蹄"。

明代学者任广《书叙指南》卷一六"会计支费"条说到古时财务文书中通行用语,量词则有:"数牛羊曰若干皮(《货殖》),数牛曰蹄角若干(《货殖》,六为一),数鱼曰若干石(《货殖》),数猪羊曰若干双(上),数马曰若干蹄(上,四为一)……"[②]

"数马曰若干蹄",体现出在当时社会爱好马的普遍意识背景下人们对马蹄的特别看重。

六 "蹄欲得厚":蹄铁萌芽的观念背景与技术条件之二

《庄子·马蹄》写道:"马,蹄可以践霜雪,毛可以御风寒。"[③]马的生存能力和

---

① 《史记》,中华书局点校本二十四史修订本 2013 年 9 月版,第 3942—3944 页、第 3946 页。
② 文渊阁《四库全书》本。
③ 曹础基:《庄子浅注》,中华书局 1982 年 10 月版,第 128 页。

社会作用,首先表现在"蹄可以践霜雪"。

马能够"驰驱千里"①,"追奔电,逐遗风"②,"至如猋风,去如收电"③,人们观察的直接感觉是蹄的轻捷。《淮南子·原道》说到"策蹄马",又言"而欲教之,虽伊尹、造父弗能化"。《淮南子·主术》也说:"君德不下流于民,而欲用之,如鞭蹄马矣。""蹄马"是体现出马的野性和生命力的称谓。而《淮南子·修务》又写道:"夫马之为草驹之时,跳跃扬蹄,翘尾而走,人不能制,龁咋足以噆肌碎骨,蹶蹄足以破卢陷匈。"④也强调"蹄"的强劲力量。古来相马技术重视"蹄"的形态特征。《太平御览》卷八九六引《伯乐相马经》:"蹄欲得厚。"同卷引《马援铜马相法》:"蹄欲厚三寸,坚如石。"⑤《齐民要术》卷六"养牛马驴骡":"相马视其四蹄","四蹄欲厚且大。"此说与《伯乐相马经》"蹄欲得厚"意思是接近的。又《齐民要术》卷六"养牛马驴骡":"蹄欲厚三寸,硬如石,下欲深而明,其后开如鹞翼,能久走。"其说可以看作《马援铜马相法》所提供知识的扩展。缪启愉解释:"蹄要厚而坚硬。'深而明',则蹄底有适度的穹窿,不呈不良的'平蹄',而且蹄叉也显明。蹄的后方或蹄踵部要岔开如鹞翼状(鹞的翼不张开时,侧看与尾成一岔角),表示该部富于弹性,这当然有益于运动。符合于这些主要标准的蹄,能够持久。"⑥

七 蹄部病症治疗:蹄铁萌芽的观念背景与技术条件之三

河西汉简可见记录"马病"的简文。例如甲渠候官出土简:"马病至戊辰旦

---

① 《太平御览》卷八九六引《穆天子传》,〔宋〕李昉等撰:《太平御览》,第3976页。

② 《汉书》卷六四下《王褒传》,颜师古注:"《吕氏春秋》云'遗风之乘',言马行尤疾,每在风前,故遗风于后。今此言逐遗风,则是风之遗逸在后者,马能逐及也。"中华书局1962年6月版,第2823页、第2825页。

③ 《汉书》卷五二《韩安国传》,第2401页。

④ 刘文典撰,冯逸、乔华点校:《淮南鸿烈集解》,中华书局1989年5月版,第14页、第289页、第638页。

⑤ 〔宋〕李昉等撰:《太平御览》,第3978页。

⑥ 〔后魏〕贾思勰原著,缪启愉校释:《齐民要术校释》,农业出版社1982年11月版,第280页、305页。

遣卒之廿三仓取廪彭诚闭亭户持马□陷陈辟左子务舍治马其日日中"(E. P. T43：2)①、"☐并马病治马□☐"（E. P. T50：67）②。又有专门记录"马病"致死情形的文书："●始建国四年正月驿马病死爰书"（96.1）③。敦煌汉简可见关于"马病"症状的具体描述，如："将军令召当应时驰诣莫府获马病伤水不饮食借尹史侯昌马杨鸿装未辨惶恐"（177）④。"马病"的具体症状是"伤水不饮食"。悬泉置遗址出土汉简又有研究者以为"报告病马死亡验证结果的文书"："建昭元年八月丙寅朔戊辰，县（悬）泉厩佐欣敢言之：爰书：传马一匹骓駮（驳），牡，左剽，齿九岁，高五尺九寸，名曰骓鸿。病中肺，欬涕出睾，饮食不尽度。即与啬夫遂成、建杂诊：马病中肺，欬涕出睾，审证之。它如爰书。敢言之。"（Ⅱ 0314（2）：301）⑤

病状是"马病中肺，欬涕出睾"。

出土于悬泉置遗址的一则简例则说到专门的"马医"："出绿纬书一封，西域都护上，诣行在所公车司马以闻，绿纬孤与缊检皆完，纬长丈一尺。元始五年三月丁卯日入时，遮要马医王竟、奴铁柱付县（悬）泉佐马赏。"（Ⅱ 0114[2]：206）⑥

据《齐民要术》卷六"养牛马驴骡"，"马病"有表现于蹄部者。例如："久步则生筋劳；筋劳则'发蹄'，痛凌气。"载录的"诸病方法"，有的专门治疗蹄部疾病。例如"治马瘑蹄方"，据研究者提示，"'瘑蹄'即指蹄部发炎红肿，甚至化脓。""治马瘑蹄方"内容如下：

（1）治马瘑蹄方：以刀刺马踠丛毛中，使血出，愈。

（2）又方：融羊脂涂疮上，以布裹之。

（3）又方：以汤净洗，燥拭之。嚼麻子涂之，以布帛裹。三度愈。

若不断，用谷涂，五六度即愈。

（4）又方：以锯子割所患蹄头前正当中，斜割之，今上狭下阔，如锯齿形；去之，如剪箭括。向深一寸许，刀子摘令血出，色必黑，出五升许，

---

① 甘肃省文物考古所等编：《居延新简 甲渠候官与第四燧》，文物出版社1990年7月版，第100页。

② 甘肃省文物考古所等编：《居延新简 甲渠候官与第四燧》，第157页。

③ 谢桂华等：《居延汉简释文合校》，文物出版社1987年1月版，第163页。

④ 甘肃省文物考古研究所编：《敦煌汉简》，中华书局1991年6月版，第226页。

⑤ 胡平生、张德芳主编：《敦煌悬泉汉简释粹》，上海古籍出版社2001年8月版，第24页。

⑥ 胡平生、张德芳主编：《敦煌悬泉汉简释粹》，第111页。

解放,即差。

(5) 又方:取炊釜底汤净洗,以布拭令水尽。取黍米一升作稠粥,以故布广三四寸,长七八寸,以粥糊布上,厚裹蹄上疮处,以散麻缠之。三日,去之,即当差也。

(6) 又方:煮酸枣根,取汁净洗,讫。水和酒糟,毛袋盛,渍蹄没疮处。数度即愈也。①

"治马瘙蹄方"共 12 方,有消毒防止感染的措施,这里择取其中 6 方讨论。"(1)""以刀刺马踠丛毛中,使血出","(4)""以锯子割",带有手术性质。"(6)"的治疗方式"水和酒糟,毛袋盛,渍蹄没疮处",已采用类同酒精消毒方式的兽医技术,特别值得注意的,是使用了"毛袋"这种医疗器械。缪启愉注释:"'毛袋',指黑羊毛织成的用以压榨黄酒的酒袋。"②"毛袋"的使用,或许受到"(2)""以布裹之","(3)""以布帛裹","(5)""以故布广三四寸,长七八寸,以粥糊布上,厚裹蹄上疮处,以散麻缠之"等方式的启示。这种以"布""布帛""裹""厚裹",再"以散麻缠之"的技术,可以维持"三日"以上,当已较为成熟。通过这种方式的使用,可以理解前引关于"革鞮"之所谓"古人很早就注意对马蹄的保护,在马蹄上缠裹皮套是早期较流行的方法"的认识,是有一定合理性的。

还应当注意到,"以锯子割所患蹄头前正当中,斜割之"的方式,与现今"钉铁掌于马蹄"时的准备清理过程中用刀削修蹄底的动作应当有一定的技术关联。

看来,自《盐铁论》到《齐民要术》的时代,"蹄铁"的出现已经具备了必要的基础。

前引或以为中国"蹄铁的应用恐怕是唐以后的事",或以为"蹄铁"是从西方传来的,南宋时"我国对装蹄铁的作法还比较生疏,我国普遍采用此物的时间,大约不早于元代"等意见,或许因年代判定偏晚而应当修正。当然,"蹄铁"发明要得到确凿的实证支持,还要期待考古工作的新的发现。但是对这一发明的前期基础的认识,是必要的。

---

① 〔后魏〕贾思勰原著,缪启愉校释:《齐民要术校释》,第 284 页、第 310 页、第 287—288 页。

② 〔后魏〕贾思勰原著,缪启愉校释:《齐民要术校释》,第 310 页。

略说里耶秦简"祠器""鬃梠车"

里耶秦简所见有关"祠器"的简文,出现"鬃梠车"字样。就此思考秦祠祀制度与交通史的关系,可以获得有意义的启示。秦人较早使用模型车辆服务于祭祀,体现出制车技术的先进,似乎也可以从中体会节约资源的意义。考虑到秦人祭祀用"驹犊羔"的情形,或许可以与微型偶车的使用联系起来思考。里耶秦简"祠器""鬃梠车"的尺寸,大致可以有助于这种推想的证明。祠祀形式中这种特殊的做法,或许亦可以理解为秦人信仰世界中比较新鲜生动的风格,联系其他文化现象,或许可以察知秦文化内质中表现出的对生力充备的新生命的看重与推崇。有学者认为相关文化迹象体现"戎制"的意见,也值得研究者深思。

一 里耶简文"祠器""鬃梠车"

里耶秦简多有涉及秦制度的简文,其中可见涉及"祠器""鬃梠车"者,值得研究者重视。第九层简牍中简731:

环二尺一环= 去栈高尺以绀缯为盖缦裹☐
祠器└鬃梠车以木为栈广四尺①

这则简文,很可能是对有关"祠器"形制的规定。

从简文内容看,所谓"鬃梠车"者,似乎应是木质髹漆车辆,又以丝织品"绀缯"为车"盖",而且有"缦裹"之车辆部件。从车具用"鬃"及"绀缯""缦"看,此"鬃梠车"的装饰品位达到了相当高的等级规格。

---

① 湖南省文物考古研究所:《里耶秦简》(贰),文物出版社2017年12月版,图版第94页,释文第30页。

这是比较宝贵的有关车辆制作与装饰使用材料的文字记录。对于车制史，保留了极有价值的信息。这种价值，不仅仅限于制车技术层面，很可能涉及与车辆使用相关的秦人信仰世界的秩序与神学传统、祭祀规范。

简文所见"鬃桱车以木为栈广四尺"，尺寸与一般实用车辆明显有异，推测应是车辆的模型。

二 "环二尺一环"

从里耶秦简 731 的简文内容，可以试揣知作为"祠器"的"鬃桱车"的大致形制。

"环二尺一环＝去栈高尺"简文中，"环"或可理解为"辕"。《周礼·考工记》"匠人"条："环涂七轨。"郑玄注："故书'环'或作'辕'，杜子春曰：'当为环。环涂，谓环城之道。'"①可知"环""辕"可以通假。《墨子·明鬼下》："（武王）折纣而系之赤环。"孙诒让写道：

> 毕云：《太平御览》引作'折纣而出'，'环'作'辕'，是。言系之朱轮。"案：此无考。《荀子·解蔽篇》云："纣悬于赤斾"，《正论篇》云"悬之赤旗"，并与此异，毕说未塙。②

"毕云"说到《太平御览》引文"'环'作'辕'"，孙诒让做出"是"的判断，他以为"言系之朱轮""此无考"。高亨《古字通假会典》"【辕与环】"条举《周礼·考工记·匠人》文例后即有：

> 《墨子·明鬼下》："折纣而系之赤环。"《太平御览·神鬼部二》引环作辕。③

中华书局用上海涵芬楼影印宋本 1960 年 2 月复制重印版《太平御览》未见"引环作辕"例，毕沅及高亨所据尚不明朗。

---

① 〔清〕孙诒让撰，王文锦、陈玉霞点校：《周礼正义》，中华书局 1987 年 12 月版，第 3475 页。
② 〔清〕孙诒让著，孙以楷点校：《墨子间诂》，中华书局 1986 年 2 月版，第 224 页。
③ 高亨纂著，董治安整理：《古字通假会典》，齐鲁书社 1989 年 7 月版，第 169 页。

简文所谓"环二",也许可以读作"辕二"。也就是说,此"鬏桵车"应当是双辕车。

回顾秦车制史,可见最早的双辕车的模型出自陕西凤翔高庄战国秦墓。中国早期车辆均为单辀。单辀车须系驾二头或四头牲畜,双辕车则可系驾一头牲畜。陕西凤翔战国初期秦墓 BMl03 出土 2 件牛车模型,牛一牡一牝,两车车辆形制相同,出土时陶车轮置于牛身后两侧,其间有木质车辕及轴、舆等车具朽痕,可以看到车辕为 2 根。① 这是中国发现的最早的双辕车模型,也很可能是世界最早的标志双辕车产生的实物资料。② 双辕车的出现,除改变了原先单辀车系驾牲畜数量的旧制之外,对道路宽度的要求也有所降低,使得一般民户也可以使用,体现了交通工具史上的重大进步。两件牛车模型出土于同一座小型墓葬中,且牛为一牡一牝,还可以说明秦国民间使用这种运输生产工具的普及程度。③

"环二"或即"辕二"车型用为"祠器",可以说明双辕车作为交通运输条件在秦的社会生产与社会生活中已经大致得到比较普遍的应用。

三 "环去栈高尺"与"栈广四尺"

在里耶秦简 731 简文内容关于可能作为"祠器"的"鬏桵车"之形制的表述中,"环二尺一环= 去栈高尺"与"栈广四尺"简文也值得注意。

秦时 1 尺相当于 23.1 厘米,简文所谓"环二尺一环= 去栈高尺",如果"环二"即体现双辕车形制的推定合理,则"尺一环"文意,似乎说"环"即"辕"的规格。"尺一",即 25.41 厘米。这有可能是指双辕之间的距离。

《诗·小雅·何草不黄》:"有芃者狐,率彼幽草。有栈之车,行彼周道。"毛亨传:"芃,小兽貌。栈车,役车也。"郑玄笺:"狐草行草止,故以比栈车辇者。"④

---

① 吴镇烽、尚志儒:《陕西凤翔八旗屯秦国墓葬发掘简报》,《文物资料丛刊》第 3 辑,文物出版社 1980 年 5 月版。

② 有友人告知,私人收藏文物有青铜双辕车模型,可能发现于三晋地方。可惜未见原物,且年代及出土地点未能明确。

③ 王子今:《秦汉交通史稿》(增订本),第 114 页。

④ 〔清〕阮元校刻:《十三经注疏》,第 501 页。

里耶简文"环去栈高尺",有可能是指"辕"与"栈"的高差为一尺,即大致为23.1厘米。

这种小型车辆,应当并非用于交通运输实践。

甘肃礼县圆顶山春秋秦贵族墓曾经出土下附轮轴的铜盒(98LDM1:9),"盒为长方体,盖面由对开的两扇小盖组成,盒上沿部四角为4个站立的小鸟,可转动。将4鸟面向盖中,盖可锁住;4鸟面向四周,盖即可打开"。"盒体下附带轴的两对圆轮,并有辕、軎,轮可转动。每轮有8根辐条"。① 这件形制特殊的器物,或称之为"车型器",②或称为"微型挽车"。③ 有学者认为,这种"车型器","是为墓主人特制的冥器","可能具有护佑、引导亡灵之意"。④

这种被称作"微型挽车""车型器"的器物体现出车辆特征的形制,使我们很自然地联想到秦祭祀体制中实用"木禺车""木寓车"的传统。

四 "木禺车""木寓车":秦人车辆模型创制

《史记》卷二八《封禅书》说到秦在雍地的祠祀体制,涉及以"禺"为形式的木质祭祀用品:

> 唯雍四畤上帝为尊,其光景动人民唯陈宝。故雍四畤,春以为岁祷,因泮冻,秋涸冻,冬塞祠,五月尝驹,及四仲之月月祠,若陈宝节来一祠。春夏用骍,秋冬用駵。畤驹四匹,木禺龙栾车一驷,木禺车马一驷,各如其帝色。黄犊羔各四,珪币各有数,皆生瘗埋,无俎豆之具。三年一郊。秦以冬十月为岁首,故常以十月上宿郊见,通权火,拜于咸阳之

---

① 甘肃省文物考古研究所、礼县博物馆:《礼县圆顶山春秋秦墓》,《文物》2002年第2期。

② 赵化成:《秦人从哪里来:寻觅早期秦文化》,《中国文化遗产》2013年第2期。

③ 刁方伟:《秦西垂陵区圆顶山秦贵族墓地出土文物鉴赏》,《文物鉴定与鉴赏》2016年第9期。山西闻喜上郭村出土的类似器物,有人称之为"六轮挽车"。张崇宁:《"刖人守囿"六轮挽车》,《文物世界》1989年第2期。

④ 余永红:《圆顶山秦墓"饰鸟虎熊车型器"含义新探》,《湖北民族学院学报》(哲学社会科学版)2019年第1期。

旁,而衣上白,其用如经祠云。西畤、畦畤,祠如其故,上不亲往。"裴骃《集解》:"《汉书音义》曰:'禺,寄也,寄生龙形于木也。'"司马贞《索隐》:"禺,一音寓,寄也。寄龙形于木,寓马亦然。一音偶,亦谓偶其形于木也。"①

《汉书》卷二五上《郊祀志上》"木禺龙栾车一驷,木禺车马一驷"作"木寓龙一驷,木寓车马一驷"。"木寓龙一驷",颜师古注:"李奇曰:'寓,寄也,寄生龙形于木也。'师古曰:'一驷亦四龙也。'"②汉代依然沿袭这一制度。《汉书》卷二五下《郊祀志下》说汉武帝时代事:"明年,有司言雍五畤无牢孰具,芬芳不备。乃令祠官进畤犊牢具,色食所胜,而以木寓马代驹云。及诸名山川用驹者,悉以木寓马代。独行过亲祠,乃用驹,它礼如故。"③

里耶秦简"祠器""鬃桭车"简文,似可说明秦时较低等级的地方祠祀方式及基层祠祀方式,也使用"木禺车马""木寓车马",也就是木偶车马。

五 关于"秦用驹犊羔"

有学者注意到前引《史记》卷二八《封禅书》言"畤驹四匹""黄犊羔各四"的制度,称为"秦用驹犊羔"。元代学者方回《续古今考》卷三二"秦用驹犊羔数,三年一郊自秦始"条写道:"紫阳方氏曰:秦以四时祠上帝,四仲之月,驹四。又有黄犊与羔各四。生瘗埋,无俎豆。秦虽戎制,礼亦必有本。则喻乎此,用牛羊豕犊或不止一。"《续古今考》卷一四《秦四时三年一郊无俎豆考》也说:"以愚考之,四时之帝一岁八祠,而三年一亲郊。一畤用四驹、四黄犊、四羔,有珪币,无俎豆,有瘗埋,无燔燎。"④所谓"有""无"之间,表现出秦与东方礼制有别的文化个性。

"紫阳方氏"说"秦用驹犊羔","虽戎制,礼亦必有本",以为这种祠祀形式体现了秦制与东方传统的不同,或许即"戎制",亦可能受到"戎"的强烈影响。然而其本身的文化合理性是应当肯定的,即所谓"礼亦必有本"。方回还指出:"则

---

① 《史记》卷二八《封禅书》,第 1376—1377 页。
② 《汉书》卷二五上《郊祀志上》,第 1209 页。
③ 《汉书》卷二五下《郊祀志下》,第 1246 页。
④ 〔元〕方回:《续古今考》,文渊阁《四库全书》本。

喻乎此,用牛羊豕犊或不止一。"推定使用"豕犊"的可能。

尺寸较小的车辆模型在祠祀场合的使用,起初或许亦与"用驹犊羔"的方式有关。所谓"木禺车马""木寓车马一驷"之说及汉武帝"以木寓马代驹",都说明"驹"是作为牵引车辆的运输动力的。

六 "秦用驹犊羔"与"秦人爱小儿"联想

"秦用驹犊羔""虽戎制,礼亦必有本",指出这种礼俗自有其文化传统与文化渊源。使用"驹犊羔",甚至"用牛羊豕犊或不止一",或许用畜包括"豕",也往往取用未成年个体即"犊"。

《史记》卷一○五《扁鹊仓公列传》记载了东方名医扁鹊曾经适应社会需要,对"小儿医"的进步有所贡献的事迹:"扁鹊名闻天下。过邯郸,闻贵妇人,即为带下医;过雒阳,闻周人爱老人,即为耳目痹医;来入咸阳,闻秦人爱小儿,即为小儿医:随俗为变。"①我们在讨论秦汉"小儿医"这一医学门类的历史性进步时关注过"秦人爱小儿"这一社会文化现象。②

如果把"秦人爱小儿"作为重要的社会文化现象予以注意,可资比较的记载,有草原民族风俗所谓"贵少"。

《三国志》卷三○《魏书·乌丸传》裴松之注引《魏书》言其"贵少贱老"。③《后汉书》卷九○《乌桓传》称"贵少而贱老"。④《史记》卷一一○《匈奴列传》说匈奴"贵壮健,贱老弱"。⑤ 而《汉书》卷五五《卫青传》载汉武帝曰"匈奴逆天理,

---

① 《史记》卷一○五《扁鹊仓公列传》,第2794页。《太平御览》卷七二一引《史记》作:"入咸阳,闻秦人爱小儿,即为小儿医,随俗改变,无所滞碍。"〔宋〕李昉等撰:《太平御览》,第3195页。〔宋〕李壁注《王荆公诗注》卷一七《赠曾子固》注引《扁鹊传》:"入咸阳,秦人爱小儿,即为小儿医,随俗改变,无所滞碍。"文渊阁《四库全书》本。

② 王子今:《秦汉"小儿医"略议》,《西北大学学报》(哲学社会科学版)2007年第4期;《秦汉儿童的世界》,中华书局2018年5月版,第124—134页。

③ 《三国志》卷三○《魏书·乌丸传》,第834页。

④ 《后汉书》卷九○《乌桓传》,第2979页。

⑤ 《史记》卷一一○《匈奴列传》,第2879页。

乱人伦,暴长虐老",颜师古注:"谓其俗贵少壮而贱长老也。"①《汉书》卷六三《武五子传·燕刺王刘旦》载燕刺王旦赐策"熏鬻氏虐老兽心",颜师古注:"虐老,谓贵少壮而食甘肥,贱耆老而与粗恶也。"②也都强调了"少"。"秦人爱小儿"风习,联系"贵少"之说,也可以理解为"戎制"的表现。《史记》卷五《秦本纪》:"秦僻在雍州,不与中国诸侯之会盟,夷翟遇之"③,《史记》卷一五《六国年表》:"秦杂戎翟之俗""秦始小国僻远,诸夏宾之,比于戎翟。"④《史记》卷四四《魏世家》:"秦与戎翟同俗"⑤,《史记》卷六八《商君列传》:"秦戎翟之教"⑥,其实都是说其礼俗与"戎制"的接近。

对于"秦用驹犊羔"和"秦人爱小儿",或许可以尝试以文化人类学思路进行考察。而徐市出海何以有"童男女"同行⑦,学者曾有多种解说,或许也可以由这一路径探求其原因。可能"小""童"及"驹犊羔"等未成年生命,能够与神异力量实现较亲密的接近。相关联想如果能够对学术真知的追求有点滴增益,我们不能忽略里耶秦简"祠器""鬃棂车"简文的有益启示。

---

① 《汉书》卷五五《卫青传》,第 2473 页。
② 《汉书》卷六三《武五子传·燕刺王刘旦》,第 2750 页。
③ 《史记》卷五《秦本纪》,第 202 页。
④ 《史记》卷一五《六国年表》,第 685 页。
⑤ 《史记》卷四四《魏世家》,第 1857 页。
⑥ 《史记》卷六八《商君列传》,第 2234 页。
⑦ 《史记》卷六《秦始皇本纪》:"齐人徐市等上书,言海中有三神山,名曰蓬莱、方丈、瀛洲,仙人居之。请得斋戒,与童男女求之。于是遣徐市发童男女数千人,入海求仙人。"第 247 页。《史记》卷二八《封禅书》:"始皇自以为至海上而恐不及矣,使人乃赍童男女入海求之。"第 1370 页。《史记》卷一一八《淮南衡山列传》:"(秦皇帝)遣振男女三千人,资之五谷种种百工而行。"裴骃《集解》:"薛综曰:'振子,童男女。'"第 3086 页。

论李翕黾池五瑞画象及"修崤嶔之道"题刻

洪适《隶释》是保留较多汉代交通史料的金石学名著。其中著录李翕黾池五瑞画象与"修崤嶔之道"题刻,序列置于《武都太守李翕西狭颂》与《李翕析里郙阁颂》之间。《隶续》卷一一另有《武都太守李翕天井道碑》。这四种共同出现"李翕"姓名的石刻文字,成为汉代重要交通史料中特殊的组合,值得研究者重视。李翕"昔在黾池,修崤嶔之道"的交通建设功绩在武都以刻石为形式的宣传,与武都地方特殊的交通形势有关。言"陇汉间""陇汉之间"的史籍文字仅见于《后汉书》,或反映东汉时期大致是天水、陇南交通行为比较活跃的历史阶段。而李翕任地方军政长官期间,可能"陇汉之间"交通得到了较好的发展条件。

一 《隶释》著录《李翕黾池五瑞碑》

宋人洪适《隶释》卷四著录多种汉代内容为交通道路开拓纪功文字的石刻,其中有《李翕黾池五瑞碑》:

　　黄龙白鹿木连理甘露降承露人
　　君昔在黾池,修崤嶔之道,德治精通,致黄龙、白鹿之瑞。故图画其像。

洪适写道:

　　右李翕黾池五瑞碑。李君昔治黾池,臻此瑞物。及西狭磨崖因刻于前,非碑阴也。黾池有二崤,属洪农郡。①

所谓"五瑞",应是后人设名。宋娄机《汉隶字源》卷一《考碑》,以及可能是

---

① 〔宋〕洪适:《隶释 隶续》,第53页。

元人撰著的《汉隶分韵》卷一《天下碑录》①等,亦称此为《李翕黾池五瑞碑》。明赵均《金石林时地考》卷下《陕西》作《李翕渑池五瑞碑》。《隶辨》卷七《碑考上》称《黾池五瑞碑》,其中有如下介绍:

> 《碑图》云:《李翕五瑞碑》所图者黄龙、白鹿、连理、嘉禾,有一人承甘露于乔木之下。左方有题字二行。《金石录》作《李翕碑阴》。《隶释》云:李君昔治黾池,臻此五瑞,及西狭磨崖,因刻于前,非碑阴也。②

《黾池五瑞碑》未必合理题名。但是金石学者重视并提示这一文物遗存对于区域文化研究、历史地理研究,以及交通史和交通文化研究的意义,无疑是非常重要的。

---

① 《四库全书总目》:"《汉隶分韵》七卷,江苏巡抚采进本。不著撰人名氏,亦无时代。考其分韵,以一东、二冬、三江等标目,是元韵,非宋韵矣。"中华书局1965年6月版,第352页。

② 顾南原撰集:《隶辨》,北京市中国书店据康熙五十七年项氏玉渊堂刻版1982年3月影印版,第1033页。

二　李翕四刻：珍贵的交通史料

《隶释》卷四著录题名出现"李翕"姓名的石刻三种，即《武都守李翕西狭颂》①

---

① 《隶释》卷四《武都太守李翕西狭颂》："汉武都太守汉阳阿阳李君，讳翕，字伯都，天姿明敏，敦《诗》悦《礼》，膺禄美厚，继世郎吏。幼而宿卫，弱冠典城。有阿郑之化，是以三剖符守，致黄龙、嘉禾、木连理、甘露之瑞。动顺经古，先之以博爱，陈之以德义，示之以好恶，不肃而成，不严而治。朝中惟静，威仪抑抑。督邮部职，不出府门，政约令行，强不暴寡，知不诈愚。属县趋教，无对会之事。徼外来庭，面缚二千余人。年谷屡登，仓庾惟忆，百姓有蓄，粟麦五钱。郡西狭中道，危难阻峻，缘崖俾阁，两山壁立，隆崇造云，下有不测之溪，阨笮促迫，财容车骑，进不能济，息不得驻，数有颠覆霣隧之害，过者创楚，惴惴其栗。君践其险，若涉渊冰。叹曰:《诗》所谓'如集于木，如临于谷'，斯其殆哉。因其事则为设备，今不图之，为患无已。敕衡官有秩李瑾，掾仇审，因常繇道徒，镌烧破析，刻臽磪嵬，减高就埤，平夷正曲，柙致土石。坚固广大，可以夜涉。四方无雍，行人欢悀。民歌德惠，穆如清风。乃刊斯石，曰：赫赫明后，柔嘉惟则。克长克君，牧守三国。三国清平，咏歌懿德。瑞降丰稔，民以货稙。威恩并隆，远人宾服。镌山浚渎，路以安直。继禹之迹，亦世赖福。建宁四年六月十三日壬寅造。时府丞右扶风陈仓吕国字文宝。故府掾□□□孟字□□。"洪适写道："右《武都太守李翕西狭颂》，在成州。今之阶、成、兴、凤，皆汉武都郡也。李君治武都桥道，前后三处。磨崖栈险架桥则郙阁，凿崖治路则西狭、天井。此碑灵帝建宁四年刻，彼两碑皆次年刻者。欧得其一，赵得其二。天井一碑，是时未出。南丰曾子固跋此碑云：翕与功曹史李旻定筴，敕衡官掾仇审治东阪，有秩李瑾治西阪，镌烧火石，人得夷涂。作《颂》刻石，其文有二。所识一也。其一刻于四年六月十三日壬寅，其一是年六月。"〔宋〕洪适撰：《隶释 隶续》，第52—53页。参看高文：《汉碑集释》，第356—357页。

《李翕黾池五瑞碑》《李翕析里桥郙阁颂》①。又《隶续》卷一一有《武都太守李翕天井道碑》：

  盖除患蠲难为惠，鲜能行之。斯道狭阻，有坂危峻，天井临深之厄，冬雪则冻，渝夏雨滑，汰顿踬伤，害民苦拘，驾推排之役，勤劳无已，过者战战，以为大戚。大守汉阳河阳李君履之，若辟风雨，部西部道桥掾李禋□鐷锤西坂天井山，止□人入字丈四尺，坚无刍溃，安无倾覆。四方赖之，民悦无疆，君德惠也。刊勒纪述，以示万载。建宁五年四月廿五日己酉讫成。

洪适写道：

  右武都太守李翕天井道碑，今在成州。灵帝建宁五年造碑云：斯道狭阻，有阪危峻，天井临深，冬雪则冻，夏雨滑汰，过者战战，以为大戚。李君履之，若辟风雨，西部道桥掾李禋鐷锤西阪，安无倾覆，四方赖之。李君以建宁三年到部，明年治西狭，又明年治郙阁、治天井，可谓除患蠲难，心乎惠民者。②

---

① 《隶释》卷四《李翕析里桥郙阁颂》："惟斯析里，处汉之右。溪源漂疾，横柱于道。涉秋霖潞，盆溢□涌。涛波滂沛，激扬绝道。汉水逆让，稽滞商旅。路当二州，经用柠沮。沮县士民，或给州府。休谒往还，恒失日暮。行理咨嗟，郡县所苦。斯溪既然，郙阁尤甚。缘崖凿石，处隐定柱。临深长渊，三百余丈。接木相连，号为万柱。过者栗栗，载乘为下。常车迎布，岁数千两。遭遇贐纳，人物俱隋。沈没洪渊，酷烈为祸。自古迄今，莫不创楚。于是大守汉阳阿阳李君讳翕字伯都，以建宁三年二月辛巳到官，思惟惠利，有以绥济。闻此为难，其日久矣。嘉念高帝之开石门，元功不朽。乃俾衡官掾下辨仇审，改解危殆，即便求隐。析里大桥，于今乃造。挍致攻坚，□□工巧。虽昔鲁斑，亦莫儗象。又醳散关之嶷潦，从朝阳之平燮，减西□□高阁，就安宁之石道。禹导江河，以靖四海。经记厥续，艾康万里。臣□□□，勒石示后。乃作颂曰：□□□□，降兹惠君。克明俊德，允武允文。躬俭尚约，化流若神。爱珉如□，□□平均。精通晧穹，三纳符银。所历垂熏，香风有邻。仍致瑞应，丰稔□□。□□乐，行人夷欣。慕君靡己，乃咏新诗：□□□□兮川兖之间。高山崔巍兮水流荡荡。地既瘠确兮与寇为邻。□□□□□以析分，或失绪业兮至于困贫。危危累卵兮圣朝闵怜。髦艾究□兮幼□□□，□□救倾兮全育□遗，劭劳日稷兮惟惠勤勤。黄邵朱龚兮盖不□□。□□充赢兮百姓欢欣。金曰大平兮文翁复存。建宁五□□月十八日癸□，时衡官□□□仇审字孔信。从史位□□□□字汉德为此颂。故吏下辨□□□子长书此颂。时石师南□□□□威明。"〔宋〕洪适撰：《隶释 隶续》，第53—54页。参看高文：《汉碑集释》，第378—380页。

② 〔宋〕洪适撰：《隶释 隶续》，第396页。

又有《武都丞吕国已下题名》:"丞右扶风陈仓吕国文宝;门下掾下辨李雯字子行,故从事;议曹掾下辨李旻字仲齐,故从事;主簿下辨李遂字子华,故从事;主簿上禄石祥字元祺;五官掾上禄张亢字惠叔,故从事;功曹下辨姜纳字元嗣,故从事;尉曹史武都王尼字孔光;衡官有秩下辨李瑾字玮甫;从史位下辨仇靖字汉德,书文;下辨道长广汉汁邡任诗字幼起;下辨丞安定朝那皇甫彦字子木。"洪适指出:"右武都丞吕国十二人题名,在天井磨崖之后。"洪适还写道:"其十'仇靖,字汉德,书文'者,挥翰遣词,皆斯人也。郙阁题名云'从史位字汉德,为此颂',中间姓名刓阙,得此乃知前碑亦仇所作。"①通过洪适的考论,我们知道《李翕析里桥郙阁颂》及《武都太守李翕天井道碑》都是仇靖撰文。

据推定为南宋人撰著《宝刻类编》卷一"仇靖"条下说到《武都太守李翕天井道碑》:

> 武都太守李翕天井道碑撰并书建宁三年造成
> 武都丞吕国已下题名同上②

题目标示"李翕"的四种石刻,其实可以理解为均以交通建设为主题的一个组合,应当看作中国古代交通建设史料中罕见的珍品。

宋王象之撰《舆地碑记目》卷四《成州碑记》说到李翕《磨崖颂》及汉《天井山记》:

> 汉武都太守汉阳阿阳李翕《磨崖颂》,翕讳君羡,开平道路,作《磨崖颂》。汉建宁四年造。今碑在鱼穷峡。
> 汉《天井山记》,亦汉阳太守李翕建宁五年造。
> 今藏碑之家亦惟有前一碑,四年所立者。后一碑,五年所立者,少有之。又老农云:往年雷震,崖石仆地。此碑不知所在,是可惜也。③

后者宋代已"不知所在",确实非常"可惜"。

李翕四刻中题《李翕黾池五瑞碑》者兼有图文,亦应是美术考古研究的对象,又言及"昔在黾池,修崤嶔之道"事,时间空间各有相当大的跨度。在"李翕"题名石刻组合中,有特别值得重视的学术价值。

---

① 〔宋〕洪适撰:《隶释 隶续》,第396—397页。参看高文:《汉碑集释》,第358页。
② 文渊阁《四库全书》本。
③ 文渊阁《四库全书》本。

三 鲁迅的收藏

北京鲁迅博物馆将所收藏鲁迅生前精心收集的历代拓本5100余种,6000余幅陆续整理、编目、分类,辑为汉画像、碑刻、墓志、瓦当、造像记、砖刻等卷,经西泠印社和浙江越生文化创意有限公司努力,编为《鲁迅藏拓本全集》。其中《鲁迅藏拓本全集:汉画像卷Ⅰ》和《鲁迅藏拓本全集:汉画像卷Ⅱ》的出版,不仅为汉画研究者提供了新的学术信息,对于所有关心汉代历史文化的人们来说,也是好消息。①

《鲁迅金石杂抄(汉画像部分)》有《〈汉画象集〉拟目》《汉画象目录》《嘉祥杂画象目录》《石刻目录》《石刻杂件》《金石杂件》《古物调查表抄》《汉石存目卷下》②。其中《汉画象目录》题下最后一条,有题"黾池五瑞画象"者,值得研究者注意:

> 黾池五瑞画象
> 　　右李翕黾池五瑞图。在西狭颂之前。上层为白鹿黄龙,下层为甘露降、承露人、嘉禾、木连理,后题:"君昔在黾池,修崤岭之道,德治精

---

① 蔡元培曾经高度赞赏鲁迅继承金石学传统,搜购、收藏、欣赏和研究金石拓本的工作,突出肯定他对于"汉碑之图案"即汉画的重视:"金石学为自宋以来较发展之学,而未有注意于汉碑之图案者,鲁迅先生独注意于此项材料之搜罗,推而至于《引玉集》《木刻纪程》《北平笺谱》等等,均为旧时代的考据家、赏鉴家所未曾著手。"当然,简单地说金石学者"未有注意于汉碑之图案者",汉画等"材料之搜罗""为旧时代的考据家、赏鉴家所未曾著手",判断似未必符合学术史的真实。我们知道,南宋洪适《隶释》《隶续》著录多种汉画象石。此前涉及汉画象石的有东晋戴延之《西征记》、北魏郦道元《水经注》、北宋沈括《梦溪笔谈》、赵明诚《金石录》等。清代金石学者多有对汉代画象予以关注者。有的学者曾经判断,自清末至民初,"著录和研究汉画像石的金石学著作""总数不下数百种"(信立祥:《汉代画像石综合研究》,文物出版社2000年8月版,第5页)。但是,我们依然可以确定地指出,鲁迅对于汉画的关注,体现出一位对于中国古典文化非常熟悉的学者特别敏锐的学术感觉。以鲁迅当时的态度对照今天汉画发现、整理、研究带动的美术史、美术考古的学术繁荣,我们不能不感叹他超前的学术进取意识和学术创新追求,以及对学术发展前景判断的先知先觉。

② 题注:"福山王懿荣纂,上虞罗振玉校补。"

通,致黄龙白鹿(下阙)之瑞,故图画其像。"又有上官掾、上禄、上官正字君选题目三行,后尚有龙字,隐隐可辨。(洪颐煊《平津读碑记一》)①"西狭颂",应为"《西狭颂》"。所谓"修崤岭之道",似应是整理者对"修崤嶔之道"文字的误读。

《鲁迅藏拓本全集:汉画像卷Ⅱ》可见编号为 287 的题"甘肃成县黄龙画像碑"者,碑首题"黄龙",画面左侧雕画"黄龙",右上方为"白鹿"画面,榜题"白鹿"。画面左下方为"木连理",右为"嘉禾",右下方为"甘露之种"。"甘露之种"左侧有"承露人"。《论衡·讲瑞》关于汉代"瑞物"崇拜,说到"天上有甘露之种"。这样的文物珍存,在《鲁迅藏拓本全集:汉画像卷》中并不是孤例。这幅画象,显然是值得重视的有关祥瑞的汉代意识史料。而画面左侧题刻:"君昔在黾池,修崤嶔之道,德治精通,致黄龙、白鹿之瑞,故因画其像。"②"昔在黾池,修崤嶔之道"的交通建设,被看作"德治精通"之政绩,以致有"致黄龙、白鹿之瑞"的宣传。而这件文物发现于距"黾池"甚远的"成县",也体现相关理念的普及。这是包含汉代交通史、行政史以及政治观念史信息的极可宝贵的汉画资料。③

四 黾池五瑞神话与"崤嶔"交通建设纪念

所谓"黾池五瑞","上层为白鹿、黄龙,下层为甘露降、承露人、嘉禾、木连理",是高等级祥瑞。《隶释》卷一六还著录《麒麟凤凰碑》:

麒麟凤凰碑

麒麟

凤凰

洪适就此有所分析,同时指出还有性质与内容相近的《山阳麟凤碑》:

右《麒麟凤凰碑》,凡二石,其像高二尺余,图写甚有生意。所题四

---

① 北京鲁迅博物馆编:《鲁迅藏拓本全编——汉画像》,西泠印社出版社 2014 年 11 月版,第Ⅱ册第 329 页。
② 北京鲁迅博物馆编:《鲁迅藏拓本全编——汉画像》,第Ⅱ册第 317 页。
③ 王子今:《鲁迅读汉画——简介〈鲁迅藏拓本全集:汉画像卷〉》,《中国文物报》2017 年 10 月 31 日。

字颇大。汉代凤皇集郡国频有之,惟麟不多见尔。此刻亦犹李翕《黄龙白鹿碑》之类也。又有《山阳麟凤碑》,二物共一石,其像小于此碑。像下有赞云:"天有奇鸟,名曰凤皇。时下有德,民富国昌。黄龙嘉禾,皆不隐藏。汉德巍巍,分布宣扬。"又云:"天有奇兽,名曰麒麟。时下有德,安国富民。忠臣竭节,义以修身。阙怨采善,明明我君。"碑阴有记云:"永建元年,山阳太守河内孙君新刻瑞像。"最后有铭辞,皆篆文也。胡承公云:"其石两旁有隶书六十九字。赵氏但得其篆,予所藏亦然。"①

其中言及李翕《黄龙白鹿碑》。《山阳麟凤碑》"两旁有隶书六十九字",未能载录,无法与李翕石刻进行比较研究,诚可惋叹。然而亦为太守所刻,在"宣扬""汉德"的同时也肯定地方行政之"善",所谓"此刻亦犹李翕《黄龙白鹿碑》之类也",是可靠的判断。李翕"黾池五瑞"石刻明确有如下内容:"君昔在黾池,修崤嵚之道,德治精通,致黄龙、白鹿之瑞。故图画其像。"将"致黄龙、白鹿之瑞"与"德治精通"相联系。而"德治精通"的直接表现即交通建设工程"修崤嵚之道"。

关于"崤嵚",《李翕黾池五瑞图》丁杰跋写道:"按:《公羊传》'嵚之嵚岩'是文王之所避风雨者也。"②所谓"崤嵚之道"即"殽黾间"交通线路,作为从西周文化重心到东周文化重心相互联系的通道,地位十分重要。《史记》卷四二《郑世家》:"缪公元年春,秦缪公使三将将兵欲袭郑,至滑,逢郑贾人弦高诈以十二牛劳军,故秦兵不至而还,晋败之于崤。"③《史记》卷七一《樗里子甘茂列传》称此路段有"数险",张守节《正义》:"谓函谷及三崤、五谷。"④此交通险阻亦称"崤函之固"。⑤《史记》卷六八《商君列传》裴骃《集解》引《新序》论曰:"秦孝公保崤函之固,以广雍州之地,东并河西,北收上郡,国富兵强,长雄诸侯……"⑥汉代联系长安和洛阳两都、两京,"殽黾间"道路交通作用尤其重要。周亚夫出军平定

---

① 〔宋〕洪适撰:《隶释 隶续》,第169—170页。
② 〔清〕王昶辑:《金石萃编》卷一四《汉十·李翕西狭颂》,中国书店据1921年扫叶山房本1985年3月影印版,卷一四第2页。
③ 《史记》卷四二《郑世家》,第1767页。
④ 《史记》卷七一《樗里子甘茂列传》,第2311—2312页。
⑤ 《史记》卷六八《商君列传》,第2238页。
⑥ 《史记》卷六八《商君列传》,第2238页。

吴楚七国之乱,应途经此路段,曾经有敌方利用"殽黾间"险阨地形设伏。《汉书》卷四〇《周亚夫传》:"亚夫既发,至霸上,赵涉遮说亚夫曰:'将军东诛吴楚,胜则宗庙安,不胜则天下危,能用臣之言乎?'亚夫下车,礼而问之。涉曰:'吴王素富,怀辑死士久矣。此知将军且行,必置间人于殽黾陇陜之间。且兵事上神密,将军何不从此右去,走蓝田,出武关,抵雒阳,间不过差一二日,直入武库,击鸣鼓。诸侯闻之,以为将军从天而下也。'太尉如其计。至雒阳,使吏搜殽黾间,果得吴伏兵。乃请涉为护军。"① 《后汉书》卷七九上《儒林传上·刘昆》"崤、黾驿道多虎灾,行旅不通"②,是为"虎患"的典型记录。"虎灾"危害"驿道"交通,特别是"崤、黾""行旅"的情形,甚至在画象资料中也有表现。③ 李翕曾经"修崤嶔之道",是虽未经正史记载,然而无疑具有辉煌影响的政绩。

五 "君昔在黾池修崤嶔之道"的武都宣传

《隶释》卷二七《天下碑录》说到《汉李翕碑》,强调表现"甘露、白鹿、黄龙、连理木四物"④,与所谓"黾池五瑞""上层为白鹿、黄龙,下层为甘露降、承露人、嘉禾、木连理"比较,略去"嘉禾"与"承露人",并以为是"图记李翕之政治"的文物遗存:

> 汉李翕碑,在成州崖石上,字皆完好。有甘露、白鹿、黄龙、连理木四物,图记李翕之政治也。⑤

称祥瑞画面"图记李翕之政治也",指出了石刻主题即李翕之"政治"的宣传。前引《西狭颂》也说"致黄龙、嘉禾、木连理、甘露之瑞",在以"瑞降丰稔,民以货稙"等语表扬其"治"的成功时,强调了"瑞降"的意义。

上古有刻石"铭功"的传统。《宋书》卷六四《何承天传》回顾窦宪、班固事

---

① 《汉书》卷四〇《周亚夫传》,第 2059 页。
② 《后汉书》卷七九上《儒林传上·刘昆》,第 2550 页。
③ 参看王子今:《汉代驿道虎灾——兼质疑几种旧题"田猎"图像的命名》,《中国历史文物》2004 年第 6 期,《崤函古道研究》,三秦出版社 2009 年 8 月版。
④ 前引《西狭颂》言"致黄龙、嘉禾、木连理、甘露之瑞"。
⑤ 〔宋〕洪适撰:《隶释 隶续》,第 284 页。

迹,说到"铭功于燕然之阿"。① 早先"铭功",有以青铜器为载体的,后来更普遍通行刻铭于石的方式。秦始皇、秦二世东巡刻石,既是政治宣言的发表,也有纪功的意义。汉代刻石"铭功"尤为普及。政绩军功,均习惯以此纪念。《曹全碑》明确说,碑文的主题,在于"刊石纪功"。②《裴岑纪功碑》"以表万世"③,《赵君羊窦道碑》"传于无穷"④,《石门颂》"勒石颂德,以明厥勋"⑤,《广汉长王君治石路碑》"永传亿岁无穷记"⑥,《桂阳太守周憬功勋铭》"传之万世,垂示无穷"⑦,以及前引《郙阁颂》"勒石示后"等,都表露刻石动机用以"纪功",使得"垂流亿载,世世叹诵"⑧,实现永久追念的效应。《隶释》卷四《蜀郡守何君阁道碑》《青衣尉赵孟麟羊窦道碑》《司隶校尉杨孟文石门颂》《广汉长王君治石路碑》《李翕黾池五瑞碑》《李翕析里桥郙阁颂》《桂阳太守周憬功勋铭》等,都是交通工程完成后的纪功石刻。

所谓"崤、黾驿道"是先秦秦汉时期联系黄河中游地区河洛地方与河渭地方至为关键的交通路段。李翕曾经在最重要的交通建设工程中有所建树,自诩非凡政绩。而这样的认识,是符合交通史的真实的。

前引《隶释》卷二七引录《天下碑录》说《汉李翕碑》:"《汉李翕碑》,在成州崖石上。字皆完好,有甘露、白鹿、黄龙、连理木四物,图记李翕之政治也。"只说"甘露、白鹿、黄龙、连理木四物",较《隶释》卷四《李翕黾池五瑞碑》所谓"五瑞""黄龙、白鹿、木连理、嘉禾、甘露降、承露人"有阙。而称祥瑞画面"图记李翕之政治也",指出了政绩宣传的意义。不过,此"图记李翕之政治也"不是一般表扬李翕的行政能力以及所谓"德治精通",而是特别显现出李翕"昔在黾池,修崤嵚之道"之"修""道"的功德。这一宣传形式,自有肯定并宣扬李翕在武都经营交

---

① 《宋书》,第 1707 页。
② 高文:《汉碑集释》,第 474 页。
③ 高文:《汉碑集释》,第 59 页。
④ 〔宋〕洪适撰:《隶释 隶续》,第 49 页。
⑤ 〔宋〕洪适撰:《隶释 隶续》,第 50 页。参看高文:《汉碑集释》,第 89—90 页。
⑥ 〔宋〕洪适撰:《隶释 隶续》,第 52 页。
⑦ 〔宋〕洪适撰:《隶释 隶续》,第 55 页。
⑧ 《石门颂》,〔宋〕洪适撰:《隶释 隶续》,第 50 页。参看高文:《汉碑集释》,第 89—90 页。

通建设工程之意义的作用,也有鼓动武都吏民积极参与交通建设工程的意义。

汉代"铭功"石刻多有突出交通工程成功记录之作用者,由此实现工程组织者"政治"宣传的效能。这类石刻,与人们熟知的被称作"汉三颂"的交通史料《石门颂》《西狭颂》和《郙阁颂》有接近之处。《武都太守李翕天井道碑》所谓"刊勒纪述,以示万载",正是此类石刻的营造目的。交通史研究者无疑应当感谢这些"刊勒纪述"的设计者和制作者。

武都地方交通形势比较特殊,除秦岭陇山地理阻隔外,前引《郙阁颂》"地既瘠确兮与寇为邻"所涉及的民族关系的复杂,也导致交通条件的恶劣。秦汉时期这一地区的"道"的设置,即体现了这一特殊情势。

六 "陇汉间""陇汉之间"

存留李翕刻石颇为集中的武都地方,有比较重要的交通地位。所谓"地既瘠确兮与寇为邻",强调了地理条件与人文条件的艰难。而"与寇为邻"特别指出对比汉文化重心地方的边缘化区域特征。《后汉书》卷二四《马援传》记述马援事迹,说到他很早就对大致同一方向的"边郡"有所关注:

> 援年十二而孤,少有大志,诸兄奇之。尝受《齐诗》,意不能守章句,乃辞况,欲就边郡田牧。况曰:"汝大才,当晚成。良工不示人以朴,且从所好。"会况卒,援行服期年,不离墓所;敬事寡嫂,不冠不入庐。后为郡督邮,送囚至司命府,囚有重罪,援哀而纵之,遂亡命北地。遇赦,因留牧畜,宾客多归附者,遂役属数百家。转游陇汉间,常谓宾客曰:"丈夫为志,穷当益坚,老当益壮。"因处田牧,至有牛马羊数千头,谷数万斛。既而叹曰:"凡殖货财产,贵其能施赈也,否则守钱虏耳。"乃尽散以班昆弟故旧,身衣羊裘皮绔。①

从"欲就边郡田牧",到"亡命北地","留牧畜,宾客多归附者,遂役属数百家",而所谓"转游陇汉间",特别值得关注。这种交通行为或许是他后来实现军事成就的早期资质条件。

---

① 《后汉书》卷二四《马援传》,第827—828页。

《后汉书》卷六〇上《马融传》说,马融也曾经"逡巡陇汉之间":"论曰:马融辞命邓氏,逡巡陇汉之间,将有意于居贞乎?"关于"陇汉之间",李贤注:"陇汉之间谓客于汉阳时。"①

理解"陇汉间""陇汉之间",应当注意"陇""蜀"交通的意义。

《后汉书》卷一七《岑彭传》记载:岑彭"与吴汉围隗嚣于西城",盖延、耿弇围"公孙述将李育"于上邽。"(刘秀)敕彭书曰:'两城若下,便可将兵南击蜀虏。人苦不知足,既平陇,复望蜀。每一发兵,头须为白。'"②刘秀战略计划的设定,应当是考虑到"陇""蜀"之间的军事交通条件的。

"陇汉间""陇汉之间"似乎容易被理解为陇西、汉阳之间。然而可能性更大的是,"陇汉间""陇汉之间"指陇山与汉水之间,或陇水与汉水之间。有迹象表明,"陇汉间""陇汉之间"所指代地域是超越陇西、汉阳之间地方的。

《周书》卷四九《异域传上·氐》记载:"氐者,西夷之别种。三代之际,盖自有君长,而世一朝见。故《诗》称'自彼氐、羌,莫敢不来王'也。汉武帝灭之,以其地为武都郡。自汧、渭抵于巴、蜀,种类实繁。汉末,有氐帅杨驹,始据仇池百顷,最为强族。其后渐盛,乃自称王。至裔孙纂,为苻坚所灭。坚败,其族人定又自称王。定为乞伏乾归所杀。定从弟盛,代有其国。世受魏氏封拜,亦通使于江左。然其种落分散,叛服不恒,陇、汉之间,屡被其害。"③标点虽有不同,《周书》"陇、汉之间"就是《后汉书》"陇汉之间"。此所谓"陇、汉之间",是包括武都郡、仇池国的,甚至可以理解为"自汧、渭抵于巴、蜀"的较广阔的区域。

"自汧、渭抵于巴、蜀"交通,对于西部地区的政治、经济、文化格局,具有重要的战略意义。但是这一地方交通的开发,遭遇复杂的艰苦的条件。李翕的开拓之功,因此显得益为重要。

七 李翕与仇审:武都交通建设功臣

李翕这个人物,不仅在石刻文字中有交通开发的事迹记录,在史籍文献的行

---

① 《后汉书》卷六〇上《马融传》,第 1973 页。
② 《后汉书》卷一七《岑彭传》,第 660 页。
③ 《周书》卷四九《异域传上·氐》,中华书局 1971 年 11 月版,第 894—895 页。

政史记载中,也可以发现其身影。

《后汉书》两见"李翕"事迹。《后汉书》卷六五《皇甫规传》:"先是安定太守孙俊受取狼籍,属国都尉李翕、督军御史张禀多杀降羌,凉州刺史郭闳、汉阳太守赵熹并老弱不堪任职,而皆倚恃权贵,不遵法度。规到州界,悉条奏其罪,或免或诛。羌人闻之,翕然反善。"一时"中外并怨,遂共诬规货赂群羌",皇甫规因"上疏自讼",说到"前践州界,先奏郡守孙俊,次及属国都尉李翕、督军御史张禀……"①

《资治通鉴》卷五四"汉桓帝延熹五年":"属国都尉李翕、督军御史张禀多杀降羌……"胡三省注:"李翕盖安定属国都尉,然《志》无安定属国。"②"属国都尉"处理民族关系事务复杂。我们看到史籍所见历史记忆中,李翕的行政表现,以交通建设形成了耀眼的闪光点。

关于李翕的政治形象,《潜研堂金石文跋尾》有这样的分析:"李翕在武都,吏民立碑颂德,不一而足。而《后汉书·皇甫规传》称属国都尉李翕多杀降羌,依恃权贵,不尊法度。规到官,条奏其罪。盖后来治行,或减于前。而石刻亦容有溢美也。"③其实,固然"石刻"或许"有溢美",但是"多杀降羌"表现,并不影响交通建设可以取得成就。

宋祝穆《方舆胜览》卷七〇《西和州·人物》:"李翕,东汉为汉阳人,实秦州也。"卷七〇《同庆府·名宦》:"李翕,灵帝时为守,开西陕及天井道。"④《明一统志》卷三五《巩昌府·名宦·汉》:"李翕,武都太守。开西陕及天井道,有政绩。"⑤此"政绩",即有关"李翕"石刻资料"图记李翕之政治也"所说"政治"成就。

乾隆《甘肃通志》卷三二《名宦·直隶阶州》写道:"李翕,字伯都,汉阳阿阳人。灵帝时仕武都太守,屡致嘉瑞。建宁四年开天井道、西狭石路,民为磨崖刊

---

① 《后汉书》卷六五《皇甫规传》,第2133—2134页。
② 《资治通鉴》卷五四,第1761页。
③ 〔清〕王昶辑:《金石萃编》卷一四《汉十·李翕西狭颂》,卷一四第1页。
④ 〔宋〕祝穆撰,祝洙增订,施和金点校:《方舆胜览》,中华书局2003年6月版,第1220页,第1224页。
⑤ 文渊阁《四库全书》本。

颂于鱼窍峡。"①说"灵帝时仕武都太守,屡致嘉瑞",似将李翕"昔在黾池修崤嵚之道"时所"臻""嘉瑞"误以为"仕武都太守"时。而成书年代相差不久的乾隆《直隶秦州新志》卷一一《艺文上》载宋曾巩《汉武都太守西狭颂跋》言:"又称翕尝令黾池,治崤嵚之道,有黄龙、白鹿之瑞,其后治武都,又有嘉禾、甘露、木连理之祥。皆图画其像,刻石侧。"②应是将《西狭颂》"有阿郑之化,是以三剖符,致黄龙、嘉禾、木连理、甘露之瑞"文字,理解为于黾池、武都两次"致""祥""瑞"。而"五瑞"于是分为两说。曾巩跋文见《元丰类稿》卷五四《金石录跋尾》载《汉武都太守汉阳阿阳李翕西狭颂》:"翕尝令黾池,治崤嵚之道,有黄龙、白鹿之瑞,其后治武都,又有嘉禾、甘露、木连理之详。皆图画其像,刻石在侧。"③又见宋沈作喆《寓简》卷九:"曾南丰跋《汉武都太守李翕郙阁西狭颂》,称翕尝令黾池,有黄龙、白鹿之瑞,其后治武都,又有嘉禾、连理之祥。皆图画其像,刻石在侧。盖建宁四年也。"④

所谓成功开通重要道路,致使"民为磨崖刊颂",虽"磨崖刊颂"未必出自民意,但是保留了交通史的重要信息,至今值得我们珍视。李翕成为"名宦",其"政绩"主要表现于交通建设方面。称李翕为陇蜀交通体系建设的功臣,应当是符合历史事实的评价。

在以李翕事迹为主题的这组石刻资料中,因李翕的指派,实际主持武都交通

---

① 文渊阁《四库全书》本。

② 〔清〕费廷珍纂修:《直隶秦州新志》,清乾隆二十九年刻本。〔清〕张玉书等编《佩文韵府》卷六三《四寘三·瑞》"白鹿瑞"条:"曾巩《汉武都太守西狭颂跋》:'翕尝令黾池,治崤嵚之道,有黄龙、白鹿之瑞。其后治武都,又有嘉禾、甘露、木连理之祥,皆图画其像,刻石在侧。'"上海书店据商务印书馆《万有文库》本1983年6月影印版,第2413页。

③ 〔宋〕曾巩:《元丰类稿》,《四部丛刊》景元本。又载〔清〕王昶辑《金石萃编》卷一四《汉十·李翕西狭颂》,"详"作"祥"。卷一四第一页。〔清〕武亿撰《金石三跋》一跋卷一《汉西狭颂》录曾巩跋文后又写道:"以为得此图,然后汉画始见于人间。案:济州有武梁祠堂画像,早为世所觏矣。又有麒麟凤凰碑,已入米元章《画史》。元章与子固同时而所收录。若此世岂有未得汉画者耶?《水经注》今郡山司隶校尉鲁君冢前有石祠石庙,四壁刻书契以来忠臣孝子烈女孔子七十二子形像。又云:巨野有荆州刺史李刚墓,有祠堂石室,四壁隐起君臣官属龟龙麟凤之文。在郦氏作注时,汉画之可见者亦又若此。而跋乃据此图云尔,盖失检也。"清道光二十三年授堂重刊本。

④ 〔宋〕沈作喆《寓简》,清《知不足斋丛书》本。

建设的仇审的贡献得以显现。《西狭颂》："敕衡官有秩李瑾,掾仇审,因常繇道徒,镌烧破析,刻㑹礁嵬,减高就垰,平夷正曲,柙致土石。坚固广大,可以夜涉。"洪适引曾巩跋此碑云："翕与功曹史李旻定策,敕衡官掾仇审治东阪,有秩李瑾治西阪,镌烧火石,人得夷涂。"《郙阁颂》："乃俾衡官掾下辨仇审,改解危殆,即便求隐。析里大桥,于今乃造。"又说"仇审字孔信",进一步说明了仇审的身份。上文引洪适"'仇靖,字汉德,书文'者,挥翰遣词,皆斯人也",又"郙阁题名云'从史位字汉德,为此颂',中间姓名刓阙,得此乃知前碑亦仇所作",明确指出《李翕析里桥郙阁颂》及《武都太守李翕天井道碑》都是仇靖撰文。而民国《汉南续修郡志》卷三三《拾遗上》、民国《续修南郑县志》卷三《政治志·官师传》、民国《续修陕西通志稿》卷一三九《金石五》都说"衡官掾仇审颂太守李翕《郙阁碑》"①,应是将"仇靖"误作"仇审"。

另一位李翕的助手当然也应当引起我们注意,即"翕与功曹史李旻定策"的李旻。《武都丞吕国已下题名》："议曹掾下辨李旻字仲齐,故从事……",也提供了更多的信息。李旻协助李翕修建武都道路,有参与决策之功,也是我们回顾"陇汉之间"交通进步历程时不宜忽视的。

---

① 〔清〕严如熤原本,杨名飏续纂:《汉南续修郡志》,民国十三年刻本;〔民国〕蓝培原撰:《续修南郑县志》,民国十年刊本;〔民国〕宋伯鲁、吴廷锡纂修:《续修陕西通志稿》,民国二十三年铅印本。

附论：

秦汉历史记忆中的帝舜"巡狩"

炎黄神话体现交通发明对文明进步的影响。在这种文明史的基础上，帝舜"巡狩"的传说记录，也保留了反映交通行为与早期国家形成之关系的宝贵信息。"巡狩"故事，可以看作体现交通实践与执政能力之关系的历史记忆。秦汉时期经儒学学者经典化了的帝舜"巡狩"传说，其实可能部分反映了远古交通进步的真实历史。秦始皇的"巡""行""游"，有人以"古者帝王巡狩"相比拟。宋儒对帝舜"巡狩"真实性的质疑，在一定程度上反映了交通理念的历史变化。考古发现的早期交通遗迹虽然存留信息有限，但是对于说明交通进步之历史的文化意义十分重要。今后考古工作的新收获，将证明交通条件对于早期国家形成的重要作用，并将不断充实并更新我们对早期交通史与早期文明史进程的认识。

一 炎黄交通实践：帝舜"巡狩"的历史先声

炎帝有"连山氏"称号。《史记》卷一《五帝本纪》："轩辕之时，神农氏世衰。"张守节《正义》引《帝王世纪》：炎帝"又曰'连山氏'"。① 早期易学亦有称作

---

① 《史记》卷一《五帝本纪》，第3—4页。

《连山》或《连山易》的文献。① 人们自然会考虑到将"又曰'连山氏'"的炎帝与《连山》一书的著作权联系起来。"连"和"联"可以通假。② 推想所谓"连山"名号的涵义,或许与经历山地交通实践时心理感受的历史记忆有某种关系。"连山"的"连"字,其实原本就有与交通相关的意义。《说文·辵部》:"连,负连也。"段玉裁以为"负连"应正之为"负车"。以为"'连'即古文'辇'也"。则"连"字与交通方式和交通行为相关之古义得以揭示。我们看到汉代画象中连续辎车的形式,有助于对"负车"的理解。段玉裁还解释说:"《周礼·乡师》'輂辇',故书'辇'作'连'。大郑读为'辇'。'巾车连车',本亦作'辇车'。"③指出"连"与"辇"的关系的,还有高亨《古字通假会典》。④

"连"字"从辵车",《说文》归于《车部》:"连,负车也。"段玉裁注:"云'连,负车也'者,古义也。"⑤所谓"'连,负车也'者,古义也",使人联想到"连山"名号出现的时代,人们很可能频繁经历着艰苦的交通实践。

---

① 李学勤《周易溯源》就"三兆""三梦"各有讨论,他说,"所谓三兆之法,孙诒让《周礼正义》认为是三种卜法的占书,是有道理的。""三梦之法,可能也是三种梦占的书。""三易",则是《连山》《归藏》《周易》。李学勤说,"《连山》《归藏》《周易》,和三兆、三梦一样,是三种不同的占书。"李学勤:《周易经传溯源》,长春出版社1992年8月版,第30—37页;《周易溯源》,长春出版社2006年1月版,第40—47页。

② 如《周礼·天官·太宰》:"三曰官联。"郑玄注:"郑司农云:'联读为连。'古书'连'作'联'。"高亨纂著,董治安整理:《古字通假会典》,第212页。

③ 〔汉〕许慎撰,〔清〕段玉裁注:《说文解字注》,第73页。

④ 其中凡举四例,除《周礼·地官·乡师》"正治其徒役与其輂辇",郑玄注:"故书'辇'作'连',郑司农云:'连读为辇'"之外,又有三例:1.《周礼·春官·巾车》:"辇车组輓。"《释文》:"'辇'本作'连'。"2.《战国策·赵策四》:"老妇恃辇而行。"汉帛书本"辇"作"连"。3.《庄子·让王》:"民相连而从之。"《释文》:"司马云:'连读曰辇。'"高亨:《古字通假会典》,齐鲁书社1989年7月版,第212页。

⑤ 段玉裁注:"'连'即古文'辇'也。""'负车'者,人挽车而行,车在后,如负也。""'联''连'为古今字,'连''辇'为古今字,假'连'为'联',乃专用'辇'为'连'。大郑当云'连'今之'辇'字,而云读为'辇'者,以今字易古字,令学者易晓也。许不于《车部》曰'连'古文'辇',而入之于《辵部》者,小篆'连'与'辇'殊用。故云'联,连也'者,今义也;云'连,负车也'者,古义也。"〔汉〕许慎撰,〔清〕段玉裁注:《说文解字注》,第73页。

炎帝曾经历长途远行。对于这种交通实践的历史记忆在上古文献中有所保留。①

传说黄帝以"轩辕氏"为名号。《史记》卷一《五帝本纪》："黄帝者,少典之子,姓公孙,名曰轩辕。"②"轩辕",其实原义是指高上的车辕。《说文·车部》："辕,輈也。""輈,辕也。""轩,曲輈藩车也。"段玉裁《说文解字注》:"谓曲輈而有藩蔽之车也。""小车谓之輈,大车谓之辕。""于藩车上必云曲輈者,以輈穹曲而上,而后得言轩。凡轩举之义,引申于此。曲輈所谓'轩辕'也。"③以"曲輈"解释"轩辕",正符合早期高等级车辆"曲輈"形制的考古学知识。"轩辕氏"以及所谓"轩皇""轩帝"被用来作为中华民族始祖的著名帝王黄帝的名号,暗示交通方面的发明创制,很可能是这位传说时代的部族领袖诸多功业之中最突出的内容之一。《文选》卷一班固《东都赋》写道:"分州土,立市朝,作舟舆,造器械,斯乃轩辕氏之所以开帝功也。""舟舆"等交通工具的创造,被看作"轩辕氏之所以开帝功"的重要条件。交通事业的成就,也被理解为帝业的基础。李善注引《周易》曰:"黄帝、尧、舜氏刳木为舟,剡木为楫。"④也将交通工具的发明权归于黄帝

---

① 如屈原《远游》:"指炎神而直驰兮,吾将往乎南疑。览方外之荒忽兮,沛罔象而自浮。祝融戒而还衡兮,腾告鸾鸟迎宓妃。""直驰"句,王逸注:"将候祝融,与谐谋也。南方丙丁,其帝炎帝,其神祝融。"对于"南疑"句,王逸解释:"过衡山而观九疑也。"〔宋〕洪兴祖撰:《楚辞补注》,中华书局1983年3月版,第172页。所谓"指炎神而直驰兮",一作"指炎帝而直驰兮"。〔宋〕朱熹:《楚辞集注》卷五,文渊阁《四库全书》本。又见〔明〕陈第:《屈宋古音义》卷一、卷二,文渊阁《四库全书》本。屈原笔下"炎帝"或者"炎神""直驰","往乎南疑"而"览方外之荒忽",正是远古先王交通行为的文化映象。王子今:《神农"连山"名义推索》,《炎黄文化研究》第11辑,大象出版社2010年11月版。

② 所谓"轩辕"得名缘由,一说"居轩辕之丘,因以为名,又以为号"。司马贞《索隐》引皇甫谧云。《史记》,第1—2页。一说"作轩冕之服,故曰轩辕"。泷川资言《史记会注考证》:"博士家本《史记异字》引邹诞生音云:'作轩冕之服,故曰轩辕。'"〔汉〕司马迁撰,〔日〕泷川资言考证,〔日〕水泽利忠校补:《史记会注考证校补》,上海古籍出版社1986年4月版,第1页。

③ 〔汉〕许慎撰,〔清〕段玉裁注:《说文解字注》,第725页、第720页。

④ 〔梁〕萧统编,〔唐〕李善注:《文选》,中华书局1977年11月版,第31页。

等先古圣王。① 可见,"作舟舆""作车服",很可能是黄帝得名"轩辕氏"的主要原由。

黄帝传说往往与"雷"的神话有关。例如,所谓"黄帝以雷精起"②,"轩辕,主雷雨之神"③,"轩辕十七星在七星北,如龙之体,主雷雨之神"④等说法,也反映了这样的事实。《淮南子·览冥》说,先古圣王"乘雷车"⑤,《淮南子·原道》又说:"电以为鞭策,雷以为车轮"⑥,雷声,正是宏大车队隆隆轮声的象征。司马相如《上林赋》:"车骑靁起,隐天动地"⑦,又张衡《周天大象赋》:"车府息雷毂之声"⑧,以及《汉书》卷八七上《扬雄传上》和班固《封燕然山铭》所谓"雷辐"⑨,焦氏《易林》所谓"雷车"⑩等,同样也可以看作例证。

《史记》卷一《五帝本纪》写道:"轩辕之时,神农氏世衰。诸侯相侵伐,暴虐百姓,而神农氏弗能征。于是轩辕乃习用干戈,以征不享,诸侯咸来宾从。"黄帝战胜炎帝,战胜蚩尤,"而诸侯咸尊轩辕为天子,代神农氏,是为黄帝。天下有不顺者,黄帝从而征之,平者去之,披山通道,未尝宁居。东至于海,登丸山,及岱宗。西至于空桐,登鸡头。南至于江,登熊、湘。北逐荤粥,合符釜山,而邑于涿鹿之阿。迁徙往来无常处"。于是,"置左右大监,监于万国。万国和,而鬼神山

---

① 传屈原所作《楚辞·远游》中,可见"轩辕不可攀援兮"句,王逸在注文中也有比较明确的解释:"黄帝以往,难引攀也。轩辕,黄帝号也。始作车服,天下号之,为轩辕氏也。"〔宋〕洪兴祖撰:《楚辞补注》,第166页。
② 《艺文类聚》卷二引《河图帝纪通》,〔唐〕欧阳询撰,汪绍楹校:《艺文类聚》,第34页。
③ 《太平御览》卷五引《春秋合诚图》,〔宋〕李昉等撰:《太平御览》,第26页。
④ 《太平御览》卷六引《大象列星图》,〔宋〕李昉等撰:《太平御览》,第30页。《史记》卷二七《天官书》:"轩辕,黄龙体。"张守节《正义》:"轩辕十七星,在七星北。黄龙之体,主雷雨之神。"第1299页。
⑤ 笺释:"陶方琦云:《御览》九百三十引正文作'乘云车',引许注作'云雷之车'。"张双棣撰:《淮南子校释》,北京大学出版社1997年8月版,第678页、第689页。
⑥ 高注:"雷,转气也,故以为车轮。"张双棣撰:《淮南子校释》,第18页、第28页。
⑦ 《史记》,第3033页。
⑧ 〔明〕张溥辑:《汉魏六朝百三家集》卷一四《张衡集》,文渊阁《四库全书》本。
⑨ 《汉书》卷八七上《扬雄传上》,第3536页。《北堂书钞》卷一一七引班固《封燕然山铭》,中国书店据光绪十四年南海孔氏刊本1989年7月影印本,第446页。
⑩ 如《焦氏易林》卷三《否·困》:"白日阳光,雷车避藏。云雨不行,各自止乡。"艺文印书馆1970年5月版,第83页。

川封禅与为多焉"。① 所谓"监于万国""万国和"的局面的形成,以"诸侯咸来宾从""诸侯咸归轩辕""合符釜山"等交通活动为条件。而"轩辕""抚万民,度四方","天下有不顺者,黄帝从而征之,平者去之,披山通道,未尝宁居","迁徙往来无常处"的交通实践,当然也为早期国家的形成准备了最重要的基础。黄帝不惮辛劳,游历四方,行踪十分遥远,他曾经东行至海滨,登丸山与泰山;又西行至空桐山,登鸡头山;又南行至长江,登熊山、湘山;又向北方用兵,驱逐游牧部族荤粥的势力。非常的交通经历,成为体现其执政能力的优越资质。②

二 尧对舜的交通能力测试

《史记》卷一《五帝本纪》记述,帝尧"就之如日,望之如云"之名望与权威的形成,与"彤车乘白马"的交通形式有关。③ 他选用帝舜作为执政权力继承人,首先注意到他的交通能力:"尧使舜入山林川泽,暴风雷雨,舜行不迷。尧以为圣,召舜曰:'女谋事至而言可绩,三年矣。女登帝位。'""舜入于大麓,烈风雷雨不迷,尧乃知舜之足授天下。"④

所谓"使舜入山林川泽""入于大麓",直接理解,实际上是一种对于交通能力的测试。所谓"山林",司马贞《索隐》:"《尚书》云'纳于大麓',《穀梁传》云'林属于山曰麓',是山足曰麓,故此以为入山林不迷。孔氏以麓训录,言令舜大录万几之政,与此不同。"⑤ 显然《穀梁传》和《史记》的理解是正确的,而"孔氏""以麓训录""令舜大录万几之政"之说未可信从。

据《抱朴子·登涉》,抱朴子曰:"太华之下,白骨狼藉。"言行走山林,其境险恶。"山无大小,皆有神灵。山大即神大,山小即神小也。入山而无术,必有患害,或被疾病及伤刺,及惊怖不安;或见光影,或闻异声;或令大木不风而自摧折,

---

① 《史记》卷一《五帝本纪》,第 3 页、第 6 页。
② 参看王子今:《交通史视角的早期国家考察》,《历史研究》2017 年第 5 期。
③ 《史记》卷一《五帝本纪》,第 15 页。
④ 《史记》卷一《五帝本纪》,第 22 页、第 38 页。
⑤ 《史记》卷一《五帝本纪》,第 23 页。

岩石无故而自堕落,打击煞人;或令人迷惑狂走,堕落坑谷;或令人遭虎狼毒虫……"①这些严重威胁交通安全的诸多因素,使得"古中国人把无论远近的出行认为一桩不寻常的事"。他们"对于过分新奇过分不习见的事物和地方,每生恐惧之心"。在他们看来,"对我必怀有异心的人们而外,虫蛇虎豹,草木森林,深山幽谷,大河急流,暴风狂雨,烈日严霜,社稷丘墓,神鬼妖魔,亦莫不欺我远人"。② 在原始时代,对种种阻碍交通的"神灵""患害"的克服,可以为当时社会"以为圣",甚至被看作具有"足授天下"的资质,是符合早期交通史和早期文明史的实际的。

三 帝舜"巡狩"传说

《文献通考》卷二六〇《封建考一·上古至周封建之制》继黄帝事迹后说帝舜"巡守":"二月东巡守,至于岱宗。""五月南巡守,至于南岳,如岱礼。八月西巡守,至于西岳,如初。十有一月朔巡守,至于北岳,如西礼。"又写道:"按:封建莫知其所从始也,三代以前,事迹不可考,召会征讨之事,见于《史记·黄帝纪》,巡守朝觐之事见于《虞书·舜典》,故摭其所纪以为事始。"③则以为黄帝"召会征讨之事"与帝舜"巡守朝觐之事"有类同之处。

在帝尧在位期间,已经令帝舜主持行政。而执政的重要方式,是交通行为"巡狩":"尧老,使舜摄行天子政,巡狩。"④关于"巡狩"的具体形式,《五帝本纪》有所记述:

> 于是帝尧老,命舜摄行天子之政,以观天命。舜乃在璿玑玉衡,以齐七政。遂类于上帝,禋于六宗,望于山川,辩于群神。揖五瑞,择吉月日,见四岳诸牧,班瑞。岁二月,东巡狩,至于岱宗,祡,望秩于山川。遂见东方君长,合时月正日,同律度量衡,修五礼五玉三帛二生一死为挚,

---

① 〔晋〕葛洪著,王明校释:《抱朴子内篇校释》,中华书局1985年3月版,第299页。
② 江绍原:《中国古代旅行之研究:侧重其法术的和宗教的方面》,商务印书馆1934年9月版,第5页、第56页。
③ 〔元〕马端临撰:《文献通考》,第7077—7078页。
④ 《史记》卷一《五帝本纪》,第38页。

如五器,卒乃复。五月,南巡狩;八月,西巡狩;十一月,北巡狩:皆如初。归,至于祖祢庙,用特牛礼。五岁一巡狩,群后四朝。遍告以言,明试以功,车服以庸。

裴骃《集解》:"郑玄曰:'巡狩之年,诸侯见于方岳之下。其间四年,四方诸侯分来朝于京师也。'"①也就是说,"巡狩"与"来朝",是"天子"与"诸侯"自"京师"与"方岳之下"彼此交替的交通行为。对于"巡狩"四方的意义,张守节《正义》说:"王者巡狩,以诸侯自专一国,威福任己,恐其壅遏上命,泽不下流,故巡行问人疾苦也。""巡狩",是一种政治交通实践,通过这样的交通行为,使天下四方真正可以归为一统。

"尧老,使舜摄行天子政,巡狩",以及"帝尧老,命舜摄行天子之政",于是"岁二月,东巡狩……;五月,南巡狩;八月,西巡狩;十一月,北巡狩"的记载,是执行"天子"行政使命的程序性操作模式。《五帝本纪》记载:"尧立七十年得舜,二十年而老,令舜摄行天子之政,荐之于天。尧辟位凡二十八年而崩。"又说:"舜得举用事二十年,而尧使摄政。摄政八年而尧崩。"②大致此"二十八年"间,推行着"五岁一巡狩,群后四朝"的制度。

帝舜的"巡狩"是有直接成效的。《史记》卷二《夏本纪》记载:"当帝尧之时,鸿水滔天,浩浩怀山襄陵,下民其忧。尧求能治水者,群臣四岳皆曰鲧可。尧曰:'鲧为人负命毁族,不可。'四岳曰:'等之未有贤于鲧者,愿帝试之。'于是尧听四岳,用鲧治水。九年而水不息,功用不成。于是帝尧乃求人,更得舜。舜登用,摄行天子之政,巡狩。行视鲧之治水无状,乃殛鲧于羽山以死。天下皆以舜之诛为是。于是舜举鲧子禹,而使续鲧之业。"③"巡狩"而"行视……",促成了影响"天下""下民"生存安危的重大决策。

帝舜的生命竟然结束于"巡狩"途中:"舜年二十以孝闻,年三十尧举之,年五十摄行天子事,年五十八尧崩,年六十一代尧践帝位。践帝位三十九年,南巡狩,崩于苍梧之野。葬于江南九疑,是为零陵。"④

---

① 《史记》卷一《五帝本纪》,第24页、第27页。
② 《史记》卷一《五帝本纪》,第30页、第38页。
③ 《史记》卷二《夏本纪》,第50页。
④ 《史记》卷一《五帝本纪》,第44页。

四　舜的继承者："禹行"九州，"东巡狩，至于会稽而崩"

传说中接受帝舜的委命"续鲧之业"的"鲧子禹"，治水大业的成功，与辛劳奔走的交通实践联系在一起。《史记》卷二《夏本纪》记载："禹乃遂与益、后稷奉帝命，命诸侯百姓兴人徒以傅土，行山表木，定高山大川。禹伤先人父鲧功之不成受诛，乃劳身焦思，居外十三年，过家门不敢入……陆行乘车，水行乘船，泥行乘橇，山行乘檋。左准绳，右规矩，载四时，以开九州，通九道，陂九泽，度九山。"国家经济管理与行政控制的交通规划也因此成就："食少，调有余相给，以均诸侯。禹乃行相地宜所有以贡，及山川之便利。"①

由此我们或许可以说，早期国家的经济地理与行政地理格局的形成，是以交通地理知识为基础的。

前引"禹乃行相地宜所有以贡，及山川之便利"，这一"行"的举动，《史记》卷二《夏本纪》引《禹贡》这样记述了其路线："禹行自冀州始。冀州……沇州……青州……徐州……扬州……荆州……豫州……梁州……雍州……""道九山""道九川""于是九州攸同，四奥既居，九山刊旅，九川涤原，九泽既陂，四海会同。"②据裴骃《集解》引孔安国曰："四奥既居""四方之宅已可居也。""九山刊旅""九州名山已槎木通道而旅祭也。""九川涤原""九州之川已涤除无壅塞也。""九泽既陂""九州之泽皆已陂障无决溢也。"③这些成就，首先有益于社会经济秩序与国家行政控制的稳定。而这一局面的实现，又有交通建设的保障。"东渐于海，西被于流沙，朔、南暨：声教讫于四海。于是帝锡禹玄圭，以告成功于天下。天下于是太平治。"④政治的"成功"，"天下"的"太平治"，因交通实践的努力成就了基础。

---

①　《史记》卷二《夏本纪》，第51页。
②　《史记》卷二《夏本纪》，第52页、第54—56页、第58页、第60—65页、第67页、第69页、第75页。
③　《史记》卷二《夏本纪》，第75页。
④　《史记》卷二《夏本纪》，第77页。

人们自然会注意到,"禹行"遵循的方向,正大略与帝舜"摄行天子政,巡狩"时"东巡狩……南巡狩……西巡狩……北巡狩……"的路线,即现今通常所谓顺时针的方向一致。

禹的功业与执政能力得到承认,竟然主要由于他通过交通实践表现出来的勤恳。

特别值得注意的,是禹也在"巡狩"的行程中结束了他的人生。《史记》卷二《夏本纪》记载了他政治生涯亦可谓交通生涯的结束:

> 十年,帝禹东巡狩,至于会稽而崩。①

这是明确言"帝禹""巡狩"的记录。"崩"于"巡狩"途中的帝王,除了帝舜、帝禹外,后世还有继承者。

五 帝舜"巡狩"行为的延续:周秦执政者的仿效

《诗·周颂·时迈》序:"时迈,巡守告祭柴望也。"郑玄注:"巡守告祭者,天子巡行邦国,至于方岳之下而封禅也。《书》曰:岁二月东巡守至于岱宗,柴望秩于山川,遍于群神远行也。"孔颖达疏:"武王既定天下,巡行其守土诸侯,至于方岳之下,作告至之,祭柴祭昊天,望祭山川,安祀百神,乃是王者盛事。周公既致太平,追念武王之业,故述其事而为此歌焉。"②如果此说成立,则周天子以"巡守"行为继承了"帝禹"的行政方式。追溯古远的传统,这种政治实践也可以看作帝舜"巡狩"文化惯性的表现。有关周天子"巡狩"途中去世事,见于《史记》卷四《周本纪》的记载:"昭王南巡狩不返,卒于江上。"③

随后,周穆王"周行天下"的事迹见于《左传·昭公十二年》。④《史记》卷五《秦本纪》:"造父以善御幸于周缪王,得骥、温骊、骅骝、騄耳之驷,西巡狩,乐而

---

① 《史记》卷二《夏本纪》,第 83 页。
② 《毛诗正义》,〔清〕阮元校刻:《十三经注疏》,第 588 页。
③ 《周本纪》记述:"其卒不赴告,讳之也。"张守节《正义》:"《帝王世纪》云:'昭王德衰,南征,济于汉,船人恶之,以胶船进王,王御船至中流,胶液船解,王及祭公俱没于水中而崩。其右辛游靡长臂且多力,游振得王,周人讳之。'"《史记》,第 134—135 页。
④ 《春秋左传集解》,第 1357 页。

忘归。"①《史记》卷四三《赵世家》:"缪王使造父御,西巡狩,见西王母,乐之忘归。"②都明确称"西巡狩"。对于周穆王"西征"行迹,有不同的说法。有以为西王母活动于青海的认识。③ 或说周穆王所至昆仑即今阿尔泰山。④ 或说周穆王所至"玄池"即"咸海"。而《穆天子传》随后说到的"苦山""黄鼠山"等,则更在其西。⑤ 或说西王母所居在"条支"。⑥ 也有学者认为,周穆王已经到达了波兰平原。⑦ 尽管对周穆王西征抵达的地点存在争议⑧,但是这位周天子曾经经历西域

---

① 《史记》卷五《秦本纪》,第 175 页。
② 《史记》卷四三《赵世家》,第 1779 页。
③ 《汉书》卷二八下《地理志下》:金城郡临羌县,"西北至塞外,有西王母石室、仙海、盐池。北则湟水所出,东至允吾入河。西有须抵池,有弱水、昆仑山祠"。第 1611 页。《史记》卷一二三《大宛列传》:"太史公曰:《禹本纪》言河出昆仑。昆仑其高二千五百余里,日月所相避隐,为光明也。其上有醴泉、瑶池。"第 3179 页。
④ 余太山说:"穆天子西征的目的地是'昆仑之丘'。""《穆天子传》所见昆仑山应即今阿尔泰山,尤指其东端。"又指出:"《穆天子传》所载自然景观和人文、物产与欧亚草原正相符合。"《早期丝绸之路文献研究》,商务印书馆 2013 年 5 月版,第 6 页、第 8 页。
⑤ 对于《穆天子传》中"天子西征至于玄池"的文句,刘师培解释说,"玄池"就是今天位于哈萨克斯坦和乌兹别克斯坦之间的咸海:"玄池即今咸海。《唐书》作雷翥海。""今咸海以西,波斯国界也。"《穆天子传补释》,《刘师培全集》,中共中央党校出版社 1997 年 6 月版,第 546 页。
⑥ 《史记》卷一二三《大宛列传》:"传闻条枝有弱水、西王母,而未尝见。"第 3162—3163 页。
⑦ 顾实推定,周穆王出雁门关,西至甘肃,入青海,登昆仑,走于阗,登帕米尔山,至兴都库什山,又经撒马尔罕等地,入西王母之邦,即今伊朗地方。又行历高加索山,北入欧洲大平原。在波兰休居三月,大猎而还。顾实认为,通过穆天子西行路线,可以认识上古时代亚欧两大陆东西交通之孔道已经初步形成的事实。《穆天子传西征讲疏·读穆传十论》,中国书店 1990 年 8 月版,第 24 页。
⑧ 这样的认识是有道理的:"在汉文典籍中,西王母多被置于极西之地。""《穆天子传》和后来的《史记》等书一样,将西王母位置于当时所了解的最西部。"余太山:《早期丝绸之路文献研究》,商务印书馆 2013 年 5 月版,第 15 页。有学者注意到"西王母之邦由东向西不断推进的过程",指出:"这一过程恰好与我国对西方世界认识水平加强的过程相一致,是我国对西方世界认识水平加深的一种反映。"杨共乐:《早期丝绸之路探微》,北京师范大学出版社 2011 年 9 月版,第 42 页。

地方,是许多学者所认同的。① 不过,《史记》中虽《秦本纪》和《赵世家》说到这位帝王的"西巡狩"经历,但是在《周本纪》中却没有看到相关记载。

秦始皇实现统一,继秦王政时代的三次出巡之后,曾有五次出巡。不过,《史记》有关秦史的记录中称"巡"、称"行"、称"游"、不称"巡狩"。这应当是依据《秦记》的文字。②

如《史记》卷六《秦始皇本纪》记载:"二十七年,始皇巡陇西、北地。""二十八年,始皇东行郡县。"③"二十九年,始皇东游。"④"三十七年十月癸丑,始皇出游。"⑤多用"巡""行""游"等字而不称"巡狩",或许体现了秦文化与东方六国文化的距离。

不过,仍然有学者将这种交通行为与传说中先古圣王的"巡狩"联系起来。《史记》卷六《秦始皇本纪》记载"二十九年,始皇东游""登之罘,刻石",其文字开篇就写道:"维二十九年,时在中春,阳和方起。皇帝东游,巡登之罘,临照于海。"关于所谓"时在中春",张守节《正义》:"中音仲。古者帝王巡狩,常以中月。"⑥明丘濬撰《大学衍义补》卷四六《治国平天下之要·明礼乐》就秦始皇实现统一之后的第一次出巡"秦始皇二十七年,巡陇西、北地,出鸡头山,过回中"有所论说:"臣按:有虞之时,五年一巡守,周十有二年,王乃时巡,所以省方观民,非为游乐也。然又必以四岳为底止之地,出必有期,行必有方,未有频年出行,游荡如始皇者也。今年巡陇西、北地,至回中。明年上邹峄。继是渡淮浮江

---

① 王子今:《前张骞的丝绸之路与西域史的匈奴时代》,《甘肃社会科学》2015年第2期。

② 王子今:《〈秦记〉考识》,《史学史研究》1997年第1期;《〈秦记〉及其历史文化价值》,《秦文化论丛》第5辑,西北大学出版社1997年6月版,《秦文化论丛选辑》,三秦出版社2004年6月版。

③ 《史记》,第241—243页。泰山刻石称"亲巡远方黎民""周览东极";琅玡刻石称"东抚东土""乃抚东土"。《史记》,第245—246页。

④ 之罘刻石称"皇帝东游,巡登之罘,临照于海";"维二十九年,皇帝春游,览省远方"。《史记》,第249—250页。

⑤ 《史记》,第260页。会稽刻石称"三十有七年,亲巡天下,周览远方"。第261页。

⑥ 《史记》,第249—250页。

至南郡,登之罘,刻碣石门,至云梦,上会稽,直至沙丘崩而后已。"①论者以为帝舜和周天子的"巡"是"省方观民",秦始皇的"巡"则是"游乐""游荡",这样的指责当然是缺乏说服力的。但是指出秦始皇"频年出行",背离了先古圣王"出必有期,行必有方"的对出巡密度和出巡规模予以适当节度的传统,又是有一定道理的。

秦始皇出巡的目的,有"抚""览"即视察慰问等因素,但炫耀权力也是重要动机。向被征服的地方展示"得意",是"巡""行""游"的主题之一。曾经作为秦中央政权主要决策者之一的左丞相李斯被赵高拘执,在狱中上书自陈,历数七项重要功绩,其中包括"治驰道,兴游观,以见主之得意"。② 平民面对这种权力炫耀形式的反应,可见项羽所谓"彼可取而代也"③,刘邦所谓"大丈夫当如此也"④,都说明这种"见"帝王之"得意"的成功。秦二世以为,这种出巡的目的是"示强",以实现"威服海内"的效应。《史记》卷六《秦始皇本纪》:"二世与赵高谋曰:'朕年少,初即位,黔首未集附。先帝巡行郡县,以示强,威服海内。今晏然不巡行,即见弱,毋以臣畜天下。'"于是,"春,二世东行郡县"。⑤ 秦二世的出巡⑥,即试图仿效"先帝",以"巡行"显示的"强"和"威",保障最高政治权力的接递。

《史记》卷六《秦始皇本纪》所谓"始皇巡陇西、北地""始皇巡北边""先帝巡行郡县",秦皇帝巡游与先古圣王"巡狩"在形式上的继承关系,是明显的。《史记》卷一《五帝本纪》帝舜"岁二月,东巡狩"事,张守节《正义》:"王者巡狩,以诸侯自专一国,威福任己,恐其壅遏上命,泽不下流,故巡行问人疾苦也。"说"王

---

① 丘濬又联系汉武帝、隋炀帝的出巡史事发表了历史评论:"其后汉武、隋炀,亦效尤焉。汉武幸而不败,然海内虚耗,所损亦多矣。炀帝南游,竟死于江都。说者谓二君者假望秩省方之说,以济其流连荒亡之举,千乘万骑,无岁不出,遐方下国,无地不到,至于民怨盗起,覆祚殒身,曾不旋踵。虽秦、隋所以召亡者,固非一端。然倘非游荡无度,则河决鱼烂之势,亦未应如是其促也。"文渊阁《四库全书》本。
② 《史记》卷八七《李斯列传》,第 2561 页。
③ 《史记》卷七《项羽本纪》,第 296 页。
④ 《史记》卷八《高祖本纪》,第 344 页。
⑤ 《史记》卷六《秦始皇本纪》,第 267 页。
⑥ 王子今:《秦二世元年东巡史事考略》,《秦文化论丛》第 3 辑,西北大学出版社 1994 年 12 月版。

者""巡行"就是"王者巡狩"。

六　帝舜"巡狩"：儒学礼仪化宣传与史家实证性考辨

有关上古圣王"巡狩"事迹的传说，儒学文献有经典性的记述。如《尚书·舜典》："岁二月，东巡守，至于岱岳""五月，南巡守，至于南岳""八月，西巡守，至于西岳""十有一月，朔巡守，至于北岳""五载一巡守"。① 又《礼记·王制》："天子五年一巡守。岁二月，东巡守至于岱宗……五月，南巡守至于南岳，如东巡守之礼。八月，西巡守至于西岳，如南巡守之礼。十有一月，北巡守至于北岳，如西巡守之礼。"② 而《史记》卷一《五帝本纪》："二月，东巡狩，至于岱岳""五月，南巡狩；八月，西巡狩；十有一月，北巡狩""五岁一巡狩"，叙说大体是一致的。

对于帝舜四时"巡守""巡狩"四方的说法，或说"顺天道"③，或说"通乎人事"④，或说"随天道运行"，有益于以"四时成"之季节秩序促成"万国宁"的政治功业⑤。然而亦有学者对暑季南行、寒日北行情形提出质疑。《邵氏闻见后录》卷一〇写道："舜一岁而巡四岳，南方多暑，以五月之暑而南至衡山，北方多寒，以十一月之寒而至常山，世颇疑之。"⑥ 清人秦笃辉《易象通义》卷二："朱氏震谓

---

① 《尚书正义》，〔清〕阮元校刻：《十三经注疏》，第127页。
② 《礼记正义》，〔清〕阮元校刻：《十三经注疏》，第1327—1328页。
③ 〔宋〕史浩《尚书讲义》卷二："此舜作行幸之法也。五月必至南方，八月必至西方，十有一月必至北方，各以其时也。以其时者，顺天道也。"文渊阁《四库全书》本。
④ 〔宋〕薛季宣《浪语集》卷三〇《遁甲龙图序》："帝尧平秩四序，有虞齐政玉衡，夏南巡，祁寒北狩，岂无天道？通乎人事而已。"清文渊阁《四库全书》补配清文津阁《四库全书》本。
⑤ 〔宋〕黄伦《尚书精义》卷三："无垢曰：二月东巡，五月南巡，八月西巡，十有一月朔巡，盖随天道运行，而合春分、夏至、秋分、冬至之节以有事也。天道一变而运于上，君道一变而运于下，天人交际，辅相裁成，弥纶范围于不言之中，而四时成矣，万国宁矣。"文渊阁《四库全书》本。
⑥ 邵博随即还说到汉武帝的巡行："《汉书·郊祀志》：武帝自三月出行封禅，又并海至碣石，又巡辽西，又历北边，又至九原，五月还甘泉，仅以百日行八千余里，尤荒唐矣。"〔宋〕邵博撰，刘德权、李剑雄点校：《邵氏闻见后录》，中华书局1983年8月版，第75页。

《夏小正》十一月万物不通,则至日闭关后不省方,夏之制也。周制十一月北巡狩,至于北岳矣。此说非是。孔子从周,决不以夏正取象。据此周实以至日闭关后不省方,十一月北巡狩之说,未可信矣。"①也对"十一月北巡狩"事提出质疑。

对于帝舜"巡狩"天下是否可以一年中遍及四方,学者有所讨论。宋黄伦《尚书精义》卷三:"伊川曰:自岁二月已下言巡守之事,非是当年二月便往,亦非一岁之中遍历五岳也。"②宋林之奇《尚书全解》卷二《舜典》对于"五月南巡守至于南岳,如岱礼;八月西巡守至于西岳,如初;十有一月朔巡守至于北岳,如西礼"有如下理解:"岱宗礼毕则南巡守,以五月至于南岳,其柴望秩于山川以下,皆如岱宗之礼。八月西巡,十有一月朔巡,礼亦皆然。曰岱礼,曰西礼,曰如初,皆史官之变文也。北岳礼毕,然后归于京师。盖一岁而巡四岳也。胡舍人则疑之,以谓计其地理,考其日程,岂有万乘之尊,六军之卫,百官之富,一岁而周万五千里哉?此说殊不然。叔恬问于文中子曰:舜一岁而巡守四岳,国不费而民不劳,何也?文中子曰:仪卫少而征求寡也。夫惟仪卫少而征求寡,故国不费而民不劳。元朔六年冬十月,勒兵十余万北巡朔方,东望缑山,登中岳少室,东巡海上,还封泰山,禅梁父,复之海上,并海北之碣石,历西朔方九原,以五月至于甘泉,周万八千里。夫武帝仪卫可谓多矣,征求可谓众矣,尚能八月之间,周历万八千里。而舜则仪卫少而征求寡,岂不能周历万五千里乎?胡氏之说不可为据。"③王夫之《尚书稗疏》卷一"巡守"条说:"巡守之不可一年而徧,势之必然。虽有给辨,无所取也。"他认为,"乃由河东以至泰安,由泰安以至嵩县,由华州以至易北,皆千里而遥,吉行五十里,必三旬而后达。祁寒暑雨,登顿道路,天子即不恤己劳,亦何忍于劳人邪?……而一岁遍至四岳,则必不尔。抑或五载之内,初年春东巡,次年夏南巡,又次年秋西巡,又次年冬北巡。"他还就儒学经典中的

---

① 清《湖北丛书》本。
② 文渊阁《四库全书》本。
③ 〔元〕吴澄《书纂言》卷一:"文中子曰:舜一岁而巡四岳,国不费而民不劳,何也?仪卫少而征求寡也。林氏曰:汉武帝元朔初,东巡海上,还封泰山,并北海之碣石,历朔方、九原,以至甘泉。武帝仪卫征求多矣,八月之间尚行一万八千里。则舜一岁而巡四岳可知也。"文渊阁《四库全书》本。

成说提出质疑:"《王制》亦有一岁四巡之说,要出于汉儒,不足深信。"①

朱熹对帝舜"巡守"历史记忆的合理性,进行了体现自己某种历史主义理念的分析。《朱子语类》卷七八《尚书一·纲领》"舜典"条:

> 或问:"舜之巡狩,是一年中遍四岳否?"
>
> 曰:"观其末后载'归格于艺祖,用特'一句,则是一年遍巡四岳矣。"
>
> 问:"四岳惟衡山最远,先儒以为非今之衡山,别自有衡山,不知在甚处?"
>
> 曰:"恐在嵩山之南。若如此,则四岳相去甚近矣。然古之天子一岁不能遍及四岳,则到一方境上会诸侯亦可。《周礼》有此礼。"②

古来"四岳"的空间坐标定位与后世不同③,确实是考察帝舜是否可以"一年遍巡四岳"时必须注意到的历史条件。

帝舜"巡狩"故事为什么后世难以理解,或许与这一行政方式并没有被严格沿承有一定关系。有学者指出,"巡狩"是"封建"时代的历史遗存。而推行"郡县之制"后,已"不必"袭用"所以维持封建"的"巡狩"方式。明丘濬撰《大学衍义补》卷四六《治国平天下之要·明礼乐》写道:"《虞书》:'岁二月东巡守,至于岱宗……乃复五月南巡守,至于南岳,如岱礼。八月西巡守,至于西岳,如初。十有一月朔巡守,至于北岳,如西礼。'臣按:先儒有言,巡守所以维持封建,后世罢封建以为郡县之制,万方一国,四海一家,如肢体之分布,如心手之相应,万里如在殿廷,州县如在辇毂,挈其领而裘随,举其纲而网顺。政不必屈九重之尊,千乘万骑之禁卫,百司庶府之扈从,以劳民而伤财也。苟虑事久而弊生,而欲有以考察而振作之,遣一介之臣,付方尺之诏,玺书所至,如帝亲行,天威不违,天颜咫

---

① 文渊阁《四库全书》本。对于"一岁之中遍历五岳"持否定态度的又有宋人章如愚编《群书考索》续集卷四《经籍门·书》:"舜五载一巡守。陈曰前言:岁二月东巡守,五月南巡守,八月西巡守,十有一月北巡守,非谓之遍历四岳也,但五岁之间以一巡守为率尔。"文渊阁《四库全书》本。

② 〔宋〕黎靖德编,王星贤点校:《朱子语类》,中华书局1986年3月版,第1999页。

③ 王子今:《关于秦始皇二十九年"过恒山"——兼说秦时"北岳"的地理定位》,《秦文化论丛》第11辑,三秦出版社2004年6月版;《〈封龙山颂〉及〈白石神君碑〉北岳考论》,《文物春秋》2004年第4期。

尺,孰敢懈怠哉? 然则帝舜巡守非欤。臣故曰:巡守,所以维持封建也。"按照这一说法,"巡守"适用于"封建"行政,"郡县之制"实行之后,"万方""四海"一统,则"劳民而伤财"的"巡守"方式不得不更新。论者又引吕祖谦曰:"巡守之礼,此乃维持治具,提摄人心,圣人运天下妙处。大抵人心久必易散,政事久必有阙。一次巡守,又提摄整顿一次,此所以新新不已之意。然唐虞五载一巡守,周却十二年,何故? 盖周时文治渐成,礼文渐备,所以十二年方举巡守之事。此是成王知时变识会通处。"自"唐虞"而"周","巡守"间隔从"五载"变更为"十二年",也显现出"时变"。论者又发表了自己如下判断:"臣按:吕氏谓舜五载巡守,周十二年巡守,为成王知时变识会通。臣窃以谓在虞时则可五载,在周时则可十二年,在后世罢封建,立州郡之时,守令不世官,政令守成宪,虽屡世可也。在今日时变会通之要,所以提摄整顿之者,诚能择任大臣,每五年一次,分遣巡行天下,如汉唐故事,虽非古典,亦古意也。"①后世特派大臣"分遣巡行天下"的形式,仍体现上古"巡狩"之"古意"。

考察帝舜"巡狩"古事,可能提供最可靠的证据的,自然是考古工作。但是,发现和理解上古交通行为的考古学遗存,有一定的工作难度。若干试探性的分析②,也需要更多的论据验证。不过我们应当注意到,考古发现的早期交通遗迹虽保留信息有限,但是文化意义十分重要。今后考古工作的收获,将以新的学术发现推进早期交通史和早期文明史的研究,这是没有疑义的。

---

① 论者还写道:"时异世殊,上古之时风气淳朴,人用未滋,故人君所以奉身用度者,未至于华靡。故其巡行兵卫可以不备,而征求不至于过多。后世则不然,虽时君有仁爱之心,恭俭之德,然兵卫少则不足以防奸,征求寡则不足以备用,不若深居九重,求贤审官,内委任大臣以帅其属,外分命大臣以治其方,则垂拱仰成,不出国门而天下治矣。"文渊阁《四库全书》本。

② 王子今:《甘泉方家河岩画与直道黄帝传说——上古信仰史与生态史的考察》,《陕西历史博物馆馆刊》第 21 辑,三秦出版社 2014 年 12 月版。

说"仇陇":出土文献交通史料研究札记

赵力光主编《西安碑林博物馆新藏墓志汇编》作为较新墓志集录研究成果,受到史家欢迎和赞赏。其中收录北魏题"张宜墓志"者,录文两见"佤陇"字样,有必要讨论。细心考其文意,似应读作"仇陇"。史籍文献可见"仇陇"地理空间称谓。关注古籍或称"仇池陇右",或称"陇西仇池"者,或许可以帮助我们理解"仇陇"的地理方位指示意义。"仇陇"连称的出现,体现了仇池和陇西在交通形势背景下的密切关联,以及特殊历史条件下的一体性。历史交通地理学者应当对相关文化现象有所关注。史籍所见"鹫峡""鹫陕"作为重要通道联系"仇陇"的军事交通意义,值得军事交通地理研究者重视。

一 "佤陇"疑问

《西安碑林博物馆新藏墓志汇编》收录了诸多新出墓志资料,一时激起许多历史文化学者的学术热情。编撰者的学术功德得到公认。有学者指出,其中集中了"重要原始资料",对于地方民俗文化研究,以及"政治、经济、军事、文化诸方面均有很重要的价值"。[①] 就其中部分内容理解的不同意见的发表,自然也会推进学术研究。

《西安碑林博物馆新藏墓志汇编》上册收录北魏时期题"张宜墓志"者,编撰者提供了比较好的录文:

  魏故□□□□□阳(下阙)

---

① 陈忠凯:《墓志琐谈——读〈西安碑林博物馆新藏墓志汇编〉》,《碑林集刊》第 14 辑,2008 年。

君讳宜,□□□,□河武城人也。汉平东□□、□州刺史、义容侯十世孙也。其囮光晋魏,□□同晖。将相之风,声茂燕赵。祖,北地,昔在化初,以文略超群。摧赫连于陇关,赏授名邦,荣例五等。因此丧官,遂居雍土。父,方城,神武挺秀,历官圣朝,世纂忠贤,不殒其德。君资怀英毅,性道荡然,廓洛容群,和光同物。好武尚文,众艺斯爱,汎接寒微,情存赈恤。是以广得众心,纳士如海。故风骨闻于聪年,雄声扬于冠岁。于时皇基未迁,三辅多岨,秦陇带险,易生去就。梁汉未归,边贼纵横。以君海外旧将,行遵轨度。临危有轻命之节,御勇有折冲之气。每被礼召,委夷寇乱。君雄逸过群,奋不顾命,连摧氐陇,再清南洛。除葭川、就谷二军戍主后转除宁朔将军、方域侯,以酬勋节。俛仰从命,非其好也。虽身游荣囮,而志存山水,托疾辞官,养素丘菌。远修静果,不以浮荣届怀。天不报德,歼此良哲。春秋六十有二,大魏延昌四年三月廿七日薨于家。朝庭以君效重于时,哀功瘝德,追赠咸阳太守,以慰住魂。熙平二年岁次丁酉三月壬戌朔廿三日甲申窆于北原咸阳石安县长陵东南。君敦性忠纯,慈和在物。孝悌穆于闺门,笃敬著于邦邑。□□□世,遐迩齐酸。望辀□枢,贵贱同慼。故囮宣遗芳,永图泉石。乃作颂曰:

济济晖绪,皎皎华由。承光相牧,堂阳纂胄。道苞文武,德含刚柔。荣连圣世,或伯或侯。君唯英峻,体继方城。童年风振,弱冠雄声。文怀禀道,威武协灵。再摧南洛,伝陇七平。超悟妙法,隐效辞京。心崇仏果,乐道遗荣。忠诚囮囮,心掺□厉。可以仗蕃,可以委节。于嗟上天,歼此英哲。国锋半摧,雄光中灭。邻方泣怆,邦里酸咽。魂沉九泉,德音在世。

龙碑一枚,石羊二枚,石虎二枚

编者说明:卒葬时间:北魏延昌四年(515)三月二十七日卒,熙平二年(517)三月二十三日葬。行款书体:志文22行,满行29字,楷书,有方界格。志文标题:魏故□□□□阳(下阙)。形制纹饰:志石长65厘米、宽79厘米。出土时地:1999年陕西省咸阳市窑店出土。入藏时间:1999年。①

---

① 赵力光主编:《西安碑林博物馆新藏墓志汇编》,线装书局2007年10月版,第9—11页。

志文中两处说到"佤陇",即"连摧佤陇,再清南洛"和"再摧南洛,佤陇七平"。由志文言其祖上事迹说到"陇关""雍土","□宜"事迹说到"三辅""秦陇""梁汉",此"佤陇"应是指示空间方位的符号。然而古地名信息未见"佤陇"。"佤陇"疑点有必要讨论。

二 "佤陇"应为"仇陇"误录

"佤陇"很有可能是"仇陇"的误录。"仇陇"见于正史记录。

《魏书》卷六六《李崇传》记载梁州刺史李崇击败氐人敌对武装,平定"仇、陇"的事迹:

> ……后车驾南讨汉阳,崇行梁州刺史。氐杨灵珍遣弟婆罗与子双领步骑万余,袭破武兴,与萧鸾相结。诏崇为使持节、都督陇右诸军事,率众数万讨之。崇榰山分进,出其不意,表里以袭。群氐皆弃灵珍散归,灵珍众减太半。崇进据赤土,灵珍又遣从弟建率五千人屯龙门,躬率精勇一万据鹫硖。龙门之北数十里中伐树塞路,鹫硖之口积大木,聚礌石,临崖下之,以拒官军。崇乃命统军慕容拒率众五千,从他路夜袭龙门,破之。崇乃自攻灵珍,灵珍连战败走,俘其妻子。崇多设疑兵,袭克武兴。萧鸾梁州刺史阴广宗遣参军郑猷、王思考率众援灵珍。崇大破之,并斩婆罗首,杀千余人,俘获猷等,灵珍走奔汉中。高祖在南阳,览表大悦,曰:"使朕无西顾之忧者,李崇之功也。"以崇为都督梁秦二州诸军事、本将军、梁州刺史。高祖手诏曰:"今仇、陇克清,镇捍以德,文人威惠既宣,实允远寄,故敕授梁州,用宁边服。便可善思经略,去其可除,安其可育,公私所患,悉令芟夷。"①

"高祖手诏"所谓"仇陇克清",中华书局标点本作"仇、陇克清"。这是正史记载"仇陇"连说的明确文例。

李崇在"进据赤土"之后"夜袭龙门""袭克武兴",又大破"萧鸾梁州刺史阴广宗遣参军郑猷、王思考遣参军郑猷、王思考率众援灵珍"部的战功,使得"高祖

---

① 〔北齐〕魏收撰:《魏书》卷六六《李崇传》,第1466—1467页。

在南阳,览表大悦",以为"使朕无西顾之忧"。这是因为"仇陇"地区所处战略地位的重要。

"赤土",《嘉庆重修一统志》卷二七四《秦州直隶州一·山川》:"在礼县东三里。土色如朱,亦名红土山。山脉自宁远界迤逦至此,特起一峰。绝顶有坪,可容万马。"①《甘肃通志》卷一二《祠祀·直隶秦州》:"西江神庙,在礼县赤土山。"②"龙门",有学者以为"在今甘肃西和县东南石峡乡"。③"武兴",在今陕西略阳。④

三 "鹫硖""鹫陕"与"仇陇"军事交通形势

前引《李崇传》记载了发生于"鹫硖"的为争夺交通道路控制权与通行权的激烈战事:"(杨灵珍)躬率精勇一万据鹫硖。龙门之北数十里中伐树塞路,鹫硖之口积大木,聚礧石,临崖下之,以拒官军。"《嘉庆重修一统志》卷二七六《阶州直隶州一·山川》有"鹫峡"条:"在成县西北。晋太和六年,苻坚遣苻雅等伐仇池至鹫峡,与杨纂战于峡中。后魏太和二十一年,李崇讨仇池镇将杨灵珍,灵珍遣从弟建屯龙门,自帅精勇,据鹫峡以拒崇。《通鉴》注:仇池东南有龙门戍,鹫峡在仇池之北。"⑤

关于"晋太和六年,苻坚遣苻雅等伐仇池至鹫峡,与杨纂战于峡中"事,《晋书》卷八《废帝海西公纪》记载:"(太和六年八月)苻坚将苻雅伐仇池,仇池公杨纂降之。"⑥《晋书》卷一一三《载记·苻坚上》:"初,仇池氐杨世以地降于坚,坚

---

① 《嘉庆重修一统志》,第 13451—13452 页。
② 文渊阁《四库全书》本。
③ 史为乐主编《中国历史地名大辞典》:"龙门戍,在今甘肃西和县东南石峡乡。《魏书·李嵩传》:北魏太和十一年(487),李崇讨杨灵珍,'从他路夜袭龙门,破之'。《水经·漾水注》:'龙门水又南径龙门戍东,又东南入洛溪水。'"中国社会科学出版社 2005 年 3 月版,第 617 页。"《魏书·李嵩传》","李嵩"为"李崇"之误。
④ 谭其骧主编:《中国历史地图集》,第 54—55 页。
⑤ 《嘉庆重修一统志》,第 13511 页。
⑥ 〔唐〕房玄龄等撰:《晋书》,第 214 页。

署为平南将军、秦州刺史、仇池公。既而归顺于晋。世死,子纂代立,遂受天子爵命而绝于坚。世弟统骁武得众,起兵武都,与纂分争。坚遣其将苻雅、杨安与益州刺史王统率步骑七万,先取仇池,进图宁益。雅等次于鹫陕,纂率众五万距雅。晋梁州刺史杨亮遣督护郭宝率骑千余救之,战于陕中,为雅等所败,纂收众奔还。雅进攻仇池,杨统帅武都之众降于雅。纂将杨他遣子硕密降于雅,请为内应。纂惧,面缚出降。雅释其缚,送之长安。以杨统为平远将军、南秦州刺史,加杨安都督,镇仇池。"①此处"鹫峡"写作"鹫陕"。《册府元龟》卷二三一《僭伪部·征伐》②、《通志》卷一八九《载记四·前秦·苻坚》③也作"鹫陕"。

《资治通鉴》卷一〇三"晋简文帝咸安元年"记载:三月,"秦西县侯雅、杨安、王统、徐成及羽林左监朱彤、扬武将军姚苌帅步骑七万伐仇池公杨纂"。夏,四月,"秦兵至鹫峡;杨纂帅众五万拒之。梁州刺史弘农杨亮遣督护郭宝、卜靖帅千余骑助纂,与秦兵战于峡中;纂兵大败,死者什三、四,宝等亦没。纂收散兵遁还。西县侯雅进攻仇池,杨统帅武都之众降秦。纂惧,面缚出降,雅送纂于长安。以统为南秦州刺史;加杨安都督南秦州诸军事,镇仇池",胡三省注:"鹫峡在仇池北,亦谓之塞峡。鹫,音就。"④

《晋书》卷一一八《载记·姚兴下》写道:"仇池公杨盛叛,侵扰祁山。遣建威赵琨率骑五千为前锋,立节杨伯寿统步卒继之,前将军姚恢、左将军姚文宗入自鹫陕,镇西、秦州刺史姚嵩入羊头陕,右卫胡翼度从阴密出自汧城,讨盛。兴将轻骑五千,自雍赴之,与诸将军会于陇口。"⑤也作"鹫陕"。

"鹫峡"或作"鹫陕"是秦陇与仇池之间的交通要道。

此"鹫峡""鹫陕"与《西安碑林博物馆新藏墓志汇编》题"张宜墓志"中"除葭川、就谷二军戍主后转除宁朔将军、方城侯,以酬勋节"之"就谷"的关系,或许值得思考。

---

① 《晋书》卷一一三《载记·苻坚上》,第 2894 页。
② 〔北宋〕王钦若等编:《册府元龟》,中华书局 1960 年 6 月版,第 2748 页。
③ 〔宋〕郑樵撰:《通志》,中华书局 1987 年 1 月版,第 2028 页。
④ 《资治通鉴》卷一〇三,第 3244 页。
⑤ 《晋书》卷一一八《载记·姚兴下》,第 2996 页。《通志》卷一九〇《载记五·后秦·姚兴》亦作"鹫陕""羊头陕"。第 2050 页。

四 "仇陇"空间符号的意义

所谓"仇陇克清"出自北魏孝文帝"手诏",说明"仇陇"是当时人习用的地理称谓。

"仇陇",或可理解为"仇池陇右"。杜甫《秦中杂事二十首》其十:"藏书闻禹穴,读记忆仇池。"有注家言:"'读记忆仇池',仇池在同谷郡,公有欲往之意,故'读记'而怀之。仇池,陇右之福地。"①"仇池"与"陇右"连文,值得注意。不过,就文意言,是将"仇池"看作"陇右"的局部地区。史籍又可见"陇西仇池"。清人李继圣《蓝将军传》:"……史称'陇西仇池',高七里,羊肠蟠道三十六回而上,自然有楼橹却敌之扙。"②

"仇"与"陇"连说,体现两地之间交通联系的密切。仇池在陇蜀交通形势中居于重要地位。两汉之际这里就曾经发生过激烈的争夺。《后汉书》卷一四《宗室四王三侯列传·顺阳怀侯嘉》:"更始既都长安,以嘉为汉中王、扶威大将军,持节就国,都于南郑,众数十万。建武二年,延岑复反,攻汉中,围南郑,嘉兵败走。岑遂定汉中,进兵武都,为更始柱功侯李宝所破。岑走天水,公孙述遣将侯丹取南郑。嘉收散卒,得数万人,以宝为相,从武都南击侯丹,不利,还军河池、下辨。复与延岑连战,岑引北入散关,至陈仓,嘉追击破之。"李贤注:"河池,县,属武都郡,一名仇池,今凤州县也。下辨。县名,今成州同谷县也。"③《后汉书》卷二二《马成传》:"(建武)九年,代来歙守中郎将,率武威将军刘尚等破河池,遂平武都。"李贤注:"河池,县,一名仇池,属武都郡,今凤州县也。"④仇池与陇、蜀、汉中乃至"散关""陈仓"指示的关中地方的空间关系,在军事地理与交通地理层面有特别的重要性。而"仇陇"称谓,体现出仇池与陇地有着更方便、更密切的交通交往条件。

---

① 〔宋〕郭知达编:《九家集注杜诗》卷二〇,文渊阁《四库全书》本。
② 〔清〕李继圣:《寻古斋诗文集》文集卷三,清乾隆刻本。
③ 《后汉书》卷一四《宗室四王三侯列传》,第568页。
④ 《后汉书》卷二二《马成传》,第779页。

五 《西安碑林博物馆新藏墓志汇编》题"张宜墓志"补议

《西安碑林博物馆新藏墓志汇编》题"张宜墓志"者,志文可见"君讳宜",而"张"姓确定的因由,编者没有注解,不知何所依据。

也许此"君讳宜"者的姓氏,还可以再做讨论。"堂阳纂胄"等语,或许可以作为线索。

墓志额题"魏故□□□□阳(下阙)",据志文,似应读为"魏故宁朔将军咸阳太守(下阙)"。

志文"□河武城人也",应即"清河武城人也"。或可写作"清河武城人也"。

志文末四言颂文中,"德含刚柔",原刻为"德含剐矛",读作"刚柔"是正确的。"矛"应理解为"柔"的简体俗写。又"心掺□厉","掺"应读作"操"。第三字为"端",拓本清晰无疑。此句应为"心操端厉"。古文献可见类似文例,如《旧唐书》卷一七三《郑朗传》:"(朗)植操端方,禀气庄重,蔼若瑞玉,澹如澄川。"① 《宋史》卷三五六《钱遹传》:"(冯)澥趣操端劲,古人与稽,尝建明典礼,忠义凛凛,搢绅叹服。"② 用于品德颂扬的类似语句程式,见于与志文年代相近的江淹《萧冠军进号征虏诏》"器操端敏"。③ 又如白居易《授孔戣右散骑常侍制》"风操端庄"④,李纲《中书舍人除御史中丞》"志操端方"。⑤ 而贾至《授李晔宗正卿制》"体正心和操端行洁"⑥,可以帮助我们理解志文"心操"连说的语义。《宋史》冯澥"趣操端劲"之"端劲"与志文"端厉"意近。类似文例则有年代更早者如隋开皇十一年《诏立僧尼二寺记》"戒操端严"。⑦

---

① 〔后晋〕刘昫:《旧唐书》,第 4494 页。
② 〔元〕脱脱:《宋史》,第 11202 页。
③ 〔南朝梁〕江淹:《江文通集》卷九,《四部丛刊》景明翻宋本。
④ 〔宋〕李昉编:《文苑英华》卷三八〇,明刻本。
⑤ 〔宋〕李纲:《梁溪集》卷三八,文渊阁《四库全书》本。
⑥ 《文苑英华》卷三九六,明刻本。
⑦ 〔清〕王昶:《金石萃编》卷三八,清嘉庆十年刻同治钱宝传等补刻本。

本书内容初刊信息

《秦岭"四道"与刘邦"兴于汉中"》,《石家庄学院学报》2016 年 5 期;

《汉中与汉文化的发生与发育——以交通史为视角的历史考察》,《陕西理工大学学报》(社会科学版)2018 年 4 期;

《武关·武候·武关候:论战国秦汉武关位置与武关道走向》,《中国历史地理论丛》2018 年 1 期;

《战国秦代"西—雍"交通考察》,《东方论坛》2016 年 6 期;

《论洛阳"武库"与"天下冲阨""天下咽喉"交通形势》,《三门峡职业技术学院学报》2017 年 4 期;

《论合肥寿春"一都会"》,《秦汉魏晋时期的合肥史研究》,黄山书社 2014 年 10 月版;

《论秦汉辽西并海交通》,《渤海大学学报》2014 年 2 期;

《"米仓道""米仓关"考》,《宝鸡文理学院学报》(社会科学版)2018 年 5 期;

《生态史视野中的米仓道交通》,《陕西理工学院学报》(社会科学版)2014 年 2 期;《中国蜀道学术研讨会论文集》,三秦出版社 2014 年 9 月版;

《战国秦汉"賨民"的文化表现与巴山交通》,《周秦汉唐文化研究》第 10 辑,三秦出版社 2018 年 6 月版;

《论两汉军事"委输"》,《新疆大学学报》(哲学·人文社会科学版)2017 年 4 期;

《宛珠·齐纨·穰橙邓橘:战国秦汉商品地方品牌的经济史考察》,《中国经济史研究》2019 年 3 期;《复印报刊资料·经济史》2019 年 4 期;

《秦汉长城与丝绸之路》,《光明日报》(史学版)2018 年 3 月 26 日 14 版;《万里长城》2019 年中华人民共和国成立 70 周年特刊(总 74 期);

《汉代"天马"追求与草原战争的交通动力》,《文史知识》2018 年 4 期;

《"勒功燕然"的文化史回顾》，《光明日报》（史学版）2017年9月18日14版；

《汉与罗马：交通建设与帝国行政》，《武汉大学学报》（哲学社会科学版）2018年6期；

《秦交通考古及其史学意义》，《光明日报》（史学版）2019年1月7日14版；

《岳麓书院秦简〈数〉"马甲"与战骑装具史的新认识》，《考古与文物》2015年4期；

《秦俑"偪胫"说》，《秦始皇帝陵博物院2015》，陕西师范大学出版社2015年10月版；

《〈盐铁论〉"掌蹄""革鞮"推考》，《朱绍侯九十华诞纪念文集》，河南大学出版社2015年10月版；

《略说里耶秦简"祠器""纂棂车"》，《简牍学研究》第9辑，甘肃人民出版社2020年7月版；

《论李翕黾池五瑞画象及"修崤嵚之道"题刻》，《文博》2018年6期；

《秦汉历史记忆中的帝舜"巡狩"》，原题《论帝舜"巡狩"》，《陕西历史博物馆论丛》第25辑，三秦出版社2018年12月版；《舜帝与孝道的历史传承与当代意义》，厦门大学出版社2019年2月版；

《说"仇陇"——出土文献交通史料研究札记》，《简牍学研究》第6辑，甘肃人民出版社2016年6月版。

后 记

我的中国古代交通史研究,得到中国人民大学科学研究基金(中央高校基本科研业务费专项资金资助)的支持。其中,就秦汉交通史研究着力最多。这本《芝车龙马:秦汉交通文化考察》收集了近年以秦汉交通为主题的一些论作,主要内容仍以具体的交通史问题考察为主,偏重于微观的考论。大致分别论说交通对于秦汉政治建设、秦汉军事格局、秦汉经济运行、秦汉文化发育的作用,注意坚持实证原则,亦关心交通文化视角的观察与说明。有的关注点,如《略说里耶秦简"祠器""䰩梠车"》涉及信仰世界,《生态史视野中的米仓道交通》涉及生态条件,《汉与罗马:交通建设与帝国行政》涉及不同文化系统的比较。

应当说明,这些论文,并不是我在近年出版的《秦汉交通史新识》《秦汉交通考古》《战国秦汉交通格局与区域行政》《秦始皇直道考察与研究》之后有关秦汉交通史的全部学术收获。由于国家社科基金重点项目"秦汉时期的海洋探索与早期海洋学研究"(项目批准号:13AZS005)近期已办理结项,最终成果《秦汉海洋文化》北京师范大学出版社待出版,有关海洋交通的内容必须安排在这部书稿中。又教育部后期资助项目"汉代丝绸之路交通史"(项目编号:2017010247)即将结项,有关两汉丝绸之路交通的考察收获将归入这一项目的最终成果《汉代丝绸之路交通史》中。而我主编的"秦史与秦文化研究丛书"即将由西北大学出版社出版,其中有拙著《秦交通史》,有关秦交通史的研究心得主要集中发表在这部书中。由此不得不造成的割裂分散,对于关心秦汉交通史研究的读者造成的不便,只能致歉。

《芝车龙马:秦汉交通文化考察》的完成,感谢中国社会科学院古代史研究所曾磊、中国人民大学国学院孙闻博、中国人民大学哲学院姜守诚、故宫博物院熊长云、首都博物馆李兰芳、首都师范大学历史学院孙兆华等青年朋友给予的许多帮助。中国社会科学院历史理论研究所董家宁核证全稿引文,付出辛劳颇多。

承西北大学出版社的朋友们辛苦编排,朱亮编辑劳累尤多。谨此一并致谢!

再过10天,就是我69岁生日。有的地方的风俗,这就要庆贺七十大寿了。年且古稀,渐渐感觉力不从心,许多要做的事情不一定来得及做了。想到这里,益感紧迫。

王子今

2019年12月2日

北京大有北里